HEIMLICH
BEHINDERTE UND NICHTBEHINDERTE
KINDER SPIELEN GEMEINSAM

BEHINDERTE UND NICHTBEHINDERTE KINDER SPIELEN GEMEINSAM

Konzept und Praxis integrativer Spielförderung

von

Ulrich Heimlich

1995

VERLAG JULIUS KLINKHARDT · BAD HEILBRUNN

Meiner Familie
(Biggi, Daniela, Petra, Klaus, Wolf Marvin, Marc Benedict)

Die Deutsche Bibliothek – CIP-Einheitsaufnahme

Heimlich, Ulrich
Behinderte und nichtbehinderte Kinder spielen gemeinsam :
Konzept und Praxis integrativer Spielförderung / Ulrich
Heimlich. – Bad Heilbrunn : Klinkhardt, 1995
  ISBN 3–7815–0801–3

1995.6.Ki. © by Julius Klinkhardt
Das Werk ist einschließlich aller seiner Teile urheberrechtlich geschützt. Jede Verwertung außerhalb der engen Grenzen des Urheberrechtsgesetzes ist ohne Zustimmung des Verlages unzulässig und strafbar. Das gilt insbesondere für Vervielfältigungen, Übersetzungen, Mikroverfilmungen und die Einspeicherung und Verarbeitung in elektronischen Systemen.
Gesamtherstellung: WB-Druck GmbH & Co. Buchproduktions-KG, Rieden
Printed in Germany 1995
Gedruckt auf chlorfrei gebleichtem alterungsbeständigem Papier
ISBN 3–7815–0801–3

VORWORT

Es ist etwas schief gelaufen mit meiner erziehungswissenschaftlichen Sozialisation. Vor Aufnahme des Studiums der "Sondererziehung und Rehabilitation" hatte ich die Arbeit mit behinderten und benachteiligten Kindern bereits als integrative kennengelernt. Während meiner Zivildienstzeit nahm ich an Stadtranderholungen für Behinderte und Nichtbehinderte teil. Nachhaltig beeinflußt hat mich während meines Studiums eine Veranstaltungsreihe von *Prof. Dr. A. Reinartz* zum Thema "Schulschwache Kinder in der Grundschule", zugleich der Ausgangspunkt einer bundesweiten Diskussion um die Integration behinderter Kinder in das allgemeine Bildungswesen. Zwei Jahre Tätigkeit an der Schule für Geistigbehinderte konfrontierten mich mit einer Form institutionalisierter Behindertenarbeit, die mehr bot als Unterricht: gemeinsames Spiel, gemeinsame Freizeit, gemeinsame Mahlzeiten - ein Stück Leben mit behinderten Kindern und Jugendlichen. Die mehrjährige Schulpraxis in einer Schule für Lernbehinderte zeigte mir die subjektiven Grenzen und die Möglichkeit des Scheiterns pädagogischer Bemühungen auf, verwiesen mich aber zugleich auf die Notwendigkeit einer reformpädagogischen Neuorientierung der schulischen Arbeit bei Kindern mit Lern- und Entwicklungsschwierigkieten in Form von Projektunterricht oder schülerorientierten Föderansätzen. Meine Tätigkeit an der Universität Dortmund, die dank der Initiative von *Prof. Dr. Höltershinken* im Wege der Abordnung möglich wurde, hat mich schließlich mit dem Luxus ausgestattet, noch einmal zurückzugehen auf die Startposition, eine Ereigniskarte zu ziehen und Pädagogik neu zu überdenken, in Alternativen zu schwelgen und andere Konzeptionen zu erträumen. Meine theoretische Entwicklung ist wesentlich geprägt durch die Gespräche mit *Prof. Dr. D. Schmetz* und den interaktionistischen Ansatz im Rahmen lernbehindertenpädagogischer Theoriebildung. Diese Gespräche bildeten auch - trotz meiner Tätigkeit in einem allgemeinpädagogischen Fachbereich - die Brücke in die Heilpädagogik, die dank der Initiative von D. Schmetz immer offen gehalten wurde. Schließlich hat *Prof. Dr. R. Van der Kooij* aus Groningen wesentlich dazu beigetragen, daß meine Studien zu Spieltheorie und Spielforschung auch in internationale Zusammenhänge eingebunden werden konnten. Ich verdanke ihm zahlreiche Hinweise zur erziehungswissenschaftlichen Diskussion in den Niederlanden, die mein pädagogisches Denken und Handeln in grundlegender Weise mitbestimmt haben.

Ich danke allen Freunden, Kolleginnen und Kollegen, die mich auf diesem Weg begleitet haben, bereit waren zum Gespräch und ihre personale Kreativität in meinen beruflich-wissenschaftlichen Werdegang miteingebracht haben. Ich danke vor allem meiner Frau Brigitta, von der ich täglich neu lerne, daß Pädagogik einen sozialen Umgang miteinander beinhaltet, der von Nachsicht und Geduld geprägt ist. Diese Arbeit wäre in der vorliegenden Form ohne die großzügige Unterstützung der Universität Dortmund nicht möglich gewesen. Insbesondere die empirischen Studien im Rahmen des Projektes *"Gemeinsam spielen"* wurden erst durch eine entsprechende Förderung durch die Universität Dortmund möglich. In einer fachbereichsübergreifenden (integrativen) Zusammenarbeit zwischen den Fachbereichen 12 (Erziehungswissenschaften und Biologie) und 13 (Sondererziehung und Rehabilitation) vertreten durch *Prof. Dr. D. Höltershinken* und *Prof. Dr. D. Schmetz* konnte eine finanzielle Förderung und die Inanspruchnahme der erforderlichen Forschungsinfrastruktur erreicht werden. Dafür und für die vielen Anregungen, Orientierungspunkte und Ermutigungen meinen herzlichen Dank. In diesem Zusammenhang gilt es ebenfalls die engagierte Arbeit der Studierenden *Andrea Boyke, Hartmut Köhler, Angela Krause, Dorthe Muscheidt, Ulrike Sauter, Sigrid Schmitz, Petra Städtler und Maren Schulz* bezogen auf das Projekt *"Gemeinsam spielen"* hervorzuheben. Besonders ansprechen möchte ich auch die aufwendigen Arbeiten im Rahmen des ABM-Projektes, die durch die wissenschaftlichen Mitarbeiterinnen, *Frau Dipl. päd. Reinhild Benkhofer und Frau Dipl. päd. Silvia Krüger-Hunscher*, in vorbildlicher Weise bewältigt wurden und maßgeblich zu der forschungsdidaktischen Relevanz des Projektes *"Gemeinsam spielen"* beigetragen haben. Zu danken ist an dieser Stelle ebenfalls den Kindern, Eltern und Erzieherinnen in den am Projekt beteiligten Tageseinrichtungen sowie der Fachberatung beim Diakonischen Werk Dortmund, vertreten durch *Herrn Dipl. päd. Bernd Kochanek,* für die Bereitwilligkeit und Offenheit in der Zusammenarbeit. Ebenfalls gedankt sei an dieser Stelle meiner "peer-group" auf der Ebene des wissenschaftlichen Mittelbaus, insbesondere *Dr. Hans Gängler* aus dem *Institut für Sozialpädagogik, Erwachsenenbildung und Pädagogik der frühen Kindheit*, der mir in zahlreichen Gesprächen zwischen Tür und Angel die Erfahrung von wissenschaftlichen Diskursen ermöglicht hat, die bei aller Unterschiedlichkeit unserer Standpunkte viel zur Klärungs meines eigenen Theoriezusammenhanges beigetragen hat.

Ein Satz hat mich auf all diesen Stationen und bei der Bewältigung der beschriebenen Lern- und Entwicklungsschwierigkeiten geleitet, ein Satz, der auf *Pfr. Martin Schröter* von der Ev. Shalom-Gemeinde in Dortmund-Scharnhorst (dem Begründer der *Aktion Behindertenselbsthilfe*) zurückgeht, bei dem ich meine ersten heilpädagogischen Gehversuche gemacht habe:

"Wir dürfen nicht nahtlos integrierbar sein!"

Auf die Lern- und Entwicklungsschwierigkeiten behinderter und benachteiligter Kinder bezogen liegt dieser Satz auch den folgenden Überlegungen zugrunde.

im Dezember 1994   Ulrich Heimlich

INHALTSVERZEICHNIS

VORWORT	5
INHALTSVERZEICHNIS	7
VERZEICHNIS DER ABBILDUNGEN UND TABELLEN	10
EINLEITUNG	11

1.0	**INTEGRATIVE SPIELSITUATIONEN**	19
1.1	*Erziehungsalltag in der integrativen Kindergartengruppe*	21
1.1.1	Szenen des gemeinsamen Spiels	21
1.1.2	Spielpädagogische Problemstellung	24
1.2	*Begriffsbestimmung integrativer Spielsituationen (Zusammenfassung)*	30
2.0	**ENTWICKLUNGSSTAND GEMEINSAMER ERZIEHUNG IM ELEMENTARBEREICH**	31
2.1	*Gemeinsame Erziehung im Elementarbereich zu Beginn der neunziger Jahre*	33
2.1.2	Der Achte Jugendbericht und das KJHG	34
2.1.3	Die Situation in den Bundesländern im Überblick	38
2.2	*Organisation gemeinsamer Erziehung im Elementarbereich der BRD*	40
2.2.1	Rechtsgrundlagen	41
2.2.2	Rahmenbedingungen	43
2.2.3	Organisationsformen	50
2.3	*Pädagogische Konzeptionen gemeinsamer Erziehung im Elementarbereich der BRD*	56
2.3.1	Aneignungstheoretischer Ansatz	58
2.3.2	Psychoanalytisch-prozeßorientierter Ansatz	61
2.3.3	Ökosystemischer Ansatz	64
2.3.4	Situationsorientierter Ansatz	69
2.3.5	Phänomenologische Zusammenschau	72
2.4	*Bedeutung integrativer Spielsituationen im Erziehungsalltag (Zusammenfassung)*	77
3.0	**PHÄNOMENOLOGISCHE GRUNDLAGEN EINER SPIEL-PÄDAGOGISCHEN INTEGRATIONSKONZEPTION**	79
3.1	*Individualphänomenologischer Ansatz bei M.J. LANGEVELD*	83
3.1.1	Anthropologische Pädagogik	84
3.1.1.1	Anthropologie des Kindes	85
3.1.1.2	Kreativität als anthropologische Fundamentalkategorie	89

3.1.2	Erziehungssituationen als individuelle Situationen	92
3.1.3	Behinderung, Integration und Personalität	97
3.2	Sozialphänomenologischer Ansatz nach K. MOLLENHAUER	103
3.2.1	Pädagogik der Interaktion und Pädagogik der Lebenswelt	105
3.2.1.1	Pädagogik der Interaktion	106
3.2.1.2	Pädagogik der Lebenswelt	110
3.2.2	Erziehungssituationen als soziale Situationen	114
3.2.3	Behinderung, Integration und Intersubjektivität	121
3.3	*Ökophänomenologischer Ansatz nach E.W. KLEBER*	127
3.3.1	Ökologische Pädagogik	129
3.3.2	Erziehungssituationen als ökologische Situationen	135
3.3.3	Behinderung, Integration und Situationalität	151
3.4	*Phänomenologie integrativer Spielsituationen*	164
3.4.1	Personale Aspekte integrativer Spielsituationen	164
3.4.2	Soziale Aspekte integrativer Spielsituationen	166
3.4.3	Ökologische Aspekte integrativer Spielsituatioten	168
3.5	*Integrative Spielförderung aus phänomenologischer Sicht (Zusammenfassung)*	171
4.0	**SPIELPÄDAGOGIK ALS INTEGRATIONSPÄDAGOGIK**	**173**
4.1	*Spiel und Intervention*	175
4.2	*Spiel und Prävention*	178
4.2.1	Spiel und Frühförderung	179
4.2.1.1	Konzepte der Frühförderung	180
4.2.1.2	Spiel in der Frühförderung bei drohender Lernbehinderung	183
4.2.2	Spiel in der heilpädagogischen Übungsbehandlung	186
4.2.3	Spielpädagogische Handlungsformen in der Frühförderung	190
4.3	*Spiel und Integration*	196
4.3.1	Spiel in der Integrationspädagogik	196
4.3.1.1	Spielpädagogische Konzeptansätze in der Gemeinsamen Erziehung	197
4.3.1.2	Das Projekt "Heilpädagogische Begleitung" in der Schweiz	200
4.3.1.3	Spielorientierte Integrationsforschung im Elementarbereich der BRD	204
4.3.2	Integrative Spielförderung in empirischer Sicht - eine Sekundäranalyse	208
4.3.2.1	Personal-interaktionale Bedingungen integrativer Spielsituationen	209
4.3.2.2	Räumlich-materielle Bedingungen integrativer Spielsituationen	216
4.3.2.3	Integrative Spielsituationen bei drohender Lernbehinderung	224
4.3.3	Ökologische Intervention im Rahmen integrativer Spielförderung	228

4.4	*Grundelemente integrativer Spielpädagogik (Zusammenfassung)*	232
5.0	**PRAXIS INTEGRATIVER SPIELFÖRDERUNG**	**235**
5.1	*Projekt "Gemeinsam spielen"*	238
5.1.1	Forschungskonzept	240
5.1.1.1	Problemstellung	241
5.1.1.2	Forschungsintention	243
5.1.1.3	Untersuchungsgruppe und Forschungssetting	244
5.1.1.4	Forschungsmethoden	246
5.1.2	Forschungsergebnisse	252
5.1.2.1	Entwicklung der sozialen Spieltätigkeit	253
5.1.2.2	Entwicklung der Spielkooperation	257
5.1.2.3	Entwicklung der Kontaktinitiierung	259
5.1.2.4	Ergebnisse der Gruppendiskussionen	263
5.2	*Komponenten integrativer Spielförderung*	269
5.2.1	Integrative Spielprozesse	270
5.2.1.1	Unterstützung der sozialen Spieltätigkeit	270
5.2.1.2	Unterstützung der Kontaktinitiierung	272
5.2.2	Integrative Spielmittel	275
5.2.3	Integrative Spielräume	276
5.2.4	Spielbeobachtung	283
5.2.5	Aus- und Fortbildung für integrative Spielförderung	285
5.3	*"Gemeinsam spielen" im Netzwerk Integration*	288
5.4	*"Laßt uns gemeinsam spielen" (Zusammenfassung)*	291

LITERATUR 293
PERSONENREGISTER 307
SACHREGISTER 310
ANHANG

VERZEICHNIS DER ABBILDUNGEN UND TABELLEN

Abb. 1: Strukturmerkmale erschwerter Lernsituationen 162

Abb. 2: Entwicklung der sozialen Spieltätigkeit I 254

Abb. 3: Entwicklung der sozialen Spieltätigkeit II 254

Abb. 4: Entwicklung der Spielkooperation 258

Abb. 5: Integrative Spielsituationen im Netzwerk Integration 259

****

Tab. 1.1: Rahmenbedingungen gemeinsamer Erziehung im Elementarbereich (alte Bundesländer)(Stand: Ende 1992) 45/46

Tab. 1.2: Rahmenbedingungen gemeinsamer Erziehung im Elementarbereich (neue Bundesländer)(Stand: Ende 1992) 47

Tab. 2.: Synopse integrationspädagogischer Konzeptionen für den Elementarbereich 73

Tab. 3: Interventionsmodelle integrativer Spielförderung 231

Tab. 4: Entwicklung der sozialen Spieltätigkeit 253

Tab. 5: Entwicklung der Spielkooperation 258

Tab. 6: Systematik integrativer Spielmittel 277/278

Tab. 7: Spielwertanalyse nach FRIIS MOGENSEN 281

Tab. 8: Qualifizierung für integrative Spielförderung 287

EINLEITUNG

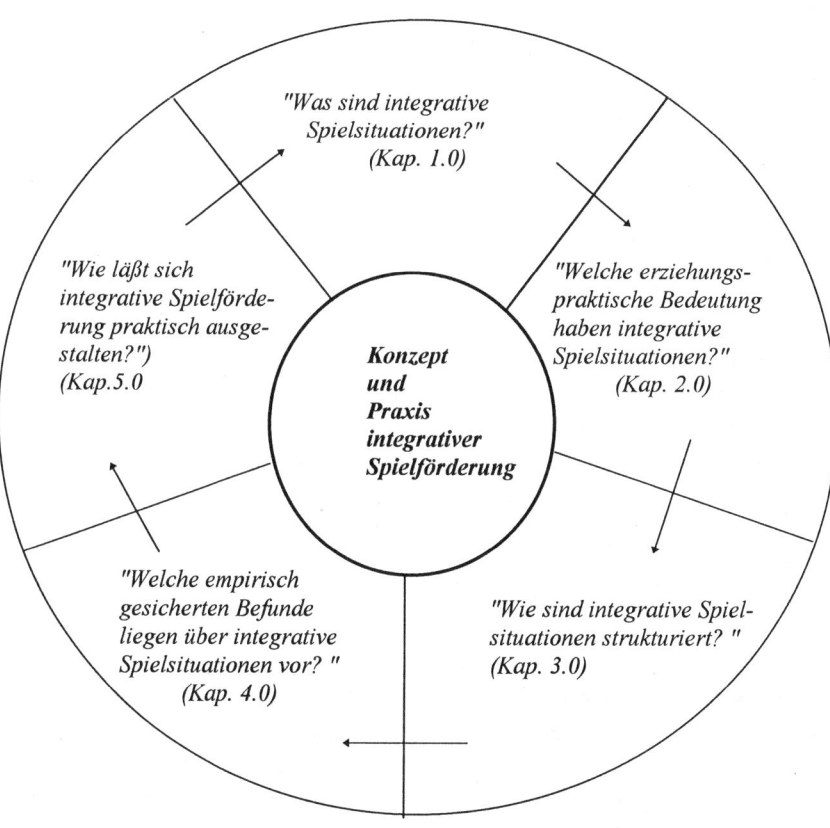

"Die Verfassungen der Demokratie, ihre Regelungen und Gesetze sind immer gerichtet auf das humane Miteinander der Menschen... Letztlich ist Demokratisierung ein andauernder Integrationsprozeß. Deshalb kann Integration nicht als ein Problem verstanden werden, dessen Für und Wider diskutiert werden sollte, sondern sie ist eine Aufgabe, die den Menschen in einer demokratischen Gesellschaft aufgegeben ist." (MUTH, J. 1990, S. 16)

"Behinderte und nichtbehinderte Kinder spielen, lernen und leben gemeinsam" - eine Vorstellung, die sich zunehmend in das gesellschaftliche Bewußtsein eingeprägt hat, stellt sich bei näherer Betrachtung als eine prinzipielle Herausforderung der Pädagogik dar. Die gegenwärtige bildungspolitische Diskussion über die Gemeinsamkeit im Bildungswesen (MUTH 1986) befindet sich in einem Stadium, in dem über die Probleme der organisatorischen, finanziellen und verwaltungsrechtlichen Absicherung hinaus die Entwicklung integrationspädagogischer Konzeptionen auf der Tagesordnung steht. Besonders die Forderung der Integrationsbewegung nach flächendeckender Integration unter dem Primat des wohnortnahen Zugangs zu Institutionen des Bildungssystems der *BRD* (Kindertageseinrichtungen und Schulen) verweist in praktischer wie auch in konzeptioneller Hinsicht auf die Notwendigkeit einer grundlegenden Bildungsreform. Die "Kindertageseinrichtung für alle" und die "Schule für alle" sind nicht vorstellbar ohne die kritische Distanzierung von bisherigen je besonderen Pädagogiken, die in Abhängigkeit von Spezialisierungstendenzen im Bildungssystem ausdifferenziert wurden. Mit der Aufnahme aller Kinder, unabhängig von ihren konkreten Kompetenzen, in jene Bildungsinstitution, die dem Wohnort der Kinder am nächsten liegt, stellt sich die Frage nach einer Allgemeinen Pädagogik (vgl. RÖHRS 1973, LASSAHN 1977), einer "Pädagogik für alle" in einer prinzipiellen Weise neu. Der Pädagogik erwächst von daher aus der Lebenswelt von Familien mit behinderten und nichtbehinderten Kindern auf der einen Seite und dem beruflichen Alltag der professionell mit der Erziehung behinderter Kinder befaßten pädagogischen Fachkräfte auf der anderen Seite eine Aufgabenstellung von beträchtlichem Ausmaß. Jene "basale, allgemeine und integrative Pädagogik" (vgl. FEUSER 1989, 21 f.), die in vielen praktischen Ansätzen bereits heranreift, erweist sich so als eine der Grundfragen der erziehungswissenschaftlichen Gegenwartsdiskussion überhaupt und keineswegs erneut als spezielles Problem einer besonderen Disziplin (einer Sonderpädagogik) innerhalb der Pädagogik.

Seit Ende der siebziger Jahre lassen sich nun auf dem Gebiet der Integrationsforschung im In- und Ausland erhebliche Anstrengungen konstatieren, die unser Wissen über den Prozeß der Integration in schulischen und außerschulischen Bildungseinrichtungen deutlich ausgeweitet haben. In der Geschichte der Integrationsforschungsprojekte steht zunächst die Frage nach der Möglichkeit und den Grenzen der Integration behinderter Kinder und Jugendlicher in das allgemeine Bildungssystem im Vergleich zu separierenden Formen der Erziehung im Vordergrund (DITTRICH u.a. 1990a, LIPSKI 1990a). Die Überprüfung der Wirkungen integrativer Prozesse auf Behinderte und Nichtbehinderte als Thema der Integrationsforschung dient in dieser Phase vorrangig der Legitimation von Integrationsbemühungen auf bildungspolitischer Ebene. Mehr als 10 Jahre Integrationsforschung in den alten Bundesländern bringen aber auch die Notwendigkeit mit sich, Forschungsbilanzen bezogen auf Kindertageseinrichtungen und Grundschulen zu ziehen (DITTRICH u.a. 1990a, DEPPE-WOLFINGER, H. u.a. 1990). Dabei fällt auf, daß pädagogisch-konzeptionell ausgerichtete und auf die integrative Situation in Schule oder Kindertageseinrichtung zentrierte Integrationsforschung sich immer deutlicher in den Vordergrund schiebt. Aus der Lebenswelt von Kindern, Familien und pädagogischen Fachkräften heraus wird diese Aufgabenstellung ebenfalls zunehmend artikuliert und stellt von daher das zukünftige Feld von Integrationsforschung dar. Dabei kann es nicht nur darum gehen, fertige Konzepte auf die neue Situation (Gemeinsame Erziehung) zu übertragen. Diese Konzepte werden zum größten Teil mit pädagogischen Praktikern, Eltern und Kindern in enger Kooperation entwickelt und in einen langfristigen Prozeß der Revision eingebracht. Die Schwerpunktaufgabe der Integrationsforschung der Zukunft besteht somit in der Entwicklung integrationspädagogischer Konzeptionen für die flächendeckende Integration von Kindern mit Behinderungen in das allgemeine Bildungssystem, auch benannt mit dem Terminus "Wohnortnahe Integration". Erfahrungen der Berliner Uckermark-Grundschule (HEYER/PREUß-LAUSITZ/ZIELKE 1990) zeigen die prinzipielle Möglichkeit und die Chance dieses bildungspolitischen Entwurfes auf. Sie verdeutlichen aber ebenso die Dringlichkeit pädagogisch-konzeptionell orientierter Integrationsforschung.

In diese komplexe Forschungslage hinein möchte die folgende Arbeit einen Beitrag leisten, der das kindliche Spiel im Rahmen Gemeinsamer Erziehung zum zentralen Schwerpunkt erhebt. Gerade Projekte zum Thema "Wohnortnahe Integration" haben das Potential des Spiels in diesem Zusammenhang deutlich hervorgehoben. Eine separate Befragung der behinderten und nichtbehinderten Schüler der Berliner Uckermark-Grundschule hat ergeben, daß ihre Spielpartner bezogen auf die Freizeitaktivitäten am Nachmittag nach dem Unterricht überdurchschnittlich häufig aus der Schulklasse stammten, die sie besuchten (PREUß-LAUSITZ/HITZLER 1988). Das gemeinsame Spiel bildet anscheinend eine aus kindlicher Perspektive höchst attraktive Chance zur Herstellung von Gemeinsamkeit im Sinne sozialer Integration über alle Verschiedenheit hinweg, eine Chance, die darüber hinaus nicht ausschließlich eine von Erwachsenen kontrollierte Aktivität darstellen muß. Spiel "integriert" gleichsam auch die informellen Ebenen der Kommunikation in einen Prozeß der gemeinsamen Erziehung. Es kann daher erwartet werden, daß dem kindlichen Spiel vor allem seines spontanen und selbstkontrollierten Charakters wegen ein hohes Integrationspotential zukommt, das zudem einen entscheidenden Vorzug gegenüber ausschließlich von Erwachsenen hergestellter Gemeinsamkeit besitzt: die Gemeinsamkeit im Spiel können Kinder selbst konstituieren, diese Chance ist ihnen zur Hand.

Bezogen auf die hier besonders zur Diskussion stehende Zielgruppe der Kinder mit Lernbehinderungen ergibt sich in diesem integrativen Zusammenhang eine vielschichtige Problemstellung. Von Lernbehinderung wird im Sinne einer vorläufigen Begriffsbestimmung zunächst nur dann gesprochen, wenn Kinder die Schule für Lernbehinderte besuchen. Kinder, die von Lernbehinderung bedroht sind, erscheinen in diesem definitorischen Zugriff als von der Aufnahme in die Schule für Lernbehinderte bedroht. In der Altersgruppe der bis zu 6jährigen ergeben sich dadurch naturgemäß prinzipielle Probleme in der Früherfassung dieser Kinder. Ein möglicher Weg des Zugangs zu dieser Zielgruppe besteht in einer ursachenbezogenen Strategie, die neben organischen Schädigungen vornehmlich die soziale Benachteiligung von Kindern vor dem Schuleintritt als Risikofaktor für Lernbehinderung sichtbar macht (HEIMLICH 1989). Diese Vorgehensweise müssen wir zum klassischen Grundmuster einer Frühförderung von Lernbehinderten zählen, wenn wir die einschlägige Literatur zur Lernbehindertenpädagogik zugrunde legen (BAIER 1980, 56ff./KLAUER 1975, 43ff./KLEIN, G. 1985, 50ff./SCHRÖDER 1990, 85f./WILLAND 1983, 139). Eine integrative Förderung der von Lernbehinderung Bedrohten vor dem Schuleintritt wird jedoch bislang im deutschen Sprachraum kaum thematisiert (vgl. HÄBERLIN u.a. 1990), während die nordamerikanischen "mainstreaming"-Programme schon fast traditionell die Gruppe der "children at risk for learning disabilities" in einen integrativen Ansatz der frühen Hilfen aufnimmt. Es kann deshalb hinsichtlich der Gruppe der Lernbehinderten angenommen werden, daß der pädagogisch-konzeptionelle Gehalt integrativer Förderung vor dem Schuleintritt auch in die Diskussion über eine Prävention von Lernbehinderung aufzunehmen ist. Die integrative Förderung der von Lernbehinderung Bedrohten - so wird hier erwartet - erfährt aus dem pädagogischen Alltag mit Gemeinsamer Erziehung im Elementarbereich eine beträchtliche pädagogisch-konzeptionelle Erweiterung. Auf diesem Hintergrund erhält das Spiel von Kindern mit Lern- und Entwicklungsproblemen sowohl im Elementar- als auch im Primarbereich eine unverminderte Aktualität, wie auch OERTER (1992a) unter dem Eindruck neuropsychologischer Forschungsbefunde erneut bestätigt. Diesen Prozeß des interdisziplinären Erfahrungsaustausches zwischen Gemeinsamer Erziehung auf der einen und Prävention von Lernbehinderung auf der anderen Seite soll im weiteren auf seine lebensweltlichen, erziehungswissenschaftlichen und empirischen Implikationen hin untersucht werden.

Der folgenden Untersuchung liegt insgesamt eine phänomenologische Strategie zugrunde. In einem ersten Schritt steht die *konzeptionelle Grundlegung integrativer Spielpädagogik* ausgehend vom aktuellen Entwicklungsstand Gemeinsamer Erziehung im Vordergrund. Methodisch überwiegt dabei eine Verknüpfung von phänomenologischen, hermeneutischen und dialektischen "approaches" im Sinne von DANNER (1989). Erst nach Abklärung des lebensweltlichen Fundaments kann deshalb ein definitorischer Zugriff auf den zentralen Zusammenhang von Behinderung, Spiel und Integration geleistet werden und eine wissenschaftstheoretisch begründete Begriffsbestimmung integrativer Spielsituationen erfolgen. Vor diesem Hintergrund werden in einem zweiten Schritt *Elemente einer spielpädagogischen Integrationskonzeption* abgeleitet, die bezogen auf das Konzept der "ökologischen Intervention" eine empirische Konkretisierung erfahren sollen.

Im Mittelpunkt der Betrachtung steht im weiteren die integrative Spielsituation im Rahmen Gemeinsamer Erziehung behinderter und nichtbehinderter Kinder. Von *integrativen Spielsituationen* wird dann gesprochen, *wenn behinderte und nichtbehinderte Kinder in solchen Spielprozessen beteiligt sind, in denen alle Spielpartner die Chance haben, an der Gestaltung der Spieltätigkeit zu partizipieren.* Damit ist neben der innerpsychischen, der institutionellen und der gesellschaftlichen Ebene von Integration, die den individuellen und den sozialökologischen Kontext von integrativen Spielsituationen darstellen, vorrangig die interpersonelle Ebene von Integration angesprochen (vgl. auch die Diskussion bei BLEIDICK 1988). Die politischen, gesellschaftlichen und subjektiven Einflußfaktoren von Integration sollen damit keineswegs geleugnet werden. Gerade angesichts einer rapide sich wandelnden kindlichen Lebenswelt auf der einen Seite und der prinzipiellen Nicht-Verfügbarkeit der Kinder im pädagogischen Sinne auf der anderen Seite bleibt an dieser Stelle jedoch auch immer die Begrenztheit pädagogischer Bemühungen mitzudenken. Integrative Spielsituationen sollen nun aus verschiedenen Perspektiven heraus betrachtet werden, die jeweils unterschiedliche Grundfragen einer integrativen Spielpädagogik repräsentieren.

Der weiter oben benannte wissenschaftstheoretische Hintergrund macht den Ausgang der folgenden Arbeit von der kindlichen Lebenswelt erforderlich. Es werden daher zunächst Protokolle *integrativer Spielsituationen* vorgestellt, interpretiert und in eine lebensweltorientierte Definition integrativer Spielsituationen eingebracht. Somit steht die Frage *"Was sind integrative Spielsituationen?"* hier zunächst im Vordergrund *(Kap. 1.0)*.

Auf der Basis dieses kategorialen Gerüstes soll der *Entwicklungsstand gemeinsamer Erziehung im Elementarbereich* beschränkt auf den deutschsprachigen entfaltet, systematisch ausgewertet und einer Sekundäranalyse unterzogen werden. Die Basis dieser Dokumentenanalyse bildet eine bundesweite Erhebung bei überörtlichen Trägern der Jugendhilfe und weiteren Institutionen. Aus dieser Perspektive heraus geht es v.a. um die Einbettung integrativer Spielsituationen in Organisationsformen und pädagogische Konzeptionen im Elementarbereich. Es gilt insbesondere zu fragen: *"Welche erziehungspraktische Bedeutung haben integrative Spielsituationen?" (Kap. 2.0)*.

Erst auf dem Hintergrund dieser alltäglichen Einbindung integrativer Spielpädagogik kann eine pädagogisch-phänomenologische Grundlegung erfolgen. Dies geschieht im wesentlichen durch eine Aktualisierung des Konzeptes von LANGEVELD mit Hilfe der Beiträge von SCHÜTZ und WALDENFELS. Die Zielsetzung ist in diesem Zusammenhang auf die Ableitung eines erziehungswissenschaftlichen Situationsbegriffes ausgerichtet, der auch normative Elemente enthält. Die Gewinnung des Lebensweltbezuges in pädagogisch-phänomenologischer Sicht kann nicht ohne Folgen bleiben auf unser Bild vom Menschen mit einer Behinderung. Behinderung erscheint unter intersubjektiver Perspektive hauptsächlich als soziale Aktivität, mit der unsere Gesellschaft auf Menschen mit spezifischen Fähigkeiten in normativer Weise reagiert. Insofern lautet die Problemstellung erziehungswissenschaftlicher Forschung aus phänomenologischer Sicht zunächst: "Wer behindert wen ?" (EBERT 1987). Erst sekundär erwächst daraus die subjektive Reaktionsform, des Sich-behindert-Fühlens im Sinne eines

Personmerkmals. Lebensweltorientierung in der pädagogisch-phänomenologischen Gegenwartsdiskussion hat somit die Infragestellung von institutionellen Ausgrenzungsprozessen der Behinderten zur Konsequenz. Separation von Kindern und Jugendlichen aus dem allgemeinen Bildungssystem und weiteren gesellschaftlichen Institutionen ist von daher in sich selbst als Behinderungsform zu bezeichnen. In *Kap. 3.0* soll durch die erziehungstheoretische Grundlegung die Frage beantwortet werden: *"Wie sind integrative Spielsituationen strukturiert?"*

In einem weiteren Schritt wird sodann aufbauend auf diesem pädagogisch-phänomenologischen Ausgangspunkt die Frage nach dem spielpädagogischen Gegenstandsbereich und seiner integrationspädagogischen Relevanz möglich. *Spielpädagogik als Integrationspädagogik* beinhaltet ausgehend von einem pädagogischen Situationsbegriff Reflexionen über die raum-zeitlichen und personal-sozialen Dimensionen integrativer Spielsituationen. Spielpädagogik gerät in diesem Zugriff zu einem möglichen Realisierungsansatz einer basalen, allgemeinen und integrativen Pädagogik. Dazu ist es erforderlich eine Übersicht über empirisch gesicherte Aussagen zum Zusammenhang von Spiel und Intervention, Spiel und Prävention sowie Spiel und Integration zu erstellen. Im Vordergrund steht hier also die Frage: *"Welche empirisch gesicherten Befunde liegen über integrative Spielsituationen vor?" (Kap. 4.0).*

Die Überwindung der Lebensweltvergessenheit spielpädagogischer Konzeptionen in ihrer Bedeutung für die integrationspädagogische Forschung verlangt schließlich die erneute Rückbindung der Forschungstätigkeit an die Erziehungswirklichkeit. Im Rahmen des qualitativ orientierten Begleitforschungsprojektes *"Gemeinsam spielen"* wird in enger Kooperation mit den Erzieherinnen und der Fachberatung des Arbeitsbereiches "Wohnortnahe Integration behinderter Kinder in Regelkindergärten" beim Diakonischen Werk Dortmund ein spielpädagogisches Praxiskonzept entwickelt, das unmittelbar an den Erziehungsalltag der beteiligten pädagogischen Fachkräfte anknüpft und zugleich Perspektiven für die Zukunftsvorstellung einer Kindertageseinrichtung für alle aufzeigt. Grundlage für diese pädagogisch-konzeptionellen Überlegungen bildet besonders die Fragestellung *"Wie läßt sich integrative Spielförderung praktisch ausgestalten?" (Kap 5.0).*

Insgesamt drückt die Anlage der hier geplanten Untersuchung also das Bemühen aus, die Entwicklung eines Konzeptes *Integrativer Spielförderung* schon forschungsmethodisch auf zwei Ebenen und somit als Dialog zwischen Wissenschaft und Erzieherinnenalltag zu vollziehen. Damit wird der Versuch unternommen, am Problem der spielpädagogischen Konzeptualisierung wohnortnaher Integration im Elementarbereich ein lebensweltorientiertes erziehungswissenschaftliches Forschungsprogramm exemplarisch zu verdeutlichen und die Entwicklung einer lebensweltbezogenen Forschungsmethodik anzuregen. Es wird erwartet, daß insbesondere das anfangs benannte Gegenwartsproblem der Erziehungswissenschaften einer Bildungs-und Erziehungsinstitution für alle Kinder auf diesem Weg einer Lösung näherzubringen ist. Neben Maßnahmen der äußeren Bildungsreform gilt es in dieser Hinsicht vornehmlich eine Diskussion über die Grundlagen erziehungswissenschaftlicher Theoriebildung in der Gegenwart zu führen. Das Lebensweltkonzept vermag angesichts dieser Aufgabenstellung sowohl sozialwissenschaftliche wie auch anthropologische Traditionslinien pädagogischen Denkens in der westdeutschen Nachkriegsgeschichte zusammenzuführen und so fundierte Perspektiven für zukünftige Theorie- und Praxisfortschritte in der Heilpädagogik (vgl. MEINERTZ/KAUSEN/F. KLEIN 1992) zu eröffnen.

1.0 INTEGRATIVE SPIELSITUATIONEN

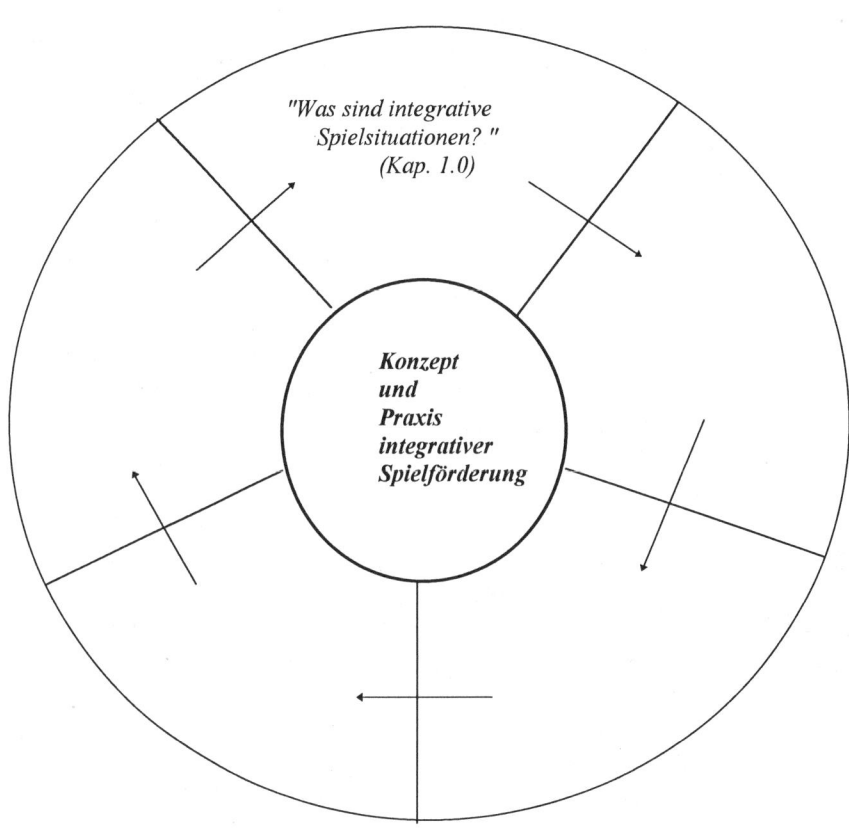

In diesem Kapitel wird ein Einblick gegeben in ...
- ... das Gemeinsame Spiel von Kindern mit und ohne Behinderungen im Kindergarten.
- ... einen möglichen Definitionsansatz für integrative Spielsituationen.

""Siehst Du die Glühwürmchen?" "Nein", ich sehe sie nicht. Sasha blickt nachdenklich zu mir hoch. "Das kommt daher, Ton, weil Dein Kopf dort oben ist", und er zeigt zu mir nach oben, "und mein Kopf hier unten ist", er zeigt auf seinen eigenen Kopf. Ich gehe in die Knie, und nun seh ich sie auch, die Glühwürmchen, unter dem ziemlich hohen Busch. Sie blinken auf und erlöschen dann. Lautlose kleine Funken im Dunkel des Busches."
(BEEKMAN, T. 1987, 11)

Das gemeinsame Spiel von Kindern mit und ohne Behinderung bildet eine aus kindlicher Perspektive höchst attraktive Chance zur Herstellung von Gemeinsamkeit im Sinne sozialer Integration. Diese Beobachtung steht jedem offen, der sich in die integrativen Kindergruppen in Regelkindergärten hineinbegibt und sich dort einladen läßt in die Lebenswelt der Kinder. Kindliche Eigenwelten erschließen sich nicht unmittelbar. Es ist notwendig, sich auf die Ebene der Kinder ziehen zu lassen. Doch dort angekommen, wird man verstehen, daß sich in der Spielgruppe mit behinderten und nichtbehinderten Kindern mehr abspielt, als sich dem bloßen Auge des Betrachters darbietet. Das Geschehen in der integrativen Gruppe ist somit nicht nur sinnlich erfaßbar, es muß auch interpretativ aufgeschlossen werden. Wer sich diesem Prozeß öffnet, wird feststellen, daß die integrative Spielgruppe selbst das Fördermodell der gemeinsamen Erziehung im Elementarbereich unseres Bildungswesens darstellt. Die Herstellung integrativer Spielsituationen, in denen alle Kinder beteiligt sein können, als Grundelement des Erziehungsalltags in der integrativen Gruppe im Regelkindergarten ist Gegenstand der folgenden Untersuchung und ebenso ihr lebensweltliches Fundament. Ausgangs- und Zielpunkt der Darstellung liegen also in der Erziehungswirklichkeit der integrativen Spielgruppe begründet, sollen sie in phänomenologischer Reduktion beschreiben, der hermeneutischen Interpretation öffnen und der kontroversen Betrachtungsweisen aussetzen.

Die konkrete Erziehungswirklichkeit, aus der die hier vorgetragenen Gedanken entwickelt werden, ist eingebettet in den Arbeitsbereich "Wohnortnahe Integration behinderter Kinder im Regelkindergarten" beim Diakonischen Werk Dortmund, der seit 1983 besteht. Aus diesem Praxiszusammenhang heraus werden im weiteren zunächst einige Szenen aus dem Alltag der integrativen Spielgruppe vorgestellt und interpretiert. Erst darauf aufbauend ist eine begriffliche Abgrenzung integrativer Spielsituationen und eine kritische Rückbesinnung auf heilpädagogische Handlungsformen zum kindlichen Spiel (Spielförderung) möglich. Im Anschluß an das lebensweltliche Theoriekonzept erfolgt abschließend ein Ausblick auf zukünftige Entwicklungsperspektiven integrativer Spielförderung.

1.1 Erziehungsalltag in der integrativen Kindergartengruppe

Aus einer explorativ orientierten Beobachtungsphase, in der ausschließlich die Form der teilnehmenden Beobachtung zur Anwendung kam und sog. "Spielprotokolle" (vgl. HEIMLICH/HÖLTERSHINKEN 1994, 43f.) ausgefüllt wurden, sollen nun einige Szenen wiedergegeben werden, die einen ersten Eindruck von der Problemstellung integrativer Spielsituationen vermitteln. Zur methodologischen Einordnung dieser Forschungsstrategie sei auf die Arbeiten von WEGENER-SPÖHRING (1989) hingewiesen, die eine qualitative Vorgehensweise bei der Spielbeobachtung bevorzugt. Es handelt sich insgesamt bei dieser Spielbeobachtungsphase um vorbereitende Untersuchungen zum Begleitforschungsprojekt *"Gemeinsam spielen"* (vgl. HEIMLICH 1993a).

1.1.1 Szenen des gemeinsamen Spiels

Marcus (M.) ist zum Beobachtungszeitpunkt 5;9 Jahre alt. Der Entwicklungsbericht weist für M. einen frühkindlichen Hirnschaden und ausgeprägte Koordinationsstörungen im grobmotorischen Bereich aus. Dies hat zur Folge, daß M. bis zum Beobachtungszeitpunkt noch erhebliche Schwierigkeiten beim aufrechten Gehen hat, wenn auch insgesamt deutliche Entwicklungsfortschritte im grobmotorischen Bereich zu verzeichnen sind. M. befindet sich in ständiger ärztlicher Behandlung in bezug auf seine Hör- und Sehfähigkeit.

Die hier ausgewählte Spielszene ist eingebettet in ein Spielangebot in einem separaten Raum. Die Einrichtung, in der die Spielbeobachtung durchgeführt wurde, hat seit kurzer Zeit aufgrund der gewandelten Anforderungsstrukturen alternative Raumkonzepte realisiert. So können die Kinder außerhalb des Gruppenraumes selbständig einen Mehrzweckraum aufsuchen. Es erfolgt keine direkte Beaufsichtigung durch die Erzieherin. Durch die geöffneten Türen der Gruppenräume ist allerdings der Hörkontakt zu diesem Raum gesichert. Die Zahl der Kinder, die dieses Angebot wahrnehmen können, wird beschränkt. So muß jedes Kind, das in den Mehrzweckraum gehen will, eine Halskette aus bunten Perlen von einer

Pinnwand abnehmen und sich umlegen. Sind keine Ketten mehr da (insgesamt 4 für dieses Angebot), dann kann auch niemand mehr in den Raum. Diese Regelung hat sich aus der Beobachtung des Raumnutzungsverhaltens in der integrativen Gruppe ergeben. Die Erzieherinnen stellen fest, daß eine Entzerrung der angebotenen Aktivitäten notwendig ist, um die Konfliktträchtigkeit einer überhöhten räumlichen Dichte im Gruppenraum abzuschwächen.

M. hat noch keine Kette als wir zum Mehrzweckraum losgehen. Aber an der Tür zum Mehrzweckraum tauscht ein Mädchen mit ihm die Kette, so daß er das Angebot "Kaufladen" in Anspruch nehmen kann. Zunächst befinden sich 4 Kinder im Raum, ein gemeinsames Spiel ist nicht deutlich. M. stellt sich hinter den Kaufladen. Er versucht mich über das Telefon anzusprechen. Ich verweise ihn an die Gruppe. M. sagt zu den Kindern: "Ihr müßt jetzt wohl bei mir einkaufen." Die Gruppe geht auf diesen Vorschlag nicht ein. Zwei Mädchen ziehen sich mehr und mehr vom Kaufladen zurück und beobachten eher. Zwei Jungen nehmen alle Spielmaterialien aus dem Kaufladen und verstecken sich in einer Ecke des Raumes unter einen Tisch. M. geht zu ihnen hin und sagt: "Stellt das sofort wieder zurück!". Die Jungen lehnen ab. Er schreit sie an und schlägt sie auf Arme und Rücken. Die beiden Jungen stellen sich vor M. hin und stemmen sich die Arme seitlich in die Hüfte, fassen ihn aber nicht an. Im Streitgespräch wird nun ausdiskutiert, wer der Stärkere ist. Die beiden Jungen verlassen den Raum, und M. ist mit den Mädchen allein. Die Mädchen beginnen aufzuräumen und den Kaufladen wieder herzurichten. Ich schlage M. vor dabei mitzuhelfen. Er zögert angesichts dieses Vorschlages und läßt die Mädchen allein aufräumen. Als sie fertig sind, stellt sich M. wieder hinter den Kaufladen. Die Mädchen möchten auch hinter der Kaufladentheke stehen und Verkäuferinnen spielen. Sie begründen das damit, daß sie aufgeräumt hätten. Als M. fast am Ziel ist (nämlich doch den Verkäufer zu spielen), verlasse ich den Raum, um seine Position durch meine Anwesenheit nicht noch zu stärken. Kurze Zeit später steigt der Geräuschpegel im Mehrzweckraum derart an, daß es auch im Gruppenraum zu hören ist. Eine Erzieherin versucht den Vorfall zu klären. Nach kurzer Befragung stellt sich heraus, daß die Mädchen mit einer Freundin Kaufladen spielen wollten und M. zu diesem Zweck seine Kette abgenommen hatten. Das nahm M. nicht unwidersprochen hin. Zunächst zog er jedoch die Kritik der Erzieherin auf sich, die ihm vorwarf, er habe sich in unrechtmäßiger Weise in den Besitz einer Kette gebracht. Als herauskommt, daß dies nicht so stimmt, entschuldigt sich die Erzieherin bei M., der das akzeptiert und sich einer anderen Spielgruppe zuwendet.

Sicherlich wird aus den geschilderten Situationen deutlich, daß M. noch lernen müßte, auch eine untergeordnete Rolle in einem Spielprozeß zu übernehmen. Dies kann vermutlich nicht erreicht werden ohne eine vorübergehende Hilfe der Erzieherin. Zu denken wäre in dieser Hinsicht etwa an Rollenspiele, bei denen die

Erzieherin gezielt Einfluß nimmt auf die Verteilung der Rollen z.B. in einer thematischen Phantasiepielgeschichte und M. auch eine nicht so dominierende Position anbietet. Andererseits ist es ebenso von Interesse, noch genauer zu analysieren, wie die Kinder unter sich dieses Dominanz-Problem lösen.

Die zentrale Erkenntnis aus der spielpädagogischen Interpretation dieser Situationsschilderungen bezieht sich jedoch auf die Art und Weise, wie M. die Gemeinsamkeit im Spiel zu gestalten versucht. Er bringt gerade in die Initiierungsphasen solcher Spielprozesse seine sprachlichen Fähigkeiten in besonders umfänglicher Weise ein. Dabei zeigt sich sein großer aktiver Wortschatz, seine ausgeprägte Lust, Fragen aller Art zu stellen, verbale Aktionsmuster wie Regieanweisungen einzusetzen und auch verbale Formen der Konfliktbewältigung zu benutzen. Nach übereinstimmender Auffassung der Erzieherinnen stehen die sprachlichen Fähigkeiten auch im Mittelpunkt des Entwicklungsfortschrittes, den M. im Kindergarten durchlaufen hat, wenn auch andere erfreuliche Tendenzen im Bereich der Grobmotorik nicht vernachlässigt werden dürfen. Kennzeichnend für M. ist aber v.a. die Fähigkeit, "mit seinen Pfunden zu wuchern". Sein Pfund sind seine sprachlichen Fähigkeiten, die er auf allen Ebenen integrativer Spielprozesse einsetzt. Abgesehen von dieser begrüßenswerten Strategie sollten sicher auch andere Fähigkeiten z. B. gestalterischer Art weiter aktiviert und angebahnt werden. Die sprachlichen Aktionsmuster werden in M.s Spieltätigkeit jedoch immer im Vordergrund stehen.

Chris (Ch.) ist zum Zeitpunkt der Beobachtung 6;8 Jahre alt. Bei Ch. kommt es in einem Rhythmus von etwa 2 Wochen aufgrund eines frühkindlichen Hirnschadens immer wieder zu Lähmungserscheinungen und Migräneanfällen. Er leidet häufig unter starken Schmerzen, artikuliert aber trotzdem immer wieder sehr intensiv den Wunsch, in den Kindergarten zu gehen. Die anderen Kindern der Gruppe haben gelernt, besonders liebevoll mit Ch. umzugehen und ihm während seiner Schmerzanfälle eine Rückzugsmöglichkeit offenzulassen.

Ch. spielt mit einem Auto (aus Lego-Bauelementen mit 8 Rädern). Er läßt das Auto durch den Raum fahren und holt es sich wieder, indem er hinterherrutscht. Dabei stößt er irgendwann einmal mit seinem Fahrzeug einen Jungen an, der das Auto zurückschiebt. Es geht ein paar Mal auf diese Weise hin und her. Ein Mädchen nimmt das Spiel auf und läßt das Auto quer durch den Raum zu Ch. zurückfahren.

Ch. hat mit einem großen gelben Tuch an einem Spieltisch eine Höhle abgeteilt. Er wird zunächst von niemandem beachtet und sammelt mehrere Minuten lang verschiedene Gegenstände aus der Puppenecke (Kochgeschirr, Kleidungsstücke), um es in seine Höhle zu bringen. Ein Junge, der sich verkleidet hat, kommt dazu und schaut nach, was Ch. dort versteckt. Beide holen weitere Gegenstände aus der Puppenecke. Einige Mädchen teilen mit Hilfe von Stühlen einen Raum neben der Höhle ab und transportieren ebenfalls Haushaltsgeräte dorthin. Schließlich spielen insgesamt sechs Kinder über einen Zeitraum von knapp 30 Minuten eine Art Familienspiel mit verteilten Rollen.

Ch. dokumentiert in diesen und weiteren Szenen ein für ihn typisches Tätigkeitsmuster bei der Kontaktaufnahme zu anderen Kindern in der Gruppe. Er beginnt jeweils eine Spieltätigkeit, für die er sich gerade interessiert, wartet auf zufällig sich ergebende Kontakte zu anderen Kindern und ordnet sich dann in das gemeinsame Spiel ein. Es ist zu vermuten, daß er sich ein bestimmtes Wissen über besonders attraktive Spieltätigkeiten angeeignet hat, die sich einer hohen Beliebtheit bei den anderen erfreuen und daß er dieses Wissen gezielt einsetzt. Auch wenn er das selten deutlich artikuliert, so ist doch aus seiner Mimik (Lächeln, Blickrichtung) zu erkennen, daß er klare Absichten mit seiner Tätigkeit verbindet. Insofern handelt es sich um eine sehr subtile Strategie zur Schaffung integrativer Spielsituationen: Ch. beginnt eine Spieltätigkeit und hofft darauf, daß sich andere beteiligen, ohne daß er andere Kinder gezielt anspricht. Im übrigen besitzt die integrative Gruppe für Ch. trotz Schmerzen und teilweise anstrengender Behandlung eine hohe Attraktivität. Obwohl er die Möglichkeit zum Rückzug vom Gruppengeschehen hätte, bleibt er nur sehr selten aus eigener Entscheidung daheim.

1.1.2 Spielpädagogische Problemstellung

Die beschriebenen Fallbeispiele verdeutlichen in der Hauptsache, daß die von den Kindern in integrativen Kindergartengruppen gewählten Freispielaktivitäten den Kern der integrativen Spielsituationen bilden. Hervorzuheben ist dabei besonders, daß die Kinder ganz unterschiedliche Formen der Kontaktinitiierung zeigen, ihre *soziale Kreativität* also auf eine individuell verschiedene Weise in die Konstituierung integrativer Spielsituationen einbringen. Von dieser empirischen Basis ausgehend muß nach spielpädagogischen Reaktionsformen gefragt werden. Auf diesem Weg wird sich auch eine integrative Spielförderung entwickeln lassen. Ausgangspunkt dieser konzeptionellen Arbeit ist die Hypothese, *daß Kinder im Kindergartenalter einen großen Teil ihrer "Gemeinsamkeit" im spontanen Spiel selbst herstellen.* Spielpädagogik hat hier nur die Aufgabe angemessene Rahmenbedingungen bereitzustellen. Die Entscheidung für eine bestimmte Art von Raumgestaltung ist z.b. eine solche spielpädagogische Handlungsform.

Bezogen auf einzelne Kinder wird diese zentrale spielpädagogische Hypothese durch eine weitere Beobachtung ergänzt. *Kinder im Kindergartenalter unterscheiden sich in der Art und Weise, wie sie die Initiierungsphase gemeinsamer Spieltätigkeit gestalten.* Sie bringen in diese Phase ganz unterschiedliche Fähigkeiten ein und versuchen, durch besondere Fertigkeiten andere Kinder zum gemeinsamen Spiel zu animieren. Interessant für eine spielpädagogisch orientierte Integrationsforschung wäre somit nicht die Frage nach der Auswirkung bestimmter Schädigungen auf das Spiel des als behindert eingestuften Kindes, sondern vielmehr die Frage nach den besonderen Fähigkeiten, die dieses Kind in die Spielsituation einbringt. Zugleich müßten SpielpädagogInnen Hilfestellungen bereitstellen, die sich auf diese Fähigkeiten beziehen. Im Mittelpunkt einer integrativen Spielförderung stünde damit die Entwicklung der kindlichen Spielfähigkeit. Zu fragen wäre unter dieser Perspektive: Welche Fähigkeiten bringt das Kind in das Spiel ein?, um von dieser Basis ausgehend spielpädagogische Inhalte und adäquate Handlungsstrukturen zu entwickeln. In der sonderpädagogischen Perspektive wird nach wie vor gefragt: Was kann das Kind nicht ? Was fehlt in seinem Spiel ?, um darauf aufbauend genau diese Defizite zum spielpädagogischen Inhalt zu erheben. Die Beobachtung und Beschreibung integrativer Spielprozesse verdeutlicht insofern auch die Notwendigkeit zu einem Perspektivenwechsel in der Wahrnehmung der Erziehungswirklichkeit von Kindern mit einer Behinderung.

Auf dem Hintergrund des bisher Gesagten sind *integrative Spielsituationen* zu definieren als *Situationen, in denen alle Kinder auf der Basis ihrer Fähigkeiten am gemeinsamen Spiel teilnehmen können.* Dies impliziert nicht notwendigerweise stets eine kooperative Spieltätigkeit als Zielvorstellung und normatives Kriterium für erfolgreiche Integration. Tatsächlich werden sich die Spieltätigkeiten auf einem Kontinuum zwischen Alleinspiel und kooperativem Spiel bewegen (vgl. PARTEN 1932, FTHENAKIS/SPERLING 1982). Damit ist zunächst die interpersonale Ebene von Integration angesprochen. Die Gestaltung integrativer Spielsituationen bezieht sich allerdings letztlich auf alle Ebenen der Integration (vgl. die Diskussion des Integrationsbegriffes bei BLEIDICK 1988).

Der vorliegende Definitionsansatz kommt der Formel FEUSERs, der die *"Gemeinsame Tätigkeit am gemeinsamen Gegenstand"* (1982) in den Vordergrund stellt, nahe. Kooperative Spieltätigkeit wird hier jedoch nur als ein Pol eines Kontinuums von Spieltätigkeiten angesehen. Kooperation sollte zwar als Chance gegeben sein, die von allen Kindern wahrgenommen werden kann. Sie stellt jedoch nicht die Norm für erfolgreiche Integration dar. Auch ein Kind, das für sich allein spielt, kann durchaus in das Gruppengeschehen integriert sein. Auch der gemeinsame Gegenstand muß nicht in jedem Fall sach- und themenbezogen sein. In der Spielsituation heißt der gemeinsame Gegenstand Spielprozeß und dieser Gegenstand wird von den Kindern versucht in Gang zu setzen, an diesem Gegenstand wird gelernt und dieser Gegenstand ist der eigentliche Inhalt der Tätigkeiten. Der Spielprozeß kann auch von einem Kind allein initiiert werden. Entscheidend für die theoretische Betrachtung der sozialen Spieltätigkeit aus erziehungswissenschaftlicher Sicht ist die zugrundeliegende Entwicklungstheorie. Soziale Spieltätigkeit entwickelt sich nach vorliegenden entwicklungspsychologischen Erkenntnissen nicht hierarchisch, sondern im Sinne einer zunehmenden Bandbreite von sozialen Kompetenzen zwischen Alleinspiel und Kooperationsspiel als Extremwerten.

Bedeutsamer für die Abgrenzung integrativer Spielsituationen sind insofern die qualitativen Merkmale des kindlichen Spiels etwa im Anschluß an LEVY (1978). Nach LEVY sollten wir dann von Spieltätigkeit sprechen, wenn eine Tätigkeit sich durch intrinsische Motiviertheit (intrinsic motivation), Phantasieelemente (suspension of reality) und eine interne Form der Spielbeherrschung (internal locus of control) auszeichnet. Dahinter steht ein implizites anthropologisches Konzept, das die Selbstbestimmung des Kindes in den Mittelpunkt stellt. LANGEVELD spricht in seinem Versuch einer anthropologischen Grundlegung lebensweltorientierter Pädagogik von dem Kind, das "selbst jemand sein will" (LANGEVELD 1968a, 30). Das Spiel des Kindes erscheint in dieser Perspektive als Zugangsweise des Kindes zur Lebenswelt, als spezifisch kindliches Zur-Welt-Sein, dem eine dialektische Struktur resp. Doppelbödigkeit anhaftet. Diese besteht in einem Spannungsverhältnis zwischen einer Tätigkeit in der intersubjektiven Wirklichkeit der Erwachsenen und anderer Bezugspersonen einerseits und der subjektiven Negierung dieser Wirklichkeit durch die Konstituierung einer Eigenwelt auf der Ebene des So-tun-als-ob andererseits. Spiel enthält stets die Chance, die Wirklichkeit nicht ernst zu nehmen, neue *Wirk-lichkeiten* zu schaffen und vorhandene Rahmen zu überschreiten. Insofern ist das Verhältnis von Kind und Lebenswelt als schöpferisches zu charakterisieren (HEIMLICH 1991a, 1991b, 1993b).

KOOIJ (1983a, 1989) hat durch ein entsprechendes Spielbeobachtungsinstrument dazu beigetragen, daß die LEVY-Kategorien auch in operationalisierter Form vorliegen. Eine qualitative Sichtweise des kindlichen Spiels als Abgrenzungskriterium für integrative Spielsituationen ist somit spieltheoretisch fundierbar und forschungsmethodisch praktikabel. Die Entwicklung integrationspädagogischer Konzeptionen im Elementarbereich wird sich mit dieser Problemstellung befassen müssen. Eine mögliche Richtschnur bildet dabei die spielpädagogische Ausgestaltung dieser Spielsituationen.

Perspektiven für die zukünftige Diskussion ergeben sich v.a. aus ökologischen Ansätzen in der Spielpädagogik (vgl. HEIMLICH 1989, 1993b, SCHÄFER 1989). Zum zentralen Terminus gerät in dieser Tradition und auf dem Hintergrund der situativen Curriculumansätze im Elementarbereich der spielpädagogische Situationsbegriff (vgl. ausführlich dazu HEIMLICH 1993b).

Im Mittelpunkt der Betrachtung stehen die Kinder und ihre spontane Spielaktivität. Dies ist Ausgangspunkt und Endpunkt jeder spielpädagogischen Maßnahme, die sich aus der spezifischen sozialen Beziehung des Kindes zum Erwachsenen ergibt. Das spontane Spiel wird von verschiedenen Variablen beeinflußt und wirkt sich auf diese ebenso aus. Zu unterscheiden sind im wesentlichen die Variablen Spielmittel, Spielpartner, Spielraum, Spielzeit, SpielpädagogInnen.

Der Begriff der Spielsituation ermöglicht eine Sichtweise auf das kindliche Spiel, die von einem dialektischen Zusammenhang von Kind und Lebenswelt ausgeht, in dem die Chance zum Entwurf von kindlichen Eigenwelten im Rahmen vorhandener sozialräumlicher Bedingungen besteht. Dieser subjektiv bestimmte Weltentwurf von Kindern im Spiel wird bei HUGHES (1991, 295) als "framing" bezeichnet und soll auf das Vorhandensein mehrerer Wirklichkeitsebenen im Spiel von Kindern hinweisen. GOFFMAN (1977) kommt in seiner Rahmen-Analyse im Anschluß an BATESON (1983) zu ähnlichen Ergebnissen.

SpielpädagogInnen, zu denen im weiteren Sinne auch die Eltern zu zählen sind, beeinflussen nun in dieser Situation v. a. die Umweltvariablen des kindlichen Freispiels, ohne direkt in das Freispiel einzugreifen. Die wichtigste Handlungsform der Spielpädagogik ist somit die Gestaltung einer angemessenen Spielumwelt. SpielpädagogInnen sind im Unterschied zu SpieltherapeutInnen in der Hauptsache *"SituationsgestalterInnen"*. Die Beziehung zum einzelnen Kind hat einen weniger direkten Charakter als das etwa in der spieltherapeutischen Arbeit angestrebt wird (vgl. GOETZE 1984, SCHMIDTCHEN 1988). Der Inhalt der spielpädagogischen Tätigkeit bezieht sich vorwiegend auf die Umweltvariablen des kindlichen Spiels und weniger direkt auf die Tätigkeit des Kindes in einer direkten Interaktion. Die Tätigkeiten von SpielpädagogInnen zeichnen sich aus dieser Perspektive eher durch folgende Merkmale im einzelnen aus:

- SpielpädagogInnen sind *GestalterInnen von Spielumweltvariablen*, d.h. sie ermöglichen das spontane Spiel der Kinder durch die Bereitstellung von Spielmitteln und Spielräumen (im doppelten Sinne des Wortes), durch Hilfe bei der Kontaktaufnahme zu gleichaltrigen Spielpartnern und durch die Disposition von Spielzeit. Immer wichtiger wird bei einer so verstandenen ökologischen Spielpädagogik das Kriterium der Gestaltbarkeit von Spielumwelt von Kindern selbst im Gegensatz zur Gestaltung von Spielumwelt für Kinder durch die Erwachsenen (vgl. HEIMLICH 1991a).
- SpielpädagogInnen bedienen sich *indirekter Formen der Lenkung von Spielprozessen*. Diese Handlungsform beinhaltet zuallererst die Fähigkeit zur Beobachtung kindlicher Spieltätigkeiten. Erst darauf aufbauend können Entscheidungen über Anregungen in bezug auf spontane Spieltätigkeiten gefällt werden. Ziel dieser Anregungen ist ausschließlich die kindliche Spielfähigkeit.
- SpielpädagogInnen verfügen über das *Tätigkeitsmuster der aktiven Passivität* (vgl. MERKER/RÜSING/BLANKE 1980). Sie können sich zwar auch auf der Ebene des Rollenspiels als Rollenträger in einen Spielprozeß hineinbegeben, verlassen diesen aber ebenso wieder, um den nötigen Freiraum für das Spiel neu zu öffnen. Insofern schwanken sie ständig zwischen den Polen Aktivität und Passivität und müssen diese Tätigkeitsmuster immer wieder neu ausbalancieren.
- SpielpädagogInnen bringen ein *hohes Maß an Akzeptanz* dem kindlichen Spiel gegenüber ein. Vorrangig sind die Wünsche, Bedürfnisse und Themen, die die Kinder tagtäglich in ihrem Spiel akutalisieren. Sie bilden den lebensweltlichen Ausgangspunkt, aus dem die spielpädagogischen Anregungen abgeleitet werden.
- SpielpädagogInnen übernehmen auf einem sehr weitreichenden Niveau ihrer Spielanregungen auch *Mitspieler-Funktionen*, lassen sich also mit in das Spiel der Kinder einbeziehen, ordnen sich in die Regieanweisungen ein, sind gleichsam "Souffleur" und "Komparse" (vgl. HEINSOHN/KNIEPER 1975) des Kindes.

Spielpädagogik wird auf diesem Hintergrund vorläufig bestimmbar als *Summe all jener Maßnahmen, die sich auf die Anregung, Unterstützung und Ermöglichung des spontanen kindlichen Spiels durch einen Erwachsenen mit dem Ziel der Förderung selbstbestimmterer Spieltätigkeiten beziehen.* Davon abzuheben ist die gezielte Organisation der Umweltvariablen des Spiels einschließlich der Reduktion von Spielmitteln auf ganz spezifische Gegenstände und der unmittelbaren Teilnahme des Erwachsenen im Spiel. Dieser Bereich wird als *"Spielförderung"* angesehen (vgl. HEIMLICH 1988) und ist besonders bei Kindern mit Lern- und Entwicklungsschwierigkeiten angezeigt. Allerdings steht auch hier ein Kontinuum verschiedener Situationsgestaltungen des Erwachsenen im Vordergrund und nicht eine separate Förderung. Insofern impliziert Spielpädagogik als pädagogische Maßnahme eine integrative Funktion, da eine abgestufte Folge von Einwirkungen des Erwachsenen auf das kindliche Spiel ausdifferenziert werden kann. Pädagogik des Spiels bedeutet, das kindliche *Spiel als Ziel und als Mittel der pädagogischen Bemühungen* zu betrachten. Spielförderung als gezielte Organisation der Umweltvariablen des kindlichen Spiels stellt nur eine sehr weitreichende Handlungsform innerhalb der Spielpädagogik dar. Aber sie bezieht sich in jedem Fall auf das Spiel als Ziel und als Mittel. Daher soll an dieser Stelle noch einmal bekräftigt werden, was bei MIEDANER (1986, 184ff.) bereits angedeutet ist: Spielpädagogik stellt zumindest was den Elementarbereich anbetrifft, den zentralen Bereich einer integrationspädagogischen Konzeption dar. Vielleicht zeigt sich dabei, daß die Spielpädagogik nicht nur eine Zukunft der Pädagogik (vgl. WEGENER-SPÖHRING/ZACHARIAS 1990), sondern auch die Zukunft der Integrationspädagogik mitbestimmen kann. Spielpädagogik erleichtert jedenfalls den Perspektivenwechsel innerhalb der Heilpädagogik und die Öffnung der Betrachtungsweise - und zwar sowohl auf der konzeptionellen Ebene wie auch im Bereich der Tätigkeit und Rolle der HeilpädagogInnen selbst. Spiel und "Nachdenken über Spiel" (FRITZ 1991, 185) eröffnet so auch einen Ausweg aus der gegenwärtigen Identitätskrise von HeilpädagogInnen und Heilpädagogik, der die Zielsetzung einer Allgemeinen Pädagogik, einer Pädagogik für alle Kinder aufzeigen hilft. In dem Maße wie heilpädagogische Handlungsformen auf den spielpädagogischen Gegenstandsbereich bezogen und in einen Perspektivenwechsel mit einbezogen werden können, werden traditionelle heilpädagogische Handlungsfelder ihr spezifisches Institutionalisierungspotential verlieren und in einen integrationspädagogischen Prozeß hineingezogen, wie bei den Sondereinrichtungen im Elementarbereich unschwer nachzuvollziehen ist. Unterschiedliche Niveaus der Unterstützung von kindlichen Spieltätigkeiten unter Berücksichtigung individueller kindlicher Kompetenzen bis hin zur Spielförderung bei vorliegenden Spielschwierigkeiten legitimieren noch keine eigenständigen institutionellen Betreuungsformen.

1.2 Begriffsbestimmung integrativer Spielsituationen (Zusammenfassung)

Beobachtungen in integrativen Regelkindergärten, die nach dem Modell der wohnortnahen Integration arbeiten, zeigen, daß behinderte und nichtbehinderte Kinder sich im gemeinsamen Freispiel weitgehend spontan begegnen. Sie bringen ihre unterschiedlichen Interessen und Kompetenzen in dieses gemeinsame Spiel ein und fragen danach, was mit dem jeweiligen Gegenüber angefangen werden kann. Aus diesem Grunde wird hier angenommen, daß die so zustandekommenden integrativen Spielsituationen die zentrale Bezugsgröße einer pädagogischen Konzeption für die flächendeckende Integration im Elementarbereich darstellen können. Integrative Spielsituationen entstehen überall dort, wo alle Kinder unabhängig von ihren Kompetenzen am gemeinsamen Spiel teilnehmen können. Auf dem Hintergrund ökologischer Ansätze in der Spielpädagogik können integrative Spielsituationen in einem ersten Schritt über die Elemente Spielraum, Spielmittel, Spielpartner, Spielzeit und SpielpädagogInnen genauer bestimmt werden.

Literaturempfehlungen:

DITTRICH, G. u.a. (1990): Die Entwicklung integrativer Erziehung im Elementarbereich. Eine Bestandsaufnahme ... In: Gemeinsam Leben. Nr. 24/90. München: DJI, 1990
FRITZ, J. (1991): Theorie und Pädagogik des Spiels. Eine praxisorientierte Einführung. Weinheim, München: Juventa, 1991
HEIMLICH, U. (1993): Einführung in die Spielpädagogik. Bad Heilbrunn, Klinkhardt, 1993
MIEDANER, L. (1986): Gemeinsame Eriehung behinderter und nichtbehinderter Kinder. Materialien zur pädagogischen Arbeit im Kindergarten.
MUTH, J. (1986): Integration von Behinderten. Über die Gemeinsamkeit im Bildungswesen. Essen: Neue Deutsche Schule, 1986

2.0 ENTWICKLUNGSSTAND GEMEINSAMER ERZIEHUNG IM ELEMENTARBEREICH

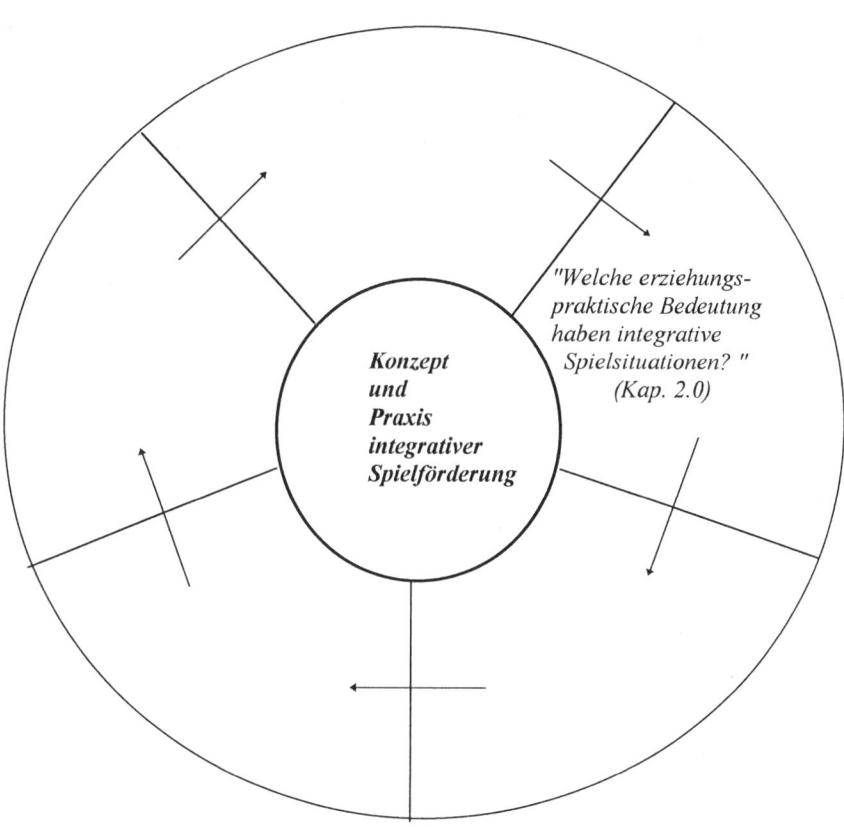

Im Mittelpunkt dieses Kapitels stehen ...
- ... organisatorische und rechtliche Bedingungen der Gemeinsamen Erziehung im Elementarbereich der *BRD* (einschl. neue Bundesländer).
- ...pädagogische Konzeptionen Gemeinsamer Erziehung im Elementarbereich der *BRD*.
- ...Realisierungsanstäze für integrative Spielsituationen im Erziehungsalltag Gemeinsamer Erziehung der *BRD*.

"Wo sich Verständigungen ergeben durch Übersetzungen von Eigenem in Fremdes und umgekehrt, kann sich ein Allgemeines entwikkeln ..." (WALDENFELS 1985, 31)

Zur Ableitung des Stellenwertes integrativer Spielsituationen in lebensweltlicher Perspektive soll nun insbesondere die bundesdeutsche Erziehungswirklichkeit einer gemeinsamen Erziehung im Elementarbereich in den Blick genommen werden. Ausgehend von regionalen Konzeptionsdiskussionen bei staatlichen, föderalen und kommunalen Trägern der Jugendhilfe, sowie den Spitzenverbänden der freien Wohlfahrtspflege einschließlich aktueller juristischer Fixierungen in Ausführung des KJHG v. 26.06.1990 sind v.a. die wichtigsten integrationspädagogischen Entwürfe aus den Modellprojekten einzelner Bundesländer in einem ersten Schritt gegenüberzustellen. Auf dieser Ebene der Konzeptionsanalyse wird also davon ausgegangen, daß Gesetzestexte, Stellungnahmen und sonstige Verlautbarungen von überörtlichen Trägern Gemeinsamer Erziehung im Elementarbereich einen indirekten Zugang zur jeweiligen Erziehungswirklichkeit bzw. zum jeweiligen integrationspädagogischen Alltag liefern. Begriffe wie "Konzeption" und "Förderung" werden in diesem Zusammenhang im Gegensatz zum juristisch-administrativen Sprachgebrauch ausschließlich in pädagogisch-konzeptionellem Sinne verwendet. Die regionale Betrachtungsweise bezieht sich insbesondere auf die Ebene der überörtlichen Träger von Jugend- und Sozialhilfe. Eine kleinräumigere Analyse auf kommunaler Ebene ist gegenwärtig allenfalls in *Berlin*, *Bremen* und *Hamburg* zu leisten.

Aus der Sicht einer präventiven Lernbehindertenpädagogik gilt es festzuhalten, daß die außerschulischen Ansätze zur Förderung von Kindern mit Lern- und Entwicklungsschwierigkeiten in Zukunft sehr viel stärker als integrative Angebotsformen organisiert werden, als das bisher der Fall ist. Präventive Lernbehindertenpädagogik ist demnach in der integrativen Erziehungswirklichkeit der *BRD* angemessen zu verorten, um über diesen Weg Aussagen zu deren zukünftiger Struktur ableiten zu können. Präventive Lernbehindertenpädagogik wird hier vor diesem Hintergrund zunächst als Arbeitshypothese im Sinne integrativer Förderung aufgefaßt. Als wesentliche Problemstellung der folgenden Analyse gilt es jedoch nochmals die Herausarbeitung pädagogisch-konzeptioneller Aussagen in den zugrundeliegenden Texten hervorzuheben.[1]

---

[1] Ein Großteil der in dieser pädagogisch-konzeptionellen Analyse zugrundeliegenden Textdokumente wurde uns freundlicherweise als Reaktion auf ein bundesweites Anschreiben überlassen, das an alle wichtigen

2.1 Gemeinsame Erziehung im Elementarbereich zu Beginn der neunziger Jahre

Mit seiner Abschlußtagung vom 12.- 13. November 1990 beendet die Projektgruppe "Integration von Kindern mit besonderen Problemen" beim DJI ihre im Auftrag des Bundesminissteriums für Jugend, Frauen, Familie und Gesundheit (BMJFFG)[2] durchgeführte 10-jährige Forschungstätigkeit. Sie legt mit dieser Tagung eine Übersicht über den Stand und die wesentlichen Entwicklungslinien integrativer Erziehungspraxis im Elementarbereich in der *BRD* für die achtziger Jahre vor (LIPSKI 1990a u. HOESSL 1990a). Zugleich geht mit diesem beeindruckenden Beispiel einer praxisbezogenen und erziehungswissenschaftlich fundierten Integrationsforschung ein Abschnitt von empirischen Forschungsbemühungen zur gemeinsamen Erziehung zu Ende. Als Ergebnis dieses Rückblicks läßt sich die Aufforderung zur Regionalisierung der zukünftigen Integrationsforschung festhalten. Nach einer Phase der Modellprojekte mit Forschungsinitiativen in einzelnen Bundesländern ist damit ein neues Jahrzehnt der Integrationsforschung und Integrationspraxis im Elementarbereich eingeleitet, das neben Weiterentwicklungen im Bereich der Forschungsmethodologie und -komplexität auch den weiteren Ausbau wohnortnaher Angebotsformen Gemeinsamer Erziehung in Tageseinrichtungen für Kinder zum Thema hat. Als besondere Problematik ist hier der Ausbau integrativer Erziehung in den sog. "Flächenstaaten" der alten Bundesländer, sowie eine Intensivierung der Integrationsbemühungen seitens der Jugendhilfebehörden in den neuen Bundesländern zu nennen (vgl. HEINZE 1990). In dieser Situation muß unser besonderes Augenmerk auf den regionalen und kommunalen Integrationsentwicklungen im Elementarbereich liegen. Es wird also im weiteren auf eine Bestandsaufnahme Gemeinsamer Erziehung im Elementarbereich für die achtziger Jahre verzichtet. Von Interesse ist für die neunziger Jahre vielmehr die regionale Ausrichtung Gemeinsamer Erziehung in einzelnen Bundesländern und Kommunen bis hinein in die neuen Bundesländer. Den Ausgangspunkt dieses Regionalisierungsprinzips in der Integrationsforschung und -praxis bildet der Achte Jugendbericht des BMJFFG, in den sicher auch die Ergebnisse der DJI-Projektgruppe eingegangen sind, der aber zugleich auf pädagogisch-konzeptioneller Ebene die gemeinsame Erziehung als prinzipielle Aufgabe

---

staatlichen, föderalen und kommunalen Ansprechpartner und Träger für gemeinsame Erziehung einschließlich der Träger der freien Jugendhilfe, sowie die Parteien und Gewerkschaften ging. Diese Befragung wurde im Projekt *"Gemeinsam spielen"* durchgeführt. Es sei an dieser Stelle allen Kontaktpersonen für die Auskunftsbereitschaft und Unterstützung gedankt. Die folgende Übersicht gibt den uns vorliegenden Stand bis Ende 1992 wieder. Nur in Ausnahmefällen konnten schon Dokumente aus dem Jahr 1993 aufgenommen werden.

[2] Heute in der Zuständigkeit des *Bundesministeriums für Frauen und Jugend (BMFJ)*

der Jugendhilfe verankert. Von hier aus gilt es die Entwicklung integrativer Erziehung im Elementarbereich in den neunziger Jahren genauer zu betrachten und auf ihren konzeptionell-pädagogischen Gehalt hin zu befragen. Es steht insbesondere im Elementarbereich, so wird hier behauptet, nicht mehr in Frage, ob gemeinsame Erziehung möglich und wie sie zu organisieren sei. Die aus der integrativen Erziehungswirklichkeit heraus formulierte Frage an die erziehungswissenschaftliche Integrationsforschung richtet sich vielmehr auf die pädagogische Konzeption als Orientierungshilfe in einem regionalisierten Prozeß der Entwicklung wohnortnaher Angebotsformen Gemeinsamer Erziehung.

2.1.1 Der Achte Jugendbericht und das KJHG

Bereits die Tatsache, daß die Kommission zur Erstellung des Achten Jugendberichtes (BMJFFG 1990, 11) im Jahre 1988 zur "Integration von behinderten Kindern und Jugendlichen" eine von insgesamt vier Expertenanhörungen durchführte, belegt den Stellenwert, den die Integration Behinderter in diesem Jugendbericht einnimmt, ohne daß an dieser Stelle die langjährige Debatte über die Integrationsproblematik im Felde der Jugendhilfe vernachlässigt werden soll. So bestätigt auch die Bundesregierung in ihrer Stellungnahme zum Jugendbericht die Auffassung der Kommission, daß die Integration Behinderter "leitendes Prinzip in allen Bereichen der Jugendhilfe sein soll" (a.a.O., XII). Abgesehen von einer dezidierten Analyse der Pluralisierungs- und Individualisierungstendenzen in der Lebenssituation von Kindern in der *BRD* (a.a.O., 28ff.), die sicher auch auf die Gruppe der behinderten Kinder und Jugendlichen zutreffen wird, erscheint von besonderem Interesse die Aufnahme der Prinzipien "Prävention" und "Integration - Normalisierung" in die Reihe der Strukturmaximen der Jugendhilfe. Präventiv orientierte Jugendhilfe weist über das Feld der Heilpädagogik hinaus und richtet sich sowohl auf die primäre Prävention im Sinne einer Sicherstellung stabiler Lebenssituationen als auch auf sekundäre Prävention bei besonders kritischen und belastenden Situationen (a.a.O., 85). "Prävention" muß aber ebenso als Prinzip heilpädagogischen Handelns angesehen werden. Im Achten Jugendbericht läßt sich somit erneut die Affinität heilpädagogischer und sozialpädagogischer Perspektivität aufweisen. In bezug auf "Integration-Normalisierung" wird darüber hinaus problematisiert, daß die durch die Spezialisierung heilpädagogischer Hilfen möglicherweise erreichte Entlastung behinderter Kinder und Jugendlicher mit der Ausgrenzung und Abspaltung dieser institutionellen oder halb-institutionellen Arrangements erkauft werden muß. Diese Dialektik der Hilfe und Unterstützung für Kinder und Jugendliche mit einer Behinderung sei zwar ebenso wie das Konzept Integration/ Normalisierung grundsätzlich nicht strittig. Dissens bestehe jedoch in bezug auf Detailfragen der Organisation, Finanzierung und Zugänglichkeit von Einrichtungen der Jugendhilfe für diese Gruppe (a.a.O., 90). Dem wird ein lebensweltorientiertes Konzept der Normalisierung gegenübergestellt, das die Teilhabe auch der Behinderten in möglichst allen sozialen Kontexten sicherstellt. Insbesondere die Eltern behinderter Kinder benötigten die Unterstützung der Jugendhilfe bei den erhöhten Anforderungen an die "Organisation und Koordination von Ressourcen" (a.a.O., 91). Folgerichtig wird deshalb auch die juristische Fixierung dieser Aufgabenstellung im damals noch gültigen Jugendwohlfahrtsgesetz (JWG) reklamiert. Bezüglich der Integration behinderter Kinder im Kindergarten stellt die Kommission den weitreichendsten Ausbau Gemeinsamer Erziehung im Bildungssystem der *BRD* fest (a.a.O., 102ff). Besonders herausgestellt wird der Vorteil der Wohnortnähe, die eine Aufnahme von Kindern mit einer Behinderung in den Regelkindergarten mit sich bringt. Neben der Pluralität der Angebotsformen (integrative Gruppe, Einzelintegration) im Rahmen der Jugendhilfe und der Forderung nach einer weiteren Dezentralisierung und Flexibilisierung der Versorgung mit integrativer/normalisierender Jugendhilfe stellt die Kommission speziell heraus:

"Übergreifendes Ziel ist dabei die wohnungsnahe gut ausgestattete Einrichtung, die allen Kindern des Einzugsgebietes offen steht." (a.a.O., 103).

Als pädagogisch-konzeptioneller Hintergrund dieser zusammenfassenden Forderung der Kommission ist sicherlich der Entwurf einer alltagsorientierten Sozialpädagogik von THIERSCH (1986) anzusehen.[3] Damit verbunden sind insbesondere "Dezentralisierung/Regionalisierung", "Alltagsorientierung" und "Partizipation" als Strukturmaximen lebensweltorientierter Jugendhilfe (BMJFFG 1990, 86 ff.). Für die Integration/Normalisierung von Behinderten als Aufgabe der Jugendhilfe hat dies Angebotsformen zur Folge, die sich durch unmittelbare Zugänglichkeit, Situationsbezogenheit und vielfältige Formen der Mitbestimmung der Betroffenen auszeichnen. Sondereinrichtungen für Behinderte im Elementarbereich scheinen aufgrund ihres großen Einzugsbereichs und ihrer damit einhergehenden Alltagsferne diesen lebensweltorientierten Prinzipien von vornherein entgegenzustehen, auch wenn sie im Einzelfall ausgesprochen positiv zu bewer-

---

[3] Dieser Ansatz einer lebensweltorientierten Sozialpädagogik und seine sozialphänomenologischen Implikationen wird im Kap. 3.2.1 einer eingehenden Analyse unterzogen

tende Öffnungsprozesse durchlaufen haben und der Qualifikationsgrad ihres Angebotes unbestritten bleibt (vgl. FRÜHAUF 1990).

Diese von der Bundesregierung zustimmend zur Kenntnis genommenen Ausführungen der Expertenkommission zur Erstellung des Achten Jugendberichtes haben jedoch keinen Niederschlag in der Novellierung des Jugendhilferechts gefunden, die als Kinder- und Jugendhilfegesetz (KJHG) am 01.01.1991 in Kraft getreten ist und das Jugendwohlfahrtsgesetz (JWG) ablöst, das in seiner grundlegenden Ausrichtung bis auf das Jahr 1922 (Verabschiedung des Reichsjugendwohlfahrtgesetzes, RJWG) zurückreichte. Insofern müssen bisher vorliegende rechtliche Erörterungen zur gemeinsamen Erziehung (STOLLEIS 1988, GERHARDT 1990) unter diesem Aspekt betrachtet werden. Weder der vieldiskutierte Rechtsanspruch jedes Kindes auf einen Kindergartenplatz noch die Ausweitung der Zuständigkeit der Jugendhilfe auf Kinder und Jugendliche mit einer Behinderung wird im KJHG geregelt, auch wenn die Hereinnahme der Tageseinrichtungen in die Jugendhilfe und die umfassende Festlegung ihres Bildungsauftrages insgesamt positiv zu bewerten ist (§ 23, KJHG, vgl. HÖLTERSHINKEN 1991, AGJ 1990). In § 10 wird zwar noch der Nachrang der Sozialhilfe gegenüber der Jugendhilfe bestätigt. Für Maßnahmen der Eingliederungshilfe nach dem Bundessozialhilfegesetz (BSHG, § 39) gilt jedoch weiterhin der Vorrang der Sozialhilfe. Es erfolgt nur eine Einschränkung, die ab 01.01.1995 in Kraft treten soll. Danach sollen seelisch behinderte Kinder und Jugendliche in den Zuständigkeitsbereich der Jugendhilfe fallen, während körperlich oder geistig wesentlich Behinderte oder von einer solchen Behinderung bedrohte weiterhin im Zuständigkeitsbereich der Sozialhilfe verbleiben (JUNGE/LENDERMANN 1990, 45 u. Artikel 11 d. Übergangsvorschriften zu § 10, KJHG). Diese Regelung schafft ab 1995 zumindest formaljuristisch zwei Klassen von Behinderten mit unterschiedlichen Chancen der Integration. Die Zahlung von Eingliederungshilfe ist bekanntlich bislang noch an die teilstationäre Einrichtung mit Öffnungszeiten über Mittag gebunden und eine im wesentlichen medizinisch autorisierte Diagnostik (bei häufigem Fehlen der pädagogisch-diagnostischen Entscheidungsgrundlage). ZILLER/SAUERBIER (1992, 22ff.) kommen zwar zu der Auffassung, daß Kindergärten gem. § 22 KJHG die Anforderungen an eine teilstationäre Einrichtung im Sinne des BSHG erfüllen. Offenbar wird dies jedoch länderspezifisch unterschiedlich interpretiert. Solange Regeleinrichtungen der Jugendhilfe im Elementarbereich die Möglichkeit der ausgeweiteten Öffnungszeiten noch nicht haben, bleiben "wesentlich körperlich und geistig Behinderte" aufgrund der gängigen Praxis der Mittelvergabe von einer stärkeren Ausgrenzung bedroht, auch wenn der Rechtsanspruch auf Eingliederungshilfe im Sinne des BSHG auf den ersten Blick als Vorteil gewertet werden kann (DAHLINGER 1991, 35). Auch nach Inkrafttreten des KJHG bleibt es somit bei der Situation, die bereits STOLLEIS (1988) in seinem Rechtsgutachten als unzureichend kritisiert. Trotz der intensiven Diskussionen im Vorfeld der Verabschiedung des neuen Jugendhilferechts und der Aufnahme von integrationsbezogenen Äußerungen in die Referentenentwürfe zum KJHG (WENDT 1991, 325) besteht nach wie vor kein Rechtsanspruch auf Integration und eine weiterhin ungesicherte Rechtsgrundlage, die teilweise erheblichen zusätzlichen Verwaltungsaufwand nach sich zieht. Unabhängig von den letztlich geeigneten juristischen Regelungen im Abgrenzungsbereich zwischen BSHG und KJHG steht der Gesetzgeber mit der Novellierung des KJHG zum 01.01.1996 (MROZYNSKI 1993, 30), die den Rechtsanspruch auf einen Kindergartenplatz mit einer Neufassung des § 218 koppeln soll, erneut vor der Aufgabe, das Problem der Integration Behinderter im Aufgabenfeld der Jugendhilfe juristisch zu regeln. In der veränderten Fassung des § 10 KJHG bleibt es jedoch weiterhin beim Nachrang der Jugendhilfe gegenüber der Sozialhilfe für die Gruppe der körperlich und geistig behinderten jungen Menschen. Die erste Neuerung in dieser Zuständigkeitsregelung bezieht sich auf die Frühförderung, die nun nach § 10 durch landesrechtliche Ergänzungen auch in die Trägerschaft der Jugendhilfe übergehen kann. Darüber hinaus wird in dem eingeschobenen § 35a die Eingliederungshilfe nach dem KJHG für die Gruppe der seelisch behinderten Kinder geregelt, die in ambulanter Form, in Tageseinrichtungen für Kinder, von geeigneten Pflegepersonen und in stationären Einrichtungen erfolgen kann. In Abs. (2) des § 35a wird bezogen auf die Gruppe der seelisch behinderten erstmalig von gemeinsamer Betreuung behinderter und nichtbehinderter Kinder in Tageseinrichtungen für Kinder gesprochen. Das Konzept einer lebensweltorientierten Jugendhilfe, das sich im Achten Jugendbericht so umfassend niedergeschlagen hat, hat also bislang noch nicht dazu geführt, daß die gesetzlichen Voraussetzungen für eine auf Prävention und Integration/Normalisierung ausgerichtete Jugendhilfe im Sinne einer einheitlichen Handlungsgrundlage für umfassende Integrationshilfen geschaffen werden. Insofern hat die Aufnahme seelisch Behinderter in den Zuständigkeitsbereich des KJHG nicht dazu geführt, daß der Vorrang der Jugendhilfe auch auf die körperlich und geistig wesentlich Behinderten ausgedehnt wird. Es bleibt demnach zu hoffen, daß über erläuternde Korrekturen am BSHG zentrale Termini wie "teilstationäre Einrichtung" als Voraussetzung für die Mittelgewährung im Rahmen der Eingliederungshilfe und "fachliche Erkenntnis" als Hinweis auf nichtmedizinische Begutachtung von Kindern mit einer Behinderung bei der Aufnahme in eine Regeleinrichtung neu interpretiert wird. Damit könnte die integrationspädagogische Erziehungswirklichkeit Eingang in die Sozialgesetzgebung finden (vgl. WENDT 1991, 334).

Die Ausgangssituation für gemeinsame Erziehung im Elementarbereich des Bildungssystems der *BRD* zu Beginn der neunziger Jahre ist demnach gekennzeichnet durch eine Flexibilisierung der juristischen Zuständigkeitsbereiche zwischen Sozial- und Jugendhilfe sowie die Aufnahme integrationspädagogischer Problemstellungen in das weithin beachtete Konzept einer lebenswelt- und alltagsorientierten Sozialpädagogik von THIERSCH (1986). Die folgende Übersicht zielt bedingt durch die pädagogisch-konzeptionelle Fragestellung nicht auf Empfehlungen über Qualitätsstandards für gemeinsame Erziehung im Elementarbereich ab, da sich die regionale Entwicklung offensichtlich in dieser Hinsicht noch in einem Konsolidierungsprozeß befindet, in dem unterschiedliche Modelle miteinander konkurrieren. Die Rahmenbedingungen werden nur insoweit in die Analyse einbezogen, als sie zum Verständnis der pädagogischen Konzeption von Bedeutung sind. Im Mittelpunkt stehen vielmehr Inhalte, Prinzipien und didaktisch-methodische Überlegungen innerhalb integrationspädagogischer Konzeptionen.

2.1.2 Die Situation in den Bundesländern im Überblick

Die Entwicklung in den einzelnen Bundesländern erscheint im Überblick noch weitgehend uneinheitlich. Dies ist aufgrund der föderalen Struktur der *BRD* auch nicht anders zu erwarten und bestätigt nochmals die Notwendigkeit einer regionalen und dezentralen Betrachtungsweise. In einigen westlichen Ländern der *BRD* liegen die Ausführungsgesetze zum KJHG noch nicht vor, während die östlichen Bundesländer ausnahmslos die gesetzlichen Grundlagen für die Arbeit in den Tageseinrichtungen für Kinder auf der Basis des KJHG geschaffen haben. Dies darf wiederum nicht darüber hinwegtäuschen, daß gerade die neuen Bundesländer noch erhebliche Probleme verzeichnen, gleichzeitig mit der Reorganisation und dem Neuaufbau der Jugendhilfestrukturen auch ein derart anspruchsvolles Konzept wie die gemeinsame Erziehung im Elementarbereich zu initiieren. Trotzdem liegen auch hier bereits vielversprechende Ansatzpunkte vor.

Im Überblick läßt sich festhalten, daß in allen alten Bundesländern in mehr oder weniger großem Umfang Formen der gemeinsamen Erziehung praktiziert und weiter ausgebaut werden, größtenteils mit dem Ziel einer flächendeckenden Versorgung mit integrativen Einrichtungen. Das Ziel ist in *Bremen* vollständig, in *Berlin* und *Hessen* annäherungsweise erreicht. Die einzelnen organisatorischen

Standards in den westlichen Bundesländern werden weiter unten gegenübergestellt.

Diese Entwicklung steht gegenwärtig noch in diametralem Gegensatz zu den östlichen Bundesländern. Trotz der bereits 1989 vollzogenen Vereinigung der beiden deutschen Staaten scheint es angemessen in bezug auf den Entwicklungsstand Gemeinsamer Erziehung im Elementarbereich die östlichen Bundesländer insgesamt unter besonderen Vorzeichen zu betrachten. Als Begründung läßt sich die eigenständige Geschichte der Betreuung behinderter Kinder in vorschulischen Erziehungseinrichtungen der ehemaligen DDR nennen, wie sie etwa im *Programm für die Bildungs- und Erziehungsarbeit im Kindergarten* (MINISTERRAT DER DDR 1985) und in der *Kindergartenordnung*[4] zum Ausdruck kommt. HEINZE (1990) stellt dazu fest, daß die soziale Integration Behinderter v.a. im Berufsleben zwar ebenfalls angestrebt wurde. Der Weg zu diesem Ziel hin führte jedoch über die Sondereinrichtungen, die als umfangreich ausgebautes Netz von Vorschuleinrichtungen an Hilfsschulen und Sonderschulen sowie Sonderkrippen und Fördertagesstätten verfügbar war. Lediglich Sonderpädagogische Beratungsstellen hatten insofern integrative Funktion, als sie "Sprach-, Stimm- und Hörgeschädigte" (a.a.O., 82) durch "Früherkennung, Früherfassung und Frühbehandlung" (ebd.) vor einer "Sonderschulbedürftigkeit" bewahren sollten. HEINZE weist einerseits auf Nachteile dieses fast lückenlosen Betreuungssystems für behinderte Kinder und Jugendliche in der DDR hin, die v.a. in der weitgehenden Isolation dieser Gruppe gesehen wird (ebd.). Die Ausgangssituation erscheine jedoch zum anderen durchaus positiv, da der Umfang des vorhandenen Platzangebotes in Vorschuleinrichtungen, sowie die zur Verfügung stehende vorschulpädagogische und sonderpädagogische Fachkompetenz im Sinne einer gemeinsamen Erziehung zu nutzen sei, auch wenn sicherlich angesichts der durchgängigen Erfahrung mit altersgleichen Gruppen auch ein erheblicher Weiterqualifizierungsbedarf im Hinblick auf flexiblere Formen einer situationsorientierten Kindergartenpädagogik bestehe. Dies bestätigt auch ein Bericht der *Bund-Länder-Kommission* von 1992, in dem die "Entwicklung und Erprobung von Formen zur gemeinsamen Förderung behinderter und nichtbehinderter Kinder im Kindergarten sowie Aufnahme des Integrationskonzepts in die Aus- und Fortbil-

---

4 *Ministerium für Volksbildung*: Kindergartenordnung v. 23.06.1983. Aus: Verfügungen und Mitteilungen des Ministeriums für Volksbildung, 31. Jg., 29.08.1983

dung des pädagogischen Personals"[5] als besonders förderungswürdig im Sinne innovatorischer Vorhaben anerkannt wird. Integrationspädagogik auf dem Verordnungswege wird allerdings insgesamt abgelehnt. Bedeutsamstes Faktum zur Beurteilung der Vorschulerziehung in der ehemaligen *DDR* ist schließlich die monopolartige Trägerstruktur, die auch 1990 erst einen Anteil von ca. 3,5 % freien Trägern aufweist, ohne daß eine rapide Ausweitung dieses Anteils erkennbar wäre (WERWICK 1991, 230f.). Gemeinsame Erziehung nimmt zwar in der jüngeren Fachdiskussion im Rahmen der Pädagogik der frühen Kindheit in den östlichen Bundesländern einen immer breiteren Raum ein. Im Vordergrund scheinen jedoch zunächst noch grundlegende Fragen des Erziehungskonzeptes, der Fort- und Weiterbildung sowie der Absicherung des erreichten Versorgungsgrades mit Plätzen in Tageseinrichtungen zu stehen (a.a.O., 231 ff.).

Um die Ergebnisse der konzeptionellen Analyse in einem ersten Schritt zusammenzufassen, erfolgt nun eine Bilanzierung der organisatorischen Modelle Gemeinsamer Erziehung im Elementarbereich, die in den zugrundeliegenden Dokumenten zu Beginn der neunziger Jahre in der *BRD* diskutiert werden. Diese von der Rechtsgrundlage und den Rahmenbedingungen her unterschiedlichen Angebotsformen, sollen dabei zunächst nur aufgelistet werden, ohne daß damit eine Empfehlung bezüglich der Rahmenbedingungen abzuleiten wäre.

2.2 Organisation gemeinsamer Erziehung im Elementarbereich in der BRD

Insgesamt wird deutlich, daß sich die föderale Struktur der *BRD* in einer Vielfalt der juristischen, administrativen und trägerbezogenen Organisation Gemeinsamer Erziehung auswirkt. Diese Heterogenität hinsichtlich der Angebotsformen entspricht sicherlich dem Anspruch des Gesetzgebers, eine plurale Struktur der Jugendhilfe zu realisieren, die letztlich das Wahlrecht der Eltern und Betroffenen und die Freiwilligkeit der Inanspruchnahme von Leistungen gewährleistet. Diese prinzipielle Ausrichtung bringt auch im Felde der gemeinsamen Erziehung in Tageseinrichtungen den Vorteil mit sich, daß die regionalen Strukturen für dieses Angebot in einem gewissen rechtlichen Handlungsspielraum umgesetzt werden-können. Damit verbunden ist häufig noch der Nachteil einer eingeschränkten Verbindlichkeit der finanziellen Förderung. Um diese Vielfalt der Angebotsformen und rechtlichen Konstellationen zunächst bewußt zu machen, wird im weite-

---

[5] *Bund-Länder-Kommission für Bildungsplanung und Forschungsförderung*: Entwicklungen und vordringliche Maßnahmen in den Tageseinrichtungen für Kinder/Elementarbereich in den neuen Ländern. Überarbeitete Fassung des Berichts vom 16.03.1992, verschabschiedet am 15.03.1993, S. 51

ren eine phänomenologisch-deskriptive Übersicht über vorhandene Rahmenbedingungen und Organisationsformen Gemeinsamer Erziehung angestrebt. Die darauf aufbauende Diskussion wird insbesondere im Prinzip der Wohnortnähe zentriert.

2.2.1 Rechtsgrundlagen

Das KJHG selbst bleibt in seinen Aussagen zur Integration und Prävention global und unbestimmt. Die Länderausführungsgesetze enthalten überwiegend den Grundsatz der gemeinsamen Erziehung, weichen allerdings in der konkreten Ausgestaltung dieses Anspruches teils erheblich voneinander ab. Im Hinblick auf die vorherrschende Rechtsform für gemeinsame Erziehung im Elementarbereich der *BRD* erhält mit dem sich abzeichnenden Kompromiß zwischen den Landschaftsverbänden als überörtlichen Trägern der Jugend- und Sozialhilfe in *Nordrhein-Westfalen* (vgl. SCHOLLE 1992) und einer damit möglich werdenden landesweiten Regelung das kombinierte Finanzierungsmodell Gemeinsamer Erziehung als Mischfinanzierung zwischen BSHG und KJHG bundesweiten Standard. Integration im Elementarbereich ist von daher gegenwärtig in der *BRD* nicht ausschließlich als Jugendhilfemaßnahme organisierbar und bedarf in wechselnden Rechtskonstellationen in jedem Fall der Ergänzung durch BSHG-Förderung. Auch das neue KJHG hat keine vorrangige Zuständigkeit der Jugendhilfe für behinderte Kinder im Vergleich zum BSHG erbracht. Es ist überdies fraglich geworden, ob dieser Vorrang mit der bundesweiten Verankerung des Rechtsanspruches auf einen Kindergartenplatz durchsetzbar sein wird, da angesichts des zur Verfügung stehenden Zeitraums für die Durchführung der notwendigen Maßnahmen zur Umsetzung dieses Anspruches (u.a. Kindergartenneubau, Ausbildung von Erzieherinnen) eine allgemeine Verschlechterung der Rahmenbedingungen in Tageseinrichtungen für Kinder zu erwarten ist (Anhebung der Gruppengröße, Einstellung von nicht qualifiziertem Personal). Erfahrungsgemäß beeinflussen eine unzureichende Gesamtversorgungssituation mit Kindergartenplätzen und restriktive Bedingungen der Arbeit im Regelkindergarten auch die gemeinsame Erziehung negativ. Besonders die Innovationsbereitschaft des Personals wird im Rahmen dieser Zukunftsperspektiven für die Regelkindergärten möglicherweise eher zurückgehen. Angesichts der sich abzeichnenden Entwicklungstendenzen auf der Ebene der Rahmenbedingungen gewinnt die BSHG-Förderung unter Umständen sogar eine korrektive Funktion, da sie eine Verringerung der Gruppengröße und Qualifikationsstandards beim Personal festschreibt. Insofern scheint die einheitliche Rechtsgrundlage unter Überwindung der nach BSHG und KJHG getrennten finanziellen Förderung Gemeinsamer Erziehung abgesehen von den vorliegenden Rechtsverordnungen, Richtlinien und Erlassen auf Länderebene in absehbarer Zeit nicht erreichbar. Allenfalls die Richtlinien zur gemeinsamen Erziehung[6] in *Hessen* können hier den Status einer einheitlichen Rechtsgrundlage für sich in Anspruch nehmen, da sie sowohl die verschiedenen Organisationsformen (einschl. der Einzelintegration) als auch die verschiedenen institutionellen Zusammenhänge (einschl. Krippe und Hort) und darüber hinaus das Netzwerk an begleitender Hilfe (durch Bezugnahme auf den integrationsorientierten Ansatz der Frühförderung) regeln. Außerdem wird hier eine flexible Handhabung von KJHG- und BSHG-Zuständigkeiten vorgelegt, die auch neue Formen der Interpretation von Eingliederungshilfekriterien liefert, wenn z.b. auch Einzelintegration als teilstationäre Arbeit aufgefaßt wird. Diese Form der Rechtsgrundlage muß gegenwärtig als realistische Kompromißformel auf der Basis bestehender Gesetze angesehen werden. Zum Prüfstein gerät in dieser Konstellation allerdings die Regelung der Einzelintegration, wie die Diskussion in *Hessen*[7] zeigt. Erst die Ermöglichung der Einzelintegration schafft die Voraussetzung für wohnortnahe Angebotsformen Gemeinsamer Erziehung, ein Prinzip, das in der konzeptionellen Diskussion weitgehend Konsensstatus erreicht hat, wobei sowohl Jugendhilfe als auch Sozialhilfe für die Finanzierung herangezogen werden. In dieser Hinsicht würde also zumindest eine flexiblere Interpretation des BSHG weiterführen, die z.B. die Verknüpfung von Eingliederungshilfe und teilstationärer Einrichtung mit Ganztagsbetrieb lockert und auch Einzelintegration als förderungswürdig im Sinne der Eingliederungshilfe ansieht (vgl. HOPPE/RONGE 1990), sowie die medizinische Diagnostik bei der Feststellung der Fördervoraussetzungen um die prozeßbegleitende pädagogisch-psychologische Diagnostik verbindlich erweitert. Günstige Ausgangsbedingungen für eine Ausweitung der BSHG-Zuständigkeit auf die Einzelintegration bei Anerkennung dieser Angebotsform als teilstationäre Einrichtung bietet sich auf der Basis ausgeweiteter Öffnungszeiten, die in den meisten Landesgesetzen sogar ausdrücklich verlangt wird. Eindeutige Zuordnungen integrativer Kindergärten und auch der Einzelintegration zur Eingliederungshilfe liefern in diesem Sinne die Ausführungsbestimmungen in *Schleswig-*

---

[6] *Richtlinien für die gemeinsame Förderung behinderter und nichtbehinderter Kinder in Kindertagesstätten v. 07.02.1991* (StAnz, Nr. 10, 1991, S. 684)
[7] *Landesarbeitsgemeinschaft der Heilpädagogischen und integrativen Kindertagesstätten in Hessen e.V.*: "Einzelintegration im Spannungsfeld zwischen Auftrag und Wirklichkeit". Dokumentation einer Fachtagung v. 04.09.1991 in Gießen.

Holstein[8]. Ein offenes Problem bildet nach Inkrafttreten des KJHG die Jugendhilfeplanung in bezug auf gemeinsame Erziehung (s. § 10, KJHG). Es wird in mehreren Bundesländern bereits erkannt, daß eine mittel- und langfristige Realisierung des Grundsatzes der gemeinsamen Erziehung aus den Länderausführungsgesetzen zum KJHG nicht erfolgen kann, ohne daß diese Problematik in die Jugendhilfeplanung des örtlichen Trägers der Jugendhilfe (also in der Regel der Kommunen) aufgenommen wird. Auf dieser Ebene der Verpflichtung der Kommunen zur planerischen Aktivität im Felde der Jugendhilfe ergeben sich in Zukunft neue Chancen, die Verbreitung Gemeinsamer Erziehung im Sinne flächendeckender Integration zu steuern. Zugleich eröffnet sich an dieser Stelle erneut die Widersprüchlichkeit der Gesetzgebung, da Jugendhilfeplanung für den Bereich der gemeinsamen Erziehung wiederum in die Zuständigkeit des KJHG fällt und sich vielfältige Probleme der Abstimmung mit den örtlichen und überörtlichen Trägern der Sozialhilfe ergeben. Eine zentrale Planungs- und Koordinierungsinstanz auf kommunaler Ebene wie in *Berlin* (Zentrale Beratungsstelle für Integration, ZBI)[9] böte hier zusätzliche Chancen eines abgestimmten Vorgehens zwischen örtlichem Jugendhilfeträger und Trägern der freien Jugendhilfe.

2.2.2 Rahmenbedingungen

In Tab. 1.1 und 1.2 sind die wichtigsten Angaben zu den Eckdaten der Rahmenbedingungen für gemeinsame Erziehung im Elementarbereich, wie sie in den vorliegenden Dokumenten zum Ausdruck kommen, nochmals stichwortartig zusammengefaßt. Mit dieser Übersicht kann allerdings kein Bild der tatsächlichen Situation in den Einrichtungen gegeben werden, da hier größtenteils Forderungs- und Kriterienkataloge zugrundeliegen. Die Rubriken der Tab.n 1.1 und 1.2 nehmen im einzelnen Angaben über die Zusammensetzung der integrativen Gruppe *(Gruppengröße/Behinderte)*, die personelle Ausstattung einschl. Qualifikation, Aus- und Fortbildung usf. *(Personal)*, die Durchführung der Therapie *(Therapie)*, die räumlich-sächliche Ausstattung *(Ausstattung)*, die Formen der Diagnostik *(Diagnostik)*, die Unterstützungsmöglichkeiten durch Soziale Dienste *(Soziale Dienste)* und die zeitliche Struktur der Angebote *(Öffnungszeiten)* auf.

---

[8] *Grundsätze des Ministers für Arbeit und Soziales, Jugend, Gesundheit und Energie des Landes Schleswig-Holstein über die integrative Förderung behinderter Kinder gem. § 40 Abs. 1 Nr. 2a Bundessozialhilfegesetz (BSHG) in Kindergärten. Kiel. 02.04.1993*
[9] *Senatsverwaltung für Jugend und Familie*: Gemeinsame Erziehung von behinderten und nichtbehinderten Kindern in Kindertagesstätten. Berlin, [4]1992

Bei der Interpretation dieser Übersicht ist vorab zu bedenken, daß nicht aus allen Bundesländern Informationen in gleichem Umfang vorliegen und von daher einzelne Bereiche dort noch nicht ausgeführt werden können. Außerdem vermischen sich in dieser Tabelle Angaben über die tatsächliche Förderpraxis in den Ländern mit Angaben aus Modellversuchen, die teilweise nicht mehr fortgesetzt werden. Von daher muß nochmals darauf verwiesen werden, daß sich durch die Angaben in den einzelnen Rubriken nur sehr bedingt Rückschlüsse auf die tatsächliche Praxis Gemeinsamer Erziehung schließen lassen.

Bezüglich der *Gruppengröße* bilden sich zwei grundlegende Modelle auf der Basis des Mischfinanzierungsmodells heraus, die hier als 10+5-Modell, sowie als 12+3-Modell bezeichnet werden sollen. Abgesehen von einigen unbestimmten Angaben zur Gestaltung der Gruppengröße in integrativen Gruppen haben sich diese beiden Modelle in der Praxis überwiegend durchgesetzt. Eine variablere Gestaltung der Gruppengröße kann natürlich auch auf eine Öffnung für Einzelintegration schließen lassen. In der Regel wird die Aufnahme auch einzelner Kinder ausdrücklich angesprochen. Auffällig ist, daß bis auf *Niedersachsen*[10] kein Bundesland Behinderungsarten aus der Integration ausschließt. Die altersgemischte Gruppe bildet bundesweit bis hinein in die neuen Bundesländer die Basis für gemeinsame Erziehung, die in Einzelfällen auch über die Gruppen der behinderten Kinder hinaus ausgedehnt wird auf sozial benachteiligte, ausländische und Kinder mit psychosoziale Schwierigkeiten.

Das *Personal* in der integrativen Gruppe sollte nach überwiegender Auffassung aus zwei Fachkräften bestehen, von denen eine über die heilpädagogische Zusatzausbildung verfügt. Diese Zusatzqualifikation kann jedoch auf unterschiedliche Weise erworben sein: berufsbegleitende Langzeitfortbildung, Aufbauqualifikation, modifizierte heilpädagogische Zusatzausbildung, heilpädagogische Erfahrungen. Arbeitszeiten des Personals werden in der Regel nicht gesondert geregelt. Eine Übereinstimmung ergibt sich allenfalls bei den Verfügungszeiten. Auch die kontinuierliche praxisbegleitende Fortbildung und Praxisberatung bzw. Fachberatung gehören zum Standard der personellen Ausstattung integrativer Gruppen. Supervision und wissenschaftliche Begleitung werden dagegen nur vereinzelt genannt.

---

[10] *Minister für Kultus des Landes Niedersachsen*: Entwurf. Vorläufige Grundsätze für die gemeinsame Erziehung behinderter und nichtbehinderter Kinder im Kindergarten auf der Grundlage regionaler Konzepte. Hannover, 18.03.1992 (Referat 503, MK)

Tab. 1.1: Rahmenbedingungen gemeinsamer Erziehung im Elementarbereich (alte Bundesländer) (Stand: Ende 1992)

Land	Gruppengröße/ Zahl der Kinder mit Behinderung	Personal	Therapie	Ausstattung	Diagnostik	Soziale Dienste	Öffnungszeiten
Baden-Württemberg	Gruppenreduzierung um mind. 3 bei Aufnahme von einem behinderten Kind	mind. 2 Fachkräfte	wie Sondereinrichtung	allgemeine Standards	Fördergutachten, prozeßbegleitende Beratung	Frühförderung/-beratung, Psychologische Beratungsstelle	
Bayern	max. 15 Kinder, davon max. 3 behindert,	2 päd. Fachkräfte (davon 1 m. heilpäd. Zusatzausb.), 1 zus. Pflege- bzw. Hilfskraft, 30 WStd.n Arbeitszeit, 10 WStd.n Verfügungszeit (5 f. Vorbereitung, 3 f. Beratung, 2 f. Eltern), 5 Tage Fortbildung pro Jahr	wie Sondereinrichtung	allgemeine Standards	n. § 39 BSHG	3 Modelle (A: Frühförderung, B. niedergelassene Therapeutinnen, C. Kombination von A und B)	mind. 6 1/2 Stunden
Berlin (West)	Modell A: max. 15 Kinder, max. 5 behindert, leichte Behinderungen Modell B: max. 12 Kinder, max. 3 behindert, auch schwere Behinderungen	Modell A: 0,25 zusätzliche Fachkraft pro behindertes Kind Modell B: 0,5 zusätzliche Fachkraft pro behindertes Kind Konzeptionsberatung, Team-Fortbildung, Modifizierte heilpäd. Zusatzausbildung, Einzelfallhelferinnen	Therapeuten-Pool für ambulante Therapie	zweiter multifunktionaler Raum, behindertengerechte Ausstattung, erhöhter Bedarf an Verbrauchsmaterial (100,- DM pro behindertem Kinder/Jahr)	n. § 39 BSHG	s. Therapie	mind. 6 Std.n
Bremen	Stadt: 12 nichtbehinderte Kinder, 3 behinderte (empfohlen), 9 nichtbehinderte Kinder, 4 behinderte (Praxis) Ev. Kirche: max. 16-18 Kinder, 1-3 behindert	Stadt: 2 sozialpäd. Fachkräfte (Sozialpäd. od. Erzieherin, davon 1 mit heilpädagogischer Zusatzbildung bzw. Weiterbildung), Springkraftstunden, 8 Stellen für Therapie, Zivildienstleistende bei schwerbehinderten Kindern Ev. Kirche: 1 Stützpädagogin (Diplom-Behindertenpäd.) bei 7 behinderten Kindern verteilt auf 2-3 Gruppen, 30 WStd.n Erzieherin zusätzlich für Gruppen mit 3 behinderten Kindern, 4 WStd.n Therapie pro behindertem Kind	s. Personal	allgemeine Standards	n. § 39 BSHG	s. Personal	mind. 6 Std.n
Hamburg	1,5 der Gesamtzahl behinderte Kinder (ab 1.8.1993: max. 20 Kinder mit max. 4 beh.)	3 Personen, Relation 1:7,2 Qualifizierungsbedarf i.V.m. Fachsch. f. Sozialpäd. (ab 1.8.1993: 3 Fachkräfte pro Gruppe mit 110 Wochenstunden zzgl. Therapiestunden)			n. § 39 BSHG	zentrale Fachkommission	mind. 6 Std.n

Land	Gruppengröße/ Zahl der Kinder mit Behinderung	Personal	Therapie	Ausstattung	Diagnostik	Soziale Dienste	Öffnungszeiten
Hessen	Integrative Gruppe: max. 15 Kinder, davon 4-5 behindert Einzelintegration: max. 20 Kinder bei 1 behindertem, max. 18 Kinder bei 2 behinderten	Integrative Gruppe: 2 Fachkräfte Einzelintegration: 1 Fachkraft, zweite Kraft für mind. 15 WStd.n Fortbildung, praxisbegleitende Beratung, Verfügungszeit (bes. f. Elternarbeit)	wie Sondereinrichtung	Mehrzweckbereich, Einzelförderungsraum	n. § 39 BSHG	integrative Förderung durch landesweiteres Netz an Frühförder-einrichtungen	Ganztagsbetrieb
Niedersachsen	max. 18 Kinder, davon 2 behindert (ab 3 behinderten Kindern weitere Reduzierung, aber mind. 10 nichtbehinderte Kinder und max. 4 behinderte) Ausnahme: sprachbehinderte und hörgeschädigte Kinder nur in Sondereinrichtung	3 Kräfte (1 sozialpäd. Fachkraft, 1 mit sonderpäd. Zusatzausbild. oder begleitendend Langzeitausbildung od. Kinderpflegerin od. unausgebildete Kraft) 15-18 WStd.n Verfügungszeit für alle Kräfte in der integrativen Gruppe (Planung u. Nachbereitung), Fortbildung Fachberatung (mind. 3 WStd.n), Supervision	Einbindung durch regionale Versorgungskonzepte	45 qm Spielfläche pro Gruppe (in mehreren Gruppen oder in einem Gruppenraum), variable Funktionsbereiche, Räume f. Kleingruppenarbeit, Mehrzweckraum, behindertengerechte Ausstattung und Außenspielfläche, behindertenspezifische Hilfsmittel	n. § 39 BSHG	regionale Konzepte zur Versorgung behinderter Kinder	min. 5 Std.n an 5 Tagen, Ganztagsbetreuung als Ziel
Nordrhein-Westfalen	Modell A (LVR): max. 15 Kinder, davon mind. 3 u. max. 5 behinderte Modell B (LWL): max. 3 behinderte Kinder, 2 im Regelfall, 1 als Ausnahme Modell C (LWL): keine Gruppenreduzierung, sog. "Schwerpunkteinrichtungen"	Modell A (LVR): 1 sozialpäd. Fachkraft (heilpäd. Zusatzausbildung dringend empfohlen), 1 Hilfskraft Modell B (LWL): Therapeuten stundenweise in der Einrichtung fest angestellt Modell C (LWL): 2 Fachkräfte (davon 1 mit heilpäd. Zusatzausbildung), zusätzliche Kräfte bei Bedarf, Fortbildung Modell C (LWL): mind. 4 behinderte Kinder	Modell A (LVR): s. Personal Modell B (LWL): freie niedergel. Therapeutinnen	Modell A (LVR): behindertengerechte Ausstattung Modell B (LWL): behindertengerechte Ausstattung	n. § 39 BSHG	Modell A (LVR): Zusammenarbeit mit Frühförderzentren	Modell A (LVR): mind. 6 Std.n Modell B (LWL): keine Bindung an Ganztagsbetrieb Modell C (LWL): mind. 6 Std.n
Rheinland-Pfalz	Senkung der Gruppengröße, Rechtsanspruch auf Kindergartenplatz	Erhöhung des Personalschlüssels					
Saarland	Reduzierung der Gruppengröße, max. 3 behinderte Kinder	2 Fachkräfte, zusätzlich Stützpädagoginnen, Mitarbeit der Therapeutinnen in der Gruppe, Beratung, Fortbildung, Supervision, wissenschaftliche Begleitung	s. Soziale Dienste		Kind-Umfeld-Diagnose, Förderausschuß	Überörtliche "Arbeitsstelle für Integrationshilfen" als Personal- und Therapeutinnen-Pool	nicht an Ganztagsbetrieb gebunden
Schleswig-Holstein	11 nichtbehinderte Kinder, 4 behinderte Kinder	2 Fachkräfte (davon 1 mit sonderpäd. beruflichen Zusatzausb. od. entspr. Erfahrungen), bei weniger als 4 behinderten Kindern sonderpädagogische Fachkräfte (auch nicht in der Einrichtung angestellt)					

Tab. 1.2: Rahmenbedingungen gemeinsamer Erziehung im Elementarbereich der BRD (neue Bundesländer) (Stand: Ende 1992)

Land	Gruppengröße/ Zahl der Kinder mit Behinderung	Personal	Therapie	Ausstattung	Diagnostik	Soziale Dienste	Öffnungs-zeiten
Branden-burg	max. 15 Kinder, davon max. 5 behindert, Rechtsanspruch auf einen Tagesstättenplatz im Sinne eines bedarfsgerechten Angebots	mind. 2 päd. Fachkräfte (davon 1 mit heilpäd. Ausb.), 1 zusätzliche Hilfskraft bei schwerbehinderten Kindern	s. Soziale Dienste	zusätzlich: Aufenthalts- und Schlafraum, 1-2 Ausweichräume f.d. Kleingruppenarbeit, 1 größerer Raum (Turnsaal), ausreichendes Freigelände	n. § BSHG 39	Frühförderung, Heilpädagogi-sche Zentren, frei niedergelassene TherapeutInnen	mind. 6 Std.n
Mecklen-burg-Vorpom-mern	max. 15 Kinder, durchschnittl. 4 behinderte, bei weniger als 3 behinderten Kindern i.d. Behindertenarbeit), Erhöhung um einen Platz, Einzelintegration in ländlichen Gebieten, Rechtsanspruch auf einen Kindergartenplatz nach Bedarfsermittlung	mind. 2 Fachkräfte (Erzieherinnen, davon 1 mit sonderpäd. Zusatzausb. oder berufl. Erfahrung i.d. Behindertenarbeit), zusätzliches Pflegepersonal bei schwerst mehrfachbehinderten Kindern	in der Einrichtung	geeigneter Mehrzweckraum, Einzelförderungs-raum, techn. Heil- und Hilfsmittel, behindertengerech-tes Spiel und Beschäftigungsma-terial	Gesamtför-derplan		mind. 6 Std.n
Sachsen	Reduzierung der Gruppengröße, mind. 12 Kinder max. 3 behinderte Kinder	Personalschlüssel abhängig v. Öffnungszeiten u. Einrichtungstyp (zwischen 1,5 und 2 Fachkräften), keine Erhöhung			n. § BSHG		keine Festlegung auf teilstationäre Einrichtung
Sachsen-Anhalt	Rechtsanspruch auf Kindergartenplatz Kinderkrippe: max. 12 Kinder, davon max. 3 behinderte Kindergarten: max. 15 Kinder, davon max. 4 behindert uneingeschränkter Rechtsanspruch auf einen Platz in einer Tageseinrichtung	Kinderkrippe: 2 Fachkräfte (davon 1 sonderpäd. qualifiziert) Kindergarten: 2 Fachkräfte (davon 1 sonderpäd. qualifiziert) bei weniger als 8 Std.n Öffnungszeit, Personalreduzierung			n. § BSHG 39		Ganztagsbetrieb
Thüringen	Einzelintegration in der Verantwortung der örtlichen Träger (Jugend- und Sozialhilfe), ab 2 behinderten Kindern Gruppenreduzierung auf max. 15 Kinder Rechtsanspruch auf einen Kindergartenplatz	2 Fachkräfte			n. § BSHG 39	Frühförderstellen (i.d. Planung). Mobile sonderpäd. Dienste	keine Festlegung auf teilstationäre Einrichtung

Auf der Ebene der *Therapie* ergeben sich unterschiedliche Varianten, von denen keine im Vordergrund steht. Erwähnt werden hauptsächlich Therapiestunden in Einrichtungen, die besonders bei zentralen Integrationseinrichtungen gewährleistet sind. Aber auch Frühförderzentren ermöglichen Formen der Zusammenarbeit zur therapeutischen Versorgung und ebenso freie niedergelassene TherapeutInnen. Als Zielsetzung wird in diesem Bereich jedoch die dezentrale und ambulante Versorgung der Kinder mit therapeutischen Angeboten in der Einrichtung angesehen.

Im Bereich der *Ausstattung* nennen fast alle Dokumente den zusätzlichen Raum für die Kleingruppen- oder Einzelförderung als notwendige Einrichtung - abgesehen von allgemeinen Forderungen nach behindertengerechter Ausstattung, die hier nicht im einzelnen aufgeführt sind. Der große Mehrzweckraum wird ebenso häufig genannt, da er psychomotorische Übungen und bewegungsintensives Spiel zuläßt. Darüber hinaus differieren die Vorstellungen über die Ausstattung erheblich, und es ist gerade in dieser Hinsicht nicht immer deutlich auszumachen, ob nur Forderungskataloge erstellt werden oder damit auch Praxisansätze geliefert werden sollen.

Die Feststellung der Behinderung als Voraussetzung für die Aufnahme in die integrative Gruppe (*Diagnostik*) ist in der Regel an den § 39 BSHG gebunden. Damit liegt auch der gemeinsamen Erziehung eine hauptsächlich medizinisch orientierte Diagnostik zugrunde. KÜHL (1983) zeigt in dieser Hinsicht zwar Ansätze einer vom somatischen Defekt abgelösten medizinischen Betrachtungsweise auf. Pädagogisch-psychologische Diagnostik muß jedoch bezogen auf gemeinsame Erziehung im Elementarbereich nach wie vor als randständig bezeichnet werden. Allenfalls im *Saarland* wird dieses Problem im Rahmen der Kind-Umfeld-Diagnose (MEISTER 1987, 50 u. 1991, 95f.) bezogen auf die Einzelintegration angemessen thematisiert. Unklar ist in den meisten Bundesländern die förderdiagnostische und prozeßorientierte Grundlage der Einzelintegration im Regelkindergarten. Hier ist ebenfalls an eine Ausweitung des Interpretationsspielraums zum BSHG zu denken, die die Feststellung der Behinderung nicht ausschließlich an die medizinische Diagnostik anbindet, sondern darüber hinaus das pädagogisch-psychologische Element besonders in seiner praxisbegleitenden Funktion verbindlich festschreibt, wie es in einigen Bundesländern bereits angeregt und praktiziert wird. Während Sinnesbehinderungen und Körperbehinderungen relativ frühzeitig erkannt werden können, fällt diese Zuordnung bei geistiger Behinderung, Lernbehinderung oder allgemeinen Entwicklungsschwierigkeiten im Alter bis zum Schuleintritt bedeutend schwerer. Eindeutige medizinische Kategorisierungen greifen hier häufig zu kurz. Ein besonderes diagnostisches Problem erwächst der Jugendhilfe ab 1995 überdies mit der Feststellung der seelischen Behinderung.

Auch die Zusammenarbeit mit *Sozialen Diensten* zur Unterstützung wohnortnaher Integration erscheint erst in Ansätzen ausgebildet. Regionale Verbundkonzepte sind in *Niedersachsen* in der Planung. Überregionale Koordinierungsinstanzen werden für *Berlin* und *Saarland* genannt. *Hessen* verfügt über ein regional ausgebautes Netz an Frühfördereinrichtungen, die auch im Regelkindergarten integrative Förderung leisten. Darüber hinaus erscheint die Unterstützung wohnortnaher Angebotsformen Gemeinsamer Erziehung durch begleitende Soziale Dienste noch weitgehend in das Engagement einzelner ErzieherInnen gestellt zu sein, die für diese Tätigkeit nicht in jedem Fall innerhalb ihrer Arbeitszeit freigestellt werden können. Der Aufbau eines regionalen Netzwerkes zur Unterstützung der integrativen Kindergartengruppe in diagnostische, therapeutischer, konzeptioneller Hinsicht erscheint trotzdem unabdingbar, wie HABERKORN/ HAGEMANN/SEEHAUSEN (1988) auch für den Regelkindergarten aufzeigen.

Durch die überwiegende Anbindung der finanziellen Förderung Gemeinsamer Erziehung an das BSHG ergibt sich folgerichtig im Rahmen der *Öffnungszeiten* eine Dominanz verlängerter Betreuung mit der deutlichen Tendenz zum ganztägigen Angebot. Angebotsformen von weniger als 5 Stunden bilden die Ausnahme und hängen in der Regel noch mit einer vorrangigen Jugendhilfeförderung zusammen. Offen bleibt inwieweit diese zeitliche Struktur den Bedürfnissen behinderter Kinder entspricht oder nur das Förderungskriterium der teilstationären Einrichtung erfüllt. Gerade im Zuge der Einzelintegration sind hier Flexibilisierungen angezeigt. Denkbar ist aber auch eine Ausweitung der Öffnungszeiten auf der Basis des KJHG im Sinne eines bedarfsgerechten Angebotes mit einer ununterbrochenen Mindestöffnungszeit von 5 Stunden (wie z.B. in *Nordrhein-Westfalen* laut § 19, GTK erforderlich) bei gleichzeitiger Anerkennung dieser Angebotsform als teilstationäre Betreuung unter Ausweitung des Interpretationsspielraums zur Eingliederungshilfe im Rahmen des BSHG.

Es kann festgehalten werden, das den vorliegenden Stellungnahmen, Erlassen und Gesetzestexten ein bundesweiter Konsens bezüglich der Rahmenbedingungen einer im Wege der Mischfinanzierung ausgestatteten integrativen Einrichtung zugrundeliegt, in der maximal 15 Kinder einschließlich maximal 5 behinderte Kinder von mindestens 2 Fachkräften im Ganztagsbetrieb verbunden mit einem Therapieangebot in der Einrichtung gefördert werden. Dies stimmt mit der Zusammenfassung der Ergebnisse aus einem Vergleich der BLK-Modellversuche zum Vorschulbereich aus *Bayern, Nordrhein-Westfalen* und *Rheinland-Pfalz* unter der Perspektive Integration überein, den BORCHERT/SCHUCK 1992 vorlegen. Wir müssen also davon ausgehen, daß die Rahmenbedingungen der Modellversuche für die pädagogischen Konzeptionen in den einzelnen Bundesländern eine normative Funktion übernehmen. Dies widerspricht der ursprünglich geäußerten Erwartung, daß die relativ günstigere personelle und materielle Ausstattung der Modellversuchsgruppen einem weiteren Ausbau Gemeinsamer Erziehung eher entgegen stehe. Weitgehend offen bleibt jedoch, wie die Rahmenbedingungen wohnortnaher Integration mit Einzelintegration konkret auszugestalten sind. Kindergartengruppen mit bis zu 25 Kindern, in die ein behindertes Kind aufgenommen wird, das ohne Personalaufstockung sowie die Einbindung zusätzlicher therapeutischer und diagnostischer Kompetenzen eine bestmögliche Förderung erhalten soll, vermitteln im Vergleich zu den zentralen Integrationseinrichtungen noch das Bild einer gemeinsamen Erziehung, die weiterer fachlicher Qualifizierung bedarf, ohne daß damit das hohe Engagement von ErzieherInnen und Eltern in diesen Regeleinrichtungen geschmälert werden soll. Tendenziell muß hier jedoch die Gefahr einer Überforderung des Personals einkalkuliert werden. Notwendig erscheint die Etablierung flexibler Unterstützungsnetzwerke, die ausgehend von *"Arbeitsstellen für Integration" (Saarland)* oder *"Zentralen Beratungsstellen für Integration" (Berlin)* ein regionales und dezentrales Netz an Kontakten und Ressourcen anbieten, das den wechselnden Bedarfslagen einer wohnortnaher Integration gerecht zu werden vermag. In dieser Richtung müssen auch kleine Lösungen angestrebt werden, die halb- bzw. nicht-institutionelle Realisierungsformen beinhalten. In einer typisierenden Betrachtung sollen deshalb im weiteren die organisatorischen Strukturen der gemeinsamen Erziehung, wie sie sich zu Beginn der neunziger Jahre in der *BRD* präsentieren, nebeneinander gestellt werden, um daraus einen Überblick zu erhalten über die vorhandenen Angebotsformen. Erst auf diese Weise ist eine Aussage über den Diskussionsstand zur wohnortnahen Integration im Elementarbereich möglich, die sich wieder auf die Forderung des Achten Jugendberichtes zurückbeziehen läßt.

2.2.3 Organisationsformen

Bei der Zusammenstellung der Organisationsformen Gemeinsamer Erziehung im Elementarbereich fällt zunächst ein fortschreitender Prozeß der Diversifizierung

der Angebotsstrukturen auf. Dieser Befund ergänzt die bisherigen eher typisierenden Aussagen der Integrationspädagogik. HOESSL (1990b, 118f.) und LIPSKI (1990b, 48f.) kommen in ihren Darstellungen des Entwicklungsstandes zu zwei Grundformen integrativer Erziehung: integrative Gruppen und Einzelintegration. SCHOLLE (1992, 48f.) nennt in dieser Hinsicht die Integration im Regelkindergarten, die integrative Kindertagesstätte und die Integration nach additivem System (Sonder- und Regeleinrichtung unter einem Dach). In der Schlußbilanz der DJI-Projektgruppe erscheinen neben den Regelkindergärten mit gestützter Einzelintegration auch Regelkindergärten und Sondereinrichtungen mit integrativen Gruppen, sowie der "Integrationskindergarten" (HOESSL 1990a, 16f.). Unter dem Eindruck des KJHG und der konzeptionellen Aussagen des Achten Jugendberichtes mit seinem Schwerpunkt bei der Regionalisierung und Dezentralisierung der Jugendhilfestrukturen haben sich diese einschlägigen Angebotsformen Gemeinsamer Erziehung im Elementarbereich weiter ausdifferenziert. Es werden zunehmend alle Typen von Tageseinrichtungen unter der Maxime Prävention und Integration gesehen (Krippe, Hort), und es entwickeln sich vereinzelt bereits alternative Einrichtungstypen (Kinderhaus), die ebenfalls den integrativen Aspekt bereits in der Initiierungsphase berücksichtigen. Damit wird zugleich ein Prozeß der Ausweitung des Integrationsgedankens über die institutionellen Ebenen hinaus erkennbar, der z.b. auch den Bereich der Tagespflege mit erfaßt. Das Prinzip der gemeinsamen Erziehung wird folglich im Jugendhilfebereich für die Altersgruppe der 0;4- bis 14jährigen angewendet. Aus den hier zugrundeliegenden Dokumenten lassen sich dazu die folgenden Organisationsformen ableiten.[11]
Auffallend ist ein deutlicher Bezug in fast allen Bundesländern zur *Einzelintegration im Regelkindergarten* (BW, FB, B, HB, HE, NW, RP, SL, ST, MV, FS, TH). Dies überrascht besonders angesichts der noch offenen Problematik einer Gestaltung der Rahmenbedingungen für diese Angebotsform. Offensichtlich strebt der überwiegende Teil der Bundesländer die wohnortnahe Form der Integration an und will demnach allen Kindern einen Zugang zu der Regeleinrichtung anbieten, die dem Wohngebiet am nächsten liegt. Dieser "Kindergarten für alle" erscheint als Zielvorstellung weitgehend konsensfähig. Die praktische Umsetzung in den Bereichen Gruppengröße, personelle und räumlich-sächliche Ausstattung, sowie therapeutische Versorgung bedarf jedoch weiterer intensiver Anstrengun-

---

[11] Die im folgenden verwendeten Abkürzungen bedeuten im einzelnen: B (Berlin, West und Ost), BB (Brandenburg), BW (Baden-Württemberg), FB (Freistaat Bayern), FS (Freistaat Sachsen), HB (Hansestadt Bremen), HE (Hessen), HH (Hansestadt Hamburg), MV (Mecklenburg-Vorpommern), NI (Niedersachsen), NW (Nordrhein-Westfalen), RP (Rheinland-Pfalz), ST (Sachsen-Anhalt), SL(Saarland), SH (Schleswig-Holstein), TH (Thüringen)

gen. Damit ergibt sich partiell noch ein vollkommener Widerspruch zwischen dem prinzipiellen Zuspruch zur Einzelintegration einerseits und der praktischen Umsetzung dieser Angebotsform bezüglich konkreter Rahmenbedingungen andererseits. Weitreichende Modelle einer gestützten Einzelintegration haben das *Saarland* und *Berlin* vorgelegt, während sich diese Organisationsform im *Hessen* in jüngster Zeit zu entwickeln beginnt und *Nordrhein-Westfalen* nur im Gebiet des *Landschaftsverbandes Westfalen-Lippe* an diesem Anspruch festhält. Aus *Baden-Württemberg* wird zwar auch von entsprechenden Anstrengungen berichet. Aber die finanzielle Absicherung scheint hier noch am wenigsten gesichert. Einzelintegration und „Kindergarten für alle" sind im übrigen zwei sich ergänzende Organisationsformen. Will der Kindergarten tatsächlich für alle Kinder seines Einzugsbereichs offen sein, so muß er auch einzelne behinderte Kinder aufnehmen. Umgekehrt gilt, daß sich Einzelintegration nur realisieren läßt, wenn wir den Kindergarten zu einer Einrichtung ausbauen (personell, materiell), die auch behinderten Kindern die bestmögliche Förderung anbietet. Bei der Finanzierung muß die Jugendhilfe im Vordergrund stehen, um die Einzelintegration nicht an der Ganztagsbetreuung scheitern zu lassen, da diese nicht in jedem Regelkindergarten ohne weiteres gewährleistet werden kann. Ebenso denkbar wäre eine Ausweitung des Interpretationsspielraums bezüglich der Vorschriften zur teilstationären Betreuung in § 100 BSHG.

Eine andere Quelle der Integration im Elementarbereich muß in den *Sondereinrichtungen mit integrativen Gruppen* gesehen werden. Dies gilt besonders in den alten Bundesländern (FB, HB, HH, HE, NI, NW, RP). Speziell in *Hessen* hat sich gezeigt, daß dieser Einrichtungstyp bei entsprechender Gestaltung der Rahmenbedingungen und Unterstützungsangebote durchaus ein integratives Potential besitzt. Teilweise werden Sondereinrichtungen auch in Integrationseinrichtungen umgewandelt. Die Finanzierung nach BSHG und KJHG erfolgt in Mischform und ist nicht mit der Problematik der Anerkennung im Sinne der Eingliederungshilfe verbunden. Auch die Ausstattung dieser Einrichtungen wird als positiv für die Förderung der behinderten Kinder angesehen. In personeller Hinsicht bieten die günstigen Erzieherinnen-Kind-Relationen in Sondereinrichtungen gute Anknüpfungspunkte für die integrative Förderung von Kindern mit schweren Behinderungen. Aus historischer Sicht muß immer wieder betont werden, daß Sondereinrichtungen im Elementarbereich in den sechziger Jahren als fortschrittliche Alternative zum Verbleib der Kinder in den Familien entstanden sind und über umfangreiche und spezialisierte Erfahrungen in der Förderung behinderter Kinder verfügen. Nachteilig wirkt sich nach wie vor der große Einzugsbereich dieser Einrichtung aus. Die Kinder müssen lange Fahrtzeiten in Kauf nehmen (teilweise mehr als 1 Stunde) und sind über einen nicht geringen Teil des Tages von den Eltern getrennt. Außerdem ist es kaum möglich, von der Sondereinrichtung aus noch Bezüge zur Alltagssituation der Kinder im Wohngebiet herzustellen.

Die *integrative Kindertagesstätte*, in der eine oder mehrere integrative Gruppen arbeiten, ist als gesamte Einrichtung und auf Dauer mit der gemeinsamen Erziehung befaßt. Dieses Modell findet neben der Einzelintegration die größte Zustimmung in den Bundesländern (FB, HB, HH, HE, NI, NW, RP, BB, MV, ST, TH). Die langfristige Ausrichtung der Maßnahme ermöglicht Anschaffungen im Bereich behindertenspezifischer Heil- und Hilfsmittel, die in der Einrichtung zur Verfügung stehen. Durch den Rechtsanspruch behinderter Kinder auf Eingliederungshilfe kann die Finanzierung des behinderungsbedingten Mehraufwandes als gesichert gelten. Gruppenreduzierungen und Personalaufstockung gehören zum Standard. Teilweise erfolgt sogar die Festanstellung von TherapeutInnen in der Einrichtung. Die Anerkennung als teilstationäre Einrichtung bietet kaum Probleme, da die Kindertagesstätte zumindest auf einige Tagesstättenkinder eingerichtet sein wird und von daher eine Betreuung über Mittag gewährleisten kann. Als Nachteil muß gegenwärtig noch der große Einzugsbereich dieses Einrichtungstyps konstatiert werden, der ähnlich negative Effekte wie bei den Sondereinrichtungen mit integrativen Gruppen hervorruft.

Zahlreiche Länder haben mit ihren Ausführungsgesetzen zum KJHG eine Ausweitung der gemeinsamen Erziehung auf die *Integration in der Kinderkrippe* vollzogen (HH, HE, NW, RP, SH, ST, TH). Abgesehen von einer weiteren Reduzierung der Gruppengröße wird über die konkreten Bedingungen dieser Angebotsform noch nichts eingehenderes berichtet. Angesichts eines unzureichenden Versorgungsgrades mit Krippenplätzen in den alten Bundesländern können in diesem Bereich jedoch allenfalls vereinzelte Erfahrungen gesammelt worden sein.

Für die *Integration im Hort* läßt sich in ähnlicher Weise wie bei den Kinderkrippen ein wachsendes Problembewußtsein bei örtlichen und überörtlichen Jugendhilfeträgern und bei den Gesetzgebungsinstanzen der Länder feststellen (HH, HE, NW, RP, TH). Besonders *Hamburg* macht in seiner Kindertagesstättenplanung III von 1991 darauf aufmerksam, daß durch eine wachsende Zahl an Integrationsklassen in Hamburger Grundschulen auch der Bedarf an integrativen Hortplätzen gestiegen sei. Somit kann die außerschulische Betreuung der Schulkinder dem Problem Gemeinsamer Erziehung in der Zukunft kaum noch ausweichen.

Einige Bundesländer (FB, HH, NW, RP) nennen nach wie vor *additive Systeme von Sonder- und Regeleinrichtungen "unter einem Dach"* als eine Angebotsform. In diesem Fall kooperieren Sonder- und Regeleinrichtungen bei bestimmten Vorhaben und gemeinsamen Veranstaltungen, ohne jedoch integrative Gruppen zu bilden. Diese Form hat in der Vergangenheit häufig zur Öffnung von Sondereinrichtungen für nichtbehinderte Kinder geführt. Eine erweitertes Modell dieses kooperativen Ansatzes wird aus *Rheinland-Pfalz* berichtet, wo integrative Außengruppen einer Sondereinrichtung in der Regeleinrichtung existieren.

Eine Besonderheit bieten einige Gesetzestexte in bezug auf die Altersmischung. In *Nordrhein-Westfalen* wird z.B. angestrebt, an Stelle der Kinderkrippen langfristig sog. "altersgemischte Gruppen"[12] zu bilden, in denen 0;4 bis 6jährige aufgenommen werden. Auch für diese Einrichtung soll der Grundsatz der gemeinsamen Erziehung gelten. Ähnliche Wege geht *Sachsen* mit den sog. "Mischgruppen"[13], in denen sich bis zu drei Kinder im dritten Lebensjahr befinden können, die also für die Altersgruppe von 2 bis 6 Jahren zugänglich ist und ebenfalls als integrative Gruppe geführt werden kann. Das *Deutsche Rote Kreuz*[14] berichtet aus den Einrichtungen in seiner Trägerschaft von sog. "Familiengruppen", die ebenfalls Kinder im Alter von 0;4 bis 6 Jahren aufnehmen können und die auch für behinderte Kinder geöffnet sind. Unter welchen Bedingungen sich integrative Erziehung in dieser Altersstruktur realisieren läßt, kann gegenwärtig ebenfalls noch nicht mit Bestimmtheit gesagt werden.

Eine Abwandlung des Typs der integrativen Kindertagesstätte sind die geplanten *Schwerpunkteinrichtungen*, die in *Nordrhein-Westfalen* ab 1993 über das BSHG finanziert werden sollen.[15] Die Gruppenstärke soll in diesen Einrichtungen nicht abgesenkt werden, trotz einer Mindestaufnahme von 4 behinderten Kindern. Ganztagsbetrieb ist vorgesehen und somit auch die Zuständigkeit des überörtlichen Sozialhilfeträgers. Die Praxis zeigt, daß bereits einige Einrichtungen in diesem Modus arbeiten. Zu prüfen wird sein, inwieweit sich der qualitative Standard der Förderung aufbauen läßt, ohne den Anspruch der wohnortnahen Integration fallen zu lassen.

---

12 *Gesetz über Tageseinrichtungen für Kinder (GTK)* v. 29.10.1991. (GV NW., S. 380)
13 *Gesetz zur Förderung von Kindern in Tageseinrichtungen im Freistaat Sachsen (Gesetz über Kindertageseinrichtungen - SäKitaG) v. 03.07.1991* (Sächs. GVBl., Nr. 16/1991. S. 237-240)
14 *Deutsches Rotes Kreuz*: Die Kindertageseinrichtung. Rahmenrichtlinien. Hrsg. v. Generalsekretariat. Bonn, 1991
15 *Landschaftsverband Westfalen-Lippe*: Förderung behinderter Kinder in Schwerpunkteinrichtungen. Vorlage zum Jugendhilfeausschuß u. Sozialhilfeausschuß v. 01.02.1993

Interessante Ausweitungen hat das Land *Schleswig-Holstein* in seinem Kindertagesstättengesetz bezogen auf die gemeinsame Erziehung vorgenommen.[16] Zum einen führt es als einziges Länderausführungsgesetz die *Integration im Kinderhaus* als Angebotsform im Bereich der Tageseinrichtungen auf und weist so auf eine sich weiterentwickelnde Angebotstruktur im Elementarbereich hin. Zum anderen nimmt sie die *Integration in Tagespflege* ausdrücklich mit in das Gesetz auf und berücksichtigt so als einziges Landesgesetz außerhalb von Institutionen angesiedelte Formen der gemeinsamen Erziehung im Elementarbereich. Bedeutsam erscheint dies angesichts des familialen Wandels (Berufstätigkeit von Frauen, Diversifizierung der Familienformen usf.) (NAVE-HERZ/MARKEFKA 1989), der sicher auch für Familien mit behinderten Kindern zu einer erhöhten Nachfrage nach Unterstützungssystemen für familiale Erziehung geführt hat. Ebenso wie die Feststellung, daß behinderte Kinder zunächst einmal Kinder seien, zu einem Aufgreifen der Diskussion zum Wandel der Kindheit in der Heilpädagogik geführt hat, wird auch die Erkenntnis, daß Familien mit behinderten Kindern zunächst einmal Familien mit Kindern sind, die Zusammenarbeit zwischen professioneller Heilpädagogik und Eltern in Zukunft beeinflussen. Eine Diskussion über die "Passung" zwischen institutionellen Angebotsformen und familialen Lebensbedingungen wird dabei unumgänglich sein. Auch Angebote Gemeinsamer Erziehung müssen diese familiale Lebenssituation behinderter Kinder berücksichtigen.

Die Organisation der gemeinsamen Erziehung im Elementarbereich der *BRD* erscheint also auf dem Hintergrund eines novellierten Jugendhilferechts und dem veränderten Verständnis der Jugendhilfe in seiner rechtlichen Gestalt, den konkreten Bedingungen für die Arbeit in den Tageseinrichtungen und bezogen auf die vorherrschenden Angebotsformen bereits als flexiblere Struktur im Vergleich zum Ausklang der achtziger Jahre. Eine sich abzeichnende Ausweitung der Interpretationsspielräume auf der juristischen Ebene, die Erweiterung der Qualitätsstandards der gemischt-finanzierten integrativen Gruppen auf die Einzelintegration und eine teils realisierte, teils absehbare Vielfalt der Typen Gemeinsamer Erziehung lassen insgesamt deutliche Regionalisierungs- und Dezentralisierungstendenzen erkennen. Wohngebietsnahe Integration im Sinne eines flächendeckenden Angebots erhält von daher eine orientierende Funktion für die Weiterentwicklung der gemeinsamen Erziehung im Elementarbereich. Damit ist zunächst der organisatorische Hintergrund des Konzeptes integrative Spielförderung dargestellt. Inte-

---

[16] *Gesetz zur Förderung von Kindern in Tageseinrichtungen und Tagespflegestellen (Kindertagesstättengesetz -KiTaG) v. 12.12.1991* (GS.Schl.H.II, Gl. Nr. 850-1)

grative Spielsituationen sind demnach als flexible Gestaltungsmöglichkeit Gemeinsamer Erziehung zu entwerfen, wenn sie im Prozeß einer flächendeckenden Integration eine orientierende Funktion übernehmen sollen. Sie müßten nach der vorliegenden Übersicht auf der Basis regional unterschiedlicher Rechtsgrundlagen und bei deutlich abweichenden Rahmenbedingungen für vielfältige Organisationsmodelle geeignet sein. Umzusetzen ist diese organisatorische Vorgabe am ehesten in regionalen Verbundkonzepten und dezentralen Netzwerken. Integrative Spielförderung würde in diesem Modell quer zu verschiedenen Handlungsfeldern gelagert sein und wäre auf die Zusammenarbeit mit vielfältigen Unterstützungssystemen angewiesen (vgl. MERKER 1993) (s. Kap. 5.3).

Orientierung wird jedoch auch erforderlich auf der Ebene pädagogisch-konzeptioneller Diskussionen im engeren Sinne. Aufbauend auf den länderspezifischen Betrachtungen sind von daher die vorliegenden integrationspädagogischen Entwürfe gegenüberzustellen und unter dem Primat der wohnortnahen Integration zu diskutieren, dem angesichts der bisher vorgestellten länderspezifischen Integrationsentwicklungen im Elementarbereich eine besondere Aktualität und Zukunftsbedeutung zukommt.

2.3 Pädagogische Konzeptionen Gemeinsamer Erziehung im Elementarbereich der BRD

Es gilt zunächst festzuhalten, daß sich im Rahmen der Dokumentenanalyse ein bundesweiter Konsens bezüglich der Bedeutung des Situationsansatzes als Ausgangspunkt für eine Konzeption zur gemeinsamen Erziehung ergeben hat, der bis hinein in die östlichen Bundesländer reicht. Bestätigt wird dieser Befund durch die Ergebnisse einer Erzieherinnenbefragung des *Deutschen Jugendinstitutes (DJI)* in insgesamt 186 integrativen Einrichtungen in den westlichen Bundesländern aus den Jahren 1987/88 (PELZER 1990). Die Erzieherinnen bestätigen zunächst die Veränderung ihrer Arbeit durch die integrative Gruppen, ohne daß sie jedoch der Meinung wären, daß damit eine spezielle oder integrative Pädagogik mit wesentlichen Unterschieden zu Regel- und Heilpädagogik vorliegen würde. Auf der konzeptionellen Ebene pädagogischer Konzepte lassen sich mehrere Ansätze in den Erzieherinnenantworten wiederfinden. 85 % der Befragten nennen den Situationsansatz als pädagogische Konzeption, 65 % bevorzugen selbst entwickelte und einrichtungsbezogene Konzeptionen, 34 % arbeiten nach eigenen Aussagen weiterhin mit Ansätzen traditioneller Kindergartenpädagogik und 28 % nennt die MONTESSORI-Pädagogik als bestimmend für die konzeptionelle Ausrichtung der praktischen Arbeit (a.a.O., 45). Der überwiegende Teil des Erziehungsalltags in integrativen Kindergartengruppen scheint aufgrund des sehr breit angelegten Verständnisses des Situationsansatzes durch einrichtungsbezogene Modifikationen traditioneller Kindergartenpädagogik unter Aufnahme situationsorientierter Elemente bestimmt zu sein. Nur die MONTESSORI-Pädagogik behauptet demgegenüber einen Anteil an der konzeptionellen Diskussion, während Integrationskonzeptionen nach der Aneignungstheorie, der Waldorfpädagogik oder in psychotherapeutischer Tradition in den Antworten der Erzieherinnen nur vereinzelt vorkommen. Damit deutet sich eine Bruchstelle zwischen fachlicher Diskussion zur pädagogischen Konzeption Gemeinsamer Erziehung im Elementarbereich auf der einen und der integrativen Erziehungswirklichkeit auf der anderen Seite an, die die folgende Gegenüberstellung von vornherein hinsichtlich ihrer Praxiswirksamkeit in kritischer Weise tangiert.

Die Darstellung der pädagogisch-konzeptionellen Entwürfe zur gemeinsamen Erziehung orientiert sich im weiteren wesentlich an den Modellversuchen der Bundesländer. In diesem Zusammenhang sind in der fachlichen Diskussion 4 grundlegende Ansätze zu unterscheiden, die sich auf die Aneignungstheorie, psychoanalytisch-prozeßorientierte Aspekte, ein ökosystemisches Modell sowie den Situationsansatz beziehen und jeweils in Forschungsprojekten der Bundesländer *Bremen, Hessen, Saarland* und *Nordrhein-Westfalen* weiterentwickelt wurden. Die Diskussion der klassischen Konzeptionen von Kindergartenpädagogik nach STEINER und MONTESSORI erfolgt in diesem Zusammenhang nicht. Die Waldorf-Kindergärten haben sich zwar für behinderte Kinder geöffnet, ohne jedoch bislang über grundlegende Veränderungen an der pädagogischen Konzeption durch die Arbeit mit behinderten Kindern zu berichten. Die MONTESSORI-Pädagogik steht traditionell auch behinderten Kindern aufgeschlossen gegenüber, und MONTESSORI-Kinderhäuser stehen mit am Beginn der integrativen Entwicklung im Elementarbereich der *BRD*. Im Verlauf der praktischen Erfahrungen mit Gemeinsamer Erziehung zeigt sich auch die hervorragende Eignung der Erziehungsprinzipien und Materialien nach MONTESSORI wie HELLBRÜGGE (1990, 192ff.) klar nachweist und wie sich auch an der Erzieherinnenbefragung des DJI zeigen läßt. Die vorliegenden Aussagen zur MONTESSORI-Pädagogik bei Gemeinsamer Erziehung in Tageseinrichtungen für Kinder lassen hingegen nicht erkennen, inwieweit die Konzeption selbst weiter modifiziert wurde, ob etwa von orthodoxen Adaptionen im Umgang mit den Materialien Abstand genommen worden sei oder phantasievolle Anteile in spontanen Spielprozessen vorgesehen wären, um nur einige Beispiele für mögliche Flexibilisierungsprozesse zu nennen, die gegenwärtig zunehmend aus MONTESSORI-Kinderhäusern gemeldet werden. Demgegenüber bieten die Modellversuche der Bundesländer und in ihnen entstandene bzw. modifizierte pädagogische Konzeptionen die Möglichkeit, die Veränderungen der Kindergartenpädagogik im Falle der gemeinsamen Erziehung, von denen auch die Erzieherinnen in der DJI-Befragung berichten, aufzuzeigen. Aneignungstheoretischer, psychoanalytisch-prozeßorientierter, ökosystemischer und situationsorientierter Ansatz sind in enger Anbindung an integrative Regelkindergärten in Modellversuchen (*Hessen, Saarland, Nordrhein-Westfalen*) bzw. in Verbindung mit Forschungsprojekten (*Bremen*) entstanden oder weiterentwickelt worden und bestimmen von daher die forschungsmethodisch und erziehungswissenschaftlich fundierte Fachdiskussion zur gemeinsamen Erziehung im Elementarbereich in der Gegenwart. Der folgenden Gegenüberstellung liegt ein Kriterienraster zugrunde, das letztlich in eine Synopse integrationspädagogischer Konzeptionen im Elementarbereich eingehen soll. Im einzelnen werden definitorische Abgrenzungen (*Behinderung, Integration*), Theoriegrundlagen und didaktisch-methodische Elemente (*Ziele, Inhalte, Methoden*) vergleichend betrachtet und abschließend einer *Gesamteinschätzung* unterzogen.

2.3.1 Aneignungstheoretischer Ansatz

FEUSER entwickelt seine integrationspädagogische Konzeption, die insbesondere in den Bremer Kindertagesheimen praktiziert wird, darüber hinaus jedoch die gesamte bundesdeutsche Integrationsbewegung im Elementar- und Primarbereich nachhaltig beeinflußt hat, aus der Aneignungstheorie der sowjetischen Psychologie, die v.a. in der kritischen und materialistischen Heilpädagogik diskutiert wird. Unter *Integration* faßt FEUSER in einer weithin bekannt gewordenen Definition "die gemeinsame Tätigkeit (Spielen/Lernen/Arbeit) am gemeinsamen Gegenstand/Produkt in Kooperation von behinderten und nichtbehinderten Menschen" (1987, 18). Hier wird also nicht die Integration eines als behindert eingestuften Kindes in das Zentrum gerückt, sondern "die Struktur des Erziehungs- und Bildungsprozesses" (a.a.O., 29), in dem Integration als Ziel und Mittel pädagogischer Förderung angesehen wird. *Behinderung* ergibt sich nach FEUSER überall dort, wo menschliche Aneignungsprozesse beeinträchtigt werden, Entwicklungsmöglichkeiten ausgespart bleiben und es zu "Isolation" (a.a.O., 26) im Sinne einer Abtrennung von Aneignungsmöglichkeiten kommt. Behinderung erscheint hier somit als "das entwicklungslogische Produkt menschlicher Entwicklung unter isolierenden Bedingungen organischer und/oder sozialer Art" (a.a.O., 27). FEUSER trennt physische, psychische oder soziale Beeinträchtigungen von Behinderungen insofern nicht ab, als Beeinträchtigungen im Rahmen der ansonsten unveränderten Entwicklungsprozesse mit entwicklungslogischer Zwangsläufigkeit zu Behinderungen führen. Beeinflußbar erscheint dieser entwicklungslogische Prozeß nur durch Aufhebung der Bedingungen, die von Aneignungsprozessen isolieren und Ermöglichung umfassender Auseinandersetzung mit der Umwelt in vielfältigen sozialen Zusammenhängen.

Als *Theoriegrundlagen* bemüht FEUSER (1982, 1989) im Unterschied zur klassischen materialistischen Heilpädagogik neben der sowjetischen Psychologie (VYGOTSKI 1977, LEONTJEW 1977, GALPERIN 1980) v.a. die kognitive Entwicklungspsychologie von PIAGET (1975). Die Verbindung zwischen Individuum und Umwelt wird als "dialektischer Wechselwirkungsprozeß" (FEUSER 1987, 101) gesehen und über das Adaptationsmodell von PIAGET als Assimilation und Akkommodation beschrieben. Die Auseinandersetzung des Individuums mit der Umwelt ist in diesem Modell als tätige und handelnde zu erschließen. Die menschliche Tätigkeit gerät in der Folge zur Basis des weiteren Entwicklungsprozesses, der als Stufenfolge unterschiedlicher Tätigkeitsformen betrachtet wird und von der perzeptiven über die manipulierende und gegenständliche Tätigkeit bis hin zu Spiel, Lernen und Arbeit im Sinne eines hierarchischen Modells zunehmender Komplexität gedacht wird (a.a.O., 125). Für alle Ebenen der Tätigkeit gilt hingegen der grundlegende Austauschprozeß zwischen Individuum und Umwelt, der auch bei vorliegenden Beeinträchtigungen eine invariante Struktur aufweist (a.a.O., 26).

Auf der Ebene *didaktisch-methodischer Elemente* läßt sich als *Zielsetzung* der integrativen Pädagogik nach FEUSER zunächst eine bestimmte Qualität in der Kooperation aller Kinder festhalten, die einen gemeinsamen Gegenstand und ein antizipiertes Produkt (a.a.O., 131) enthält.

"Kooperation allein ist also nicht Integration, sondern nur eine Kooperation, die, entsprechend den von allen Gruppenmitgliedern ausgebildeten raumzeitlichen Vorstellungen her gesehen, die Distanz der Trennung der Kooperationspartner zu erfassen vermag." (Ebd.).

Kritisch anzumerken ist bereits an dieser Stelle, daß diese Zielformulierung - wenn auch möglicherweise unbeabsichtigt - einen Zwang zur Kooperation enthält und das Gelingen integrativer Prozesse von der Qualität der Kooperation abhängig macht. Es erscheint jedoch aus der Sicht des Erziehungsalltags in Kindertageseinrichtungen sehr zweifelhaft, ob diese Kooperationsqualität ständig aufrechterhalten werden kann. Ganz im Gegensatz zu dieser Annahme muß sogar davon ausgegangen werden, daß Kinder auch Rückzugsmöglichkeiten benötigen, unter Gruppenzwängen leiden können und trotzdem integrative Prozesse nicht zu scheitern drohen. Das didaktische Feld erschließt sich darauf aufbauend *inhaltlich* im mehreren strukturanalytischen Schritten bezogen auf den Aneignungsprozeß und in weiterer Deduktion aus den entwicklungspsychologischen Grundannahmen (FEUSER 1989, 27f.). Die "Sachstrukturanalyse" erschließt die Objektseite des Aneignungsprozesses bezogen auf Umweltausschnitte und vermittelt eine Einschätzung der vorhandenen und der neu zu erwerbenden Handlungskompetenzen. Demgegenüber bietet die "Tätigkeitsstrukturanalyse" Aufschluß über die "aktuelle Zone der Entwicklung" (Stand der erreichten Kompetenzen), sowie Hinweise auf die "Zone der nächsten Entwicklung" (Elemente der neuen Kompetenzen), die sich jedoch in dialektischer Verschränkung mit der Sachstrukturanalyse erst konkret ausprägen läßt. In der "Handlungsstrukturanalyse" schließlich werden die Handlungen des Individuums deutlich, die in Verbindung mit medialen und strukturellen Hilfen zur Aneignung eines Lerngegenstandes notwendig sind. Als wesentliche *methodische Handlungsformen* stellt FEUSER Projekt und Spiel vor, wobei die Aussagen zum Spiel sehr rudimentär bleiben und insbesondere die Tradition der sowjetischen Psychologie zur Spieltheorie nicht weiter problematisiert wird. Der Projektarbeit sind eingehendere Praxisreflexionen gewidmet, die den konkreten Umgang mit diesem Erziehungskonzept im Kindergarten umreißen (FEUSER 1987, 153ff.). Dabei wird insbesondere im Zuge eines Praxisbeispieles ("Wir füttern und tränken die Hasen und misten die Ställe aus", a.a.O., 163ff.) deutlich, daß die didaktische Strukturierung auf der Basis der Aneignungstheorie der Gefahr ausgesetzt ist, kooperative Tätigkeiten behinderter und nichtbehinderter Kinder in kleinste Einheiten zu parzellieren, auch wenn dies auf der intentionalen Ebene mehrfach abgelehnt wird. Zu ergänzen bleibt in didaktisch-methodischer Sicht noch der Ansatz einer integrativen Therapie bei FEUSER. Therapeutische Elemente sollen nach Möglichkeit flexibel in laufende Projekte in der Einrichtung eingebunden werden. Dabei ist ein "Kompetenztransfer" (a.a.O., 135) im Sinne eines Austausches zwischen pädagogischen und therapeutischen Handlungskompetenzen des Personals anzustreben (vgl. FEUSER/WEHRMANN 1985, 71ff.).

Insgesamt gilt es festzuhalten, daß die Aneignungstheorie den Charakter einer in sich geschlossenen integrationspädagogischen Konzeption vermittelt, die von den entwicklungspsychologischen Grundannahmen ausgehend konsequent didaktisch-methodische Elemente bestimmt. Es muß jedoch aus erziehungswissenschaftlicher Sicht bezweifelt werden, daß entwicklungspsychologische Theorieansätze sowie ausschließlich entwicklungslogische Phasenmodelle kindlicher Lernprozesse allein ausreichen, integrative Prozesse in ihrer ganzen Bandbreite zu erfassen. Die gemeinsame Tätigkeit am gemeinsamen Gegenstand als gemeinsames Spiel kann diesem Anspruch durchaus entsprechen, ohne daß damit ein Zwang zur Kooperation auferlegt wäre. Integrative Pädagogik im Kindergarten muß Chancen und Gelegenheiten zur Gemeinsamkeit bieten, die die Kinder wählen können oder auch ablehnen. Das kindliche Spiel bietet diese Gelegenheiten. Entwicklungsperspektiven des Aneignungskonzeptes müssen v.a. in spielpädagogischer Hinsicht gesehen werden, sowie in der Aufarbeitung sozialpädagogischer Theorieansätze, von denen der Regelkindergarten als Jugendhilfeeinrichtung traditionell in sehr umfänglicher Weise bestimmt ist.

2.3.2 Psychoanalytisch-prozeßorientierter Ansatz

Aus dem Hessischen Modellversuch "Interaktionsprozesse in integrativen Kindergartengruppen mit behinderten und nichtbehinderten Kindern" unter der Leitung von REISER geht eine integrationspädagogische Konzeption hervor, die sich psychoanalytischen Theorieansätzen verpflichtet fühlt und forschungsmethodisch integrative Prozesse unmittelbar in den Blick nimmt (KLEIN/KREIE/ KRON/ REISER 1987).

Eine nähere Bestimmung des Begriffes *Behinderung* lehnt die Projektgruppe um REISER ab. Von behinderten Kindern wird immer dann gesprochen, wenn sie "von den Kindergärten als behindert aufgenommen werden" (a.a.O., 18). Diese pragmatische Ausrichtung an der BSHG-Begrifflichkeit wird jedoch später zugunsten eines pädagogisch orientierten Begriffsinhaltes aufgegeben.

"Wir halten es im Zusammenhang mit pädagogischen Fragen für sinnvoller, von Kindern zu sprechen, die eine intensive Betreuung benötigen." (A.a.O., 344).

Auch hier bleibt die Anbindung an die Erziehungswirklichkeit erhalten. Der Betreuungsbedarf entscheidet zusätzlich über die Zuordnung zur Gruppe der Behinderten und damit ein bestimmtes Vehältnis zur Umwelt des Kindes. Behinderung wird also nicht als Personmerkmal gesehen, sondern eher in einen situativen Kontext eingebettet. Zu problematisieren wäre bei diesen pragmatischen Annäherungen noch der Begriff der Betreuung, der sicher nur als allgemeiner Oberbegriff für verschiedenen Umgangsweisen mit Kindern gelten soll. Negative Konnotationen ergeben sich v.a., wenn es bei der "bloßen" Betreuung ohne pädagogische Förderung bleibt. Außerdem beinhalten zahlreiche Betreuungsverhältnisse erfahrungsgemäß hierarchische Kommunikationsstrukturen, die einer Selbstwerdung des betreuten Kindes eher im Weg stehen, als diese zu fördern.

Insbesondere unter Einbeziehung der dialogischen Philosophie BUBERs wird demgegenüber eine dezidierte Reflexion zum Integrationsbegriff vorgelegt, die v.a. auf die Vielschichtigkeit integrativer Prozesse aufmerksam macht. Aus den verschiedenen Umfassungsakten, die für BUBERs Pädagogik von zentraler Bedeutung sind und nach REISER zu Einigungen zwischen Dialogpartnern führen können, leitet sich die Definiton der *Integration* ab.

"Als integrativ im allgemeinsten Sinn bezeichnen wir diejenigen Prozesse, bei denen "Einigungen" zwischen widersprüchlichen innerpsychischen Anteilen, gegensätzlichen Sichtweises interagierender Personen und Personengruppen zustande kommen." (REISER u.a. 1986, 120).

Diese Einigungsversuche können naturgemäß auch mißlingen, und es entstehen Abgrenzungen und Distanzierungen. Auf dem anderen Extrempol sind aber ebenso Verschmelzungen und große Nähe zwischen Interaktionspartnern denkbar und möglich (ebd.). Entscheidend für die Beurteilung eines integrativen Prozesses ist die Beziehung zwischen den an der jeweiligen Situation Beteiligten. Darauf aufbauend werden vier Ebenen von integrativen Prozessen unterschieden. Die "innerpsychische Ebene" (a.a.O., 121) von Integration beinhaltet im wesentlichen Prozesse der Akzeptanz zwischen Interaktionspartnern. Die "interaktionelle Ebene" (ebd.) enthält den Kern integrativer Prozesse bzw. die "reale Grundlage" (ebd.) im Hinblick auf "Gruppenbeziehungen" und gemeinsames Handeln. Die institutionelle Ebene bezieht sich auf den "Sachauftrag der Erziehung" und ihre "administrative Grundlage" (ebd.). Darüber hinaus wird noch eine gesellschaftliche Ebene integrativer Prozesse genannt, die v.a. für die "normativen Grundlagen" verantwortlich sei. Alle Ebenen werden in Wechselwirkungszusammenhängen gesehen. Auch bei REISER gilt Integration wiederum als Weg und Ziel der Bildung und Erziehung von Kindern mit Behinderungen.

Mit diesem Modell hat die Projektgruppe um REISER den Integrationsbegriff über die kommunikativen Anteile hinaus (a.a.O., 155) um entscheidende individuelle und umweltbezogene Anteile erweitert. Besonders der Hinweis auf eine innerpsychische Ebene von Integration hängt unmittelbar mit den Theoriebezügen zusammen, die in den konzeptionellen Aussagen hergestellt werden. Als *Theoriegrundlagen* lassen sich die Themenzentrierte Interaktion nach COHN (1975) und der psychoanalytische Ansatz von LORENZER (1976) anführen. Danach wird die psychische Entwicklung hauptsächlich unter dem emotionalem Aspekt und mit Blick auf die Bedürfnisse des Kindes betrachtet. Um eine "wachsende Verfügung des Individuums über sich selbst" (REISER u.a. 1986, 119) zu erreichen, ist eine Unterdrückung der autonomen Bestrebungen des Kindes zu vermeiden.

Die *Zielsetzung* der integrationspädagogischen Arbeit nach dem psychoanalytisch-prozeßorientierten Ansatz muß in der gegenseitigen Akzeptanz aller Kinder in ihrer Verschiedenartigkeit auf allen Ebenen integrativer Prozesse gesehen werden. Letztlich steht in dieser Konzeption immer die Selbstwerdung bzw. Ich-Identität als Erziehungsziel im Mittelpunkt. Die *Inhalts-Ebene* der Integrationspädagogik nach REISER wird durch Interaktionssituationen gebildet und deren Verflechtung mit weiteren Ebenen integrativer Prozesse. Das hat eine äußerst flexible Bestimmung der Inhalte des gemeinsamen Tuns zur Folge, die von wechselnden Bedürfnissen und Emotionen der Kinder abhängig gemacht werden müssen. Entscheidende *Methode* zur Umsetzung dieses psychoanalytisch geprägten pädagogischen Handlungsansatzes ist das Erzieherinnenverhalten, für das REISER detaillierte Empfehlungen entwickelt. Die interaktionsbezogenen Interventionen bzw. die Einstellungen der Erzieherinnen zur Interaktion von behinderten und nichtbehinderten sollten sich durch verschiedene Merkmale auszeichnen. Als Voraussetzung ist sicher die intensive Beobachtung der Interaktionsprozesse zu nennen. Erzieherinnen müssen sich aber darüber hinaus ihrer eigenen emotionalen Anteile an der Interaktionssituation bewußt sein und diese reflektieren (KLEIN/KREIE/KRON/REISER 1987, 307). Bei der Darstellung dieser subjektiven Anteile müsse die Erzieherin jedoch im Unterschied zu den Kindern um "selektive Authentizität" (a.a.O., 323) bemüht sein. Sie solle sich zwar ihrer Gefühle und deren Auswirkungen bewußt sein, müsse jedoch für eine "dosierte" Präsentation der eigenen emotionalen Anteile Sorge tragen. Außerdem habe die Erzieherin die Aufgabe, den Kindern ein "Hilfs-Ich" (a.a.O., 325) zur Verfügung zu stellen, das ihre Selbstbehauptungsprozesse wirksam unterstützt. Integrationspädagogik nach psychoanalytisch-prozeßorientiertem Verständnis beinhaltet demnach in der Hauptsache ein Interaktionsgeschehen zwischen Erzieherinnen und Kindern, in desses Verlauf Emotionen offen zutage treten sollen und in der Folge Nähe und Distanz in den Beziehungen zwischen allen Beteiligten jeweils neu zu bestimmen sind, um auf diesem Weg gegenseitige Akzeptanz trotz aller Verschiedenheit zu ermöglichen.

Sicher muß der psychoanalytischen Theoriegrundlage im Rahmen der Kindergartenpädagogik eine prinzipielle Berechtigung zugesprochen werden, wie sich in der jüngsten Geschichte des Kindergartens anhand der Kinderladenbewegung unschwer aufzeigen ließe. Insofern sollte ebenfalls von einer gewissen Affinität zwischen Erziehungsalltag in der integrativen Gruppe im Kindergarten und psychoanalytischen Erziehungskonzepten ausgegangen werden, zumal die Projektgruppe die Untersuchung integrativer Prozesse als teilnehmende Beobachtung realisiert und von daher schon forschungsmethodisch eine unmittelbare Alltagsnähe installiert, wie sich auch in den Analysen zur Wahrnehmung und Erfahrung von Behinderung durch Kindergartenkinder bei KRON (1988) zeigt. In den Anforderungen an die Rolle der Erzieherin steckt hingegen auch die Gefahr einer Überforderung mit quasi-therapeutischen Aufgabenstellungen. Fraglich ist dabei insbesondere, wie die Erzieherinnen für diese Aufgabe qualifiziert werden sollen. Überdies könnte im Vergleich zu situationsorientierten Ansätzen in der Kindergartenpädagogik auch die fehlenden thematisch-inhaltlichen Anregungen für die integrative Gruppenarbeit für die Erzieherinnen verunsichernd wirken. Das Aushalten offener Interaktionssituationen mit ungewissem Ausgang erfordert in der Regel auch eine gewisse berufliche Erfahrung und Selbstsicherheit. All diesen Einschränkungen zum Trotz ist jedoch die psychoanalytisch bestimmte Perspektive von integrativen Prozessen im Regelkindergarten unverzichtbar, soll die Integrationspädagogik nicht an den Bedürfnissen und Emotionen der Kinder vorbei realisiert werden. Im Unterschied zu FEUSER betont REISER bei aller Gemeinsamkeit in sonstigen Fragen der Integration die Konzipierung von Freiräumen als zentrales Prinzip seines integrationspädagogischen Entwurfes. Das kindliche Spiel in seinem spontanen Charakter hat gerade auf der interaktionalen und innerpsychischen Ebene von integrativen Prozessen im Sinne der Projektgruppe um REISER seinen Platz. Spielpädagogisch orientierte Empfehlungen an die Erzieherin sind darüber hinaus in diesem Konzept nicht intendiert.

2.3.3 Ökosystemischer Ansatz

Aus dem Projekt "Dezentrale Einführung und Unterstützung der gemeinsamen Förderungen und Erziehung behinderter und nichtbehinderter Kinder im Elementarbereich" im *Saarland* legt MEISTER 1991 eine erste Bilanz vor, die ausdrücklich nicht als Abschlußbericht zum Modellversuch verstanden werden will. Die konzeptionelle Ausrichtung des Modellversuches ist jedoch aus den vielschichtigen Beiträgen zur Weiterentwicklung der wohnortnahen Integration in Richtung auf ein qualifiziertes pädagogisches Angebot zu erkennen. Insofern dient der

Projektbericht unter Einbeziehung ergänzender Aussagen von SANDER (1990) und HILDESCHMIDT/SANDER (1990) als Ausgangsbasis für die Charakterisierung des Konzeptes von MEISTER als ökosystemischen Ansatz. In der Zwischenbilanz von MEISTER zeigt sich bereits der zugrundeliegende Erfahrungsaustausch zwischen den in der Integrationsforschung im Elementarbereich Tätigen insofern, als eine Reihe von Forschungsergebnissen aus vorhergehenden Projekten mit in die Darstellung eingehen. Dies erschwert die Herausarbeitung des originären integrationspädagogischen Ansatzes nicht unerheblich, auch wenn es aus fachlicher Sicht uneingeschränkt zu begrüßen ist.

Auf der begrifflichen Ebene läßt sich ein weitgehender Konsens zwischen SANDER und MEISTER konstatieren. MEISTER (1991, 12) nimmt ausdrücklich Bezug auf die Arbeiten von SANDER zu Klassifikationsproblemen in der Heilpädagogik. SANDER (1990) legt einen ökosystemischen *Behinderungsbegriff* vor, der das Kind-Umfeld-System zur Grundlage hat und somit von einer individuumzentrierten Perspektive der Begriffsbestimmung von vornherein Abstand nimmt. Aufbauend auf der Übersicht über weltweit vorhandene Behinderungsbegriffe der Weltgesundheitsorganisation (WHO), die bekanntlich zwischen impairment (Schädigung), disability (Beeinträchtigung bzw. Leistungsminderung) und handicap (Behinderung) unterscheidet (SANDER 1990, 79), heißt es dort:

"Behinderung als soziale Folge einer Schädigung oder Leistungsminderung zeigt sich ... in gestörter Integration des betreffenden Menschen in sein Umfeldsystem." (A.a.O., 81).

Behinderung und Integration werden in dieser Definition reziprok aufeinander bezogen und in ihrer gegenseitigen Bedingtheit gedacht. Schädigungen oder Leistungsminderungen führen nach diesem Ansatz nicht zwangsläufig zu Behinderungen. Der soziale Konstitutionszusammenhang ist von entscheidender Bedeutung. Manifest wird eine Behinderung erst in Relation zur Umwelt, als Störung dieser Relation. Nicht der Mensch mit einer Schädigung ist von daher in jedem Fall behindert, sonder nur in Abhängigkeit von seinen Umweltbezügen. Die Behinderung wird somit nicht nur von ihrer Ätiologie her beschreibbar, sondern über soziale Zuschreibungsprozesse hinausgehend durch das Gesamt an ökologischen Bedingungen, unter denen ein Mensch lebt. Die Beziehungen zwischen diesen subjektiven, sozialen und materiellen Bedingungen sieht SANDER als "Systemzusammenhang" (ebd.). Behinderung und Integration erscheinen hier also in einem systemischen, wechselseitig verknüpften Verhältnis. Mit Integration sind in diesem Zusammenhang Maßnahmen zur "Ermöglichung und Unterstützung des gemeinsamen Spielens, Lernens, Arbeitens, Lebens von Kindern (...) auch mit sehr unterschiedlichen Fähigkeiten" (MEISTER 1991, 16) gemeint, Interventionen also, die sich auf das Mensch-Umfeld-System richten und nicht bloß den einzelnen und seine Schädigung/Leistungsminderung in den Blick nehmen. Auf der Basis einer Reihe von Integrationsprinzipien, zu denen jeweils minimale und zielorientierte Angaben vorliegen, wird dann ein abgestuftes Modell verschiedener Integrationsarten entwickelt, das zwischen "wohnortnaher Einzelintegration", "qualifizierter, unterstützter, pädagogischer und sozialer Einzelintegration", "integrativen Gruppen" und sog. "wilder Integration" unterscheidet. Auf der Ebene wohnortnaher Einzelintegration werden Kinder mit Behinderungen in den Regelkindergarten aufgenommen und erhalten Förderung und Therapie. In integrativen Gruppen ist hingegen das Prinzip der Wohnortnähe nach MEISTER nicht zu gewährleisten. Erst durch die Erfüllung weiterer Integrationskriterien wie integrierte Förderung und Therapie, Einsatz von StützpädagogInnen, Kooperation aller Beteiligten, Freiwilligkeit und "Erweiterung der Integration von einem Lebensbereich auf andere" (a.a.O., 23), um nur eine Auswahl wesentlichster Aspekte zu nennen, kann von einem Erreichen des Zielzustandes einer qualifizierten, gestützten Einzelintegration die Rede sein.

Als *Theoriegrundlagen* fungieren bei MEISTER eine Reihe von Bezügen, die über den ökosystemischen Ansatz im Anschluß an SANDER hinausgehend die "Vermittlung zwischen Theorie und Praxis" (a.a.O., 10) auf verschiedenen Ebenen integrativer Prozesse, eine "dialektische Denkweise" (a.a.O. 11), eine Anknüpfung an der wissenschaftstheoretischen Position des Radikalen Konstruktivismus (a.a.O., 12), "Prinzipien einer allgemeinen nicht-affirmativen Pädagogik" (ebd.) und "das pädagogische Konzept von Georg Feuser" (a.a.O., 13) beinhalten. Leitend in dieser Vielfalt an theoretischen Querverbindungen erscheint jedoch weiterhin die "systemische und lebensweltliche Perspektive" (a.a.O., 14) , wie unter Rückbezug auf BRONFENBRENNER unter besonderer Betonung ökologischer Übergänge (z.B. Aufnahme eines Kindes mit einer Behinderung in den Regelkindergarten) (ebd.) und der verschiedenen Systemebenen (Mikro-, Meso-, Exo- und Makrosystem)(a.a.O, 76 ff.) nochmals unterstrichen wird.

Auch in *didaktisch-methodischer Hinsicht* hält MEISTER diese plurale Struktur seiner integrationspädagogischen Konzeption durch, in der das Bemühen zum Ausdruck kommt, vorhandene Erfahrungen aus integrationspädagogischen Modellversuchen aufzunehmen und unter ökosystemischer Perspektive im Hinblick auf die gestützte Einzelintegration weiterzuführen. Die *Zielsetzung* dieses Integrationsmodells wird unter systemischem Aspekt in einer Stärkung der Autonomie der beteiligten Systeme (z.B. Kindergarten, Familie) gesehen, die letztlich eine selbsttätige und selbstverantwortliche Bewältigung der Behinderungs-/ Integrationsproblematik beinhaltet (a.a.O., 17 u. 110). Bei der Realisierung dieser Zielvorstellung bedarf das Kind mit einer Behinderung, seine Familie oder seine unmittelbaren Bezugspersonen, sowie der Kindergarten der Unterstützung im Sinne einer Bereitstellung von Ressourcen, sozialen Netzwerken und Stützsystemen. Der ökosystemische Ansatz der Einzelintegration zielt von daher weniger auf eine genuin pädagogische Konzeption ab, als vielmehr auf die Bereitstellung von förderlichen Rahmenbedindungen, die eine qualifizierte Einzelintegration ermöglichen. Es fällt von daher schwer, fundierte Aussagen über eine ökosystemische Integrationspädagogik zu machen. MEISTER selbst diskutiert pädagogische Konzepte, die für gemeinsame Erziehung von Bedeutung sind (Situationsansatz, Aneignungstheorie, MONTESSORI-Pädagogik) (a.a.O., 116ff.). Die Bestimmung des eigenen pädagogischen Konzeptes bleibt jedoch eher formal oder orientiert sich an FEUSERs Aussagen zum Modell der "Zone der nächsten Entwicklung" (a.a.O., 112). Als Kern der integrationspädagogischen Konzeption, in dem sich auch die zugrundeliegenden Theorieansätze direkt niederschlagen, muß eher die integrative Förderung auf der Basis der "Kind-Umfeld-Diagnose" (a.a.O., 95ff. u. 126) gelten. Im Sinne der systemischen Sichtweise stellt das Modell einer kind- und umfeldbezogenen Diagnostik nicht nur Fähigkeiten des Kindes in den Mittelpunkt, sondern ebenso Fähigkeiten anderer Systeme bei der Unterstützung dieses Kindes im Hinblick auf die gestützte Einzelintegration. Über die "Anfangsphase" (a.a.O., 126) hinausgehend ist die "Kind-Umfeld-Diagnose" als prozeßorientierte Diagnostik einzuordnen, die nicht bei der einmaligen Feststellung eines individuellen Förderbedarfs stehenbleibt, sondern innovativ auf die Gestaltung der Situationen im Regelkindergarten wirken soll und somit auf Zusammenarbeit mit den Erzieherinnen angewiesen bleibt. *Methoden* dieser im wesentlichen förderdiagnostischen Strategie sind die Kooperation von Erzieherinnen und StützpädagogInnen, sowie die themenzentrierte Fallbesprechung und begleitende Beratung sowie Fortbildung. Ökosystemische Integrationspädagogik wirkt also im Umfeld-System des gemeinsamen Spiels zwischen behinderten und nichtbehinderten Kindern und den gemeinsamen Situationen im Kindergartenalltag und übernimmt somit weniger Verantwortung für die pädagogischen Konzeption im Regelkindergarten mit Gemeinsamer Erziehung. Über den Weg der "Kind-Umfeld-Diagnose" werden die notwendigen Unterstützungsbedürfnisse und -ressourcen ermittelt und fortlaufend dem Entwicklungsprozeß der Kinder angepaßt, um dem veränderten Kind-Umfeld-System des Regelkindergartens mit Gemeinsamer Erziehung zu größtmöglicher Autonomie zu verhelfen. Organisatorischer Ausdruck dieses Konzeptes sind die "Arbeitsstellen für Integration" (a.a.O., 26ff.), die diagnostische und therapeutische Kompetenzen bereithalten und den Einsatz der StützpädagogInnen (a.a.O., 44ff.) im Sinne einer "Pool"-Lösung koordinieren.

Mit der Zielvorstellung der gestützten Einzelintegration versucht MEISTER erstmalig dezidierte Angaben über ein qualifiziertes Modell wohnortnaher Integration mit flächendeckender Wirkung zu entwickeln. Durch Hinweise auf förderdiagnostische, stützpädagogische und organisatorische Standards, sowie die Thematisierung von Fortbildungskonzepten und Kooperationserfordernissen auf verschiedenen Ebenen einschließlich der Elternarbeit wird eine Vorstellung von Gemeinsamer Erziehung entwickelt, die über den Regelkindergarten hinaus auch Prozesse der sozialen Integration im Stadtteil mit sichtbar macht. Kind-Umfeld-Diagnose, Arbeitsstelle für Integration und StützpädagogInnen geraten auf diesem Hintergrund zu Bestimmungsstücken der Rahmenbedingungen von Einzelintegration in der *BRD*, die eine Überbrückung zwischen der bundesweiten Akzeptanz des Modells der Einzelintegration in verbandlichen Stellungnahmen sowie Gesetzes- bzw. Richtlinientexten auf der einen und den bislang noch fehlenden Qualitätsstandards ihrer Realisierung auf der anderen Seite anbietet. Gleichzeitig wird damit auch die ganze finanzielle Tragweite der flächendeckenden Integration deutlich und der Vorstellung von der kostenneutralen Integration eine Absage erteilt. Die Zurückhaltung bei der Ableitung eines ökosystemischen Ansatzes von Integrationspädagogik mag angesichts der pluralen Trägerstruktur der Tageseinrichtungen für Kinder gerade im Hinblick auf eine flächendeckende Integration im Sinne einer Offenheit für unterschiedlichste einrichtungsbezogene Konzeptionen förderlich erscheinen. Von Interesse wären darüber hinaus jedoch empirisch fundierte Angaben zu Veränderungen im Kernbereich integrationspädagogischen Erziehungsalltags, der in den Verantwortungsbereich der Erzieherinnen fällt und dessen ökosystemische Durchdringung. Fraglich bleibt aus ökosystemischer Sicht zudem, wie die Gemeinsamkeit im Spiel behinderter und nichtbehinderter Kinder hergestellt und wie dieser Prozeß durch umfeldbezogene Maßnahmen angemessen gesteuert werden kann. Dazu ist es erforderlich, daß die Erzieherin integrative Spielprozesse verstehen und anregen lernt. Ohne Zweifel bedarf sie dabei der Unterstützung durch weitere Fachkräfte, die die Peripherie integrativer Spielprozesse abdecken. Ebenso erscheint ein Anknüpfen an der spielorientierten Tradition des bundesdeutschen Kindergartens unumgänglich, um auch diese Ressource in die Gestaltung von Kind-Umfeld-Systemen einzubeziehen, die in erhöhtem Maße integrationsfähig sind.

2.3.4 Situationsorientierter Ansatz

Im Rahmen des Modellversuches "Gemeinsame Erziehung von behinderten und nichtbehinderten Kindern im Kindergarten - Entwicklung übertragbarer Konzepte unter Berücksichtigung unterschiedlicher Ausgangsbedingungen" (1985-1988) in Nordrhein-Westfalen erfolgt eine bewußt pädagogisch-konzeptionelle Ausrichtung des Untersuchungsauftrags. Die Projektmitarbeiter des *Sozialpädagogischen Instituts (SPI)* konkretisieren die Intention ihrer Forschungstätigkeit auf die Überprüfung des situationsbezogenen Ansatzes der "Arbeitshilfen zur Planung der Arbeit im Kindergarten" (MAGS 1983) und sind damit auch an integrationsdidaktischen Fragen interessiert. Während ursprünglich noch eine "möglichst wohnortnahe Versorgung" (SPI 1987, 98) angestrebt wird, verändert sich dieser Anspruch im Endbericht des Projektes mehr und mehr zu einer abwägenden Haltung bezüglich verschiedener Optionen des Ausbaus Gemeinsamer Erziehung im Elementarbereich (DICHANS 1990, 359). Bei der Beurteilung der Ergebnisse des Projektes ist jedoch mit zu berücksichtigen, daß bereits in der Auswahl der Einrichtungen für die behinderten Kinder zum überwiegenden Teil weite Einzugsbereiche akzeptiert werden (83,3 %), so daß der Anteil der wohnortnahen Angebotsformen Gemeinsamer Erziehung vergleichsweise gering ausfällt (a.a.O., 42 u. SPI 1988, 22ff.). Außerdem befinden sich durchschnittlich 4 behinderte Kinder in den integrativen Gruppen des Modellversuchs bei einer Gruppengröße zwischen 15 und 20, was ebenfalls eher den Rahmenbedingungen der integrativen Gruppe in zentralen Integrationseinrichtungen nahekommt. 6 von 8 Untersuchungseinrichtungen sind dem *Landschaftsverband Rheinland* zugeordnet. Insofern wird in der Auswahl der Einrichtungen bereits eine Abweichung von der ursprünglichen Ausrichtung an der wohnortnahen Integration deutlich. Dieses Modell wurde im nordrheinwestfälischen Projekt allenfalls für eine Minderheit der behinderten Kinder erprobt. Das sog. "rheinische Modell" steht als Grundlage für den weiteren Gang der Untersuchung somit bereits fest.

Auch DICHANS entscheidet sich für eine "pragmatische Bestimmung des Behinderungsbegriffs" (a.a.O., 17), die auf die Zuordnung zu den BSHG-Kriterien aus Finanzierungsgründen nicht verzichten kann. Darüber hinaus wird jedoch eine defekt- bzw. personbezogene Definition in kritischer Distanz zu medizinischen Modellen abgelehnt, obwohl gerade diese wiederum den BSHG-Kriterien zugrundeliegt und MedizinerInnen die Behinderung im Sinne dieser Kriterien feststellen. Neben die Schädigung und daraus entstehenden Beeinträchtigungen treten im Verständnis des SPI-Projektes auch "Beeinträchtigungen im sozialen Bereich" (ebd.) in Verbindung mit Stigmatisierungsprozessen, so daß *Behinderung* hier als sozial konstituierter Zusammenhang angesehen wird. Ergänzend wirkt hier der Hinweis auf das "Dialogische als Grundmoment menschlicher Interaktion" (a.a.O., 18), das somit auch den Umgangsweisen (pädagogischer und therapeutischer Art) mit Behinderungen anhaftet. Im NRW-Modellversuch wird auf den Terminus "*Integration*" weitgehend verzichtet und stattdessen von Gemeinsamer Erziehung gesprochen. Ebenfalls in pragmatischer Absicht soll damit der Bezug auf die Erziehungswirklichkeit hergestellt werden, in der "Behinderte und Nichtbehinderte gemeinsam erzogen werden"(a.a.O., 19). Integration als gemeinsame Erziehung zu verstehen, bedeute weiterhin, sie in ihrer Prozeßhaftigkeit als Weg und Ziel pädagogischen Bemühens anzusehen. Gemeinsame Erziehung wird in dieser Perspektive bestimmt durch das Anderssein behinderter und nichtbehinderter Kinder und entwickelt sich in Prozessen der Akzeptanz des Verschiedenen und der Herausbildung jeweiliger Identitäten in sozialen Zusammenhängen.

Die *Theoriegrundlagen* des situationsbezogenen Konzeptes Gemeinsamer Erziehung gehen aus von der Vorstellung des Kindergartens als "Erfahrungsraum" (a.a.O., 11). Die pädagogische Arbeit steht im Spannungsfeld der Bewältigung gegenwärtiger und zukünftiger Lebenssituationen. Von daher leitet sich die Zielvorstellung einer zunehmenden Selbständigkeit in diesen situationsbezogenen Bewältigungsprozessen ab. Diese Zielsetzung wird jedoch nicht individuell bestimmt, sondern auf der Basis von Situationsanalysen. Letztlich sei die Lebenssituation selbst als Lernsituation zu verstehen, in die die verschiedenen Sichtweisen der Beteiligten eingehen (a.a.O., 12f.). Eine weitere Ausprägung des Hauptziels "Hilfe zur Lebensbewältigung" (a.a.O., 13) zeigt bei näherer Betrachtung weitgehende Übereinstimmungen mit dem Konzept "Elementare Sozialerziehung" von OERTEL (1982, 1983) auf, das zwischen Ich-, Sozial- und Sachkompetenz als möglichen Zielbereichen situationspädagogischen Handelns unterscheidet und sich somit auf den Ansatz einer integralen Anthropologie von ROTH (1971) beruft. Unter Hinweis auf die Gegenüberstellung der Situationsansätze im BLK-Erprobungsprogramm wird ergänzend die eigenständige Qualität des Situationsansatzes der "Arbeitshilfen" deutlich, die insbesondere in der Berücksichtigung emotionaler Qualitäten und interpersonaler Elemente gesehen wird (DICHANS 1990, 14). Insgesamt ist im Rahmen des situationsbezogenen Ansatzes von einem Primat des sozialen Lernens über das kognitive Lernen die Rede, die eine "differenzierte Gruppenarbeit in altersgemischten Gruppen" bei flexibler Gestaltung des Tagesablaufs und zur Verfügung stehender Räume (a.a.O., 15f.) nach sich ziehe.

DICHANS kommt insgesamt zu der Überzeugung, daß der situationsbezogene Ansatz der "Arbeitshilfen" als pädagogisches Konzept für die gemeinsame Erziehung im Grundsatz geeignet sei (a.a.O., 349). In *didaktisch-methodischer Hinsicht* wird deshalb eine modifizierte Übertragung des Situationsansatzes auf die integrative Gruppe vorgenommen. *Ziele* Gemeinsamer Erziehung nach dem Situationsansatz bleiben auch für behinderte und nichtbehinderte Kinder Ich- und Sozialkompetenz. In diesen Zusammenhang eingebettet wird die Herausbildung von Sachkompetenz gesehen, in die auch therapeutische Zielsetzungen eingezogen sind (a.a.O., 350). Das Erreichen dieser grundlegenden situationsbezogenen Zielkomplexe erfordert in der integrativen Gruppe die Auseinandersetzung mit einer größeren Bandbreite der vorhandenen Kompetenzen, um die Heterogenität auch im Sinne einer gemeinsamen Erziehung nutzen zu können. Auf der Ebene der *Inhalte* einer situationsbezogenen gemeinsamen Erziehung sieht DICHANS die integrative Kindergartengruppe in einen Vergleich mit der Gruppe im Regelkindergarten. Insofern gilt auch das Prinzip eines Lernens in Lebenssituationen, die nun aber bestimmt sind durch die heterogene Zusammensetzung mit behinderten und nichtbehinderten Kindern und die darauf bezogenen Situationsanalysen. Von der *Methode* her werden die auffälligsten Abwandlungen gegenüber herkömmlicher Kindergartenpädagogik nach dem Situationsansatz gesehen. Es sei notwendig, in integrativen Gruppen die "zeitliche und räumliche Strukturierung des Gruppenlebens" (a.a.O., 351) flexibel zu gestalten und eine "differenzierte Gruppenarbeit" (ebd.) zu praktizieren. Bevorzugt werden auch hier indirekte Methoden. Die Offenheit in der Planung der Arbeit und die Beobachtung der Kinder seien ebenfalls bei Gemeinsamer Erziehung zu intensivieren, sowie die Möglichkeit der Therapie in der Einrichtung und die Fortbildung und Beratung der Erzieherinnen sicherzustellen. Damit liegt neben dem Ansatz von FEUSER ein integrationsdidaktisches Konzept vor, das sich auf den unmittelbaren Umgang von Erzieherinnen und behinderten sowie nichtbehinderten Kindern in der integrativen Kindergartengruppe bezieht. In Ergänzung zu diesen pädagogisch-konzeptionellen Aussagen legt das SPI Anfang 1993 einen Bericht zum Problem der Fachberatung für gemeinsame Erziehung vor, in dem aufbauend auf einer praxisorientierten Zusammenschau des Aufgabenfeldes der Fachberatung (Vorbereitung und Unterstützung bei der Aufnahme behinderter Kinder im Kindergarten, Unterstützung bei Gemeinsamer Erziehung, Fortbildungsangebote) (MERKER 1993, 43ff.) das Konzept eines "Beratungsnetzes" für gemeinsame Erziehung entwickelt wird. Es wird gefragt, welche sozialen Dienste und unterstützenden Ressourcen Familien mit behinderten Kindern im Alter von 0-6 Jahren benötigen. Im einzelnen werden genannt: Früherfassung, -diagnose und -

förderung, HausärztIn, TherapeutInnen, Beratungsangebote in verschiedenen Institutionen (z.B. im Gesundheitsamt und in Regel- und Sonderkindergärten). Dieses Modell geht also von den vorhandenen Unterstützungsleistungen für Familien mit behinderten Kindern aus und zeigt insbesondere die Notwendigkeit der Vernetzung dieser Hilfen auf.

Im Vergleich zur anfangs noch geäußerten Zielvorstellung einer wohnortnahen Integration fällt in der Gesamtbeurteilung auf, daß DICHANS in seinem Endbericht von diesem Ausgangspunkt der Untersuchung weitgehend abweicht und zum Abschluß des Projektes eher die zentrale Integrationseinrichtung bevorzugt. Damit bleibt der Situationsansatz als pädagogisch-konzeptionelle Grundlage Gemeinsamer Erziehung im Elementarbereich hinter seinen Möglichkeiten zurück. Gerade angesichts der bei DICHANS mehrfach betonten Nähe von integrativer Kindergartengruppe und Regelkindergartengruppe liegt es nahe, den Situationsansatz auch als Grundlage für die Einzelintegration im Rahmen wohngebietsnaher Angebotsformen heranzuziehen, da die Akzeptanz der Erzieherinnen aufgrund der Vorerfahrungen mit diesem pädagogischen Konzept nach den Ergebnissen der SPI-Projektgruppe hoch anzusiedeln wäre. Diese Möglichkeit wird zwar nicht ausgeschlossen, kann jedoch im Rahmen der vorgestellten Untersuchungsanlage nicht hinreichend geprüft werden, da überwiegend weite Einzugsbereiche bei den behinderten Kindern zugrundegelegt sind. Positiv herauszustellen ist die intensive Zusammenarbeit mit den Erzieherinnen im Rahmen von Gruppendiskussionen, eine Forschungsmethode, die an dieser Stelle in die Integrationsforschung im Elementarbereich eingeführt wird und verantwortlich ist für die Nähe der Gesamtaussagen des Situationsansatzes zum Alltag der Erzieherinnen. Spielsituationen erscheinen bei DICHANS (a.a.O, 33) als Beobachtungseinheit und Grundlage zur Beurteilung des Gruppenalltags, ohne jedoch schon spielpädagogisch relevante Schlußfolgerungen zu ermöglichen, die über den Rahmen und die Fragestellung der Untersuchung auch eindeutig hinausgingen.

2.3.5 Phänomenologische Zusammenschau

Tab. 2 faßt die wesentlichsten Aussagen der vorgestellten integrationspädagogischen Konzeptionen für den Elementarbereich anhand der vergleichenden Kriterien stichwortartig in einer Synopse zusammen.

Tab. 2: Synopse integrationspädagogischer Konzeptionen für den Elementarbereich

Konzept Kriterien	Aneignungs- theoretischer Ansatz nach FEUSER	Psychoanalytisch- prozeß-orientierter Ansatz nach REI- SER	Ökosystemischer Ansatz nach MEISTER	Situationsan- satz nach DICHANS
1. Definition 1.1 Behinderung 1.2 Integration	1.1 Beeinträchtigung menschlicher Aneignungsprozesse im Sinne einer Abtrennung von Aneignungsmöglichkeiten ("Isolationen") 1.2 das gemeinsame Spielen und Lernen behinderter und nichtbehinderter Kinder am gemeinsamen Gegenstand	1.1 starke Betreuungsbedürftigkeit aus institutioneller Sicht 1.2 Prozesse, bei denen "Einigungen" zwischen widersprüchlichen innerspsychischen Anteilen, gegensätzlichen Sichtweisen, interagierenden Personen und Personengruppen auf 4 Ebenen (innerpsychisch, interaktionell, institutionell, gesellschaftlich) zustandekommen	1.1 ungenügende Integration in das Mensch-Umfeld-System aufgrund einer Schädigung 1.2 Alle Kinder eines Wohnbezirks besuchen den nächstgelegenen Kindergarten (wohnortnahe Integration).	1.1 Behinderung als sozialer Konstituierungsprozeß aufgrund einer Schädigung 1.2 gemeinsame Erziehung behinderter und nichtbehinderter Kinder als Voraussetzung für soziale Integration
2. Theoriegrundlagen	- Modell der kognitiven Entwicklung nach PIAGET, LEONTJIEW und GALPERIN - Entwicklung als tätige Auseinandersetzung des Individuums mit der Umwelt	- dialogische Philosophie nach BUBER - psychoanalytische Annahme, daß Emotionen und Bedürfnisse des Kindes nicht unterdrückt werden dürfen - Themenzentrierte Interaktion nach COHN - materialistische Sozialisationstheorie nach LORENZER	- Umwelt als ineinander verschachteltes Modell mit den Ebenen Mikro- Meso-, Exo- und Makrostruktur nach BRONFENBRENNER - wechselseitige Beeinflussung verschiedener Systeme - Kind als ein in einem System von sozialen und materiellen Bezügen eingebettetes Wesen	- Kindergarten als Lebensraum für alle Kinder eines Wohnbezirks - Situationsansatz der "Arbeitshilfen NRW" - Vorrang des sozialen vor dem kognitiven Lernen
3. Didaktisch-methodische Konsequenzen 3.1 Ziele 3.2 Inhalte 3.3 Methoden	3.1 Kooperation aller Kinder am gemeinsamen Gegenstand 3.2 - Analyse der Sachstruktur - Analyse der Tätigkeitsstruktur - Analyse der Handlungsstruktur 3.3 - Projekt - Innere Differenzierung - Individualisierung - Spiel - Integrative Therapie - Kompetenztransfer	3.1 gegenseitige Akzeptanz aller Kinder in ihrer Verschiedenartigkeit auf allen Ebenen integrativer Prozesse (letzlich: Selbskonzept, Identität) 3.2 Interaktionssituationen in ihrer Verflechtung mit anderen Ebenen integrativer Prozesse 3.3 interaktionsbezogene Interventionen der Erzieherinnen mit bestimmter Merkmalen: Reflexion eigener Emotionen, Analyse integrativer Prozesse, selektive Authentizität, Hilfs-Ich-Angebot	3.1 Autonomie der beteiligten System bei der Bewältigung der Integrationsproblematik 3.2 Prozeß der kindlichen Entwicklung und seine Unterstützung im Sinne einer individualisierten förderdiagnostischen Strategie 3.3 - Kind-Umfeld-Diagnose - praxisbegleitende Beratung - Stützpädagolnnen - Aufbau von Experten- und Material-Pools	3.1 - Ich-, Sozial- und Sachkompetenz - selbständige Bewältigung gegenwärtiger und zukünftiger Lebenssituationen 3.2 - Lebenssituationen werden zu Lernsituationen 3.3 - differenzierte Gruppenarbeit - flexibler Tagesablauf - Raumgestaltung - Schwerpunkt: indirekte Methoden
4. Gesamteinschätzung	- Kern des integrationspädagogischen Prozesses herausgearbeitet - integrative Therapie - Gefahr der Parzellierung der Lernschritte	- Mehrebenenmodell der Integration - innerpsychische Anteile, nicht nur intersubjektive - Qualifikation der Erzieherin erreicht therapeutisches Niveau (entspprechender Fortbildungsbedarf)	- Modell der qualifizierten, gestützten Einzelintegration - Ausdifferenzierung der Unterstützungssysteme - Prinzip der Wohnortnähe - hohe Anforderungen an die Flexibilität der Umwelt - flächendeckende Einzelintegration als Ziel	- Bandbreite der pädagogischen Konzeption des Situationsansatzes - Alltagsnähe - hohe Akzeptanz bei Erzieherinnen - wohnortnahe Integration als Möglichkeit

Auf der Basis dieses kriterienorientierten Vergleichs der wichtigsten integrationspädagogischen Konzeptionen, die insbesondere in Verbindung mit Modellversuchen und Forschungsprojekten entstehen, sind nun sowohl Gemeinsamkeiten als auch Unterschiede in der fachbezogenen Diskussion zur gemeinsamen Erziehung auf erziehungswissenschaftler Ebene auszumachen. Alle pädagogisch-konzeptionellen Aussagen lassen sich zunächst in einem deutlichen Bezug auf dialogische und intersubjektiv angelegte philosophische Grundpositionen zusammenführen. Die Kernaussage eines dialogischen Ansatzes in der Pädagogik nach BUBER (1962, 32), daß der Mensch am Du zum Ich werde, läßt sich in allen pädagogischen Konzeptionen explizit nachweisen und kann als zusammenfassender Hinweis auf die Notwendigkeit der Gemeinsamkeit im Bildungswesen zwischen unterschiedlichen Kindern und Jugendlichen (behinderten und nichtbehinderten, ausländischen und deutschen, jüngeren und älteren, Jungen und Mädchen) gewertet werden. Das Modell der altersgemischten Gruppe als eine der wesentlichen Errungenschaften der Kindergartenreform der siebziger Jahre ist ein konkreter Ausdruck eines solchen dialogischen Erziehungsverständnisses. Ein weitergehender Akzent wird beim ökosystemischen Ansatz von MEISTER und beim Situationsansatz von DICHANS deutlich, bei denen das gesamte Umfeldsystem resp. die gesamte Lebenssituation zur Erklärung von Behinderung und Integration herangezogen wird, ohne die intersubjektive resp. dialogische Ebene auszuklammern.

Pädagogische Konzeptionen Gemeinsamer Erziehung im Elementarbereich beziehen sich trotz unterschiedlichster Theorieherkünfte gemeinsam auf einen sozialen Konstitutionszusammenhang von *Behinderung*, in dem nicht mehr ausschließlich personenbezogene Merkmale von wesentlicher Bedeutung sind, sondern intersubjektive Entstehungsmechanismen (Ausschluß von Aneignungsmöglichkeiten, spezifischer Betreuungsbedarf, ungenügende Integration in das Kind-Umfeld-System). Diese Ausweitung der Perspektive ist eng verbunden mit einer Kritik an dem Gebrauch des Begriffes "Behinderung", der teilweise nur noch als pragmatischer Kompromiß mit vorliegenden Finanzierungsgrundlagen (z.B. BSHG) gilt. Entsprechend wird *Integration* als Prozeß angesehen, in dem die Gesellschaft etwa in Tageseinrichtungen für Kinder Bedingungen zur Verfügung stellt, unter denen eine Aussonderung der behinderten Kinder nicht erforderlich ist und die Gemeinsamkeit in der Verschiedenheit im Sinne von Heterogenität in der Zusammensetzung der Spiel- und Lerngruppen möglich wird. Weder Behinderung noch Integration sind also in vorliegenden pädagogischen Konzeptionen Gemeinsamer Erziehung für den Elementarbereich als personenbezogene Phänomene dargestellt. In beiden Fällen ist eine deutliche Verschiebung der Begriffsbestimmungen in Richtung auf soziale Anteile zu konstatieren. Nicht ausschließlich das Kind ist "behindert", sondern es wird auch durch sein soziales Umfeld "behindert". Nicht ausschließlich das Kind ist "integrationsfähig", sondern das Umfeld muß "integrationsfähig" ausgestaltet sein.

Dieser breite Konsens in den begrifflichen Grundlagen steht im Gegensatz zu den vielfältigen *Theoriegrundlagen* der konzeptionellen Ansätze. Für die Aufklärung der Problemstellung einer veränderten Sicht des Komplexes von Behinderung und Integration wird eine ganze Bandbreite von unterschiedlichsten Grundlagentheorien in Anspruch genommen, angefangen von der kognitiven Psychologie über psychoanalytische Modelle bis hin zu system- und situationstheoretischen Betrachtungsweisen. Verantwortlich für den dennoch leistbaren Grundkonsens auf der begrifflichen Ebene scheint angesichts dieser Heterogenität eher ein Bezug auf die veränderte Erziehungswirklichkeit, die durch die Aufnahme behinderter Kinder in Regelkindergärten und andere Formen Gemeinsamer Erziehung konstituiert wird. Im historischen Rückblick auf die Ausgangspunkte dieser Veränderungsprozesse wird deutlich, daß Eltern und Erzieherinnen verantwortlich zeichnen für die Ausgangspunkte der Herausbildung pädagogischer Konzeptionen Gemeinsamer Erziehung. Die erziehungswissenschaftliche Thematisierung folgt hier also der lebensweltlichen Veränderung im Umgang mit behinderten Kindern nach.

In *didaktisch-methodischer Hinsicht* setzt sich zwar die Heterogenität der vorgeschlagenen Handlungsformen Gemeinsamer Erziehung noch fort. Einmal wird eher die Rolle der Erzieherin und die Qualität ihrer pädagogisch bestimmten Interaktionen mit behinderten und nichtbehinderten Kindern in den Vordergrund gestellt. Oder es erfolgt eine Konzentration auf die notwendigen Unterstützungssysteme für die gemeinsame Erziehung im Regelkindergarten. Ebenso lassen sich jedoch auf den Kern des gemeinsamen Spielens und Lernens von behinderten und nichtbehinderten Kindern bezogene Reflexionen unter kognitionspsychologischen und situationstheoretischen Aspekten verzeichnen. Schon bei MEISTER wird in einer Gegenüberstellung der kindergartenpädagogischen Konzeptionen und der Maßnahmen zur Unterstützung von Einzelintegration in ökosystemischer Perspektive deutlich, daß sich diese Schwerpunkte Gemeinsamer Erziehung nicht ausschließen, sondern aufeinander bezogen bleiben können, insofern als z.B. StützpädagogInnen die Arbeit der Erzieherinnen in der integrativen Gruppe begleiten. Integrative Förderansätze unter förderdiagnostischen Aspekten oder therapeutische Handlungsformen, die in die Gruppenarbeit der Regelkindergärten integriert sind, können kindergartenpädagogische Konzeptionen ergänzen und die Arbeit der Erzieherinnen entlasten. Darüber hinaus ist es sicherlich erforderlich, daß Erzieherinnen in die Lage versetzt werden, den Umgang mit behinderten Kindern zu erlernen, ihre emotionalen Anteile daran zu reflektieren und letztlich dann auch zielbewußt im Sinne einer Förderung der Gemeinsamkeit einzusetzen. Im Erziehungsalltag der integrativen Kindergartengruppe wird diese gegenseitige Ergänzung verschiedener pädagogischer Handlungsformen bereits vollzogen. Wir können also von einer Zentrierung unterschiedlichster didaktisch-methodischer Ansätze auf eine für alle integrationspädagogischen Reflexionen fundamentale Lebensweltebene ausgehen. Im Situationsansatz von *Nordrhein-Westfalen* wird diese Ebene als Lernsituation bezeichnet und in einem engen Verhältnis zur Lebenssituation gesehen. Das gemeinsame Spielen erscheint jedoch für Kinder im Alter bis zu 6 Jahren dominanter gegenüber dem Lernen im schulischen Sinne. Insofern muß die treffende Bezeichnung für die lebensweltliche Grundlage pädagogischer Konzeptionen Gemeinsamer Erziehung im Elementarbereich Spielsituation lauten. Alle genannten Ansätze thematisieren das kindliche Spiel in seiner Bedeutung für die in Rede stehende Altersgruppe, bleiben gleichzeitig aber hinter spielpädagogischen Reflexionen im Sinne einer spielorientierten Konzeption Gemeinsamer Erziehung zurück. Der Terminus Spielsituation weist von daher auch über den gegenwärtigen Entwicklungsstand integrationspädagogischer Erziehungspraxis und darauf bezogener Forschungsbemühungen hinaus. Wir müssen also davon ausgehen, daß mit dem gemeinsamen Spiel in situativer Perspektive zunächst nicht mehr als die Grundeinheit der integrativen Erziehungswirklichkeit im Elementarbereich bestimmt ist, auf die sich die vorliegenden pädagogischen Konzeptionen in jedem Fall - wenn auch eher implizit - als Ausgangs- und Zielpunkt ihrer Reflexionen beziehen. Es kommt also darauf an, diesen Rückbezug auf die Erziehungswirklichkeit und das kindliche Spiel bewußt zu machen. Dem Begriff der Spielsituation kommt in dieser phänomenologischen Zusammenschau zunächst eine deskriptive Offenheit zu, die aus verschiedenen Theorieperspektiven unterschiedlich gefüllt werden kann. Eine spielorientierte Erweiterung der aneignungstheoretischen Konzeption Gemeinsamer Erziehung liegt insofern nahe, als aus der sowjetischen Tradition der Psychologie eine durchaus eigenständige Spieltheorie hergeleitet werden kann, die sich auch in der spielpädagogischen Arbeit der Kindergärten in der ehemaligen DDR ausgewirkt hat. Eine psychoanalytische Betrachtung Gemeinsamer Erziehung im Elementarbereich stellt auch in pädagogischer Hinsicht den unmittelbaren Bezug zur Spielebene über die Verknüpfung innerspsychischer Anteile mit den interaktionellen, institutionellen und gesellschaftlichen Ebenen von Integration her. Untestützungssysteme in einem ökosystemischen Modell müssen ebenso mit den Prozessen des gemeinsamen Spiels kompatibel sein, wenn sie Gemeinsamkeit von Behinderten und Nichtbehinderten stützpädagogisch absichern sollen. Situationsansätze haben gleichsam traditionell den Bezug zum kindlichen Spiel hergestellt, und im Rahmen des nordrhein-westfälischen Modellversuchs bilden Beobachtungen von ungelenkten Spielsituationen bereits die Basis für die Beurteilung des Prozesses der Differenzierung der Gruppenarbeit in der altersgemischten Kindergartengruppe, die auch behinderte Kinder aufnimmt. Zugleich liegen mit den gesellschaftstheoretischen und anthropologischen Grundannahmen die Grenzen dieser deskriptiven Offenheit von Spielsituationen in Form kritischer Parameter fest, die anzeigen, wie eine gegebene Gesellschaft mit Schädigungen und Beeinträchtigungen umgeht und behindernde sowie integrative Prozesse zuläßt. Es ist jeweils auch kritisch über den gegebenen sozialhistorisch und sozialkulturell bestimmten Entwicklungsstand dieser Umgangsweisen mit der Tatsache der Behinderung hinaus zu fragen, ob Integration als humane Annahme und Prinzip demokratisch verfaßter und an unveräußerlichen Grundrechten sich orientierender Gesellschaften realisiert wird, in welchem Maße dies geschieht und wie gegebenenfalls über den erreichten Zustand hinaus weitergehende Entwicklungen angestrebt werden können.

2.4 Bedeutung integrativer Spielsituationen im Erziehungsalltag (Zusammenfassung)

Der hier zugrundegelegte Begriff integrativer Spielsituationen kann in der vorgestellten Dokumentenanalyse und empirischen Sekundäranalyse nur in wenigen Aussagen festgemacht werden. Der Situationsansatz der Arbeitshilfen von *Nordrhein-Westfalen* und seine Übertragung auf die gemeinsame Erziehung im Modellversuch dieses Bundeslandes nimmt ausdrücklich Bezug auf die Spielsituation als Ausgangsbasis des Forschungsprozesses. Darüber hinaus wird dem gemeinsamen Spiel in der integrationspädagogischen Praxis im Elementarbereich, soweit sie hier durch Dokumente zu erfassen war, insgesamt eine randständige Rolle zugewiesen. In vielen Bundesländern der *BRD* befindet sich die Entwicklung zur gemeinsamen Erziehung hin noch im Stadium des Ausbaus, in dem organisatorisch-administrative Themenstellungen dominieren. Innovativ im pädagogisch-konzeptionellen Sinne wirken die Modellversuche und Forschungsprojekte der Bundesländer in der *BRD*. Doch auch bundesweit dominiert in der Praxis der Gemeinsamen Erziehung im Elementarbereich der Situationsansatz, ergänzt um konzeptionelle Elemente aus den großen integrationspädagogischen Entwürfen und v.a. angereichert durch Elemente der MONTESSORI-Pädagogik. Es ist zu vermuten, daß auch in integrativen Einrichtungen spontane Spielaktivitäten im Mittelpunkt des Gruppenalltags stehen. Ein Konzept integrativer Spielförderung kann insofern unmittelbar an den gegenwärtigen Entwicklungsstand Gemeinsamer Erziehung im Elementarbereich anknüpfen. Die Gestaltung integrativer Spielsituationen erhält in diesem Zusammenhang die Funktion, die pädagogisch-konzeptionelle Entwicklungsarbeit auf die kindliche Alltagstätigkeit "Spiel" zu zentrieren. Integrative Spielsituationen übernehmen im Verhältnis zu anderen integrationspädagogischen Konzeptionen die Bedeutung einer alltagsorientierten Ergänzung. Sollen sie darüber hinaus quer zu den abgeleiteten Rechtsgrundlagen, Rahmenbedingungen und Organisationsformen mit dem Ziel einer Konzeption für flächendeckende Integration realisiert werden, so ist eine flexible Vernetzung mit Unterstützungssystemen in verschiedenen pädagogischen Handlungsfeldern (z.B. Fachberatung, Frühförderung, TherapeutInnen usf.) unerläßlich.

Literaturempfehlungen:

DICHANS, W. (1990): Der Kindergarten als Lebensraum für behinderte und nichtbehinderte Kinder. Köln u.a.: Kohlhammer, 1990
FEUSER, G. (1987): Gemeinsame Erziehung behinderter und nichtbehinderter Kinder im Kindertagesheim. Ein Zwischenbericht. Bremen: Diakonisches Werk, [4]1987 (Erstausgabe: 1984)
HOESSL, A. (1990): Die Entwicklung integrativer Erziehung im Elementarbereich. In: Eberwein, H. (Hrsg.) Behinderte und Nichtbehinderte lernen gemeinsam. Hb. d. Integrationspädagogik. Weinheim u. Basel: Beltz, [2]1990. S. 114-123
KAPLAN, K./RÜCKERT, E./GARDE, D. u.a. (1993): Gemeinsame Förderung behinderter und nichtbehinderter Kinder. Hb. f. d. Kindergarten. Weinheim u. Basel: Beltz, 1993
KLEIN, G./KREIE, G./KRON, M./REISER, H. (1987): Integrative Prozesse in Kindergartengruppen. Über die gemeinsame Erziehung von behinderten und nichtbehinderten Kindern. München: DJI, 1987
MEISTER, H. (1991): Gemeinsamer Kindergarten für nichtbehinderte und behinderte Kinder. Saarbrücker Beiträge zur Integrationspädagogik. Bd. 7. St. Ingbert: Röhrig, 1991

3.0 PHÄNOMENOLOGISCHE GRUNDLAGEN EINER SPIELPÄDAGOGISCHEN INTEGRATIONSKONZEPTION

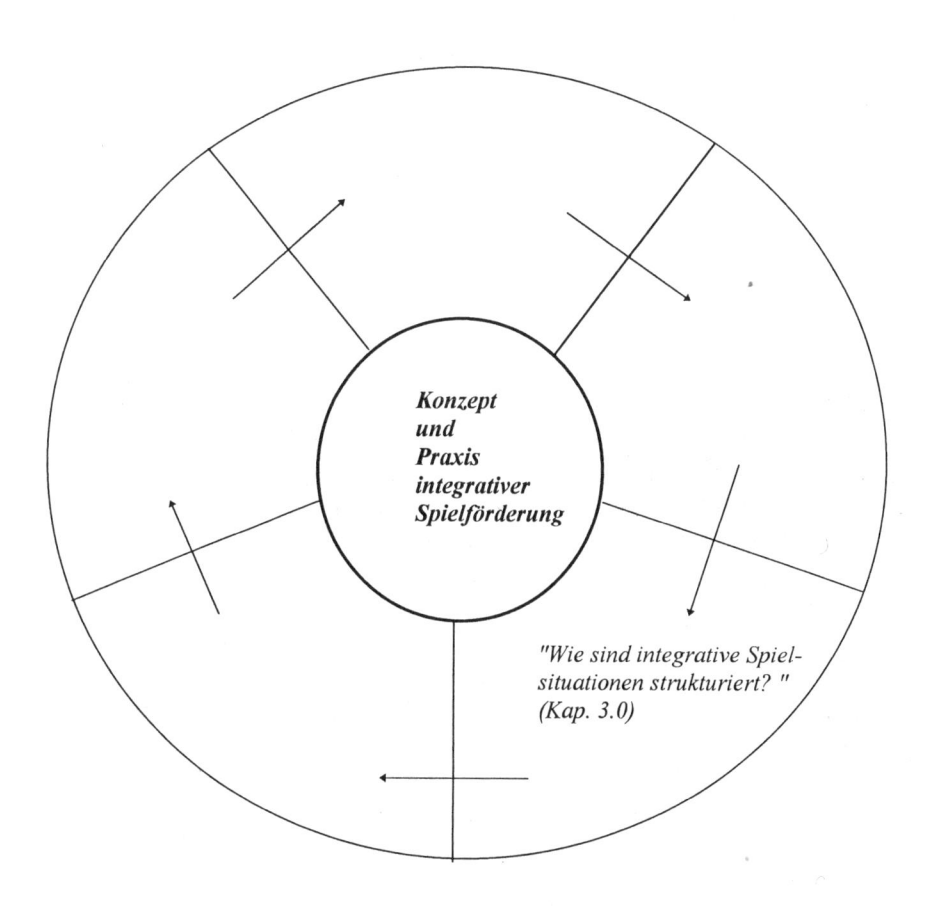

Konzept und Praxis integrativer Spielförderung

"Wie sind integrative Spielsituationen strukturiert?"
(Kap. 3.0)

Das folgende Kapitel bietet ...
- ... eine phänomenologische Theorie integrativer Spielsituationen.
- ... eine Übersicht über personale, soziale und ökologische Aspekte integrativer Spielsituationen.
- ... eine zusammenfassende Darstellung der Strukturelemente integrativer Spielsituationen.

"Den Grenzen der Heilpädagogik begegnen wir erst, wenn wir unseren Blick vom Sinn der Erziehung weg und der konkreten Verwirklichung dieses Sinnes zuwenden. Aus der Tatsache, daß Heilpädagogik Pädagogik ist und nichts anderes, folgt, daß sie im Grundsätzlichen dieselben Möglichkeiten besitzt wie die Normalpädagogik." (MOOR, P. 1969, S. 273.)

Mit der Ableitung des Alltagsfundaments spielpädagogischer Reflexionen in der Integrationspädagogik und der Hervorhebung von praktischen Anknüpfungspunkten für ein Konzept integrativer Spielförderung wird die unmittelbare Verbundenheit erziehungswissenschaftlicher Reflexionen mit der Erziehungswirklichkeit bereits deutlich. Nach der Bewußtmachung dieses lebensweltlichen Zusammenhangs integrationspädagogischer Konzeptionen ist nun in einem zweiten Schritt gemäß der phänomenologischen Methode die Herausarbeitung einer erziehungstheoretischen Grundlage für integrative Spielförderung erforderlich. Diese Problemstellung wird im weiteren mit Hilfe phänomenologischer Ansätze in der Erziehungswissenschaft zu lösen versucht. Die Phänomenologie bildet an dieser Stelle also zugleich den inhaltlichen Bezugspunkt und die methodische Strategie der weiteren Entwicklungsarbeit. Im Vordergrund steht dabei v.a. der phänomenologische Situationsbegriff in seinen unterschiedlichsten Ausprägungen. Ausgangshypothese und zentrale Intention der folgenden Überlegungen lassen sich in dem Versuch zusammenfassen, der Integrationspädagogik mit der Ableitung eines situationsorientierten Erziehungskonzeptes eine allgemeinpädagogische Grundlegung zu verschaffen. Im Unterschied zu ARNOLD (1981) wird dabei eine eher typisierende Betrachtungsweise bevorzugt, die die wesentlichen Kristallisationspunkte einer phänomenologisch fundierten Situationstheorie in der Erziehungswissenschaft nach 1945 herausarbeiten soll. Integrationspädagogik und folglich Heilpädagogik resp. Lernbehindertenpädagogik wird in diesem Bemühen von der Allgemeinen Pädagogik her neu gedacht. Dabei ist es notwendig, sich auf die Tradition phänomenologischer Theoriebildung innerhalb der Allgemeinen Pädagogik zurückzubeziehen. LIPPITZ (1980) und LOCH (1983) bieten in dieser Hinsicht bereits umfangreiche Vorarbeiten, so daß auf eine vollständige Nachzeichnung dieser Tradition hier verzichtet werden kann.

Die gegenwärtige Diskussion um Lebensweltorientierung als Problem der Pädagogik läßt sich darüber hinaus im wesentlichen um den Entwicklungsstrang einer mundanen bzw. innerweltlichen Perspektive in der Phänomenologie gruppieren. Die Vertreter dieses spezifischen Lebensweltkonzeptes sehen von einer transzendentalen Reduktion im Sinne HUSSERLS ab (so etwa SCHÜTZ) oder radikalisieren sie durch Überschreitung derselben (so etwa WALDENFELS), betonen jedoch übereinstimmend den intentionalen Bezug zwischen Mensch und Welt als umfassendes Fundament sozialwissenschaftlicher Theoriebildung überhaupt. Für die Pädagogik läßt sich dieser Lebensweltbezug als spezifische Ausprägung der Phänomenologie zuerst in den Schriften von LANGEVELD und der Utrechter Schule nachweisen, auch wenn bereits FISCHER (1914) in seiner deskriptiven Pädagogik die HUSSERLsche Transzendentalphänomenologie in die Pädagogik einführt[1]. *Personale* Gestaltung steht im phänomenologischen Ansatz von LANGEVELD für den intentionalen Bezug des Menschen zu seiner Welt, dem Lebensweltbezug also.

Spätestens bei MOLLENHAUER wirkt sich ein weiterer Theoriefortschritt in der phänomenologischen Erkenntnistheorie befruchtend für die Pädagogik aus, der mit dem Namen SCHÜTZ verbunden ist. Diese weithin als sozialphänomenologisch bezeichnete Weiterentwicklung des HUSSERLschen Hinweises auf die Notwendigkeit einer lebensweltorientierten Wende in den europäischen Wissenschaften (HUSSERL 1954) ermöglicht in Verbindung mit den ontologischen Überlegungen zur Phänomenologie bei HEIDEGGER (1960) die Einbeziehung des Alltags als Kategorie pädagogischer Theoriebildung. Diese Diskussion erreicht bei THIERSCH (1986) unter Hinzuziehung des HABERMASschen Lebensweltkonzeptes (1981) einen vorläufigen Höhepunkt. Lebenswelt und intentionaler Mensch-Welt-Bezug entsteht in dieser Perspektive vor allem als und aus *Intersubjektivität*.

Durch eine verstärkte Rezeption der Schriften MERLEAU-PONTYs gelingt es in einem weiteren Schritt zunehmend personale, soziale und auch rationalistische Verkürzungen des Lebensweltbegriffes zu überwinden und das leiblich-sinnliche

---

[1] FISCHER(1914, 140ff.) betont zwar noch das Primat des pädagogischen Tuns vor der pädagogischen Theoriebildung und sieht somit - zumindest implizit - die Notwendigkeit einer lebensweltlichen Fundierung der Pädagogik als Erziehungswissenschaft. Seine Forderung nach theoriefreier und voraussetzungsloser Beschreibung zielt jedoch eher auf ideale Wesensschau im Sinne einer transzendentalen Reduktion im Anschluß an HUSSERL. Diese Forderung muß angesichts der Fortschritte der hermeneutischen Methodologie und Erkenntniskritik in der Gegenwart als ausgesprochen problematisch betrachtet werden. Phänomenologische Deskription kann sich allenfalls um eine möglichst vorurteilsfreie Beschreibung bemühen. Theoriefrei und voraussetzungslos ist auch dieses Bemühen nicht zu realisieren.

Verhältnis des Menschen zur Welt in einer radikalen Weise als nicht hintergehbares zu beschreiben. Der Mensch als situiertes Wesen, das schon in seiner Leiblichkeit unmittelbar "zur-Welt-ist", bedingt ein Theorieverständnis, das Personalität und Intersubjektivität als miteinander vermittelt ansieht und die leibliche Verknüpfung des Menschen auch mit der materiellen Umweltstruktur einbezieht. Besonders WALDENFELS entwickelt diese philosophischen Grundlagen einer lebensweltorientierten Pädagogik aufbauend auf MERLEY-PONTY und im Rückblick über die gesamte phänomenologische Theoriebildung im Anschluß an den "Lebenswelt"-HUSSERL der Krisis weiter. In der Psychologie, insbesondere der Ökopsychologie, zeichnen GRAUMANN und KRUSE verantwortlich für eine ökologische Theoriebildung auf der Grundlage phänomenologischen Gedankengutes, das von HUSSERL über SCHÜTZ zu MERLEAU-PONTY reicht. In der Pädagogik gebührt DANNER (LANGEVELD/ DANNER 1981), LIPPITZ und MEYER-DRAWE (LIPPITZ/ MEYER-DRAWE 1987) das Verdienst einer erneuten Thematisierung der Phänomenologie im Anschluß an MERLEAU-PONTY. Besonders KLEBER nimmt im Rahmen erziehungswissenschaftlicher Konzeptualisierungen die Grundgedanken einer ökologischen Phänomenologie auf, öffnet so die Perspektive einer ökologischen Theoriebildung innerhalb der Erziehungswissenschaft und jenseits der Systemtheorie (BATESON, BRONFENBRENNER) und führt so auch seine situationsbezogene Grundlegung der Heilpädagogik (exemplarisch aufgezeigt an der Gruppe der Schüler mit Lernschwierigkeiten) fort. Lebenswelt wird hier gefaßt als *Situationalität* und bezogen auf das intentionale Mensch-Welt-Verhältnis.

Die weitere Darstellung folgt dieser kritisch-rekonstruktiven Untersuchungsstrategie und orientiert sich dabei an der Einteilung phänomenologischer Theoriebildung in individual- und sozialphänomenologische Ansätze wie sie HELLERICH (1990) vorstellt. Im Unterschied zu HELLERICH wird allerdings im vorliegenden Zusammenhang die jüngste Weiterentwicklung phänomenologischer Theoriebildung und ihre Rezeption in einen Zusammenhang mit ökologischen Fragestellungen eingefügt, so daß aus der von GRAUMANN (1990) vorgeschlagenen Verbindung von Phänomenologie und Ökologie die Grundlegung einer ökophänomenologischen Erziehungswissenschaft (wie etwa bei KLEBER) abzuleiten ist. Als durchgängige Fragestellung steht hier der Beitrag zum Verständnis des Komplexes Behinderung, Spiel und Integration im Mittelpunkt, den die jeweiligen Ausprägungen phänomenologischer Theoriebildung anbieten. Eine am kindlichen Spiel ausgerichtete Integrationspädagogik wird hier also auf ökophänomenologischer Grundlage entfaltet. Um den Stellenwert dieses Konzeptes beurteilen zu können, ist es allerdings notwendig, die Entwicklung des phänomenologischen Denkens vom individual- über den sozial- bis hin zum ökophänomenologischen Ansatz zu überschauen und so das vorgestellte Konzept auf historisch-genetischem Wege in seine erkenntnistheoretische Traditionslinie einzuordnen.

3.1 Individualphänomenologischer Ansatz bei M.J. LANGEVELD

Als ein Exponent der anthropologischen Wende in der deutschen Nachkriegspädagogik (neben BOLLNOW, LOCH u.a., vgl. die Übersicht bei HÖLTERSHINKEN 1976) steht LANGEVELD in seinem Werk für eine in spezifischer Weise phänomenologisch fundierte Pädagogik, die mit der niederländischen Denktradition seines Utrechter Wirkungskreises im Anschluß an BUYTENDIJK auf das Engste verbunden bleibt. "Bis hierher und nicht weiter", so ruft er (vgl. LANGEVELD/DANNER 1981, 100) den transzendentalphänomenologischen Ansätzen der deutschen Pädagogik im Anschluß an HUSSERL zu, die sich auf die Wesenserhellung vielfältiger Oberflächenerscheinungen in der Erziehungswirklichkeit beschränken und kritisiert explizit die Ausweitung der Phänomenologie zur Transzendentalphilosophie, wie sie bereits bei FISCHER (1914) vorliegt. LANGEVELD insistiert in seiner HUSSERL-Kritik auf der Existenz einer realen Welt und eines erkennenden Subjekts (1981). Auch wenn LANGEVELD eine metaphysische Anbindung pädagogischer Theoriebildung letztlich nicht leugnet, so wird damit doch ein Verständnis phänomenologischer Theoriebildung vorgestellt, das als mundane Perspektive zu werten ist und insofern dem späten, dem "Lebenswelt-HUSSERL" also, zuzurechnen ist. Damit sei auch die Bedeutung der LANGEVELDschen Pädagogik als Ausgangspunkt lebensweltlicher Orientierungen innerhalb der Erziehungswissenschaften aufgewiesen und die Aufnahme in den hier vorzustellenden - sicher nur exemplarischen - Kanon phänomenologisch-pädagogischer Theorieansätze legitimiert. Daneben wäre die Pädagogik LANGEVELDs nur unzureichend interpretierbar, wenn sie nicht auch in eine spezifische historische Situation in der unmittelbaren Nachkriegszeit hineingestellt würde, eine Situation, in der für die Pädagogik die "Suche nach der Person in den Trümmern nach 1945" kennzeichnend war, wie es KOBI in seiner Darstellung personalistischer Ansätze in der Heilpädagogik ausgedrückt hat (KOBI 1985, 280).

In der Ausgestaltung seiner anthropologisch fundierten Pädagogik wird LANGEVELDs Zugriff auf das phänomenologische Denken in Absetzung von deutschen Traditionslinien sichtbar. Im folgenden steht aufbauend auf den Bemühungen

LANGEVELDs um eine anthropologische Fundierung der westeuropäischen Nachkriegspädagogik sein Situationsbegriff im Mittelpunkt, um daran anschließend dessen Bedeutung für den vorliegenden thematischen Komplex von Behinderung, Spiel und Integration zu erörtern. Dabei muß vorab schon darauf hingewiesen werden, daß das Werk LANGEVELDs selbst wieder eine Entwicklung durchlaufen hat, in der späten Phase Akzentuierungen beinhaltet, die sich von einem genuin anthropologischen Standpunkt in der Pädagogik entfernen und eher das Bestreben um Nähe zu phänomenologischen Konzepten erkennen lassen (LANGEVELD/DANNER 1981). Insofern wäre die Intention der folgenden Darstellung mißverstanden, wenn LANGEVELDs phänomenologischer Ansatz ausschließlich einer individuumzentrierten Betrachtungsweise zugerechnet würde. Damit ist lediglich der Ausgangspunkt seines Gedankengebäudes benannt, der sich zum Spätwerk hin deutlich verschiebt und Anknüpfungspunkte bis hinein in die ökologische Erziehungswissenschaft bietet, wie bereits OSTHOFF (1986, 64) deutlich macht. Der LANGEVELDsche Denkansatz wird aus diesem Grunde auch als Hintergrundfolie auf die Weiterentwicklung phänomenologischen Denkens in der Erziehungswissenschaft zu beziehen sein. LANGEVELDs Pädagogik als ausschließlich anthropologische zu begreifen, wäre somit eine unzulässige Verkürzung. Sie beginnt mit der anthropologischen Grundfrage der Erziehungswissenschaft nach der "Menschwerdung des Menschen", aber sie endet dort keineswegs.

3.1.1 Anthropologische Pädagogik

Mit der Formel vom Menschen als "animal educandum" und als "animal educabile" beantwortet LANGEVELD (1963, 165) das Problem des Verhältnisses von Anthropologie und Pädagogik in der Tradition einer philosophisch (und damit auch anthropologisch) fundierten Erziehungswissenschaft, die in der dialektischen Linie über LITT bis zu SCHLEIERMACHER zurückreicht, in der phänomenologischen Linie über BOLLNOW auf FISCHER verweist und insgesamt in eine geisteswissenschaftliche Schule einzuordnen ist (vgl. DANNER 1989, 143 u. 198). Der "Mensch als erziehungsbedürftiges und auf Erziehung angewiesenes Wesen" läßt die jeweils disziplinspezifischen Perspektiven von Anthropologie und Pädagogik als Momente eines gemeinsamen Gegenstandes erscheinen. Wenn Erziehung und Erziehbarkeit selbst als Wesensmerkmal des Menschen anzusehen sind, dann kann die Ausdifferenzierung von anthropologischer Pädagogik und pädagogischer Anthropologie allenfalls graduellen Charakter besitzen, wie J. SPECK (1976) bestätigt:

"Langeveld löst also das Problem der "Kooperation", indem er die historisch gewachsene Differenzierung der beteiligten Wissenschaften nicht als Bereichstrennung auffaßt. Er behauptet ... "die Relationalität der Aussagen als immanente Logik der Sache selbst ..."" (J. SPECK 1976, 32).

LANGEVELD entwirft seine Pädagogik von daher auf dem Fundament der Anthropologie. Das Typische dieses Entwurfes ist in seinem Beitrag zur Anthropologie des Kindes zu sehen. LANGEVELD wirkt so nicht nur auf anthropologischem Wege in die Pädagogik hinein, sondern ebenso konträr auf pädagogischem Wege in die Anthropologie. Verbindendes Zwischenglied ist ihm die "Grundtatsache der menschlichen Existenz" (LANGEVELD 1968a, 8), die in der Aussage zusammengefaßt wird,

"..., daß der Mensch klein anfängt und sich ohne Erziehung nie als Mensch konstituieren kann." (Ebd.).

Auch philosophische Anthropologie hat folglich mit dem Kind-Sein als einem "Modus des menschlichen Seins" (LANGEVELD 1959, 3) zu rechnen, und Pädagogik fungiert hier als Advokatin des Kindes im Dialog mit der Philosophie. Pädagogik ihrerseits kann ihrer Verwiesenheit auf anthropologisches Denken und Fragen nicht entrinnen, will sie ihre Antworten nicht einer unreflektierten, immanent bleibenden Anthropologie preisgeben, und die Philosophie wirkt hier widerum als Advokatin der Menschlichkeit ebenso in die Pädagogik hinein. Für LANGEVELD steht damit die Verknüpfung von pädagogischem und philosophischem Denken außer Frage, und er verleiht ihr in seiner Anthropologie des Kindes Ausdruck. Sein pädagogischer Entwurf ist für uns Heutige - aller Anthropologie-Kritik zum Trotz, wie auch DICKOPP (1983, 236) überzeugend herausarbeitet - ohne diesen Rahmen nicht vollends zu begreifen. Dieser Rahmen wird bei LANGEVELD gesteckt von der Phänomenologie (vgl. LANGEVELD 1968a, 8).

3.1.1.1 Anthropologie des Kindes

In der kritischen Auseinandersetzung mit Biologie, Soziologie und Psychologie generiert LANGEVELD seine Theorie der kindlichen Entwicklung, die im wesentlichen von der Suche nach den Entwicklungsanfängen, den nicht hintergehbaren Ausgangspunkten und notwendigen Anfangsbedingungen von Entwicklung bestimmt ist. Wo beginnt kindliche Entwicklung? Bedarf sie des Anstoßes durch die Erwachsenen? Wird sie von denen getragen, die zwar klein angefangen haben, aber nun zur älteren Generation gehören? Oder ist das Kind Subjekt und Akteur seiner Entwicklung? Bestimmt es selbsttätig und autonom seinen Weg ins Leben? Zwischen diesen Extremwerten oszillieren Theorien kindlicher Entwicklung gemeinhin. Schon LITT beantwortet diese pädagogische Grundfrage nicht alternativ, sondern im Sinne einer dialektischen Einheit der Gegensätze "Führen und Wachsenlassen" (1961). LANGEVELDs Ansatz zeichnet sich in diesem Rahmen durch ein hohes Maß an Vertrauen in die kindliche Selbsttätigkeit aus. "Exploration" heißt der Entwicklungsursprung bei LANGEVELD, die Fähigkeit des Kindes also, aktiv auf die Welt zuzugehen, in sie einzugreifen, sie zu untersuchen und zu verändern.

"Das sich sicher fühlende Kind geht ein auf die Welt, begegnet Menschen und Dingen, manipuliert an und mit ihnen, erlebt ihre Seinsweise mit Offenheit und lernt diese Seinsweise kennen." (LANGEVELD 1968a, 81).

Dieses fundamentale Interesse des Kindes an der Welt und die Bewegung auf diese Welt zu erfolgt also nach LANGEVELD weitgehend spontan, das Kind fühlt sich aufgefordert durch die Welt und will etwas von ihr erfahren. Pädagogisch bedeutsam ist diese anthropologische Axiomatik insofern, als die Erziehung ihren Ausgang von dieser spontanen Bewegung des Kindes auf die Welt zu nehmen kann. Erzieher werden so zu Begleitern der kindlichen Entwicklung im Gegensatz zu der vielfach geäußerten Vorstellung, Erzieher seien im kausalen Sinne verantwortlich für die kindliche Entwicklung.

LANGEVELD weiß aber ebenso um die Hilflosigkeit des Kindes im Vergleich zum Erwachsenen und von der Abhängigkeit des Kindes von der älteren Generation. Erziehung als Entwicklungsbegleitung beginnt von daher nicht nur als Vertrauen in die Selbsttätigkeit des Kindes, sondern ebenso als Bemühen um die Gewährung von Sicherheit und Geborgenheit, einschließlich der Befriedigung biologischer Grundbedürfnisse. Erst diese Rahmenbedingungen lassen den kindlichen Explorationsdrang zu, unterstützen ihn, ohne ihn jedoch selbst hervorbringen zu müssen. LANGEVELD trifft sich an dieser Stelle mit Entwicklungskonzepten, die von kindlichen Grundbedürfnissen ausgehen (HÖLTERSHINKEN 1991) und diese in ein überzeitliches, quer zu historisch-kulturellen Bedingungen liegendes Bild vom Mensch-Sein einbinden. Damit wird eine anthropologische Position behauptet, die von einer wesensmäßigen Verfassung des Menschen ausgeht. Eine gewisse Anzahl von gleichbleibenden Grundbedürfnissen, die durch die historischen Epochen und zwischen den unterschiedlichen Kulturen, sowie innerhalb verschiedenster sozioökonomischer Verhältnisse im Kern gleichbleiben, wird als Beleg für diese Position herangezogen. Es kann an dieser Stelle offen bleiben, inwieweit diese, von den menschlichen Grundbedürfnissen ausgehende anthropologische Position die Möglichkeit zur Wahrnehmung je spezifischer historisch-kultureller und sozioökonomischer Problemlagen in bezug auf kindliche Entwicklung bietet. Bedeutsam ist im vorliegenden Zusammenhang dies: LANGEVELDs Konzeption der kindlichen Entwicklung zeigt an dieser Stelle deutliche Spuren einer transzendental-phänomenologischen Richtung, die in seinen jüngeren Aussagen ausgeschlossen bleibt. Damit stellt sich bereits am Ursprung der LANGEVELDschen pädagogischen Anthropologie (respektive anthropologischen Pädagogik) das Problem, der Abgrenzung des zugrundeliegenden phänomenologischen Konzeptes. Es sperrt sich von Beginn an gegen allzu eindeutige Zuordnungen, eine Hypothek, die der Utrechter Kreis bis heute für sich beansprucht (vgl. BEEKMAN/BLEEKER/MULDERIJJ 1985) und die sich in einer tiefen Skepsis gegen hermetisch abgeriegelte und vollständig überschaubare Theorieentwürfe äußert.

Entwicklung erschöpft sich bei LANGEVELD aber nicht nur im "Explorationsprinzip". Bei näherer Betrachtung dieses Phänomens in der kindlichen Entwicklung wird deutlich, daß das Kind nicht auf der Seite der bloßen Exploration der es umgebenden Welt stehen bleibt und sich mit der Feststellung von deren Eigenschaften und Qualitäten begnügt. "Erfahrung" der Welt impliziert immer die "Erfahrungen von jemandem mit etwas oder jemandem" (1968a, 82), entsteht also in der Beziehung zu Menschen und Dingen. Damit erfährt das Kind mit den Eigenschaften von Menschen und Dingen zugleich eine Unterscheidung zwischen sich und dieser konkretisierten Welt. Durch den Kontakt zur Welt wird es so in die Lage versetzt, sich selbst zu erfahren, sich selbst zum Gegenstand von Erfahrungen zu machen, nicht nur Menschen und Dingen, sondern auch sich selbst eine Bedeutung zuzuweisen. Das Kind interessiert sich nicht nur für die Welt, es lernt auch sich selbst als Bestandteil dieser Welt zu betrachten. Welt und Selbst werden dem Kind so zum Objekt.

"Bildet sich eine "objektive Welt", dann bildet sich entsprechend ein objektives Subjekt. D.h. im Explorationsprinzip liegt auch ein anderes Prinzip genetisch bereit, nämlich daß das Kind selbst jemand sein will (Emanzipationsprinzip)." (Ebd.).

Aus dem ursprünglichen Bedürfnis nach Untersuchung und Kennenlernen der Welt entsteht im Prozeß der Herausbildung eines Objektes immanent auch der

Wunsch nach Abgrenzung des Selbst von der Welt und der Wille, selbst ebenso jemand zu sein, das Eigene und Eigenständige herauszubilden. LANGEVELD betont ausdrücklich, daß sich beide Entwicklungsprinzipien in einem Verhältnis der gegenseitigen "Bestimmung" (ebd.) befinden und es sinnlos sei, nach dem primären Faktor zu suchen. Kindliche Entwicklung wäre demnach bestimmt durch einen dialektischen Bezug zwischen Explorations- und Emanzipationsprinzip, auch wenn LANGEVELD mehrfach die Gelegenheit nutzt, auf sein spezifisches Verständnis von Dialektik zu verweisen, indem er den Terminus "Trialektik" (LANGEVELD 1968a, 122) bemüht, um Beziehungen von Gegensätzen und deren Konsequenzen zu fassen.[2] Die Welterfahrung des Kindes weist im dialektischen (resp. "trialektischen") Bezug immer zugleich über die Welt hinaus auf ein Selbst, das es in dieser explorierten Welt noch nicht gibt, das erst gefunden werden muß. Das Kind erfährt so in der Exploration sich selbst bereits als Aufgabe. In der Bedeutung, die es sich selbst gibt und der Bedeutung, die es einem bestimmten Ausschnitt der Welt verleiht, liegt bereits das Prinzip der "Weltoffenheit" begründet, das schon SCHELER (1949) als wesentliches Merkmal der "Stellung des Menschen im Kosmos" ansieht. Der Dialektik von Exploration und Emanzipation kommt demnach im Entwicklungsmodell von LANGEVELD eine herausragende Bedeutung zu, wie auch SÜSSMUTH (1968) betont. Zugleich verdeutlicht LANGEVELD an diesem zentralen Punkt die geistige Verwandtschaft zu seinem Lehrer LITT und setzt so die dialektische Traditionslinie der geisteswissenschaftlichen Pädagogik fort.[3] Exploration und Emanzipation sind zwei Seiten des kindlichen "In-der-Welt-Seins", die sich in einem inneren Spannungsverhältnis zueinander befinden, indem sie gegenseitig aufeinander verweisen. In der Sprache der Phänomenologie sind das unmittelbare Interesse des Kindes an der Welt (Exploration) und der Wille, selbst jemand zu sein (Emanzipation) konkreter Ausdruck der Intentionalität als Bezeichnung für den Bezug von Mensch und Welt (vgl. DANNER 1989, 134). LANGEVELD differenziert also den intentionalen Weltbezug des Kindes, seine Erfahrung der Wirklichkeit über die Prinzipien Exploration und Emanzipation. Insofern kann gefol-

---

[2]   Der Begriff "Trialektik" (LANGEVELD 1959, 15 und 1968a, 122) schaltet in das Verhältnis von Körper und Welt eine dritte Ebene ein, die des Geistes. Geist wird bei LANGEVELD demnach von der Körperlichkeit getrennt gesehen. Auch an dieser Stelle öffnet sich das LANGEVELDsche Denken einem transzendentalen Ansatz, indem dieser körperlose Geist bzw. die körperlose Vernunft beheimatet wäre - ein erkenntnistheoretischer Ansatz, der zumindest in Konflikt gerät mit der Kritik LANGEVELDs an HUSSERL. Es kann an dieser Stelle noch offen bleiben, inwieweit diese Position mit neueren Entwicklungen der phänomenologischen Erkenntnistheorie zu vereinbaren ist. Zunächst wird im weiteren nur davon ausgegangen, daß auch die Existenz eines körperlosen Geistes die dialektischen Beziehungen zwischen Geist, Körper und Welt nicht überschreiten würde, sondern allenfalls in eine triadische Struktur einbindet.
[3]   Leider steht die dialektische Traditionslinie im LANGEVELDschen Denken in der deutschen Pädagogik häufig hinter der phänomenologischen Zuordnung zurück (vgl. LANGEVELD/DANNER 1981, 198ff.).

gert werden, daß LANGEVELD den intentionalen Weltbezug des Kindes in seiner anthropologischen Entwicklungskonzeption als dialektischen entwickelt. Kind und Welt stehen *ergo* nach LANGEVELD in einem Verhältnis der dynamischen Wechselwirkung. Damit ist jedoch insbesondere angesichts der unterschiedlichen Ausprägungen dialektischen Denkens in der abendländischen Philosophie allenfalls eine recht allgemeine Bestimmung des LANGEVELDschen Denkansatzes erreicht. Es ist weiter zu fragen, nach dem spezifischen Gehalt seines dialektischen Denkansatzes, nach der konkreten Ausprägung kindlicher Entwicklung auf der Basis des explorativ-emanzipatorischen Spannungsverhältnisses. Eine Antwort gibt LANGEVELD in der Hervorhebung des Begriffes "Kreativität" als anthropologischer Fundamentalkategorie, die auch J. SPECK (1976, 36) in das Zentrum seiner LANGEVELD-Interpretation stellt.

3.1.1.2 Kreativität als anthropologische Fundamentalkategorie

Die Nicht-Abgeschlossenheit der Exploration, ihr impliziter Verweis auf das Selbst des Kindes deuten bereits die Offenheit des dialektischen Weltbezuges an.

"... der Mensch durchbricht das ihn konkret umringende dauernd,..." (LANGEVELD 1968a, 83).

Der Mensch überschreitet also die Welt des Bekannten und Vertrauten ständig, indem er neue Dimensionen und Felder erschließt oder indem er Altbekanntem eine neue Bedeutung zuweist. Wie aber bricht dieses Neue ein in schon Dagewesenes? Ist es vollkommen neu? Wenn ja, woher kann dieses Neuartige stammen? Auch auf dieser Ebene der LANGEVELDschen pädagogischen Anthropologie steht das Kind Pate für die Antwort. Es sieht sich mit der Aufgabe konfrontiert, eine Welt nicht nur einfach kennenzulernen, sondern dieser Welt zugleich einen Sinn zu verleihen und sich damit eine Welt zu schaffen. Dieser Sinngebungsakt, der sowohl Wahrnehmung der Welt als auch das Vorhandensein eines Subjektes impliziert, ist ein schöpferischer Akt.

"Das Kind ... wiederholt nicht nur, es realisiert nicht bloß einen vorgegebenen Plan, sondern es entdeckt, erfindet, schafft Nie-Dagewesenes. Es ist schöpferisch in der Sachwelt, aber auch in der personalen Welt und ganz besonders auch in der seines eigenen Ich." (LANGEVELD 1968c, 16).

Damit wird nicht behauptet, daß das Kind sich eine ahistorische Welt aufbaut, die der konkreten Lebensbedingungen seiner Zeit enthoben wäre. Zunächst einmal muß das Kind das für uns Selbstverständliche der Erwachsenenwelt entdecken, das für es selbst zwar gänzlich neu sein mag, aber nicht im Sinne eines neuen Aspektes in der Welt von uns allen. LANGEVELD bezeichnet diese Ebene des kindlichen Weltbezuges als "alltägliche Kreativität" (a.a.O., 17). Auf dieser Ebene erfindet das Kind tatsächlich das Rad an jedem Tag neu, und jede dieser Entdeckungen fügt seinem Weltbild subjektiv vollkommen neuartige Aspekte hinzu. Aus der Perspektive des Kindes sind diese Elemente neu und erweitern das kindliche Weltbild. Sie sind demnach durchaus schöpferische Produkte und damit schon kreativ, wenn auch nur im Sinne einer Nachgestaltung von bereits für Andere Bekanntem. Diese Schöpfungen stammen demnach nicht aus dem "Nichts", sie sind immer Schöpfungen mit etwas, das bereits vorhanden war und nun vom Kind einverleibt werden, also angebunden an je konkrete, historische, kulturelle und sozio-ökonomische Bedingungen. Im Verhältnis zum Weltbild der älteren Generation können diese Entdeckungen naturgemäß nicht den Status des Novum beanspruchen.

Und doch gewinnt das Kind durch die Realisierung eigenständiger Perspektiven immer wieder dem Altbekannten eine neue Seite ab. Der Spaziergang über gewohnte Wege bekommt mit einem Kind an der Hand auch für uns Erwachsene unerwartete Aspekte, weil das Kind andere Elemente als bedeutsam herausgreift, als Erwachsene dies gewohnt sind. Plötzlich wird Gewöhnliches zum Außergewöhnlichen im personalen Zugriff des Kindes auf die Welt. Auch in der alltäglichen Kreativität steckt somit das Moment des Neuen im Prozeß der Umdeutung des Vertrauten. Dieser Prozeß der Umdeutung wird getragen von den subjektiven oder personalen Bestandteilen des kindlichen Welterlebens. Die kindliche Personalität als noch zu lösende Aufgabe der kindlichen Entwicklung wirkt als Raster, das die Eindrücke aus der Welt da draußen auf eine einzigartige Weise filtert, in einer für jedes Kind charakteristischen und einmaligen Weise Aspekte auswählt, andere ausschließt und auf diese Weise die eigene Entwicklung durch die Herausbildung einer subjektiv spezifischen Weltsicht vorantreibt. In dem Maße - so kann festgehalten werden - wie das Kind seine Welterfahrung auf eine nur für es selbst kennzeichnende Weise ordnet, sich Äußeres also zu eigen macht und auf diese Weise Welt gleichsam in Personales umgestaltet, trägt es eine neue Perspektive zu unserer gemeinsamen Welt bei. Mit der Nachgestaltung der Welt im Rahmen alltäglicher Kreativität und der Umgestaltung der Welterfahrung in personal Bedeutsames geht ein Prozeß der Selbstgestaltung im Sinne der Ausprägung der eigenen Person einher. Das Kind wird selbst jemand im Prozeß der Exploration von Welt. Damit gewinnt die kindliche Kreativität also auch eine nichtalltägliche, eine ungewöhnliche und außerordentliche Dimension.

In der Kategorie der Kreativität fügt sich somit die LANGEVELDsche Auffassung des intentionalen Weltbezuges mit den Elementen Exploration und Emanzipation zu einem spezifischen Gesamtbild. Intentionalität wird bei LANGEVELD als Kreativität gedacht, das Verhältnis von Kind und Welt als schöpferische Symbiose angesehen, in der sich ein Prozeß der personalen Gestaltung konstituiert. In diesem Prozeß macht sich das Kind eine vorgegebene Welt zu eigen, deutet diese für sich um und findet sich schließlich selbst als immer wieder neu anzustrebende Lösung der Aufgabe der Menschwerdung, bei deren Bewältigung es notwendig auf jene Begleitung durch die ältere Generation verwiesen ist, die unter bestimmten Voraussetzungen als Erziehung bezeichnet wird. Exploration von Welt und Ausbildung eines Selbst eingelagert in den Prozeß der Menschwerdung sind nicht losgelöst voneinander zu denken. Der Bezug zur Welt wird im wesentlichen getragen durch die Person des Kindes, die im Werden begriffen ist und der Erziehung bedarf. Selbst und Welt "bilden sich aneinander" - wie LANGEVELD sagt (1963, 24) und erfahren ihre spezifische Ausprägung in der Person des Kindes. Mit der gegenseitigen Bestimmtheit von Exploration und Emanzipation und der Konkretisierung des kindlichen Weltbezuges als Kreativität, die auf das Neue hin angelegt ist, überschreitet die LANGEVELDsche Dialektik die Tradition eines "Streitgesprächs" im dialogischen Bezug - sei es nun real oder fiktiv - und weitet sich aus zu einer "Dialektik der existentiellen Erfahrung" (1989, 177):

"Dialektik ... wird selbst das Kriterium der menschlichen Existenz ... Denn die Existenz ist Widerspruch, und existieren heißt dialektisch im Widerspruch leben." (DANNER 1989, 177).

Die LANGEVELDsche Dialektik weist in diesem Sinne auf das menschliche Sein insgesamt hin. Schon der Ursprung kindlicher Entwicklung in der explorativen Tätigkeit enthält ihren Widerspruch bereits in sich: die Entdeckung des Selbst, die Ausformung einer Person. Exploration erschöpft sich somit niemals im bloßen Abbild von Welt, sondern beinhaltet immer subjektiv gefärbte Sinngebungsakte, die das sinnlich Erfahrene in spezifischer Weise brechen. Emanzipation widerum wäre ohne ein Objekt, von dem es sich zu emanzipieren gilt, nicht denkbar, impliziert so die Kenntnis und Erfahrung der Welt aus dem Prozeß der Exploration, ist immer das Bemühen, anders zu werden als dieses Andere und der Andere aus der Welterfahrung. Das Bemühen LANGEVELDs, kindliche Entwicklung zwischen den Polen Exploration und Emanzipation als kreative Aufgabe zu begreifen, verdeutlicht seine Auffassung von menschlicher Existenz als dialektischer. Das Entwicklungsmodell in der LANGEVELDschen Anthropologie zeigt somit selbst neben den phänomenologischen deutlich existenzphilosophische Elemente.

Schon J. SPECK (1976, 33) und SÜSSMUTH (1968, 44) kennzeichnen die LANGEVELDschen Aussagen zur pädagogischen Anthropologie als "Situationsanthropologie" und stellen damit heraus, daß die personale Gestaltung als Fähigkeit des Kindes nicht von oben in die kindliche Entwicklung eindringt, sondern aus der Eingebundenheit des Kindes in Situationen mit Menschen und Dingen erwächst. In der Herausarbeitung des Begriffes der "Erziehungssituation" kulminiert das Konzept einer phänomenologischen bzw. anthropologischen Pädagogik bei LANGEVELD. Die Pädagogik LANGEVELDs muß somit in eine Traditionslinie mit situationstheoretischen Betrachtungsweisen in der Erziehungswissenschaft gesehen werden, die über DÖPP-VORWALD (1973) und LICHTENSTEIN (1973) bis zu PETERSEN (1971) zurückreicht.

3.1.2 Erziehungssituationen als individuelle Situationen

Bereits das Kind und gerade das Kind bezeugt im LANGEVELDschen Denken die Weltoffenheit als Wesensmerkmal unseres Menschenbildes. Zugleich erscheint damit im Prozeß der Nach-, Um- und Selbstgestaltung von Person und Welt, zusammengefaßt in der Kategorie der Kreativität, die Aufgabe der Menschwerdung des Menschen. Der Gestaltungsprozeß, mit dem kindliche Entwicklung hier beschrieben wird, zeigt somit erneut die Erziehungsangewiesenheit als notwendiges Entwicklungsmoment des Menschenkindes auf. Die Bildung der eigenen Person kann das Kind nicht aus sich selbst heraus leisten, dazu bedarf es des Umgangs mit dem Erwachsenen.

"Ohne menschliche Erziehung wird das Menschenjunge kein Mensch. Daß der Mensch ein Wesen ist, das erzieht, erzogen wird und auf Erziehung angewiesen ist, ist selbst eines der fundamentalsten Kennzeichen des Menschenbildes." (LANGEVELD 1963, 169).

In der bisher beschriebenen Entwicklungstheorie von LANGEVELD und in seiner spezifischen Fassung des intentionalen Mensch-Welt-Bezuges als Kreativität im Sinne personaler Gestaltung war also die Erziehung als ständige Begleiterin mitzudenken (wie zu Beginn dieses Abschnittes auch angezeigt ist). Exploration von Menschen und Dingen, der Wille selbst jemand zu werden und der Prozeß der schöpferischen Auseinandersetzung des Kindes mit der Welt sind nach LANGEVELD nicht loszulösen aus dem Umgang mit dem Erwachsenen, zuallererst den Eltern. Im Unterschied zu vielen anderen Erziehungstheorien beginnt LANGEVELDs Weg in die Pädagogik bei der Ergründung des Verhältnisses zwischen Eltern und Kind.[4] Die lebensweltliche Basis seines Erziehungsverständnisses ist zunächst ganz allgemein im sozialen Umgang - wir würden heute vermutlich Interaktion sagen - zwischen Erwachsenem und Kind zu sehen. Aus diesem Umgang entsteht nach LANGEVELD das Erziehen und in ihm hat es sein lebensweltliches Fundament.

"Zweifellos ... besteht zwischen Erwachsenen, gegebenenfalls Eltern und Kindern, vielerlei Umgang, der kein Erziehen bedeutet ... Aber der Umgang kann jeden Augenblick in Erziehen umschlagen und ist daher ein "pädagogisch vorgeformtes Gebiet"." (LANGEVELD 1963, 33f.).

Auch das Erziehen erwächst somit nicht aus dem "Nichts", sondern stellt eine Umdeutung des Umgangs mit dem Kind durch denjenigen dar, dem die Verantwortung für das Kind und dessen Schutz obliegt - im Regelfall den Eltern. Auch das Erziehen dringt deshalb nicht von oben in die kindliche Entwicklung ein, entsteht vielmehr auf dieser sozialen Ausgangsbasis und setzt diese zugleich voraus. Sozialer Umgang zwischen Kind und Eltern muß damit als Voraussetzung des Erziehens angesehen werden, ohne den Erziehung nicht denk- und praktizierbar wäre. Das Verhältnis von Umgang und Erziehen stellt sich aber zugleich als reversibles dar:

"Letzten Endes kehrt jedes Erziehungsverhältnis nach Abschluß wieder in ein Umgangsverhältnis zurück." (A.a.O., 34).

Anfang und Ende des Erziehens liegen demnach im sozialen Umgang zwischen Eltern und Kind begründet. Erziehen wird von LANGEVELD auf diesem Hintergrund als "Tätigkeit" und "Handlung" (vgl. LANGEVELD 1963, 11 und 165) gefaßt und als in den sozialen Umgang eingebettet betrachtet. Insofern ist es durchaus angemessen, die LANGEVELDsche Pädagogik auch als interaktionsorientiert zu klassifizieren.

---

[4] Interessant ist in diesem Zusammenhang die Kritik an John DEWEY, dem LANGEVELD vorwirft, in seinem pädagogischen Hauptwerk "Democracy and Education", das Verhältnis von Eltern und Kind als wesentliches Element des gesellschaftlichen Vorgangs der Erziehung zu vernachlässigen und ein Erziehungsverständnis zu entfalten, das sich ausschließlich auf die Schule und die Vermittlung von Wissen bezieht (vgl. LANGEVELD 1971, 13).

Von Interesse ist nun in einem weiteren Schritt die Frage, welche Umdeutungstätigkeit des Erwachsenen das dialektische Verhältnis von Umgang und Erziehen bestimmt. Eine Beantwortung dieser Frage erfordert zunächst eine Rückbesinnung auf die LANGEVELDsche Anthropologie. LANGEVELD beginnt seine noch von LITT angeregte "Theoretische Pädagogik" bekanntlich mit einem Verweis auf die Anthropologie des Kindes. Daß Kinder von der Welt etwas wissen wollen (Exploration) und gleichzeitig selbst jemand werden wollen (Emanzipation), tangiert im Sinne einer anthropologischen Axiomatik die Möglichkeit und die Grenzen von Erziehung unmittelbar. So wird für den Erziehungsvorgang das "Vertrauen in die Selbstformungstendenz des Kindes" (a.a.O., 3) fundamental und kann der

"... Erzieher lediglich Umstände und Voraussetzungen zu schaffen trachten ..., unter denen der Zögling sich dann selber zu entfalten und zu formen hat." (Ebd.).

Alle weiteren und näheren Bestimmungen des Erziehungsvorgangs führen diese - schon bei SCHLEIERMACHER (1957, 19) vorgezeichnete - anthropologische Setzung der Selbsttätigkeit des Kindes nur noch aus und stellen ihre pädagogischen Konsequenzen dar. Fraglich bleibt, an welchem Punkt Erziehen aber nun tatsächlich in sozialen Umgang umschlägt? Zur Beantwortung dieser Frage müssen zunächst beide Termini klar abgegrenzt werden. Nach LANGEVELD unterscheidet sich das Erziehen vom bloßen Umgang als dessen Spezialfall dadurch, daß im Prozeß des Erziehens Erwachsene auf Kinder Einfluß nehmen - und zwar in einer spezifischen Weise, die die Ebene der Manipulation klar überschreitet:

"Kennzeichnend für den Erzieher ist, daß seine Einwirkung und Leitung, seine Behütung wie sein zur Selbständigkeit-Führen des Zöglings, kurzum, daß sein ganzes erzieherisches Verhalten darauf gerichtet ist, dem Kind bei seinem Mündigwerden zu helfen, ..." (A.a.O., 28).

Erst an dem Punkt, an dem der Erwachsene den sozialen Umgang mit dem Kind dazu benutzt, diesem Kind zur Menschwerdung im Sinne von Mündigkeit bzw. Emanzipation zu verhelfen, schlägt der soziale Umgang in Erziehen um. Durch die Tätigkeit des Erwachsenen mit dieser, auf die Selbstbestimmung des Kindes bezogenen Intention, wird erst die "Umgangssituation" in eine "Erziehungssituation" (a.a.O., 34) umgedeutet. Im Vorgang des Erziehens als besonderer Form des sozialen Umgangs nimmt also der Erwachsene Stellung zur Situation. Diese Stellungnahme impliziert ein Werturteil, wodurch Ereignisse und Beziehungen nicht bloß affirmativ zur Kenntnis genommen werden, sondern immer eine Interpretation im Hinblick auf das Ziel der Menschwerdung erfahren (vgl. 1963,

32). Von daher wohnt der LANGEVELDschen Pädagogik durchaus auch ein kritisches Moment inne, durch das negative Abgrenzungen gegenüber der Gesellschaft möglich werden in bezug auf Ereignisse und Handlungen, die die Menschwerdung des Kindes in Frage stellen. Menschwerdung des Menschen als anthropologische Grundfrage der Pädagogik verweist in der Konsequenz auf eine menschenwürdige Gesellschaft. Erziehungssituationen sind in dieser Perspektive letztlich auch historisch-kulturell bestimmte und sozioökonomisch konkretisierte Situationen. Weder Anthropologie noch Pädagogik werden bei LANGEVELD aus dieser situationalen Verbundenheit gänzlich gelöst. Damit liegt der Kern des LANGEVELDschen Erziehungsbegriffes frei, der jedoch nicht isoliert als dialogischer Bezug in Abhebung von situationalen Gegebenheiten gedacht wird, sondern neben dem sozialen Umgang als Basis auch das "sachliche Milieu" miteinbezieht:

"In dem Begriff "Erziehung" fassen wir das Erziehen, den Umgang und das Milieu zusammen. Dieses Milieu ist "sachlich", d.h. es wird nicht durch Personen, sondern durch Sachen gebildet: Naturmilieu, Klima, wirtschaftliche Situation der Familie, ..." (A.a.O., 37).

Das Erziehungsganze beinhaltet also sowohl das "Erziehen als eine Tätigkeit, die bewußt verrichtet wird, um ein Erziehungsziel zu erreichen..." (ebd.) als auch den sozialen Umgang zwischen Erwachsenem und Kind, sowie deren Einbettung in die Gesamtheit der außerpersonalen Bedingungen dieses sozialen Umgangs, die vom Arbeitsleben der Eltern über die Ernährung des Kindes bis hin zur Spielzeugausstattung (a.a.O., 38) reichen. Dieses Erziehungsganze wird bei LANGEVELD als Erziehungssituation eingeklammert. Mit der Umdeutung des Umgangs zwischen Erwachsenem und Kind durch erzieherische Einflußnahme des Erwachsenen wird eine neue Beziehungsqualität konstituiert, die sich auf eine Gesamtheit von Beziehungen zu Personen und Dingen auswirkt. Dieses vom sozialen Umgang und dem sachlichen Milieu zu unterscheidende und zugleich auf beides bezogene führt LANGEVELD in seinem Situationsbegriff zusammen:

"... eine Situation ist per definitionem nicht nur eine Einheit von Beziehungen, sondern eine solche Einheit im Bezug auf Handlung." (LANGEVELD 1960, 23).

An anderer Stelle wird diese Begriffsbestimmung nochmals akzentuiert:

"Eine Situation ist ... das Ganze von Daten in Beziehung zu dem Vorgang, daß gehandelt werden muß." (LANGEVELD 1963, 153).

Tätigkeit und Situation, Erziehen und Erziehungssituation bedingen sich von daher gegenseitig. Erst die menschliche Aktivität konstituiert das Gesamt der Beziehungsvielfalt zwischen den Menschen und zwischen Menschen und Dingen und zwar in einem Zwang zur Handlung, einem Zwang zur Entscheidung für oder gegen ein bestimmtes Tun. Damit stellt sich LANGEVELD in die Tradition einer existenzphilosophischen Situationsdefiniton, wie HOHMANN herausarbeitet:

"Phänomenologische Psychologie und Existenzphilosophie sehen die Situation in der dialogischen Beziehung zwischen Mensch und Welt durch den Menschen konstituiert. Mensch-Sein ist in Situation-Sein. Der Situationsbegriff wird damit zu einer anthropologischen und existentiellen Kategorie." (HOHMANN 1971, 42).

Bereits die anthropologische Ausgangslage enthält diese existenzphilosophische bzw. phänomenologisch-psychologische Situationsdefinition, wenn LANGEVELD das Kind als "situationsbedingtes, situationsschaffendes, situationsbedingendes Wesen" (LANGEVELD 1960, 23) bezeichnet und diese kindliche Situation mit "Erziehung" gleichsetzt. An anderer Stelle führt LANGEVELD auch selbst den Begriff der ""existentiellen" Ernstsituation" (1963, 88) ein und nennt als Beispiel die Frage des Kindes nach der Verläßlichkeit des Erwachsenen, von dem seine "Existenz" abhängt. Es ist von daher wiederum nur folgerichtig, wenn LANGEVELD Pädagogik als Wissenschaft aus der Erziehungssituation ableitet und auf sie bezieht. Die Erziehungssituation bildet in dieser anthropologischen Rückbindung die Voraussetzung für die Einheit der Pädagogik als Wissenschaft und das Prinzip für die Abgrenzung gegenüber anderen Wissenschaftsdisziplinen. Nur so ist es zu verstehen, daß LANGEVELD die "Kinderpsychologie" als "Teil der Erziehungswissenschaft" (1963, 156) ansieht und nicht müde wird, die Autonomie der Pädagogik gegen Psychologie, Soziologie und Biologie zu behaupten (vgl. LANGEVELD 1959, 1971, 1975). Im Unterschied zu diesen "situationslosen" Wissenschaften bestimmt er die Pädagogik wie folgt:

"Von der konkreten Situation aus und auf die konkrete Situation hin verläuft das praktische Denken des Pädagogen, weil er in handlungsbestimmender Unmittelbarkeit zur konkreten Situation steht." (LANGEVELD 1971, 146).

Im Denken und Tun des Pädagogen gibt es ebensowenig ein Entrinnen aus der Situationsverbundenheit, sei er praktisch-pädagogisch interessiert und sein Denken auf das Erziehen als Handeln orientiert oder eher mit theoretisch-pädagogischen Tätigkeiten des Ordnens und Problematisierens beschäftigt.

LANGEVELD postuliert *ergo* eine Einheit von Erziehungstheorie und Erziehungspraxis im Begriff der Erziehungssituation. Pädagogisches Handeln gerät so zum Gestalten von Situationen und Handeln in Situationen. Pädagogisches Denken erschöpft sich wesentlich in der Analyse der Erziehungssituation ("Situationsanalyse") unter dem Aspekt des Handelns, wird also auf Erziehen als Tätigkeit in Situationen hin ausgelegt (ebd.). Pädagogik meint deshalb immer eine Einheit von praktischem Handeln in Erziehungssituationen einerseits und Reflektieren über dieses Handeln unter Anwendung theoretischer Kenntnisse andererseits. Pädagoge ist also jemand, der sowohl Erziehungssituationen gestalten (und d.h. erziehen) kann, als auch diese Tätigkeit zum Gegenstand der reflektierenden Betrachtung und Bewertung macht mit dem Ziel, erneut zur Handlungsentscheidung fähig zu sein, aus der Situationsanalyse also auch wieder in das Erziehen einzutreten. Erziehungswissenschaft hat in diesem Modell den Charakter einer Meta-Disziplin, die die Tätigkeit der PädagogInnen und die Erziehungssituation zum Gegenstand der systematischen Strukturierung und Erforschung erhebt. Ein Erziehungswissenschaftler ist wesentlich mit der Analyse der pädagogischen Tätigkeit in Erziehungssituationen beschäftigt, betreibt also in einem umfassenderen Sinne ebenso Situationsanalyse.

Aus dieser allgemeinpädagogischen Grundlegung heraus kann nun eine Überprüfung der Auswirkungen individualphänomenologischen Denkens im Bereich der Heilpädagogik angestrebt werden.

3.1.3 Behinderung, Integration und Personalität

Im Bemühen um eine "sonderpädagogische Anthropologie" hat BLEIDICK (1967, 245) bereits Theorieelemente von LANGEVELD aufgenommen und auf dem Hintergrund der damaligen anthropologischen Diskussion in die "Sonderpädagogik" eingeführt, nicht ohne die phänomenologische Grundlage der LANGEVELDschen Anthropologie zu erwähnen (a.a.0., S. 249). "Sonderpädagogische Anthropologie" wird bei BLEIDICK letztlich aus der philosophischen Anthropologie heraus entwickelt. Unter Einbeziehung der von LANGEVELD noch unabhängigen Vorüberlegungen zu einem heilpädagogischen Menschenbild bei WEGENER (1961, 180) verleiht BLEIDICK der Formel LANGEVELDs einen neuen Ausdruck, indem er die Erziehungsverwiesenheit des Menschenkindes um die Hilfsbedürftigkeit erweitert ("homo educandus et adiuvandus", BLEIDICK 1967, 257), allerdings unter Gleichsetzung von homo educandus und "animal educandus", wie es bei LANGEVELD wörtlich heißt.

"Der Behinderte wird nur dadurch Mensch, daß seine Hilfsbedürftigkeit als konstitutiv, als anthropologische Bestimmung für seine Erziehung angesehen wird." (Ebd.).

Behindertsein wird also einerseits mit in das Menschsein hineingenommen (als "Modus des menschlichen Seins", a.a.O., 258) und andererseits in der Form der "Hilfsbedürftigkeit" zur Grundlage sonderpädagogischer Reflexionen gemacht. Auch "Sonderpädagogik" soll somit als anthropologische konstituiert werden. BLEIDICK übernimmt damit den Weg einer anthropologischen Grundlegung von Pädagogik, der bei LANGEVELD vorgezeichnet ist. Auch die situative Orientierung in der LANGEVELDschen Erziehungskonzeption wirkt sich bei BLEIDICK noch aus, allerdings zunächst mehr als implizite Wirkung ohne expliziten Aufweis dieses Zusammenhangs. Hier werden v.a. JASPERS (1960) und PETERSEN (1971) mit ihren Ausführungen zum existenzphilosophischen Situationsbegriff herangezogen, um "Sonderpädagogik" letztlich als "Situationshilfe" (a.a.O., 261) zu kennzeichnen.

Sicher muß die Interpretation dieses sonderpädagogischen Rezeptionsansatzes LANGEVELDscher Theoriebildung aus heutiger Sicht die Prägung dieses Abschnittes der pädagogischen resp. sonderpädagogischen Nachkriegsgeschichte durch Existenzphilosophie und Anthropologie in Rechnung stellen. BLEIDICK selbst hat in seiner "Pädagogik der Behinderten" (1974) später vor dem Hintergrund des kritisch-rationalistischen Ansatzes vertiefende Betrachtungen zur Anthropologie des Behinderten angestellt, ohne jedoch den bereits 1967 abgesteckten Theorierahmen einer "sonderpädagogischen Anthropologie" prinzipiell zu überschreiten. Es sei aber doch darauf verwiesen, daß sich in diesem anthropologischen Entwurf aus den sechziger Jahren exemplarisch zeigen läßt, auf welche Probleme sich der Versuch einer anthropologischen Fundierung der "Sonderpädagogik" einlassen muß, wie auch von HÄBERLIN (1985) und VERNOOIJ (1989) bestätigt wird, die "sonderpädagogische" Anthropologie als pädagogische Anthropologie auffassen. In seinem Versuch, anthropologische Analogien zwischen "Sonderpädagogik" und Pädagogik aufzuzeigen, versäumt es BLEIDICK die Tragweite einer Gleichsetzung zwischen Behindertsein und Kindsein zu Ende zu denken. Hilfsbedürftig ist bei LANGEVELD auch das Kind, das sich keiner Beeinträchtigung ausgesetzt sieht. "Hilfsbedürftigkeit" erscheint so als konstitutives Merkmal des Kindseins und damit des Menschseins überhaupt (vgl. LANGEVELD 1968a, 79). Die "Sorge um den schwachen, hilflosen Mitmenschen" (LANGEVELD ^{2}1965, 22)(zit. n. BLEIDICK 1967, 258), die dieser Hilfsbedürftigkeit entspricht, bezieht sich keinesfalls - wie BLEIDICK zunächst behauptet -

auf eine spezifische Personengruppe, die als behindert gekennzeichnet wird und eine Sonderstellung einnimmt. Sorgen bzw. Helfen als "sonderpädagogisches" Konstitutiv erscheint somit ungeeignet, zur Konstitution einer eigenständigen Disziplin "Sonderpädagogik" innerhalb der Erziehungswissenschaften beizutragen. In seiner Rezeption historischer Beispiele der Bestimmung eines heilpädagogischen Gegenstandsbereichs als erziehungswissenschaftlicher Disziplin kommt BLEIDICK insbesondere in der Kritik an RÖSSELs heilpädagogischer Konzeption einer "Phänomenologie des Helfens" (BLEIDICK 1974, 170) zu einer eindeutigen Absage an die Konstitution der Heilpädagogik aus dem Hilfeakt heraus (a.a.O., 175). Da die Hilfsbedürftigkeit dem Menschen als Menschen zukommt, ist das Helfen eine dem Menschen angemessene Form des Umgangs mit seinen Mitmenschen. Eine anthropologische Fundierung der "Sonderpädagogik" über die Hilfsbedürftigkeit des Behinderten sieht sich von daher einem grundlegenden Dilemma ausgesetzt: entweder alle menschlichen Handlungsformen der Sorge und des Helfens sind als "sonderpädagogische" zu klassifizieren, oder es kann nicht mehr angegeben werden, was denn als das Spezifische an "sonderpädagogischen" Handlungsformen gelten soll. Es bleibt die Wahl zwischen Universalanspruch und Selbstauflösung als erziehungswissenschaftlicher Disziplin. Von diesem Ausgangspunkt ist also die Eigenständigkeit und das Spezifische der "Sonderpädagogik" nicht zu gewinnen. Konstitutiv für die "Sonderpädagogik" in anthropologischer Perspektive wird nach BLEIDICK vielmehr die "Sonderstellung des behinderten Menschen" (a.a.O., 247 u. 253), die zunächst als Prämisse in die Überlegungen miteingeht, ohne daß sie im einzelnen hergeleitet wäre. Im weiteren Verlauf gerät sie dann in den Rang eines Ergebnisses resp. einer Zielsetzung anthropologischer Reflexionen. Da diese Sonderstellung des Behinderten in der Hilfsbedürftigkeit nicht gefunden werden kann, insofern das Ziel der anthropologischen Reflexionen also verfehlt wird, verharrt die Hypothese von der Sonderstellung im Rang einer ungeprüften Prämisse. Wenn jedoch bereits zu Beginn der anthropologischen Reflexionen die Sonderstellung des Behinderten feststeht, muß gefragt werden, ob nicht der Anthropologie nur noch die Funktion einer Legitimation besonderer und besondernder Erziehung zukommt, die als Sonderschulpraxis bereits besteht. In diesen Zusammenhang ist auch die von BLEIDICK später vorgenommene Ergänzung der anthropologischen Grundformel von LANGEVELD zu stellen:

"Der Behinderte ist "homo educandus et magis adiuvandus". Der Behinderte wird nur dadurch Mensch, daß seine verstärkte Hilfsbedürftigkeit als konstitutiv, als anthropologische Bestimmung für seine Erziehung angesehen wird." (BLEIDICK 1974, 363).

Die "besondere" Hilfsbedürftigkeit fungiert nun als konstitutiver Bestandteil einer Pädagogik der Behinderten. Damit kann jedoch allenfalls noch von einer graduellen Besonderheit des Behinderten im Vergleich zum Nichtbehinderten die Rede sein. Eine "Separierung des besonderen Schulwesens" (vgl. 364) kann aus der anthropologischen Bestimmung der Behinderung nicht gewonnen werden. Insofern stellt der Versuch einer "sonderpädagogischen Anthropologie" in der Konsequenz das Sonderschulwesen selbst in Frage. Und BLEIDICK verläßt schließlich selbst unter dem Eindruck sozialwissenschaftlicher Theoreme in der Heilpädagogik den Weg einer anthropologischen Fundierung:

"Die anthropologische Konstitution des Begriffs Sonderpädagogik dürfte nichtsdestoweniger der Vergangenheit angehören, weil ihre ungewollten Nebenwirkungen als schädlich erkannt sind." (BLEIDICK 1985, 261).

Die anthropologische Betrachtungsweise in der Sonderpädagogik ist zwar noch in der Lage, "das besondere Recht auf Bildung auch des Schwerstbehinderten zu reklamieren" (a.a.O., 261). BLEIDICK kritisiert aber in der Folge die undialektische Fassung dieser Besonderheit. Erst in der soziologischen Fassung von Behinderung würden Einflüsse deutlich, die außerhalb des Behinderten liegen, mit gesellschaftlichen Normen in Verbindung gesetzt werden können und so die Beschreibung der Behinderung als abweichendes Verhalten ermöglichen. Dies hat Konsequenzen für die Sonderpädagogik und eine wie auch immer geartete sonderpädagogische Anthropologie.

"Sonderpädagogik ist in dem Sinne nicht frei vom Stigma der Segregation. Dem Gebot der Normalisierung obliegt es, den Behinderten als Ausprägung von Menschsein so zu nehmen, wie er ist." (Ebd.).

Auch die von LERSCH/VERNOOIJ noch 1992 (LERSCH/VERNOOIJ 1992, 9) angeführte Verbindung der Forderung nach einer besonderen Anthropologie bei BLEIDICK mit den von LANGEVELD durchgeführten Untersuchungen "Schwachsinniger" mit Hilfe projektiver Verfahren greift - trotz des hilfreichen Hinweises auf die anthropologische Problematik einer Integrationspädagogik - zu kurz. LANGEVELD fordert zwar eine anthropologische Betrachtung des "Schwachsinnigen", aber ausdrücklich als "in sich sinnvolle Form der menschlichen Existenz" (LANGEVELD 1952, 374). Diese Forderung wird jedoch nur in ihrer ganzen Intention deutlich, wenn der Gesamtzusammenhang der Aussage Aufnahme in die Interpretation findet. In einem Nebensatz fordert LANGEVELD ebenso die Abkehr von "relativierenden Komparativen" (ebd.), die den

"Schwachsinnigen" mit dem sog. "Normalen" vergleicht. Außerdem stellt er in einem Nachsatz deutlich heraus, daß diese "in sich sinnvolle Existenz" nicht "als eine Minder-Existenz und ein Minder-Sinn" (a.a.O., 374f.) zu begreifen sei. "Der Schwachsinnige gehört in unser Leben..." (ebd.), so schließen LANGEVELDs Äußerungen zu den Möglichkeiten einer Diagnostik bei "Schwachsinnigen", die im übrigen nicht bei der Darstellung einer Methode (wie etwa des Rorschach-Tests) stehen bleibt. Vielmehr geht es LANGEVELD um die Diskussion der Möglichkeit, dem eigenständigen resp. personalen Weltentwurf des "Schwachsinnigen" auf die Spur zu kommen. Methodologisch bedient sich LANGEVELD bei der Lösung dieser Aufgabenstellung der Phänomenologie, wie an mehreren Stellen seiner Ausführungen deutlich hervortritt, ein Aspekt, der bei der Einordnung seines Beitrages zur Heilpädagogik erneut an nachrangiger Stelle fungiert. Seine vorrangige Intention ist jedoch, zum "pädagogischen Verstehen der "schwachsinnigen" Kinder beizutragen" (a.a.o., 372) und mittels projektiver Methoden einen Zugang zur Welt des "Schwachsinnigen", zu dessen ganz persönlicher Weltgestaltung zu gewinnen. Dabei muß vom Psychologen eine im phänomenologischen Sinne streng deskriptive Haltung verlangt werden, verbunden mit der Fähigkeit, "seine eigene Weltgestaltung "einzuklammern""(a.a.O., 367). Erst auf diesem wissenschaftstheoretischen Hintergrund wird ein Ergebnis möglich, das das "schwachsinnige" Kind in seiner "persönlichen Haltung dieser Welt gegenüber" (a.a.O., 373) zeigt und nicht als Abweichung von einer Norm.

Eine "sonderpädagogische" Anthropologie ist somit auf der Basis von LANGEVELDs Konzeption einer anthropologischen Pädagogik nicht zu erreichen und wie bei BLEIDICK zu erkennen, auch zwischenzeitlich nicht mehr intendiert. Vielmehr läßt sich aus wenigen und verstreuten Hinweisen bei LANGEVELD bereits eine von der "sonderpädagogischen" wesentlich abweichende Perspektive rekonstruieren, die zudem durchaus integrationspädagogische Perspektiven eröffnet. LANGEVELD bekennt sich zunächst einmal zu einem - wenn auch noch so unbestimmten - demokratischen "Menschenbild", ohne dies im einzelnen inhaltlich zu füllen:

"Wo Menschen sind, herrscht Verschiedenheit, und Ehrfurcht vor der Eigenart des anderen ist die Grundlage jedes menschenwürdigen Gemeinschaftslebens und jeder "Demokratie"." (LANGEVELD 1968b, 17f.).

Auch in dieser grundlegenden Aussage wird die Sonderstellung einzelner Mitglieder menschlicher Gemeinschaften ausdrücklich in die Toleranz dem Andersartigen gegenüber hineingenommen. Letztlich muß in demokratischer Perspektive sogar gefragt werden, inwieweit sich die Sonderstellung des Behinderten überhaupt legitimieren läßt.

"Das Schwache ist aber dasjenige, woran der Mensch und seine Welt beurteilt werden soll, ..." (A.a.0, 33).

Erneut wird das Schwache und Hilfsbedürftige nicht aus der Welt-von-uns-allen ausgegrenzt, sondern sogar zum konstitutiven Bestandteil dieser gemeinsamen Welt erhoben. Andersartigkeit und Hilfsbedürftigkeit sind im LANGEVELDschen Denken also dem menschlichen Sein inhärent, und in diesem Zusammenhang ist die Behauptung von der Behinderung als einem Modus des menschlichen Seins zu verstehen. Somit kann gefolgert werden, daß auf dem Hintergrund der LANGEVELDschen Anthropologie Integration im Sinne einer Gemeinschaft des Unterschiedlichen und im Sinne einer Solidarität mit dem Schwachen bereits als Bestandteil des Menschseins betrachtet werden muß. Integration im beschriebenen Sinne ist von daher die Norm einer demokratisch verfaßten und menschenwürdigen Gesellschaft und ebenso ein Modus des Menschseins.

Zugleich stoßen wir jedoch auch an die Grenzen des LANGEVELDschen Ansatzes in seiner Funktion für die heilpädagogische Theoriebildung (vgl. auch BEGEMANN 1975, 56ff.). Zu klären wäre an dieser Stelle, wie denn Behinderung sich in personaler Perspektive konstituiert. LANGEVELD selbst macht als Allgemeiner Pädagoge zu diesem Komplex in seinem deutschsprachigen Werk keine expliziten Aussagen mehr. Wir sind also darauf verwiesen, hier eine Interpretation dieser Problemstellung auf der Basis seiner Theorieaussagen zu versuchen. Eine zentrale Stellung dürfte dabei erneut der Situationsbegriff einnehmen. Behindert-Sein wäre somit - wie auch BLEIDICK (vgl. 1974, 170) schon betont - Behindert-in-Situation-Sein. Auch der Behinderte kann somit dem phänomenologischen Axiom von der Intentionalität im Sinne einer Unmittelbarkeit seines Weltverhältnisses nicht entrinnen. Seine Teilhabe an der Gemeinschaft ist zunächst durch diesen unmittelbaren Mensch-Welt-Bezug gesichert. Frühzeitig lernen Menschen mit Beeinträchtigungen jedoch auch besondere Situationen kennen, die sich von allgemein zugänglichen Situationen unterscheiden. Die Möglichkeiten ihrer personalen Gestaltung erfahren eine Reduktion in bezug auf die Zugänglichkeit zu Situationen und die Erfahrungsmöglichkeiten von Welt. Die Welt-von-uns-allen wird separiert in besondere, ausschließlich für sie vorgesehene Situationen. Dieser Aussonderungsvorgang wäre von daher ein erster Bestandteil der Konstitution von Behinderung, da Möglichkeiten der Teilhabe bestimmter Menschen an der Welt-von-uns-allen reduziert werden. Zugleich provoziert die Konfrontation mit einer Schädigung bzw. Beeinträchtigung subjektive Verarbeitungsweisen, die sich über Normabweichungen zu Behinderungen manifestieren können. Sowohl der Prozeß der Situationsreduzierung als auch die subjektiven Verarbeitungsweisen müssen im Sinne LANGEVELDs als konstitutive Bestandteile von Behinderungen angesehen werden, wobei hier sicher kein zwangsläufiger Zusammenhang zu konstatieren ist. Nicht jede Beeinträchtigung führt automatisch zu Situationsreduzierungen (Aussonderung) oder außergewöhnlichen subjektiven Reaktionsformen (abweichendes Verhalten). Integration im personalen Sinne macht von daher Erziehungssituationen notwendig, in denen Behinderte vielfältige Möglichkeiten der Personwerdung vorfinden und sich im Sinne der Erziehungsnorm "Mündigkeit" möglichst selbstbestimmt zu eigen machen können.

In diesem erkenntnistheoretischen Kern muß auch das Problem einer heilpädagogischen Rezeption der Schriften von LANGEVELD gesehen werden. Eine individuumzentrierte Perspektive der Behinderung vermag die sozialen Konstitutionsanteile dieses Phänomens nicht hinreichend aufzuhellen. Behinderung als ausschließliches Merkmal der Person zu betrachten, vermag die subjektiven Verarbeitungsweisen und die Auswirkungen von situationalen Bedingungen auf die Person aufzuklären. Den gesellschaftlichen Anteil an der Konstitution der Behinderung, die "Behinderung" eines beeinträchtigten Menschen durch die Gesellschaft mittels Aussonderung und Etikettierung, kann diese Perspektive nicht in das Blickfeld bringen. Damit bleiben aber auch entscheidende Bedingungen der sozialen Integration von Behinderten ausgeschlossen. Integration von Behinderten ist letztlich nicht nur als Personmerkmal, sondern ebenso als soziale Situation zu erfassen, als Integrationsfähigkeit einer gegebenen Gesellschaft. Insofern verweist die Einschätzung der LANGEVELDschen Erkenntnistheorie in dialektischer Weise zugleich auf die sozialphilosophischen Erweiterungen der Phänomenologie durch SCHÜTZ, die im weiteren in bezug auf den Problemkomplex Behinderung, Spiel und Integration diskutiert werden soll.

3.2 Sozialphänomenologischer Ansatz nach K. Mollenhauer

Neben der überwiegend durch die Philosophie geprägten anthropologischen Wende in der bundesdeutschen Nachkriegspädagogik, die wir exemplarisch an einem ihrer bedeutendsten Vertreter - dem Niederländer LANGEVELD - kennengelernt haben, müssen wir als zweite innovatorische Neuorientierung des pädagogischen Denkens in der *BRD* unter dem Einfluß von Soziologie und Psychologie eine sozialwissenschaftliche Wende konstatieren - wie auch LIPPITZ (1980) bestätigt. Diese Phase der Neuorientierung, in der die Pädagogik durch die Ausweitung ihres empirischen Instrumentariums und im Wege der Sekundäranalyse von Forschungsergebnissen aus ihren Nachbarwissenschaften eine Erweiterung zur Erziehungswissenschaft erfahren soll, ist insbesondere zu verbinden mit einer Diskussion der Fortschritte in der soziologischen Rollentheorie, sozialstrukturellen Analysen und psychoanalytischen sowie entwicklungspsychologischen Konzepten. Zugleich muß sie als Ausdruck eines Abschnittes der bundesdeutschen Nachkriegsgeschichte angesehen werden, in der sich gesamtgesellschaftliche Umorientierungen durchsetzen. Erste wirtschaftliche Krisenerscheinungen nach einer längeren Phase des "Wirtschaftswunders" verbunden mit politischen Phänomenen wie "Studentenbewegung" und "außerparlamentarischer Opposition" schaffen Mitte der sechziger Jahre eine soziale Situation, in der Traditionen in Frage gestellt und alternative Lebensformen erdacht und erprobt werden können. Die Forderung nach "antiautoritärer Erziehung" (NEILL 1969) ist konkreter Ausdruck dieser Zeit des gesellschaftlichen Umbruchs auf der Ebene erziehungswissenschaftlicher Reflexionen, wie MASTHOFF (1981) feststellt - auch wenn wir heute eine kritische Distanz zu Grundbegriffen und Handlungskonzepten dieses pädagogischen Alternativentwurfes entwickelt haben.

Dies ist auch die Zeit einer kritschen Auseinandersetzung über traditionelle soziologische Konzepte, die etwa in der Frankfurter Vorlesung über Sozialisationsforschung von HABERMAS (1968) ihren Ausdruck findet und über KRAPPMANN (1975) und BRUMLIK (1973, 1983) in die erziehungswissenschaftliche Diskussion hineinwirkt. Von dieser gesamtgesellschaftlichen Situation und ihren erziehungswissenschaftlichen Reflexen werden ebenfalls die Bestrebungen zur Bildungsreform getragen, die sich etwa im "Strukturplan für das Bildungswesen" (1970) des Deutschen Bildungsrats niederschlagen (vgl. BECKER 1992). Im weiteren wird der These nachgegangen, daß diese Reflexe auf eine im basalen Sinne neue gesellschaftliche Problemlage trotz unterschiedlichster Herkünfte und vielfältigster Ausprägungen wissenschaftstheoretisch in einem sozialphänomenologischen Ansatz zusammenlaufen. Wesentliches Kennzeichen dieser sozialwissenschaftlichen resp. sozialphänomenologischen Wende in der Erziehungswissenschaft ist die Herausarbeitung eines auf Intersubjektivität angelegten Menschenbildes.

Ziel der nun folgenden Darstellung und kritischen Einschätzung der sozialphänomenologischen Wissenschaftstheorie im Umfeld von SCHÜTZ und ihrer erziehungswissenschaftlichen Adaption ist wiederum (wie in Kap. 3.1) die Herausarbeitung des zugrundeliegenden Situationsbegriffes, in diesem Fall bezogen auf eine sozialwissenschaftliche Denktradition, in der sich neben SCHÜTZ auch GOFFMAN, MEAD und THOMAS als Vertreter einer amerikanischen Soziologie und Sozialpsychologie wiederfinden. Mit dieser sozialwissenschaftlichen "Schule" sind naturgemäß vielschichtige und auch arbeitsteilig entstandene Theoriekonzepte verbunden, deren Differenzen hier keineswegs nivelliert werden sollen. Allen spezifischen Ausprägungen zum Trotz kreisen sie jedoch um die pädagogisch höchst bedeutsame, gemeinsame Fragestellung nach der Struktur und den Bedingungen menschlicher Interaktionen, die - wie sich schon bei LANGEVELD in der jeglicher Erziehung zugrundeliegenden Kategorie des "Umgangs" zeigte - nach allgemeinem Konsens das Erziehungsgeschehen erst ermöglicht. Schließlich soll aufbauend auf diesen allgemeinpädagogischen Reflexionen die heilpädagogische Diskussion aus sozialphänomenologischer Sicht beleuchtet werden, um den Fortschritt einer sozialphänomenologischen Analyse des Komplexes von Behinderung, Spiel und Integration im Vergleich zur individualphänomenologischen Herangehensweise herauszustellen.[5]

3.2.1 Pädagogik der Interaktion und Pädagogik der Lebenswelt

Als Rahmen der folgenden Analyse können wir die Werke von MOLLENHAUER (1974) und THIERSCH (1986) wählen, in denen eine erziehungswissenschaftliche Diskussion sozialwissenschaftlicher Theoreme zwischen mehr interaktionistschen auf der einen und eher lebensweltorientierten Ansätzen auf der anderen Seite erfolgt, verbunden mit einer Einordnung in historische Vorläuferkonzepte. Diese sozialphänomenologisch geprägten Beiträge zur Erziehungswissenschaft zeigen gleichzeitig die Spannweite der jüngeren sozialwissenschaftlich orientierten Diskussion innerhalb unserer Disziplin auf, die von der Entdeckung der Interaktion als Kern des Erziehungsgeschehens bis hin zur Entdeckung der Lebenswelt als dessen Fundament reicht. THIERSCH nimmt zu diesem Zweck die Vorarbeiten von MOLLENHAUER und die Tradition der geisteswissenschaftlichen Pädagogik ausdrücklich mit auf, um zu einer sozialphä-

---

[5] Die Darstellung kann angesichts der Fülle der Diskussionsbeiträge nur eine sehr enge Ausrichtung an der Fragestellung (bezogen auf den Situationsbegriff) realisieren. Dabei werden notwendigerweise eine Reihe von theoretischen Ausdifferenzierungen ausgeklammert, deren Bedeutung angesichts der im Fluß befindlichen Weiterentwicklung dieser Konzepte in einer eigenständigen Analyse zu verdeutlichen wäre (vgl. GRATHOFF 1989).

nomenologischen Grundlegung von Sozialpädagogik/Sozialarbeit zu gelangen. MOLLENHAUER bemüht sich um den Entwurf einer Allgemeinen Pädagogik aus der Sozialphänomenologie heraus und wird so zum Initiator einer erziehungswissenschaftlichen Rezeption dieses Theoriekonzeptes.

3.2.1.1 Pädagogik der Interaktion

In der Entwicklung einer sozialwissenschaftlich orientierten Erziehungswissenschaft durch MOLLENHAUER (1974) stehen die pädagogischen Implikationen des Situationsbegriffes interessanterweise im Mittelpunkt. Unter dem Einfluß führender Sozialphänomenologen wie SCHÜTZ, MEAD und BERGER/ LUCKMANN geht MOLLENHAUER aus vom Begriff der "Interaktion" und bezieht sich explizit auf ein interaktionistisches Paradigma, das für die Erziehungswissenschaft aufgeschlossen werden soll (vgl. 1974, 7). Im Gegensatz zu sozialstrukturellen Ansätzen für erziehungswissenschaftliche Reflexionen besteht MOLLENHAUER darauf,

"..., daß Erziehung es immer mit der Gestaltung interpersoneller Beziehungen zu tun hat, in denen der "Educandus" - ... - als Subjekt von Kommunikation unterstellt wird." (MOLLENHAUER 1974, 7f.).

Mit dieser Anknüpfung an einer Hauptthematik der geisteswissenschaftlichen Pädagogik, dem "pädagogischen Bezug" (NOHL 1961), eröffnet MOLLENHAUER einen Vermittlungsweg zwischen sozialphänomenologischer Theoriebildung in der Erziehungswissenschaft der Gegenwart und jenen historischen Vorläuferkonzepten pädagogischen Handelns, die den "Umgang mit einer heranwachsenden Generation" (1974, 14) in den Mittelpunkt der Analyse stellen. Dieser Definitionsansatz von Pädagogik als "Umgang zwischen Generationen", der bereits bei SCHLEIERMACHER (1957) vorgezeichnet ist, beeinflußt bekanntlich geisteswissenschaftliche PädagogInnen bis heute. Zugleich werden damit auch sozialwissenschaftliche Dimensionen im Werk von SCHLEIERMACHER deutlich, die trotz aller philosophisch-theologischen Begründung seines pädagogischen Denkens, bis in die lebensweltorientierte Pädagogik bei THIERSCH (1986) hineinwirken. Der "Umgang zwischen Generationen" muß immer eingebettet in konkrete, kulturelle und ökonomische Lebenssituationen gesehen werden, ist immer der Umgang aus einer bestimmten Kultur und einer bestimmten historischen Situation heraus. So legt auch MOLLENHAUER Wert auf die Feststellung, daß der "... Erwachsene ... auch als Erziehender ein Erwachsener in einem bestimmten gesellschaftlich-politischen Kontext ... " (1974, 12) bleibt. Von daher ist es nur folgerichtig, wenn MOLLENHAUER die erzieherische Interaktion in einem "pädagogischen Feld" verortet und die gesellschaftlichen Bedingungen, unter denen erzieherisches Handeln stattfindet, mit in seiner pädagogischen Betrachtungsweise verankert. Mit dieser Perspektive tritt neben den Vorgang des Erziehungshandelns als bewußt intentional strukturierter Handlungsweise unweigerlich der Vorgang der Vergesellschaftung resp. Sozialisation des Kindes (HABERMAS 1968). Erziehungswissenschaft und Sozialisationsforschung werden mit dieser wissenschaftstheoretischen Prämisse zu engen Bezugswissenschaften. Nach der Analyse des pädagogischen Feldbegriffes bei SCHLEIERMACHER (vgl. 1974, 18-31) gelangt MOLLENHAUER unmittelbar zu einer lebensweltlichen Fundierung seines Pädagogik-Entwurfes, wenn er feststellt,

"..., daß das pädagogische Feld als Sinnzusammenhang, konkret als Rahmen historisch-gesellschaftlicher Bedingungen für Lernvorgänge gedacht werden muß, daß ein pädagogischer Sinnzusammenhang also nicht aus sich selbst, sondern nur im Kontext seines gesellschaftlichen Ortes bestimmt werden kann. Für diesen gesellschaftlichen Ort wählen wir den Ausdruck "Lebenswelt"." (A.a.O., 32).

Erziehung als Umgang zwischen den Generationen bleibt somit durchaus interaktionales Geschehen zwischen Menschen. Aber dieser intersubjektive Vorgang vermag die konkrete historische Situation nicht zu transzendieren. Erzieher und Kinder begegnen sich an einem sozialen Ort, der durch die Merkmale ihrer Lebenswelt konkret ausgeprägt wird.[6] Das pädagogische Feld wird also in der konkret gegebenen Gesellschaft verankert. Die Interpretation dieses sozialen Feldes als pädagogisches Feld erfolgt, wie MOLLENHAUER in Abgrenzung zu BREZINKA (1971) ableitet, nicht ausschließlich durch die "Intentionalität des Erziehers" (1974, 28), sondern durch die "Handlungsintentionen aller im Feld Interagierenden" (ebd.). Damit muß das pädagogische Feld als vielschichtig dimensioniert betrachtet werden, in dessen Zentrum zwar die "Intersubjektivität als sinnkonstituierendes Moment" (a.a.O., 29) angesiedelt ist, das sich aber neben dieser "interpersonellen Beziehung" ebenso durch "Beziehungen zur Objektwelt" und die "Perspektivität dieser beiden Beziehungen" (ebd.) auszeichnet. In dieser Betrachtungsweise steht das Machtgefälle des Erziehungshandelns zumindest zur Disposition, wird ein Erziehungsverständnis konstitutiv, das die Allmacht des Erwachsenen relativiert.

---

[6] Es wird bereits an dieser Stelle deutlich, daß sich durch die sozialphänomenologische Lebenswelttheorie ein topisches Bildungsverständnis (vgl. KAISER 1985, 35) anbahnt, in dem zumindest die Frage nach dem Ort des pädagogischen Geschehens einen Sinn bekommt und das auf diesem Wege über sich hinausweist auf die im Kap. 3.3 ausführlich zur Diskussion stehenden ökophänomenologischen Theorieansätze.

MOLLENHAUER vernachlässigt bei aller sozialwissenschaftlichen Orientierung keineswegs die subjektive Ebene des Erziehungshandelns. Neben die gesellschaftliche Dimension der Erziehung stellt er gleichrangig die Dimension des Kindes. Im Anschluß an BERNFELD (1967), den frühen Kritiker der geisteswissenschaftlichen Pädagogik, setzt MOLLENHAUER ebenfalls die Annahme der "Ohnmacht von Kindern" als "Konstante aller Erziehung", eine Annahme, die im Range einer *conditio sine qua non* fungiert, ohne die "von Erziehung gar nicht die Rede" sein kann (1974, 14). Die Analogie zum Merkmal der Hilfsbedürftigkeit als anthropologischem Ausgangspunkt bei LANGEVELD liegt hier nahe. Bei MOLLENHAUER bleibt hingegen das Spannungsfeld zwischen der Gesellschaft und der "Entwicklungstatsache" (BERNFELD 1967) erhalten. Kommunikationstheorie (WATZLAWICK, BEAVIN, JACKSON 1974) und interaktionistische Rollentheorie (MEAD, GOFFMAN) eröffnen ihm den Weg zu einer Anthropologie[7] des Kindes, die sich mit einer Reduktion auf die personale Einzigartigkeit als Maßstab kindlicher Entwicklung nicht begnügt, sondern den auf die Gesellschaft hin angelegten intersubjektiven Charakter der Menschenkinder hervorhebt. Wenn MOLLENHAUER hier die Sozialität als Wesensmerkmal der Gattung Mensch zum Angelpunkt seiner pädagogisch-anthropologischen Reflexionen erhebt, so weist diese Prämisse zweifellos zurück auf die anthropologische Position, die MARX in seinen Frühschriften in enger Anbindung an FEUERBACH entwickelt (LANDSHUT 1971, THIER 1961), eine Position, die auch BERGER/LUCKMANN (1970, 51f.) mit in ihre Rezeption der Sozialphänomenologie einarbeiten.[8]

Auf diesem gesellschaftstheoretischen und anthropologischen Hintergrund entwickelt MOLLENHAUER sein Verständnis pädagogischer Situationen. Mit explizitem Bezug auf die Erziehungswirklichkeit als Basis der weiteren Reflexionen bestimmt er die Situation als "kleinsten Referenz-Rahmen" bzw. als "die kleinste deskriptive Einheit für Sozialisationsprozesse" (1974, 110). Damit stellt sich MOLLENHAUER schon in dieser formalen Situationsdefinition außerhalb eines

---

[7] Unter Anthropologie wird im weiteren im Unterschied zu LANGEVELD mit BRUMLIK (1986) "das Selbstverständnis einer bestimmten Epoche oder Kultur" (27) verstanden. BRUMLIK bezweifelt die Notwendigkeit anthropologischer Reflexionen innerhalb humanwissenschaftlicher Theoriebildung nicht. Er weist nur darauf hin, daß im Lichte sozialphänomenologischer Ansätze jede anthropologische Aussage stets die "Behauptung bestimmter konkreter Menschen über sich oder andere konkrete Menschen" (ebd.) beinhaltet.

[8] Kennzeichnend für die anthropologische Position des jungen MARX ist der Begriff der Entfremdung der Menschen von den Produkten ihrer Arbeit, die als Auseinandersetzung mit der Natur aufgefaßt wird. Auch die später durch die Auseinandersetzung mit der Politischen Ökonomie fundierte These von der Warenförmigkeit menschlicher Beziehungen hat hier bereits ihren Ursprung und wird im übrigen durchaus zur damaligen Zeit auch von Nicht-Marxisten bestätigt.

existentiellen Situationsverständnisses, das bis dato die pädagogische Theoriebildung zum Situationsbegriff dominiert hat. Die "Gemeinsamkeit" in der pädagogischen Situation nach MOLLENHAUER konstitutiert sich im Vorgang der Kommunikation und Interaktion zwischen mindestens zwei Personen. Im Anschluß an LAING (1969) spricht MOLLENHAUER allerdings nur von Situationen, wenn sie "eine regelmäßige Struktur" (1974, 110) aufweisen und so die Möglichkeit zur Bestimmung ihrer Elemente bieten. Aus der Sozialisationsforschung heraus nennt er biographische, institutionelle und sozioökonomische Elemente von pädagogischen Situationen (vgl. 1974, 114). Über das Phänomen der divergierenden Situationsdefinitionen im Sinne vielfältiger Perspektiven der an den Situationen Beteiligten gelangt MOLLENHAUER schließlich zu einer Unterscheidung pädagogischer Situationen von anderen sozialen Situationen. Das Unterscheidungskriterium sieht MOLLENHAUER in der ""Meta-Intentionalität" der pädagogischen Situation" (a.a.O., 120). Auf dieser Ebene des situationalen Erziehungsgeschehens wird die intersubjektive Intentionalität der beteiligten Personen der Reflexion durch den Erwachsenen zugänglich. Insofern haftet der pädagogischen Situation strukturell ein "Herrschaftsgefälle" (a.a.O., 121) an, das zumindest Reflexionen über die mit dem Erziehungsziel der "Selbstbestimmung" konfligierenden Situationsbedingungen erforderlich macht. Die Chancen, Interaktionssituationen im Sinne dieser Reflexionen zu strukturieren sind offensichtlich ungleich verteilt. Zwischen den "Situationsdefinierern" - um in der Sprache des "symbolischen Interaktionismus" zu bleiben[9] - herrscht ein Verhältnis der sozialen Ungleichheit. Kinder und Erwachsene partizipieren zwar mit ihren je spezifischen Situationsdefinitionen an der Konstitution der gemeinsamen Situation. Es besteht jedoch in diesem Prozeß der sozialen Sinnkonstitution immer die Gefahr einer Überformung kindlicher Definitionen durch die Erwachsenen. Der Situationsbegriff des symbolischen Interaktionismus, den MOLLENHAUER damit in die Erziehungswissenschaft einführt, bleibt also tatsächlich offen für das anfänglich skizzierte Spannungsverhältnis zwischen der "Ohnmacht des Kindes" und dem sozial-historischen Kontext des Erziehungshandelns. Er erweist sich in der MOLLENHAUERschen Analyse als ein flexibles Instrument zur Vermittlung zwischen dem Erziehungsziel der "Selbstbestimmung" und dem Sozialisationsvorgang der Anpassung des Kindes an die Gesellschaft. In diesem Vermittlungsprozeß soll aus dem pädagogischen Feld heraus nicht nur die Reproduktion des Bestehenden geleistet, sondern ebenso eine produktive Funktion erfüllt wird, die

---

[9] Ergänzend muß hier darauf hingewiesen werden, daß der Terminus "Definition von Situationen" auf THOMAS (1965), einem der Begründer der amerikanischen Soziologie, zurückgeht und im Jahre 1928 erstmals in der Studie "The Child in America" nachzuweisen ist.

""bessere" Möglichkeiten gesellschaftlicher Existenz" konstituiert. Das Erziehungshandeln mit MOLLENHAUER als Situationsgestaltung (vgl. 1974 115) zu begreifen, impliziert also gleichzeitig die Überschreitung rein affirmativer Einstellungen der Erzieher zur Gesellschaft. Diese gesellschaftskritische Dimension der Erziehungstheorie bleibt bei MOLLENHAUER erneut an die kommunikative Ebene gebunden, aber eben nicht als einfaches Kommunikationsgeschehen im Sinne von alltäglicher Funktionalität, sondern als Kommunikation mit spezifischem Charakter. Dies ist die Ebene des Diskurses (vgl. 1974, 64), eine Ebene der Kommunikation, auf der Metakommunikation möglich wird. Im Kommunikationsvorgang des Diskurses wird die Funktionalität sozialer Prozesse durchbrochen, scheinen Potentialitäten einer selbstbestimmteren und herschaftsfreieren Interaktion auf. Pädagogische Situationen in sozialphänomenologischer Sicht erhalten auf diese Weise auch eine teleologische Ausrichtung. Damit ist ein Kernproblem sozialwissenschaftlich orientierter Erziehungswissenschaft angesprochen, beinhaltet doch jede sozialstrukturelle Analyse des Erziehungsvorganges zugleich die Gefahr einer Preisgabe teleologischer Reflexionen der PädagogInnen an die Gesellschaft. Letztlich stellt sich im Rahmen erziehungswissenschaftlicher Reflexionen immer das Problem der Generierung von Erziehungszielen, die sowohl konkreten gesellschaftlichen Bedingungen entstammen und Ausdruck einer bestimmten Kultur sind als auch über diese Gegebenheiten hinaus auf eine veränderte, bessere Form menschlicher Existenz verweisen. In einem zweiten Schritt soll nun eruiert werden, wie THIERSCH in seiner alltagsorientierten Sozialpädagogik diesem Grundproblem einer sozialphänomenologischen Erziehungstheorie entrinnt.

3.2.1.2 Pädagogik der Lebenswelt

Für THIERSCH (1983) gilt ebenso wie für MOLLENHAUER eine Offenheit des erkenntnisleitenden Interesses im Rückblick auf die geisteswissenschaftliche Pädagogik. An der kritischen Analyse der Geschichte und der zentralen Aussagen dieser wissenschaftstheoretischen Schule der Erziehungswissenschaft entlang entwickelt THIERSCH sein Verständnis einer alltags- resp. lebensweltorientierten pädagogischen Konzeption, die dann in der "Erfahrung der Wirklichkeit" (1986) ausformuliert ist und bis hinein in die Konzeption des Achten Jugendberichtes der Bundesregierung von 1990 (vgl. THIERSCH 1992) wirkt.

THIERSCH verknüpft im Begriff der Alltäglichkeit eine Vielzahl sozialphilosophischer Perspektiven, zu denen neben der Alltagstheorie von SCHÜTZ und

BERGER/LUCKMANN auch phänomenologische Traditionslinien von HUSSERL bis HEIDEGGER, sowie interaktionistische Gedanken nach MEAD und schließlich ebenso die HABERMASsche Lebensweltkonzeption zählt. Lebenswelt- und Alltagsbegriff werden dabei durchgängig als synonym verwendet. Insofern kann von einem wesentlichen Einfluß sozialphänomenologischer Theoreme im Anschluß an SCHÜTZ auf die Konzeption einer alltagsorientierten Sozialpädagogik bei THIERSCH die Rede sein, ohne daß damit die weiteren Theoriestränge gänzlich ausgeklammert wären. Es besteht von daher hinreichender Grund, die Erziehungstheorie von THIERSCH als weiteres Exempel für die Auswirkungen der Sozialphänomenologie im Felde der Erziehungswissenschaften nach MOLLENHAUER zu analysieren.

"Alltäglichkeit" repräsentiert bei THIERSCH die Lebenswelt der natürlichen Einstellung. "Alltäglichkeit" erscheint als derjenige Wirklichkeitsausschnitt, in dem soziales Handeln und Verstehen stattfindet und sich ein unmittelbares Verhältnis der Menschen zur gemeinsamen Wirklichkeit manifestiert. Damit ist "Alltäglichkeit" bereits im begrifflichen Bemühen auf Intersubjektivität angelegt. Die pragmatische Ausrichtung des Alltagsbegriffes meint ein soziales Geschehen, nicht individuelles Handeln. Die "Korrespondenz zu anderen" (THIERSCH 1986, 16 f.) bildet das Medium, in dem sich Identität ausbildet.

"Alltäglichkeit als soziales Handeln hat ihre Realität nur in der Verständigung, in den Deutungsmustern, die zwischen den Beteiligten gelten und ausgehandelt werden; ..." (A.a.O., 17).

Überschaubarkeit, Verläßlichkeit und Vertrautheit zeichnen diese intersubjektive Wirklichkeitsschicht aus. Von dieser diffusen, noch unstrukturierten "Alltäglichkeit" wird nun die spezifisch arrangierte "Alltagswelt" unterschieden. Auf dieser Ebene treten institutionelle Arrangements und differente Ressourcen in den Vordergrund, die auch sozialstrukturelle Merkmale repräsentieren und soziale Ungleichheiten abbilden können. Bereits in der Unterscheidung verschiedener Schichten des Alltags als Alltäglichkeit und Alltagswelt scheint so das kritische Moment in der Rede von einer alltagsorientierten pädagogischen resp. sozialpädagogischen Konzeption auf. Es gilt - so THIERSCH (1986, 31) - zu verhindern, daß die Frage nach dem "Warum" des Alltags, nach den dahinterliegenden Bedingungen für das spezifische Arrangement einer konkreten Alltagswelt in der Alltagsroutine ausbleibt. Hier greift das Bemühen von THIERSCH um eine "kritische Phänomenologie" (1983, 97), das bereits aus seinem Rückblick auf die geisteswissenschaftliche Pädagogik spricht. Alltag als nicht hinterfragtes soziales

Geschehen, als unbezweifelbare Tradition würde es an der sozialkritischen Dimension fehlen, ein Vorwurf, den THIERSCH gerade der geisteswissenschaftlichen Pädagogik macht. So stellt THIERSCH im Hinblick auf den "pädagogischen Bezug" als Kerngedanken der geisteswissenschaftlichen Pädagogik fest:

"Problematisch aber an diesem Konzept pädagogischen Handelns ist ..., daß der plausiblen Phänomenologie jene Tiefendimension fehlt, wie sie nur aus einer kritischen Analyse der historischen, gesellschaftlichen und individuellen Bedingungen des erzieherischen Handelns gewonnen werden kann." (THIERSCH 1983, 96).

Insbesondere klagt THIERSCH die sog. "harten Fragen" ein, die sich auf die systemstabilisierende Funktion von Pädagogik, die Rolle der pädagogischen Institutionen für pädagogisches Handeln und die psychoanalytische Dimension des pädagogischen Bezuges richten. THIERSCH wiederholt damit die Kritik von BERNFELD (1967) an der geisteswissenschaftlichen Pädagogik, die ja bekanntlich die Grenzen des pädagogischen "Sisyphos" als gesellschaftliche, institutionelle und subjektive (vgl. BERNFELD 1967) beinhaltet und verweist gleichzeitig auf die Ratlosigkeit der geisteswissenschaftlichen PädagogInnen angesichts der nationalsozialistischen Diktatur von 1933 bis 1945. So zeigt THIERSCH die phänomenologische Dimension der Alltäglichkeit zwar auch für die geisteswissenschaftliche Pädagogik auf und stellt gleichzeitig die positive Dimension der Authentizität in der Beschreibung des pädagogischen Bezuges auch für heutiges Erziehungshandeln heraus. Das Ergebnis dieser Analyse weist jedoch zugleich über sich hinaus auf die Notwendigkeit eines kritischen Alltagskonzeptes. THIERSCH findet dieses Konzept in der von KOSÍK (1976) hergeleiteten Formel vom "gelingenderen Alltag" (vgl. 1986, 36), in der die Möglichkeiten der "Veränderung" und "Verbesserung" aufgehoben sind. "Gelingender Alltag" bleibt zwar auch Alltag und auf diese Weise "im Gegebenen gebunden" (ebd.). Er ist aber nicht bloß bewältigtes, zur Routine und Überschaubarkeit reduziertes soziales Geschehen und insofern mehr schlecht als recht gelungen. Die Hoffnung auf Besserung bricht sich ebenso im Alltagshandeln Bahn, das soziale Handeln im Alltag enthält eine antizipative Dimension, die auf die Nicht-Abgeschlossenheit des Alltags in die Zukunft hinein gerichtet ist.[10] Auch Alltäglichkeit wäre demnach

---

10 An dieser Stelle wird auch der Einfluß der Philosophie des Novum nach BLOCH bei THIERSCH (1986, 156-172) deutlich, dem er auch ein eigenständiges Kapitel widmet. Auf der Basis verstreuter und wenig systematischer Hinweise BLOCHS in den "Spuren" (1985a) und im "Prinzip Hoffnung" (1985b) gibt THIERSCH hier einen Einblick in die Überlegungen BLOCHs zur Pädagogik und fragt kritisch, inwieweit Pädagogik bei BLOCH nicht zur vergessenen Provinz der Utopie verkomme.

teleologisch strukturiert. Diese Zielgerichtetheit auf einen veränderten Zustand in der Zukunft hin haftet nun ebenso dem pädagogischen Geschehen als sozialem Geschehen an:

"Im pädagogischen Handeln als Alltagshandeln soll gelingender Alltag möglich werden." (THIERSCH 1986, 75).

Pädagogisches Handeln wird damit in den Alltag hineingenommen und erhält bei THIERSCH ein alltägliches resp. lebensweltliches Fundament. Soziales Handeln bezogen auf einen gelingenderen Alltag bildet folglich die reale Substanz des pädagogischen Bezuges. Der pädagogische Bezug wird bei THIERSCH also in seinen sozialhistorischen Kontext gestellt und als spezifische Form des Alltagshandelns definiert. Pädagogisches Handeln gerät so zum Element menschlicher Gemeinschaften, die in gemeinsamer Alltäglichkeit und Alltagswelt gebunden sind und das Bemühen um eine Weiterentwicklung dieses Alltags erkennen lassen. Offen bleibt dabei zunächst der Maßstab dieses veränderten und verbesserten Alltags. In dem sozialpädagogischen Primat der "Hilfe zur Selbsthilfe" wird die Grunddimension eines auf gelingenderen Alltag ausgerichteten pädagogischen Handelns ansatzweise deutlich. Entscheidende Bemessungsgrundlage des gelingenderen Alltags ist THIERSCH aber die utopische Dimension des pädagogischen Umgangs mit Kindern.

"Von der klassischen Pädagogik bis zu Bloch, Marcuse und Habermas wird das Faktum der Freisetzung von Kindheit und Jugend zu ihren eigenen Erfahrungen und Möglichkeiten verstanden als ein Moment von Emanzipation aus allgemeinen gesellschaftlichen Zwängen und darin als Chance zum Neuen, als Chance zur Kritik am Gegebenen, zur Zukunft, zum Vorschein von Utopie." (THIERSCH 1986, 142).

Die Chancen des einzelnen, seine eigenen Möglichkeiten zu realisieren und sich aus Anpassungsdruck zu befreien, bilden die Grundlage für die Beurteilung des Alltags als erstarrtem oder gelingenderem. THIERSCH gelangt an dieser Stelle zu einer Position, die breiten Konsens in der Erziehungswissenschaft erwarten läßt. Neuorientierung im Sinne des lebensweltlichen Ausgangspunktes erhält seine pädagogische Konzeption vor allem durch die Einbettung pädagogischen Handelns in Alltagszusammenhänge, die zwar in der geisteswissenschaftlichen Pädagogik bereits grundgelegt war, in ihrer kritischen Dimension jedoch erst von THIERSCH herausgearbeitet wird. Neben der Forderung nach einer stärkeren Einbeziehung von Alltagserfahrungen in die Gestaltung von Lernsituationen gewinnt THIERSCH in der kritischen Dimension auch ein distanziertes Verhältnis zu den negativen Effekten pädagogischen Handelns, das sowohl "die Gefahr der Kolonialisierung" (a.a.O, 1989) als auch die "Arroganz der pädagogischen Macht" (ebd.) deutlich macht. Pädagogisches Handeln ist also bei THIERSCH zweifellos soziales Handeln und alltäglich gebunden. THIERSCH teilt jedoch aus dieser sozialphänomenologisch bestimmten Erziehungstheorie heraus nicht das Postulat eines exklusiven Umgangs zwischen Menschen (pädagogischer Bezug, Dialog), der nach traditioneller Auffassung den Kern des pädagogischen Geschehens ausmacht. Institutionelle, sozialstrukturelle und tiefenpsychologische Möglichkeiten und Grenzen pädagogischen Handelns können nach THIERSCH nicht aus der Betrachtung ausgeblendet werden, ohne den Anspruch einer alltäglichen Fundierung pädagogischer Theoriebildung selbst in Frage zu stellen. Insofern kann gefolgert werden, daß THIERSCH in der Tradition der geisteswissenschaftlichen Pädagogik und ihrem Bemühen um die Generierung von Theorie-Praxis-Bezügen zwischen Erziehungwirklichkeit und Erziehungstheorie stehend, dem eigenen Anspruch der geisteswissenschaftlichen Pädagogik auf eine alltägliche resp. lebensweltliche Fundierung ihrer erziehungswissenschaftlichen Reflexionen zur Realisierung verhilft, wenn er ein kritisches Alltagskonzept auf der Basis sozialphänomenologischer Grundannahmen in die Diskussion einbezieht. THIERSCHs Entwurf einer alltags- resp. lebensweltorientierten Pädagogik kommt so ein gewisses Maß an Kontinuität gegenüber den zentralen Komponenten (Alltäglichkeit und Authentizität) geisteswissenschaftlicher Pädagogik zu. Gleichzeitig werden in kritischer Distanz Diskontinuitäten und gebrochene Perspektiven einer lebensweltorientierten Pädagogik in der erziehungswissenschaftlichen Gegenwartsdiskussion deutlich.

Sowohl MOLLENHAUER als auch THIERSCH arbeiten mehr oder weniger explizit mit einem pädagogischen Situationsbegriff. Es gilt nun, die Herkunft dieses Begriffes aus der Sozialphänomenologie aufzuzeigen, um eine Abgrenzung gegenüber dem individualphänomenologischen Ansatz herauszuarbeiten und den damit verbundenen Perspektivenwechsel zu kennzeichnen.

3.2.2 Erziehungssituationen als soziale Situationen

Im Unterschied zur existenzphilosophischen Herkunft des pädagogischen Situationsbegriffes bei LANGEVELD nehmen MOLLENHAUER und THIERSCH die soziologische Traditionslinie auf. Sie wird häufig gleichgesetzt mit dem Ansatz des symbolischen Interaktionismus, geht jedoch über SCHÜTZ und GOFFMAN zurück bis auf THOMAS (1965), einem der Begründer der amerikanischen Soziologie. In seiner Studie "The Child in America" (1928) hat THOMAS seine bis heute immer wieder angeführte Aussage zur Situationsdefinition geprägt:

"Wenn die Menschen Situationen als real definieren, dann sind diese in ihren Folgen real." (THOMAS 1965, 29).[11]

Diese Aussage hat insbesondere den Situationsbegriff der symbolischen Interaktionisten geprägt. Er läßt sich sowohl bei SCHÜTZ (SCHÜTZ/LUCKMANN 1975, 125) als auch bei GOFFMAN (1971, 97 u. 1977, 9) nachweisen und ist bereits durch MOLLENHAUER in die erziehungswissenschaftliche Diskussion eingeführt worden. Der Terminus "Definition der Situation" bezeichnet bei THOMAS im ursprünglichen Sinne keine räumlich-materielle Umgebungseinheit. Wie die Aussage über die Folgen von Situationsdefinitionen lehrt, sind situationsbezogene Verhaltensweisen auch in Abwesenheit von konkreten Situationen möglich. Nicht nur die Realität der Situationen hat Folgen für menschliches Verhalten, sondern auch der Vorgang der Abgrenzung und Typisierung von Situationen im menschlichen Bewußtsein. Insgesamt unterscheidet THOMAS drei Ebenen von Situationen. Die "Definition der Situation" steht neben der Ebene der "objektiven Bedingungen" und der Ebene der "bereits bestehenden Einstellungen des einzelnen oder der Gruppe" (THOMAS 1965, 84f.). Dieser Definitionsprozeß in bezug auf ein bestimmtes Wirklichkeitssegment wird nun im Gegensatz zur Individualphänomenologie nicht am einzelnen festgemacht, sondern in die soziale Beziehung hineingenommen.

"Die Situation, in welcher sich ein Mensch befindet, wird als die Gesamtheit der die Verhaltensreaktionen bedingenden Faktoren bezeichnet. Selbstverständlich ist damit nicht die räumlich-materielle Situation gemeint, sondern die Situation der sozialen Beziehungen." (THOMAS 1965, 123).

THOMAS spricht folglich auch in der Regel von sozialen Situationen, da ihr Zustandekommen an einen sozialen Konstitutionsprozeß gebunden ist. Die soziale Situation gerät bei THOMAS zum zentralen Terminus seines soziologischen Entwurfes, der nicht nur seine anthropologische und soziologische Grundposition zentriert, sondern auch als Grundlage methodologischer Überlegungen in Form von "Situationsanalysen" (a.a.O., 88) resp. "Situationsstudien" (a.a.O., 123) ver-

---

[11] Zuerst erschienen in : THOMAS, William I/THOMAS, Dorothy S.: The Child in America. 1928. S. 572 (zit. n. THOMAS 1965)

bunden mit der Forderung nach Einzelfallstudien dient.[12] THOMAS entwickelt aus dieser Prämisse ein äußerst flexibles Analyseinstrument. Soziale Situationen entstehen nicht nur aus der sozialen Beziehung und den sozialen Handlungen. Sie repräsentieren ebenso biographische Entwicklungsverläufe als Situationsfolgen, wobei aufgrund der Komplexität des sozialen Geschehens Situationen als einzigartig und unwiederholbar gekennzeichnet werden. Insofern kommt jeder Situation, in die wir eintreten, ein unterschiedlich ausgeprägter Umfang an Neuigkeit zu. Wir sind gezwungen zwischen der Übernahme von Situationsdefinitionen aus bereits bewältigten Situationen und der Erweiterung des Bestandes an Situationsdefinitionen durch die Bewältigung neuer Situationen ständig zu wechseln. In diesem sozialen Prozeß der Anwendung und Veränderung von Situationsdefinitionen bilden sich nach THOMAS die Muster sozialen Verhaltens aus, wobei zunächst vorrangig der Prozeß der Anpassung des einzelnen an die Regeln der Gemeinschaft beschrieben wird. Ziel der sozialen Entwicklung des einzelnen zu einer gemeinschaftsfähigen Persönlichkeit ist im Sinne der Situationstheorie von THOMAS die Ausbildung eines Bestandes an Situationsmustern, die die Regeln des sozialen Umgangs repräsentieren. Diese Situationsmuster müssen nach THOMAS auch anwendbar sein unter veränderten materiellen Bedingungen. Das impliziert jedoch nicht notwendig eine Rigidität in der Anwendung der vorhandenen Situationsmuster. Damit wäre nur das Niveau instinktiver, allenfalls habitualisierter Situationsdefinitionen angesprochen. Entscheidend für die Ausbildung einer eigenständigen Persönlichkeit ist die Fähigkeit, auf die prinzipiell immer gegebene Neuigkeit von Situationen angemessen reagieren zu können.

"Die Definition der neuen Situation ist ... nur möglich wenn eine neue entsprechende Einstellung sich direkt aus einer früheren Einstellung als Modifizierung im Hinblick auf die neuen Werte entwickeln kann, und die Bestimmung der Einstellung ist ihrerseits nur möglich, wenn die neue Situation auf der Grundlage irgendeiner Analogie mit bekannten Situationen definiert werden kann - als altes Problem in einem neuen Licht." (A.a.O., 232).

THOMAS überschreitet mit seinem Situationsansatz bereits frühzeitig die Ebene funktionalistischer Erklärungsmodelle in der Soziologie, die in der Analyse des Vorgangs der Anpassung an die Gesellschaft verhaftet bleiben. Die bloße Anpassung des einzelnen an die Regeln der Gemeinschaft durch das Übernehmen und Erlernen von bestehenden Situationsdefinitionen erweist sich immer dann als ungeeignet, wenn die nächste Situation bewältigt werden muß, die stets neue Ele-

---

12   Mit diesen methodologischen Konsequenzen beeinflußt THOMAS auch die frühen Sozialökologen der Chikagoer Schule. So hatte er unmittelbaren Kontakt zu R. E. PARK, wie sich in einem Brief von 1928 zeigt (THOMAS 1965, 117ff.). Auch auf die Schriften von E.W. BURGESS wird mehrfach verwiesen.

mente enthält. Auf diese Weise haftet Situationsdefinitionen zwar das Element der sozialen Konstitution an. Aber durch die Bewältigung des Neuigkeitsgehaltes von Situationen verändern sich Situationsmuster, entwickelt sich ein persönliches Gepräge von Situationsdefinitionen.

Fraglich bleibt bei THOMAS noch, wie diese Herausbildung des Selbst konkret vollzogen wird. Es wird MEAD überlassen bleiben, diesen Prozeß der Hervorbringung von Identität aus der Sphäre des sozialen Handelns aufzuzeigen. MEAD arbeitet zwar ebenfalls mit einem Situationsbegriff und aus diesem Grunde ist auch eher der Situationsbegriff das verbindene Glied sozialphänomenologischer Ansätze, was widerum erst im Rückgriff auf THOMAS deutlich wird. MEAD verwendet den Situationsbegriff jedoch eher als Hintergrundfolie, vor der die symbolische Interaktion genauer untersucht werden soll. Situationale Aspekte werden dabei zwar mit aufgeführt (MEAD 1973, 117f. u. 161), stehen jedoch nicht im Mittelpunkt der Analyse. Erst GOFFMAN (1971) greift in einem seiner Frühwerke die Tradition der Situationstheorie in der amerikanischen Soziologie und Sozialpsychologie wieder in der Weise auf, daß er die situationalen Aspekte des Verhaltens in den Mittelpunkt seiner Betrachtungen stellt. Dabei übernimmt er von THOMAS noch das Element des Gemeinsamen und der Übereinstimmung in der Konstitution von Situationsdefinitionen (a.a.O., 97). Im Unterschied zu THOMAS faßt GOFFMAN Situationen aber nicht nur in ihrer subjektiven Dimension, sondern ebenso in ihren räumlich-materiellen Grenzen.[13]

"Mit dem Terminus Situation bezeichnen wir diejenige räumliche Umgebung und zwar in ihrem ganz Umfang, welche jede in sie eintretende Person zum Mitglied der Versammlung macht, die gerade anwesend ist (oder dadurch konstituiert wird)." (A.a.O., 29).

Auch bei GOFFMAN bleibt die Interaktion der anwesenden Personen entscheidender Entstehungsgrund von Situationen. Situation und Interaktion fungieren von daher als komplementäre Begriffe. Geprägt von der MEADschen Interaktionstheorie verknüpft GOFFMAN in dieser frühen Schrift kommunikationstheoretische und situationstheoretische Elemente. Soziale Situationen sind nach GOFFMAN nicht bloß an diffuse Formen sozialer Interaktion angebunden. Es lassen sich vielmehr unterschiedliche Niveaus der Interaktion in sozialen Situationen unterscheiden. GOFFMAN nennt im wesentlichen nichtzentrierte und zentrierte Interaktionen, Interaktionsqualitäten also, die sich zwischen "gegenseitiger höfli-

---

[13] GOFFMAN bezieht sich an dieser Stelle auch mehrfach auf BARKER/WRIGHT (1949), die mit ihrem "behavior-setting-Modell" die Erweiterung des Situationsbegriffes bei GOFFMAN entscheidend mit prägen (a.a.O., 29f.).

cher Gleichgültigkeit" und "Blickkontakt oder Begegnung" (a.a.O., 89) bewegen. Hier wird also der Begriff der sozialen Situation weiter ausdifferenziert über unterschiedliche Ebenen der Interaktion. Erst in der zentrierten Interaktion, auch als "Begegnung" bezeichnet, wird Meta-Kommunikation möglich und somit gleichzeitig Reflexion über das Zustandekommen von Situationsdefinitionen, über das kritische Infragestellen dieser Muster und der bewußt kontrollierte Entwurf von neuen Situationsdefinitionen. GOFFMAN gelangt auf diesem Wege in Weiterführung des Situationsansatzes von THOMAS zu einem Situationsbegriff, der konkrete gesellschaftliche Verhältnisse aufnimmt.

"Es sieht demnach so aus, als gebe es ein übergreifendes Kontinuum oder eine Achse entlang welcher das soziale Leben in Situationen variiert und zwar abhängig davon, wie streng der einzelne an die verschiedenen Möglichkeiten gehalten ist, Respekt für die Zusammenkunft und ihren sozialen Anlaß auszudrücken." (A.a.O., 184).

Die Gebundenheit an die Situation oder der Grad der Orientiertheit auf die Situation hin kann offensichtlich ebenfalls variieren. Die Chancen, sich Situationsdefinitionen zu entziehen und andere Regeln des sozialen Miteinanders zu konstituieren sind demnach ungleich verteilt. An diesem Punkt bezieht GOFFMAN Macht- und Herrschaftstrukturen in das Konzept der Situationsdefintionen ein, eine Adaption, die auch von MOLLENHAUER für die pädagogische Situation verwendet wird.

GOFFMAN hat später aufbauend auf MEAD die Prozesse der Identitätsbildung in ihren sozialen und personalen Komponenten (personale und soziale Identität) differenzierter dargestellt (vgl. GOFFMAN 1967, 1973), als in seiner hier zur Diskussion stehenden Frühschrift, in der vorrangig der Umgang mit sozialen Regeln und deren Einfluß auf das soziale Verhalten untersucht wird. Das Situationskonzept spielt in seinem Gesamtwerk aber eine kontinuierlich zentrale Rolle (vgl. GOFFMAN 1967, 97 u. 1973, 58f.) und wird dezidiert wieder in der Rahmenanalyse (GOFFMAN 1977) weitergeführt, hier auch mit ausdrücklichem Bezug auf die Definition von THOMAS (GOFFMAN 1977, 9) und unter Einbeziehung der Schriften von SCHÜTZ (a.a.O., 12f.). GOFFMAN versucht hier, die Grenzen der Alltagserfahrungen aufzudecken und die mit der Konstitution von Alltagserfahrungen verbundenen Ausschnitte näher zu bestimmen. "Rahmen-Analyse" meint in dieser Hinsicht eine genauere Betrachtung der Organisationsformen von Alltagserfahrungen.

"Ich gehe davon aus, daß wir gemäß gewissen Organisationsprinzipien für Ereignisse - zumindest für soziale - und für unsere persönliche Anteilnahme an ihnen Definitionen einer Situation aufstellen; diese Elemente, soweit mir ihre Herausarbeitung gelingt, nenne ich "Rahmen"." (A.a.O., 19).

Situationsdefinitionen als Rahmen des sozialen Handelns setzt GOFFMAN mit "Interpretationsschemata" (a.a.O., 31) gleich, die aus einem Prozeß der sozialen Sinnkonstitution hervorgehen und den jeweils als sinnvoll angesehenen Ausschnitt des Alltags ergeben. Diese ursprünglich gegebenen und stets vorfindbaren Rahmen von Alltagserfahrungen nennt GOFFMAN primär. Sie können als "natürliche Rahmen" (ebd.) Erfahrungen organisieren, in dem sie aufgrund bestimmter physikalischer Merkmale auf das Verhalten einwirken. Sie können ebenso als "soziale Rahmen" (a.a.O., 32) Erfahrungen bestimmen, indem sie "einen Verständnishintergrund für Ereignisse" (ebd.) anbieten, der sich durch einen Willen, Ziele und das steuernde Eingreifen einer Intelligenz (ebd.) auszeichnet. Diese Ebene von Situationsdefinitionen (oder primären Rahmen) ist dem sozialen Geschehen wie selbstverständlich beigegeben. Sie erinnert stark an die Lebenswelt- resp. Alltagskonzeption bei SCHÜTZ. Entscheidende Intention der Rahmen-Analyse bei GOFFMAN ist jedoch das Phänomen der Transformation dieser primären Rahmen in solche, die als sekundäre bezeichnet werden. Zum Verständnis eines Rahmens sind nach GOFFMAN Kenntnisse über das jeweilige Modul resp. den Schlüssel ("key") (a.a.O., 55) notwendig. Solche Schlüssel in Form von Gesten, verbalen Anweisungen oder anderen Zeichen sind die Voraussetzung dafür, daß eine bestimmte Tätigkeit, die bereits in einem primären Rahmen vorhanden ist, eine neue Bedeutung in einem sekundären Rahmen erhält. Die Tätigkeit wird transformiert. Solche Transformationsprozesse beschreibt GOFFMAN exemplarisch anhand von Täuschungsmanövern und des kindlichen Spiels. Als verbindendes Glied der Module, die zur Transformation von primären Rahmen zur Verfügung stehen, nennt GOFFMAN das Element des "So-tun-als-ob" (a.a.O. 60). Mit dieser Erweiterung der Situationstheorie gewinnt GOFFMAN einen Zugang zur Darstellung der persönlichen Anteile an den Situationsdefinitionen. Der einzelne hat offensichtlich die Möglichkeit, seine Haltung auf die Situation hin zu variieren. In der "Situationsorientierung" des einzelnen ist nach GOFFMAN die Möglichkeit der Distanz enthalten. So gerät ein wahrnehmbares soziales Geschehen aufgrund der transformierten Bedeutungsstruktur unversehens zu einer nicht sichtbaren Bedeutungsschicht, die hinter dem primären Rahmen angesiedelt ist. Zugänglich wird dieser sekundäre Rahmen nur durch einen Akt der Interpretation, für den der Schlüssel, durch den die Transformation zustandekam wiederum eine entscheidende Funktion innehat. Sekundäre Rahmen können *ergo* nur verstanden werden. Zugleich ist damit der Weg aufgezeigt, der dem einzelnen neben der Übernahme von gemeinsamen Interpretationsmustern auch eine Distanz zu vorliegenden Situationsdefinitionen eröffnet, verbunden mit der Chance, sein Selbst zu finden. "So-tun-als-ob" - zugleich ein entscheidendes Merkmal der Spieltätigkeit - entwickelt sich in der GOFFMANschen Rahmenanalyse zum Ausweg aus dem Zwang zur Anpassung an primäre Rahmen.

Unter dem Einfluß von SCHÜTZ wird dieser Fortschritt in der soziologischen Situationstheorie jedoch zugleich wieder eingegrenzt. Die situationstheoretischen Aussagen von SCHÜTZ/LUCKMANN überschreiten den existenzphilosophischen Situationsbegriff bezeichnenderweise nicht in entscheidendem Maße. Gerade die Begrenztheit und Vorstrukturiertheit von Situationen stellen auch SCHÜTZ/LUCKMANN in den Vordergrund. Von daher verwundert es nicht, wenn der Situationsbegriff von JASPERS hier erneut die Grundlage bildet.

"Es ist zwar zutreffend, daß ich mich (wie es die existentialistische Philosophie ausdrückt) immer "in Situationen" befinde. Zugleich ist aber die Situation "definiert", um einen seit W.I. Thomas in der Soziologie eingebürgerten Begriff zu verwenden." (SCHÜTZ/LUCKMANN 1975, 125).

Das Problem der Verknüpfung eines eher individualistisch ausgerichteten Situationsbegriffs bei JASPERS und eines eher interaktionistisch ausgerichteten Situationsbegriffes bei THOMAS wird nicht weiter thematisiert. Damit bleibt die Situationstheorie bei SCHÜTZ/LUCKMANN hinter ihren Möglichkeiten zurück. Bereits bei BERGER/LUCKMANN (1970) wird ein Situationsverständnis expliziert, das Situationen auch in ihren gesellschaftlichen Kontext einordnet. Die "pluralistische Situation" (a.a.O., 134) mit einer Vielfalt gleichberechtigter Perspektiven erscheint hier keineswegs als universell und immer schon dagewesen. Sie ist vielmehr gebunden an eine bestimmte Entwicklungsstufe der Gesellschaft. Die Möglichkeit, Situationen zu definieren oder Wirklichkeit zu bestimmen, variiert nach BERGER/LUCKMANN im jeweiligen gesellschaftlichen Rahmen. Voll entfaltet erscheint dieses Element der Situationstheorie erst bei HABERMAS (1981). HABERMAS nimmt ebenfalls den Begriff der "Situationsdefinition" von THOMAS auf (a.a.O., 184 f.), bezieht die Situation aber in die Lebensweltkonzeption und die Gesellschaftstheorie mit ein:

"Eine Situation ist ein durch Themen herausgehobener, durch Handlungsziele und -Pläne artikulierter Ausschnitt aus lebensweltlichen Verweisungszusammenhängen, die konzentrisch angeordnet sind und mit wachsender raumzeitlicher und sozialer Entfernung zugleich anonymer und diffuser werden." (A.a.O., 187).

Situationen sind nach HABERMAS auf Verständigung und kommunikatives Handeln ausgelegte Segmente der Lebenswelt, in denen die Lebenswelt zentriert und gleichzeitig in ihrem Horizont deutlich wird. Insofern fußt auch der Situationsbegriff von HABERMAS auf sozialphänomenologischen Vorläufermodellen. HABERMAS setzt jedoch Lebenswelt und Gesellschaft im Unterschied zu SCHÜTZ/LUCKMANN nicht gleich (HABERMAS 1981, 225) und bezieht bekanntlich die Systemtheorie in die Gesellschaftsanalyse mit ein. Durch die analytische Trennung von Lebenswelt (und damit auch Situation) und Gesellschaft erreicht HABERMAS letztlich die Einbeziehung sozialhistorischer und sozialstruktureller Perspektiven in das kommunikative Lebensweltkonzept. Lebenswelten und soziale Situationen müssen danach in ihrer konkreten Ausprägung jeweils als Ausdruck gesellschaftlicher Formationen verstanden werden, die historisch und strukturell differente Rahmenbedingungen hervorbringen. Erst an diesem Punkt der Entwicklung einer soziologischen Situationstheorie ist neben dem sozialen Konstitutionszusammenhang und der personalen Identitätsbildung auch die gesellschaftskritische Dimension enthalten.

Diese noch junge und im Fluß befindliche Entwicklung in der sozialwissenschaftlichen Theoriebildung wirkt sich verständlicherweise erst zögernd im Felde des vorliegenden Problemkomplexes von Behinderung, Spiel und Integration aus. Neben dem Nachweis von Effekten sozialphänomenologischer Theoriebildung auf den hier zur Diskussion stehenden Zusammenhang sind dabei ebenso Interpretationen auf dem Hintergrund dieses Theorieansatzes im Sinne eines Transfers notwendig.

3.2.3 Behinderung, Integration und Intersubjektivität

Besonders SCHMETZ (1986) zeichnet aufbauend auf einer umfangreichen Diskussion zum sog. "labeling-approach" für eine Rezeption interaktionistischer und sozialphänomenologischer Theoriebildung im Bereich der Lernbehindertenpädagogik verantwortlich. Daneben sind ebenso HÄBERLIN (1985) mit seiner sozialphänomenologisch fundierten Anthropologie und EBERWEIN (1987) mit seinem ethnographisch bestimmten Forschungsansatz des Fremdverstehens zu nennen. Auch WURM (1985) weist aus sozialphänomenologischer Sicht auf die "gesellschaftliche Konstruktion" des Behinderungsbegriffes hin. Eine heilpädagogische Diskussion sozialphänomenologischer Theoreme erfolgt also auf breiter Basis und gehört zum festen Bestandteil der fachlichen Erörterungen der Gegenwart. Mit BLEIDICK (1985, 261) kann im Gefolge dieser Beiträge ohne weiteres von einer sozialwissenschaftlichen Wende in der "Sonderpädagogik" die Rede sein.[14] Wenn im folgenden der Beitrag von SCHMETZ exemplarisch im Vordergrund steht, so wird das vor allem damit begründet, daß hier eine Rezeption des sozialphänomenologischen Situationsbegriffes erfolgt. Nur diese methodologisch motivierte, enge Ausrichtung an der Rekonstruktion des sozialphänomenologischen Situationsbegriffes im Felde der Heilpädagogik resp. Lernbehindertenpädagogik ermöglicht eine Abklärung des Theoriefortschrittes im Vergleich zu individualphänomenologischen Ansätzen der Heilpädagogik. Mit SCHMETZ erreicht überdies die Diskussion des Situationsbegriffes in der Lernbehindertenpädagogik einen Entwicklungsstand, bei dem die deutliche Abkehr von existentialistischen Situationsdefinitionen vollzogen wird. SCHMETZ bringt mit seiner "Interaktionspädagogik für erschwerte Lernsituationen" die Tendenz zu einem interaktionistischen und sozialphänomenologischer Theorietraditionen verpflichteten Situationsansatz ("situational approach") für die Lernbehindertenpädagogik zu einem vorläufigen Ende, eine Tendenz, die sich bei HOFMANN (1981), KLEBER (1980, 9), KANTER (1980, 112), KOBI (1975, 48ff.) und LANGENOHL (1978, 24 u. 1984, 322) bereits andeutet. Der Beitrag von SCHMETZ zur lernbehindertenpädagogischen Gegenwartsdiskussion steht zwar explizit im Rahmen der Rezeption des "Stigma-Ansatzes" von GOFFMAN (1967) und nimmt damit auch Vorarbeiten aus der sonderpädagogischen Soziologie (vgl. THIMM 1975, THIMM/FUNKE 1977) mit auf. SCHMETZ überschreitet jedoch das Stigma-Theorem durch seine situationsbezogenen Reflexionen und realisiert so die Forderung von BRUMLIK (1983) nach umfassenderer Rezeption interaktionistischer und sozialphänomenologischer Theoriebildung innerhalb der Erziehungswissenschaften auch für die Lernbehindertenpädagogik.

Bereits bei der Darstellung und Verteidigung des interaktionistischen Ansatzes (SCHMETZ 1986, 74) steht der Situationsbezug gleichberechtigt neben dem Interesse für die Aufklärung des Interaktionsanteils an der Herausbildung von Identität. Menschen bewältigen den Prozeß der Bildung des Selbst (self) nach MEAD (1973) im Medium der symbolischen, durch gestische und sprachliche Zeichen vermittelten Interaktion. In diesen Interaktionsprozessen entsteht das Selbst als "soziale Komponente "me"" (ebd.) und "persönliche Komponente "I""

---

14 Für diese sozialwissenschaftliche Wende zeichnet sicher auch JANTZEN (1974) mit seiner materialistischen Behindertenpädagogik verantwortlich. Aufgrund seines spezifischen wissenschaftstheoretischen Hintergrundes muß sein Beitrag im Rahmen einer Diskussion sozialphänomenologischer Theoriebildung in der Behindertenpädagogik ausgeklammert bleiben.

(ebd.). Das Selbst gerät dem Menschen über die Fähigkeit der reflexiven Intenlligenz (mind) zum Gegenstand (resp. Objekt) seines Bewußtseins.

"Der Ort der Prägung des Selbst sind Situationen. Der symbolische Interaktionismus sieht somit Interaktionen zwischen drei Dimensionen: dem Individuum und sozialen Symbolen/Personen, dem "mind" und "self", dem "I" und dem "me" (...)." (Ebd.).

Mit dieser Erweiterung der Theorie der symbolischen Interaktion um den Begriff der Situation, die zumindest implizit auf GOFFMAN (1971) und THOMAS (1965) rekurriert (s. Kap. 3.2.2), wird ein Grundbegriff der Pädagogik neu eingeführt. "Interaktion" und "Situation" sind an dieser Stelle derart aufeinander bezogen, daß sie - ganz im Sinne von GOFFMAN (vgl. Kap. 3.2.2) - zu Komplementärbegriffen einer Interaktionspädagogik aufsteigen.[15] Diese Prämisse bestimmt auch die weitere Darstellung der Erweiterung interaktionistischer Theoreme, von denen besonders GOFFMANs Unterscheidung personaler und sozialer Identität, KRAPPMANNs (1975) Begriff der "Identitätsbalance" sowie der Hinweis auf mögliche "Identitätsprobleme" und "Identitätskrisen" (SCHMETZ 1986, 75) zu nennen ist. Hervorgehoben wird von SCHMETZ weiterhin der symbolische Charakter sozialer Interaktion und damit verbunden besonders die Sprache als Mittel des "symbolischen Austauschs" (ebd.).

"Der Mensch deutet die Wirklichkeit mit Symbolen und lebt somit in einer Welt der Deutungen. Bedeutungen sind soziale Produkte, die durch Definitionen der in sozialen Situationen miteinander interagierenden Personen in einem interpretativen Prozeß zustande kommen (...). Auch Sprechen gilt als ein in soziale Situationen eingebettetes Handeln. Der Sprechakt im situativen Kontext bildet die Grundeinheit sprachlicher Kommunikation." (Ebd.).

Pädagogisch wirkt sich diese interaktionistische Betrachtungsweise hauptsächlich in der Analyse von Lernsituationen aus. Dabei gerät Identitätsbildung zum Erziehungsziel, das auf dem Wege der Ausprägung von Interaktionskompetenz erreicht wird. Damit ist die Fähigkeit zu "richtigem Rollenhandeln in den unterschiedlichen und wechselnden Lebenssituationen" (ebd.) angesprochen.

Vor diesem Hintergrund entwickelt SCHMETZ nun seinen interaktionstheoretisch fundierten Entwurf der Lernbehindertenpädagogik. Zunächst wird die anthropologische Betrachtungsweise traditioneller Lernbehindertenpädagogik, die

---

15   SCHULZE (1983b) und OSWALD (1983) haben diese Entwicklungstendenz der Interaktionspädagogik ebenfalls gesehen und in die "Enzyklopädie der Erziehungswissenschaft" (LENZEN 1983) als Grundbegriff eingebracht. Bezeichnenderweise führen die einschlägigen allgemeinpädagogischen Wörterbücher den Situationsbegriff in der Regel nicht gesondert auf.

Lernschwierigkeiten personal zu fassen suchte und sich einem ätiologischen Paradigma zuordnen läßt, abgelehnt. In einem zweiten Schritt weist SCHMETZ auf bisherige Ansätze einer situationsbezogenen Sichtweise in der Lernbehindertenpädagogik hin, die sich mit der Lernsituation, der schulischen Situation oder der sozialen Situation allgemein auseinandersetzen. Der Begriff "Lernbehinderung" wird sodann im Anschluß an KLEBER (1980) näher bestimmt. Durch den "Situationsbezug" (SCHMETZ 1986, 76) der Interaktionspädagogik werde deutlich,

"..., daß "Lernbehinderung" nicht als Gegenstand an sich gesehen werden kann, vielmehr sind Schaden und Schädigung aus dem Interaktionsgefüge der schulischen Lehr-Lern-Situation, der Sozialisationssituation sowie der gesellschaftlichen Situation heraus zu erklären (...)."(Ebd.).

Der soziale Situationsbegriff des symbolischen Interaktionismus dient hier also als Bezugspunkt der Begriffsbestimmung. Damit steht nicht mehr Lernbehinderung als personales Merkmal im Mittelpunkt der Betrachtung, sondern die Lernsituation, in der sich Lernschwierigkeiten manifestieren. Lernbehinderung wird so zu einem Produkt der Mensch-Umwelt-Interaktion, das erst durch soziale Bewertungen im Sinne von Etikettierung und Stigmatisierung als abweichendes Verhalten konstituiert wird. Die soziale Situation und damit auch die gegebene Gesellschaftsformation ist auf diesem Wege vermittelt durch das jeweilige Interaktionsgefüge in die "Definition" von Lernbehinderung eingebunden. Eine situationsbezogene Grundlegung der Lernbehindertenpädagogik aus interaktionistischer Sicht vermag so die zahlreichen Befunde und Untersuchungen zur sozialen Benachteiligung der Lernbehinderten (GEHRECKE 1958, BEGEMANN 1970, THIMM 1975, THIMM-FUNKE 1977, G. KLEIN 1977, von BRACKEN 1981) in ein einheitliches Erklärungsmodell zu integrieren, das zusätzlich den Vorteil bietet, unmittelbar pädagogisch relevant zu sein, wie am Identitätsbegriff gezeigt werden kann. Für die lernbehindertenpädagogische Umsetzung des symbolischen Interaktionismus hat der Identitätsbegriff eine beträchtliche korrektive Funktion, da die Lernsituation im Hinblick auf ihre Möglichkeiten zur Identitätspräsentation hin bewertet wird und auf diesem Wege in ihren Erschwernissen in den Blick kommt.

"Für eine Interaktionspädagogik, die sich mit dieser erschwerten Lernsituation auseinandersetzt, stellt sich die Aufgabe, den Schülern trotz zahlreicher schwerwiegender Störgrößen im Interaktionsfeld der Grund-, Haupt- und Lernbehindertenschule ... Identitätsfindung zu ermöglichen." (Ebd.).

Interaktionspädagogik bei erschwerten Lernsituationen weist in diesem Sinne auch über die Institution Lernbehindertenschule hinaus auf solche Situationen hin, in denen das Erschwernis eher partieller und temporärer Art ist. Lernbehindertenpädagogik verläßt mit dem interaktionistischem Ansatz von SCHMETZ ebenfalls das Feld der Sonderpädagogik im Sinne von "Sonderschulpädagogik" und bezieht weitere Felder des pädagogischen Handelns mit ein, die sich auf andere Schulformen (Grund-, Haupt- und Realschule, Gymnasium), den vorschulischen (Frühförderung, Kindergarten, Sonderkindergarten, Vorschulklassen) und den nachschulischen Bereich (Therapie- und Betreuungseinrichtungen, berufliche Sozialisation, Resozialisierung Jugendlicher und Erwachsener) bezieht. Das impliziert dann auch Interaktionspädagogik als integrative Förderung von Kindern mit Lernschwierigkeiten außerhalb von Sondereinrichtungen, ein Aspekt, der bei der bisherigen Diskussion des interaktionistischen Ansatzes für die Lernbehindertenpädagogik kaum beachtet wird.

"Interaktionspädagogik für erschwerte Lernsituationen ist daher nicht nur Schulpädagogik. Sie befaßt sich mit gestörten Interaktionsabläufen in allen Altersphasen des menschlichen Lebens." (A.a.O., 78).

Lernbehindertenpädagogik erfährt so in der interaktionistischen Perspektive nach SCHMETZ eine beträchtliche Ausweitung ihres Gegenstandsbereiches und nimmt die gesamte Lebensphase als Hintergrund für erschwerte Lernsituationen mit in den Blick. Damit rückt SCHMETZ auch die erziehungswissenschaftliche Disziplin "Lernbehindertenpädagogik" näher an den allgemeinpädagogischen Bereich heran. Bei der Durchdringung der Lernsituationen und ihrer jeweiligen Erschwernisse wäre die Lernbehindertenpädagogik auf eine enge Kooperation mit der Pädagogik der frühen Kindheit, der Grundschulpädagogik und Allgemeinen Didaktik, der Sozialpädagogik, der Erwachsenenbildung und Altenpädagogik angewiesen. Dies macht dann ebenso Umstrukturierungen der studiengangsbezogenen Arbeitsteilungen innerhalb der Ausbildung von HeilpädagogInnen erforderlich, die neben dem Studienangebot in den Lehramtsstudiengängen eine Erweiterung in Richtung auf den Diplomstudiengang Erziehungswissenschaften nach sich zieht und erhebliche interdisziplinäre Anstrengungen beansprucht, um die außerschulischen Handlungsfelder der Lernbehindertenpädagogik ebenfalls in Ausbildungsinhalte transformieren zu können.

Insgesamt enthält sich SCHMETZ weitgehend einer Bewertung und eines Vergleichs der Vor- und Nachteile der genannten institutionellen Zusammenhänge einer Interaktionspädagogik für erschwerte Lernsituationen. Konsequenzen für integrationspädagogische Konzeptualisierungen und deren bildungspolitische Relevanz erscheinen jedoch unmittelbar evident. In interaktionistischer Perspektive steht nicht mehr die Person mit Lernschwierigkeiten im Vordergrund, sondern die Interaktion mit der sozialen Umwelt, in der die Lernbehinderung durch Etikettierung bestimmter Kompetenzen als Stigmatisierung im Sinne randständiger sozialer Positionen virulent wird. Folglich muß auch nicht ausschließlich der als lernbehindert Stigmatisierte Kompetenzen erwerben, die ihn integrationsfähig im Sinne eines angestrebten Zieles (soziale Integration) auch separierender Förderung werden lassen. Vielmehr steht eine integrationsbezogene Gestaltung der Interaktionssituationen zur Diskussion, die auch den Weg schulischer Förderung als Interaktionspädagogik bei erschwerten Lernsituationen bereits integrativ ausrichtet. Integration wäre somit in interaktionistischer Perspektive Weg und Ziel pädagogischer Förderung bei Lernschwierigkeiten. Neben dieser intersubjektiven Ebene von Integrationspädagogik als Interaktionspädagogik wäre die Herausbildung der Balance zwischen personalen und sozialen Komponenten von Identität im Sinne einer subjektiven Ebene von Integration zu verstehen. Integriert im interaktionistischen Verständnis wäre ein Lernbehinderter also sobald er in der Lage ist, seine Identitätsbalance in verschiedenen sozialen Situationen aufrechtzuerhalten resp. wiederherzustellen. Auch die institutionelle und die gesamtgesellschaftliche Ebene von Integration wäre im Sinne des interaktionistischen Ansatzes auf ihre situativen Potentialitäten hin zu analysieren und unter dem Aspekt ihrer identitätsfördernden resp. -hemmenden Bedingungen kritisch zu betrachten. Identität gerät so auch zum Maßstab für gesellschaftskritische Implikationen einer Interaktionspädagogik.

Gegenüber dem individualphänomenologischen Ansatz bei LANGEVELD gewinnt somit die sozialphänomenologische Konzeption einer Heilpädagogik, die SCHMETZ als Interaktionspädagogik entwirft, ein deutlich ausgeweitetes Blickfeld. Im Gegensatz zur Individuumzentrierung bei LANGEVELD steht hier die Intersubjektivität im Zentrum des Interesses. Behinderung und Integration erscheinen so als Ausdruck von Interaktionsprozessen, an denen zwei und mehr Personen beteiligt sind und in die institutionelle und gesamtgesellschaftliche Faktoren hineinwirken.

3.3 Ökophänomenologischer Ansatz nach E.W. Kleber

Während individual- und sozialphänomenologische Theoreme zum festen Bestandteil erziehungswissenschaftlicher Erörterungen der Gegenwart zählen, entbehrt die jüngste Ausprägung des phänomenologischen Ansatzes in Verbindung mit ökologischem Denken weitgehend noch des breiten Konsenses. Und doch läßt sich aus der Verknüpfung von Phänomenologie und Ökologie gegenwärtig ein weiterer Typus phänomenologischer Reflexionen über erziehungswissenschaftliche Problemstellungen ausmachen. Ein ökophänomenologischer Ansatz für die Erziehungswissenschaft kristallisiert sich zuerst in den Schriften von KLEBER heraus und soll hier deshalb als Ausgangspunkt der Interpretation dienen. Hinzuweisen ist ebenfalls auf die Vorarbeiten innerhalb der ökologischen Psychologie durch GRAUMANN/KRUSE und die grundlegenden Arbeiten von WALDENFELS zur phänomenologischen Erkenntnistheorie.

Damit unterliegt die Phänomenologie ebenso einer historischen Entwicklung, die sich aus der Ökologie-Bewegung ab dem Ende der siebziger Jahre zunehmend als Kritik am "industriegesellschaftlichen Modernisierungs- und Zivilisationsprozeß insgesamt" (MANKE 1986, 40) artikulierte und über öffentliche Diskurse und als Kritik institutionellen Lernens Einfluß auf erziehungswissenschaftliche Reflexionen gewann (KLEMM/ROLLFF/TILLMANN 1985). Schon der Bildungsbericht des Club of Rome (BOTKIN 1979) weist auf die Notwendigkeit eines pädagogischen Reflexes auf die weltweite ökologische Krise hin. Demnach muß die Möglichkeit des Lernens durch Schock (a.a.O., 50), eines Lernens *ex post facto* also, angesichts der weitreichenden Konsequenzen ökologischer Katastrophen als begrenzt angesehen werden. Es ist deshalb ein Konzept des innovativen Lernens erforderlich, in dem die Fähigkeiten zu "Antizipation" und "Partizipation" (a.a.O., 51ff.) im Mittelpunkt stehen. Die Menschheit müßte demnach lernen, die Beteiligung jedes einzelnen an ökologischen Krisen zu erfahren und als Aufgabe zu begreifen, sowie die möglichen Folgen des eigenen Handelns in die Zukunft hinein zu überschauen. JONAS (1979) hat diese neue Dimension des menschlichen Seins in der Welt in eine ethische Konzeption eingebracht, die vom Anthropozentrismus traditioneller Ethik Abstand nimmt.

"Im Zeichen der Technologie aber hat es die Ethik mit Handlungen zu tun (wiewohl nicht mehr des Einzelsubjekts), die eine beispiellose kausale Reichweite in die Zukunft haben, begleitet von einem Vorwissen, das ebenfalls, wie immer unvollständig, über alles ehemalige weit herausgeht." (JONAS 1979, 8f.).

JONAS fordert aus diesem Grunde eine Ethik der Verantwortung, die in die Zukunft hineinreicht und mögliche Folgen von Handlungen in der Gegenwart in die Beurteilung dieser Handlung hineinnimmt, erweitert damit in der Konsequenz auch den kategorischen Imperativ von KANT, der ja bekanntlich nur gegenwartsbezogen formuliert ist, um eine Zeitdimension.

"Handle so, daß die Wirkungen deiner Handlungen verträglich sind mit der Permanenz echten menschlichen Lebens auf Erden." (JONAS 1979, 36).

Auch BECK kommt aus seiner Analyse der "Risikogesellschaft" (1986) und angesichts des Atomunfalls von Tschernobyl, der die "unmittelbare Nachbarschaft" eines weit entfernten Atomreaktors schlagartig bewußt gemacht habe, zu anthropologischen Reflexionen:

"Doch leben alle auch in dem anthropologischen Schock einer in der Bedrohung erfahrenen "Natur"abhängigkeit der zivilisatorischen Lebensformen, die all unsere Begriffe von "Mündigkeit" und "eigenem Leben", von Nationalität, Raum und Zeit aufgehoben hat." (BECK 1986, 8).

Nach der Illusion des *homo faber* fordert BECK nun "Selbstbegrenzung" in der Selbstwahrnehmung des Menschen ein und den Mut, auch die eigene "Imperfektion" einzugestehen (BECK 1992, 200).

All diese Gegenwartsanalysen - seien sie aus philosophischen, soziologischen oder psychologischen Theoriezusammenhängen heraus entwickelt - kulminieren in der Frage nach der Lernfähigkeit des Menschen, nach dem Wissen, das wir über uns und unsere Handlungen im Verhältnis zu unseren ökologischen und sozialen Lebensbedingungen haben können. Damit ist jedoch eine der Grundfragen der Pädagogik nach der Menschwerdung des Menschen im Zeichen weltweiter ökologischer Krisen neu gestellt, ohne daß bereits vollständige Antworten vorlägen. Erziehungswissenschaftliche Reflexionen können folglich auch einer Rezeption ökologischer Ansätze in den Sozialwissenschaften, die bereits auf eine längere Tradtion zurückschauen, nicht entrinnen. SCHULZE (1983a) hat diese Entwicklung eines ökologischen Ansatzes in der Erziehungswissenschaft auf dem Hintergrund der facettenreichen Theorielandschaft der Ökologie zusammengefaßt und in ihrer Begrenztheit für pädagogische Theoriebildung kritisch gewürdigt. Ökologisch-pädagogische Forschung ist seinerzeit noch weitgehend als allenfalls in Umrissen sichtbares, keinesfalls jedoch umfassend realisiertes Programm angesehen worden (SCHULZE 1983a, 276). In der "Kultivierung von Lernumwelten" (a.a.O., 278) sieht jedoch auch SCHULZE schon eine vielversprechende erziehungswissenschaftliche Thematisierung der Ökologie. BÖNSCH (1986, 66f.) führt zur Konkretisierung seiner "Lernökologie" den Terminus der "Spiel- und Lernsituation" ein und zeigt damit die ökologische Relevanz der Situationstheorie im Felde der Erziehungswissenschaften auf. Bei OSTHOFF (1986) steht schließlich der kritsch-rekonstruktive Rückblick auf erziehungswissenschaftliche Reflexionen zur pädagogischen Situation im Zentrum seines Entwurfes einer ökologischen Pädagogik, die auch den Anknüpfungspunkt zu phänomenologischen Ansätzen (PETERSEN, LANGEVELD) herstellt. Die umfassendste erziehungswissenschaftliche Auseinandersetzung mit ökologischer Theoriebildung erfolgt jedoch in den achtziger Jahren im Werk von KLEBER (1980, 1985, 1987, 1990, 1992, 1993), der ausgehend von einer situationstheoretischen Grundlegung der Lernbehindertenpädagogik v.a. BRONFENBRENNERs Schachtelstruktur von Mensch-Umwelt-Beziehungen in sein Konzept integriert und bis hinein in didaktisch-methodische und pädagogisch-diagnostische Entscheidungs- und Handlungsprozesse verfolgt. Dieser Ansatz eignet sich deshalb an dieser Stelle in besonderer Weise als exemplarischer Ausgangspunkt einer Analyse ökophänomenologischen Denkens in der Erziehungswissenschaft. Es wird wiederum aus diesem grundlegenden Text die spezifische Rezeption des Situationsbegriffes herausgeschält, um darauf aufbauend den Komplex von Behinderung, Spiel und Integration unter ökophänomenologischer Perspektive zu eruieren.

3.3.1 Ökologische Pädagogik

Kennzeichnend für KLEBERs Arbeiten zu einem ökophänomenologischen Ansatz in der Erziehungswissenschaft ist von Beginn an das Bemühen um eine möglichst komplexe Theorieperspektive, die insbesondere individuumzentrierte Betrachtungsweisen in der Heilpädagogik (etwa die anthropologischen Grundlegungsversuche von BLEIDICK) überwinden will. Der Weg KLEBERs in die Ökologie beginnt mit einer "situationsthematischen Begründung" der Lernbehindertenpädagogik. Dabei liegt ein umfassender Situationsbegriff zugrunde, der weder die intrapersonalen Bedingungen noch die extrapersonalen ausklammert. Insofern vermeidet KLEBER *a priori* soziologische und existenzphilosophische Verkürzungen des Situationsbegriffes, die jeweils spezifische Bedingungskomplexe hervorheben.

""Situation" ist ... das Gesamt an Bindungen, aus denen heraus und unter denen Menschen handeln können, zum Handeln angeregt, veranlaßt oder auch genötigt werden." (KLEBER 1980, 178).

Sowohl der existenzphilosophische als auch der interaktionistische Situationsbegriff stehen bei KLEBER damit zur Disposition. Ihr Einfluß wird zwar nicht geleugnet, doch die Intention zur Überschreitung dieser Theorieebenen im Hinblick auf ein Wechselwirkungsmodell zwischen Individuum und Umwelt ist klar angegeben. Der Situationsbegriff am Ausgangspunkt der Entwicklung eines ökologischen Konzeptes für die Erziehungswissenschaft bei KLEBER enthält bereits personale, interaktionale und handlungsbezogene Elemente. Der Wechselwirkungszusammenhang zwischen Individuum und Umwelt macht nach KLEBER ein Situationsverständnis erforderlich, das Innen- und Außenperspektive bei der Betrachtung von Situationen miteinander verknüpft. Die Situation wird deshalb

"... auf der einen Seite "generell" von außen und auf der anderen Seite als immer und jeweils davon abgehoben als "individuelle Situation" spezifisch von außen und innen betrachtet." (KLEBER 1980, 179).

Mit dem Situationsbegriff möchte KLEBER also die "Trennung von Innen und Außen" (ebd.) aufheben, um Situationen verstehbar und veränderbar zu halten. Darin muß auch der pädagogische Aspekt dieses Situationsansatzes gesehen werden. KLEBER ändert im Gefolge dieses Situationsbegriffes die gängige lerntheoretische Betrachtungsweise, die sich in der Beschreibung der individuellen Verhaltensänderung als beobachtbarem Ausdruck von Lernprozessen im Zentralnervensystem des Menschen erschöpft. Demgegenüber wird ein situativer Kontext (a.a.O., 39f.) postuliert, in dem Lernen stattfindet und in dem es folglich auch aus erziehungswissenschaftlicher Perspektive zu betrachten ist.

"Die Lernsituation ist das Bedingungsgesamt, das Lernen ermöglicht, veranlaßt und herbeiführt. Dieses Bedingungsgesamt sind viele Bedingungselemente in ihrem jeweiligen Zusammenwirken, ..." (A.a.O., 179).

Damit wäre das Individuum als Beobachtungseinheit der Lernforschung schon eine Abstraktion von den konkreten Lernbedingungen, die zu einer beträchtlichen Reduzierung der Situationselemente führt. Lerneffekte müßten folglich auch als Effekte der Situation angesehen werden, individuelle Lernfortschritte wären als eingebettet in ihren extrapersonalen und intrapersonalen Bedingungszusammenhang zu interpretieren, deshalb auch von dieser situativen Seite her anzuregen, zu unterstützen und zu korrigieren.[16] Kritisch anzumerken ist an dieser Stelle, daß der pädagogische Charakter des Situationsbegriffs mit dem Hinweis auf das Bedingungsgesamt noch keineswegs herausgestellt ist. Das Bedingungsgesamt gilt ja auch als Merkmal für Situationen insgesamt. Pädagogischen Charakter erhalten Lernsituationen nach KLEBER dann, wenn intentionale Einflüsse auf die Gestaltung des Kontextes auszumachen sind, die sich in speziell hergestellten Kontexten wie Unterricht und in aufgesuchten Kontexten wie außerschulischen Lernorten manifestiert. Davon zu unterscheiden sind nach KLEBER die nicht-intentionalen oder incidentellen Lernprozesse in Lebenssituationen, die keine intentionale Struktur aufweisen. Lerneffekte stellen sich hier nebenbei ein (a.a.O., 39). Dieses "Nebenbeilernen" (ebd.) muß sicher in die Nähe von Sozialisationsprozessen gestellt werden. Bezogen auf schulisches Lernen konstruiert KLEBER schließlich ein Modell von Lehr-Lernsituationen.

"Der Schüler agiert, verhält sich und lernt immer in einer komplexen Situation. Eingebettet und abhängig vom jeweiligen gesellschaftlichen Hintergrund ist jede Lernsituation eine allgemeine, die aber im Erleben und Lernen des einzelnen Schülers zu einer individuellen (subjektiven) Lernsituation gebrochen wird." (A.a.O., 57).

Nach dem variierenden Niveau der Einflußmöglichkeiten in das Bedingungsgeflecht dieser Lehr-Lern-Situation werden davon innerschulische, außerschulische und personale Lernbedingungen (ebd.) unterschieden und für eine umfassende Analyse schulischer Erziehungswirklichkeit unter situationstheoretischem Aspekt herangezogen. Mit dem Modell der individuellen Lehr-Lern-Situation liegt ein zentraler Bezugspunkt der später sich abzeichnenden ökologischen Pädagogik im Sinne KLEBERs vor.

Der weitere Ausbau dieser terminologischen Ausgangslage bei KLEBER zu einer "Lernbehindertenpädagogik" soll hier zunächst nicht weiter verfolgt werden. Im Laufe der achtziger Jahre hat KLEBER aufbauend auf diesem Situationsbegriff das Konzept einer ökologischen Erziehungswissenschaft entfaltet. Dabei wird die situationstheoretische Grundlage einerseits verbreitert und andererseits um weitere Theorieelemente aus Systemtheorie und Aneignungstheorie ergänzt. Eine erste umfassende Begründung "ökologischer Erziehungswissenschaft" und

---

[16] Einen interessanten Aspekt trägt DONALDSON (1982, 34f. u. 64) unter situativer Perspektive zur kognitionsorientierten Lernforschung auf der Basis von PIAGETs Theorie der Intelligenzentwicklung bei. Als ehemalige Mitarbeiterin von PIAGET berichtet sie über situative Variationen zur Untersuchung von Egozentrismus-Phänomenen und stellt fest, daß Kinder sich auch im Alter von 2-6 Jahren in Abhängigkeit von der jeweiligen Situation sozial höchst sensibel zeigten, durchaus den Standpunkt des anderen übernehmen konnten und keineswegs durchgängig egozentrisch bei der Lösung der kognitiven Probleme vorgingen.

"ökologischer Pädagogik" wird in einem Beitrag von 1985 zusammengefaßt. Nach dem expliziten Bezug auf ökologische Konzepte bei LEWIN, BARKER/WRIGHT und BRUNSWIK (vgl. KLEBER 1985, 1168ff.) sowie erziehungswissenschaftliche Thematisierungen des Situationsbegriffes bei PETERSEN und MOLLENHAUER (a.a.O., 1171) stellt KLEBER besonders die Bedeutung von BRONFENBRENNER (1989) für das ökologische Denken in der sozialwissenschaftlichen Gegenwartsdiskussion heraus. Neben der "ökologischen Validität" (a.a.O., 1177) und dem "aktionstheoretischen Postulat" (ebd.) stehen dabei v.a. "geschachtelte Handlungssysteme" zur Diskussion. BRONFENBRENNER unterscheidet ausgehend von der dyadischen Beziehung zwischen zwei Menschen verschiedene Ebenen und ineinander verschachtelte Komplexitätsstufen von Umwelt: Mikrosystem, Exosystem, Mesosystem und Makrosystem (BRONFENBRENNER 1989, 23). Aber auch an dieser Stelle nimmt KLEBER einen originalen Zugriff auf BRONFENBRENNERs Umweltmodell. KLEBER betont nach Darstellung der vielschichtigen Verknüpfungen der verschieden Systemebenen BRONFENBRENNERs Theorieherkunft aus der Phänomenologie und die phänomenologische Ebene in dieser Schachtelstruktur, ein häufig vernachlässigtes Element beim sog. "ökosystemischen" Element in BRONFENBRENNERs Modell:

"Handeln, Lernen erfolgt nicht aufgrund einer von außen definierten objektiven Situation (z.B. Unterricht), sondern aufgrund der erlebnis -bzw. bewußtseinsmäßig abgebildeten Situation der erlebten individuellen Lebens- und Lern-Situation. Dies bezeichnet BRONFENBRENNER als die zentrale Bedeutung der "phänomenologischen Ebene"." (A.a.O., 1180).

Durch den Rückbezug auf den Lebenswelt-Begriff im Anschluß an HUSSERL und SCHÜTZ sowie den Begriff der "Alltagswelt" in der phänomenologischen Pädagogik bei LOCH und THIERSCH (ebd.) entsteht an diesem Punkt eine Erweiterung der situationstheoretischen Grundlage um die subjektiven und erlebnisorientierten Dimensionen des Situationsgeschehens. Mit dieser phänomenologisch fundierten Öffnung der Theorieperspektive vermag KLEBER einen "ökologischen Situationsbegriff" einzuführen.

"Die Wirklichkeit, "ökologische Situation", ergibt sich aus der Bündelung der je subjektiven Perspektiven der beteiligten Personen und Regeln, Normen und Werte, auf die sich Gruppen geeinigt haben." (KLEBER 1985, 1181).

Offen bleit in dieser ökologischen Erweiterung noch, wie über diese subjektive und intersubjektive Ebene von Situationen eine Strukturierung der Lebens- und

Lernsituation unter systemtheoretischer Perspektive erfolgen kann. System und Situation stehen in der ökologischen Konzeption von KLEBER nebeneinander oder werden unter spezifischem Aspekt gleichgesetzt. Systeme gelten ebenso wie Situationen als "Gundmuster zur Abbildung der Komplexität innerhalb des ökologischen Ansatzes" (a.a.O., 1183), sind allerdings ebenso mit dem Merkmal der Offenheit befrachtet, da nicht alle Systemkomponenten auch vollständig determiniert sind und somit von außen gesteuert sind.

"Die individuelle Lern- und Lebenssituation stellt einen solchen Systemtyp dar. Ein offenes, teils unbestimmtes System kann nur durch Innensteuerung, durch gemeinsames Handeln aller beteiligten Personen optimiert werden." (Ebd.).

Dieser systemtheoretisch-phänomenologische Zugang (a.a.O., 1184) wirft sicher eine Reihe wissenschaftstheoretischer Fragen auf, wie etwa: Welche Situationskomponenten werden von offenen Systemen repräsentiert? Was heißt Optimierung von Systemfunktionen in situationstheoretischer Perspektive? Warum sollen Systemfunktionen optimiert werden? Zugleich ist mit diesen doch höchst differenten wissenschaftstheoretischen Konzepten ein Grundproblem ökologischer Erziehungswissenschaft angesprochen. Es ist zu bezweifeln, ob diese Theoriestränge innerhalb eines ökologischen Ansatzes tatsächlich harmonisiert werden können. Eine mögliche Lösung liegt bei HABERMAS vor, der Situationen als Segmente der Lebenswelt konzipiert und neben dem Systemansatz zur Analyse gesellschaftlicher Strukturen heranzieht.

In den weiteren Überlegungen bezieht KLEBER (1987) den Systembegriff von BRONFENBRENNER auf PARSONS zurück (a.a.O., 134). Gleichzeitig erfährt die situationstheoretische Grundlage eine erneute Ausweitung mit Blick auf einen interaktionistischen Situationsbegriff im Anschluß an THOMAS (a.a.O., 136), dessen Hinweis auf die Wirkung von intersubjektiven Situationsdefinitionen in Relation zum BRONFENBRENNERschen Erfahrungsbegriff gesetzt wird. Auch die verschiedenen Ebenen sozialer Situation bei THOMAS finden sich in der weiteren Ausprägung der Lernsituation.

"Die reale Situation (z.B. Lernsituation) einer Person konstituiert sich aus der objektiven Umwelt, weiteren meßbaren oder zählbaren Daten und den Realitätssichtweisen aus den Positionen von I, P und Z." (KLEBER 1987, 137).[17]

---

[17]   I = Individuum, P = Partner, Z = Zuschauer

Die Ausdifferenzierung dieser "Realitätssichtweisen" enthält wieder eine phänomenologische Bedeutung, wenn bezüglich der an den Handlungssystemen schulischen Lernens beteiligten Partnern die jeweilige Erlebnisweise unterschieden wird. Lehrer, Eltern und Mitschüler als Partner des Lernenden bringen in dieser Sichtweise je spezifische Betrachtungsweisen in die Lernsituation mit ein, die wiederum durchaus Effekte auf das Lernergebnis haben können. Die von diesen Partnern erlebte Situation wäre von daher auch im Rahmen einer unterrichtsbezogenen Lernforschung zu berücksichtigen, um die Abkehr von der Individuumzentrierung auch forschungsmethodisch zu realisieren. Diese methodologischen Konsequenzen werden schließlich ebenso für die Integrationsforschung reklamiert, wenn KLEBER das Phänomen des "integriert-seins" als nur "aus der erlebten Situation vom Individuum und seinen jeweiligen Partnern" (KLEBER 1990, 177) heraus definierbar bezeichnet. Positivistische Forschungsansätze, die sich auf sinnlich wahrnehmbare Einheiten von Verhaltenssequenzen beschränken, wären in der ökologischen Perspektive nicht in der Lage, integrative Prozesse zwischen Kindern mit und ohne Behinderungen abzubilden. Dazu bedarf es offensichtlich Verfahren, die die Perspektiven der an der Situation und den Handlungssystemen Beteiligten, sowie vorrangig die Partnerperspektiven aufspüren können. Ökologisch orientierte Integrationsforschung müßte sich nach KLEBER sehr eng am interpretativen Paradigma ausrichten. Auch im Hinblick auf pädagogisch-diagnostische Problemstellungen hält KLEBER an seiner Verbindung von individueller Lebens- und Lernsituation und Handlungssystemen fest, wobei die Situation als Gegenstand der Diagnostik eine endgültige Abkehr von defizit-, selektions- und individuumzentrierten Diagnostikmodellen zeigt.

"Das Ergebnis der Diagnose ist weder ein "schulschwacher" noch ein "verhaltensgestörter" Schüler, sondern die näher bestimmte "ungünstige, individuelle Lernsituation" bzw. "Störungen in den Handlungssystemen"." (KLEBER 1992, 21).

Im Hinblick auf eine didaktisch-methodische Umsetzung ökologischer Pädagogik führt KLEBER die Analyse zur Forderung nach einer Gestaltung von Lernumwelten als wesentlicher Tätigkeit der LehrerInnen an:

"..., so wird ergänzend zur Wissenschaft vom Lehren, der Didaktik, eine Wissenschaft vom Lernen bzw. der Gestaltung von Lernumwelten zum selbstbestimmten Lernen, eine Mathetik, gefordert (...). Unter Mathetik wird das Bereitstellen von vorbereiteten didaktischen Materialien im weitesten Sinne verstanden. Solche didaktischen "Materialien" sind: vielfältige Erfahrungssituationen unter Einbeziehung der konkreten individuellen Lebenssituation, ... (A.a.O., 35).

Auch an dieser Stelle bleibt noch offen, in welcher Weise die so gestaltete Lernsituation tatsächlich im Rahmen ihres ökologischen Charakters zur pädagogischen Situation wird. Ebenso bleibt die Frage nach einem ökologischen Charakter des Lernens selbst noch unbeantwortet. Das Konzept des innovativen Lernens nach BOTKIN u.a. (1979) wirkt sich im Felde ökologischer Pädagogik nur am Rande aus. Wie Lernsituationen gestaltet sein müssen, damit sie etwa partizipatorisches und antizipatorisches Lernen ermöglichen und SchülerInnen zu Autonomie und Integration im Sinne BOTKINs gelangen können, muß zukünftigen Entwürfen ökologischer Lern- und Unterrichtstheorien vorbehalten bleiben. Dabei scheint es v.a. notwendig zu sein, unterschiedliche Rezeptionsansätze ökologischen Denkens (exemplarisch abzulesen am Konzept von BRONFENBRENNER) stärker in ihrer wissenschaftshtheoretischen Stringenz zu überprüfen. Dies führt notwendig zu einer stärkeren Ausdifferenzierung ökologischer Konzeptionen. Im folgenden wird aufbauend auf KLEBER zwischen ökosystemischer und ökophänomenologischer Perspektive innerhalb einer ökologischen Erziehungswissenschaft unterschieden. In ökosystemischen Ansätzen stehen eher systemtheoretische Betrachtungsweisen im Vordergrund, die aber über BRONFENBRENNER hinaus auch die neuere Systemtheorie (LUHMANN, BATESON, MATURANA/VARELA) aufnehmen. In ökophänomenologischer Sichtweise geht es demgegenüber eher um situationstheoretische Betrachtungsweisen, die das phänomenologische Element im Modell von BRONFENBRENNER favorisieren und auf die phänomenologischen Quellen in seinem Modell rekurrieren. Ein Grund für diese Problematik ökologischer Erziehungstheorie, die im Werk KLEBERs erstmalig zutage tritt, ist in der Reichweite der Situationskonzeption zu suchen. Aufbauend auf den situationsbezogenen Analysen in Kap. 3.1.2 und 3.2.2 soll nun ein ökologischer Situationsbegriff vorgestellt werden, der über die personalen und sozialen Aspekte von Situationen tatsächlich hinausweist und diese zugleich umfaßt.

3.3.2 Erziehungssituationen als ökologische Situationen

KLEBER spiegelt in seinem ökophänomenologischen Ansatz für die Erziehungswissenschaft die wissenschaftstheoretische Problematik des Modells von BRONFENBRENNER. Die "Ökologie der menschlichen Entwicklung" (1989), zweifellos das für die ökologische Diskussion in den Sozialwissenschaften einflußreichste Werk, enthält eine ganze Reihe theoretischer Bezüge, unter denen die Systemtheorie nach PARSONS, phänomenologische Einflüsse von LEWIN, das "behavior-setting"-Modell von BARKER/WRIGHT und die aneignungstheoretische Psychologie nach LEONTJEW zu nennen sind.[18] BRONFENBRENNER baut aber ebenso auf situationstheoretischen Überlegungen auf. Im Zusammenhang mit der Darstellung der Mikrosystem-Ebene seines Modells nimmt er ausführlich zur phänomenologischen Betrachtungsweise Stellung und zieht gleichzeitig die Verbindungslinien zum Situationsbegriff von THOMAS (BRONFENBRENNER 1989, 39 u. 128). Im Rahmen der Mikrosystemebene wird dieses phänomenologische Element in grundlegender Weise verankert.

"Ein Mikrosystem ist ein Muster von Tätigkeiten und Aktivitäten, Rollen und zwischenmenschlichen Beziehungen, die die in Entwicklung begriffene Person in einem gegebenen Lebensbereich (setting - U.H.) mit den ihm eingentümlichen physischen und materiellen Merkmalen erlebt." (BRONFENBRENNER 1989, 38).

Von den objektiven Merkmalen des Mikrosystems müsse insbesondere die subjektive Erlebnisweise dieser Umweltebene abgehoben werden. Psychische Entwicklung sei weniger auf materielle Bedingungen allein zurückzuführen, sondern vielmehr abhängig "von jenen Aspekten einer gegebenen Situation ..., die für die Person Bedeutung haben." (a.a.O., 39). Erst in der subjektiven Wahrnehmung würden äußere Einflüsse aufgrund objektiver Gegebenheiten eines Mikrosystems wirksam im Sinne von Verhaltensänderungen. Diese persönliche und zugleich intersubjektiv konstituierte Sicht des Mikrosystems decke sich nach BRONFENBRENNER (ebd.) mit der Situationsdefinition bei THOMAS. Aber auch der Rückbezug auf LEWIN und dessen "topologische Psychologie" (ebd.) führt BRONFENBRENNER zu einem phänomenologischen Ergebnis:

"Die phänomenale Umwelt steuert das Verhalten weit wirksamer als die reale; es ist unmöglich, dieses Verhalten aufgrund objektiver Umwelteigenschaften allein zu verstehen, ohne ihre Bedeutung für die Menschen in der Situation, im Lebensbereich (setting - U.H.) in Betracht zu ziehen." (A..O., 40).[19]

Der Situationsbegriff zieht sich im weiteren durch die gesamte Analyse der verschiedenen Umweltebenen und liegt insbesondere den methodologischen Überlegungen zur Analyse der Lebensbereiche und der Kritik an der labororientierten

---

[18] Auf die beträchtliche eklektizistische Problematik dieses Theoriespektrums soll hier nur am Rande aufmerksam gemacht werden. Es ist fraglich, inwieweit die unterschiedlichen Theorieperspektiven sich tatsächlich in einem Ökologie-Begriff auflösen lassen. Eine Betrachtung der Horizonte dieser Theorieherkünfte erfolgte in einem separaten Exkurs in diesem Kapitel.
[19] Mit "setting" sind im Anschluß an BARKER/WRIGHT (1949), die noch unmittelbare Schüler von LEWIN waren, räumlich-materielle Elemente menschlicher Umwelt und das darin beobachtbare Verhalten gemeint. Die objektivierende Betrachtungsweise wird bei BRONFENBRENNER um subjektive Elemente erweitert.

Forschung zugrunde. BRONFENBRENNER (a.a.O., 120f.) betont den Unbekanntheitsgrad von "Laborsituationen"(a..a.O., 117) und konfrontiert sie mit der Komplexität natürlicher Situationen (a.a.O., 126) unter erneutem Bezug auf die methodologische Relevanz der Situationstheorie von THOMAS (ebd.). Im Rahmen des durch BRONFENBRENNER eingeführten methodologischen Standards der "ökologische(n) Validität" (a.a.O., 46ff.) wird ebenso auf die Relevanz einer "phänomenologische(n) Validität" (a.a.O., 50) hingewiesen, die in der "Übereinstimmung der Ansichten von Versuchsperson und Untersucher über die Situation" (ebd.) besteht. Eine Erweiterung des Situationsbegriffes im Hinblick auf ökologische Perspektiven - wie bei KLEBER postuliert - steht bei BRONFENBRENNER abgesehen von der systemtheoretischen Perspektive noch aus. Es muß also festgehalten werden, daß die Schachtelstruktur menschlicher Umwelt nach BRONFENBRENNER als Modellvorstellung erreicht wird durch ein "systemtheoretisches Modell der unmittelbaren Situation" (a.a.O., 21), eine Betrachtung der direkt gegebenen Situation von Menschen unter systemtheoretischer Perspektive, im Hinblick auf "funktionale Systeme (...) in und zwischen Lebensbereichen (settings - U.H.)" (a.a.O., 23) und nicht nur mit Blick auf das "Verhalten der Individuen" (ebd.). BRONFENBRENNER postuliert demgemäß eine "theoretische Vorstellung der Umwelt" (ebd.), in der Systeme, Situationen und settings in enger Verknüpfung als Dimensionen dieser Umwelt gesehen werden. Die systemtheoretische Strukturierung menschlicher Umwelten in Mikro-, Meso-, Exo- und Makrosystem differenziert demnach nur ein Umweltsegment aus, ohne daß die situativen und settingbezogenen Bestandteile ausgeblendet wären. Grundlegend ist ihm aber die Systemeinteilung, die auch den Gang der weiteren Analyse menschlicher Umwelt und Entwicklung strukturiert. Wir müssen von daher konstatieren, daß bei BRONFENBRENNER die phänomenologische Perspektive und wissenschaftstheoretische Grundlage zwar als unabdingbar angesehen, aber von der Systemtheorie funktionalistischer Prägung ebenso überlagert wird wie das "behavior-setting-Modell" von BARKER/WRIGHT. BRONFENBRENNER unternimmt also den Versuch, die systemtheoretisch gewonnene Umweltschachtelstruktur situationsbezogen und setting-orientiert auszuformulieren. Zum Problem gerät in dieser methodologischen Strategie die gesellschaftskritische Komponente, die zwar dem Autoren als sozialpolitisch engagiertem Sozialwissenschaftler keineswegs abgesprochen werden kann, die aber theoretisch nur schwerlich herzuleiten ist. Die Systemebenen in BRONFENBRENNERs Umweltmodell erstarren in einer Deskription ihrer funktionalen Zusammenhänge. Erst bei der Analyse des Makrosystems klingen sozialstrukturelle Differenzierungen an, scheinen unterschiedlich verteilte Machtverhältnisse auf, zu denen ein

Zugang möglich sein muß, wenn das "entwicklungsfördernde Potential eines Lebensbereichs" (a.a.O., 240) genutzt werden soll. Wie in der Diskussion mit LEONTJEW BRONFENBRENNER selbst zitiert, geht eine derart orientierte Entwicklungspsychologie und Sozialisationsforschung von einer Erklärung des Status quo aus und beschreibt lediglich den funktionalen Zusammenhang sozialer Prozesse einschließlich der sich herausbildenden Machtstrukturen. BRONFENBRENNERs Modell erweitert in diesem Zusammenhang die Komplexität der Perspektive um verschiedene Umweltsystemebenen, ohne allerdings den funktionalen Zusammenhang der Systemelemente prinzipiell in Frage zu stellen. Der funktionalistische Systemansatz bildet also den theoretischen Bezugsrahmen für BRONFENBRENNERs Umweltmodell, während situations- und settingorientierte Aussagen dieser Grundlage eher appliziert werden, ohne daß deren anthropologische, interaktionistische und sozialstrukturelle Prämissen mit der Systemtheorie im Anschluß an PARSONS (1964) zur Deckung gebracht worden wären.

Durch diesen Befund kann auch die Problematik einer pädagogischen Rezeption des Ökologie-Modells von BRONFENBRENNER, die uns bei KLEBER begegnet, erhellt werden. Zweifellos beweist KLEBER mit seiner Adaption ökologischer Theorie für die Erziehungswissenschaft den Erklärungswert des Modells von BRONFENBRENNER im Felde der Erziehung, besonders im Hinblick auf die Repräsentation der Komplexität der ökologischen Strukturen des Erziehungshandelns. Eine auf die Beschreibung funktionaler Zusammenhänge innerhalb und zwischen verschiedenen Umweltsystemebenen ausgerichtete Entwicklungspsychologie resp. Sozialisationsforschung fördert jedoch noch keine ökologische Pädagogik zutage. Das *missing link* dieser ökologischen Theoriebildung ist in den von THIERSCH (1983) in Erinnerung gerufenen und von BERNFELD (1967) geprägten Fragen nach den Möglichkeiten und Grenzen erzieherischen Handelns zu suchen. Auch eine ökologische Erziehungstheorie hat anzugeben, wie sie aus der systemtheoretischen Betrachtungsweise funktionaler Zusammenhänge heraus zu teleologischen Aussagen gelangt und noch in der Funktionalität des Systems die utopische Dimension pägogischer Prozesse aufzuklären. Erst in der Angabe systemischer Bedingungen, innerhalb derer Selbstbestimmung konstituiert werden kann und in der kritischen Analyse der Systemebenen im Hinblick auf die Möglichkeiten zur Identitätspräsentation wäre eine pädagogische Relevanz der Umweltschachtelstruktur nach BRONFENBRENNER zu gewinnen. Andernfalls bliebe die systemtheoretische Betrachtungsweise - um mit LANGEVELD zu sprechen - "situationslos", also ein nicht auf Entscheidung, Bewertung und intentionales Handeln angelegter sozialer Zusammenhang. Es ist überaus fraglich, ob die phänomenologische Perspektive, an die BRONFENBRENNER anknüpfen will, diese verkürzte Sichtweise ebenfalls stützt. Eine organische Verbindung systemtheoretischer und phänomenologischer Theoriestränge wird bei BRONFENBRENNER nicht hergestellt, so daß die explizit genannten Theorieherkünfte in seinem Ökologie-Modell noch nebeneinander stehen bleiben. Es ist unbestreitbar BRONFENBRENNERs Verdienst, den Sozialwissenschaften einen ökologischen Horizont geöffnet zu haben. Die systemtheoretisch-phänomenologische Problematik, die bei KLEBER auftritt und im Werk von BRONFENBRENNER ihren Ausgangspunkt hat, erscheint jedoch nach wie vor nicht gelöst.

Die Ursache für dieses unbewältigte Problem ökologischer Theoriebildung, das im Grunde die Frage nach dem wissenschaftstheoretischen Standort impliziert, wird im weiteren in der situationstheoretischen Thematisierung gesucht. BRONFENBRENNER bezieht sich zwar durchgängig auf die zentralen Aussagen von THOMAS. Aber er entwickelt den Situationsbegriff des symbolischen Interaktionismus (s. Kap. 3.2.2) damit keineswegs weiter. Ein "ökologischer Situationsbegriff" liegt demnach bei BRONFENBRENNER noch nicht vor. Erst KLEBER erkennt diese Aufgabe einer ökologischen Erziehungstheorie aus dem Rückbezug auf phänomenologische Ansätze, bleibt aber ebenfalls bei der Situationsdefinition von THOMAS (KLEBER 1992, 22 u. 29) stehen und läßt so eine detaillierte Ausarbeitung noch offen. Der Hinweis auf die Definition von SCHULZE (1983b, 276), der Situation als "zeitlich begrenzte Einheit von Umwelt, Person und Handlung (...) oder als ein psychologisches Feld zu einer gegebenen Zeit (...)" bezeichnet, bleibt ebenfalls noch in der eher formalen Abgrenzung verhaftet und stellt nur eine Verbindung zum Feldbegriff bei LEWIN (1963) her. SCHULZE nimmt damit das Situationskonzept in seine Darstellung des Ökologie-Themas auf und betont die konkretisierende Relevanz von Situationen in bezug auf die Erfassung von menschlichen Handlungen im ökologischen Kontext. In der "herausfordernden, definierbaren und zu bewältigenden" Aufgabenstellung, die eine Situation bietet, sieht SCHULZE (1983b, 276) darüber hinaus deren pädagogische Bedeutsamkeit, obwohl auch er bestätigt, daß die Transformation von Situationen in Lernsituationen und deren spezifische Struktur im Detail bisher kaum erforscht wird (SCHULZE 1983a, 540). Doch die Generierung eines ökologischen Situationsbegriffes und seine erziehungswissenschaftliche Relevanz ist bis zu diesem Punkt allenfalls als Programm oder Problemstellung skizziert. Weiterführende Hinweise ergeben sich bei SCHULZE erst unter Bezugnahme auf das Verhältnis von Situations- und Systembegriff.

"Insbesondere system- und spieltheoretische Konzeptualisierungen, in denen Situationen als "System besonderer Art" von kurzer zeitlicher Dauer (...) als "situierte Aktivitätssysteme" und Quasi-Spiele (...), als "behavior settings" (...) oder "activity settings" (...) aufgefaßt und analysiert werden, scheinen für konkrete Untersuchungen nützlich zu sein." (SCHULZE 1983a, 539).

Offensichtlich besteht das zentrale Problem darin, die verschiedenen Kategorien zur näheren Bestimmung des Umweltbegriffes innerhalb ökologischer Theoriebildung gegeneinander abzugrenzen resp. ineinander aufzulösen. Unterschiede zwischen verschiedenen ökologischen Denktraditionen ließen sich dann aus der jeweils vorherrschenden Gewichtung zwischen System, Situation, setting und Lebenswelt als möglichen Umweltkonzepten ableiten. Um in diesem terminologischen Feld den weiter unten abzuleitenden ökologischen Situationsbegriff adäquat zu verorten, soll zunächst in einem Exkurs der Horizont der bisher vorliegenden Umweltkonzepte in der Begrenztheit ihres jeweiligen Zugriffs im Rahmen ökologischer Theoriebildung näher untersucht werden.

Exkurs: System und Situation - Horizonte ökologischer Erziehungstheorien

Abgesehen von der Herkunft des Begriffes Ökologie [zum griechischen "oikos" = Haus(haltung)] aus der Biologie haben besonders die Überlegungen LEWINs zu einer "psychologischen Ökologie" (1963, 98ff. u. 206ff.) ökologische Reflexionen auf dem Gebiete der Sozialwissenschaften maßgeblich beeinflußt. Sowohl BRONFENBRENNER (1989) als auch BARKER/WRIGHT (1949) gehen aus von der formelartigen Zusammenfassung der Feldtheorie LEWINs, der "das Verhalten (V) als eine Funktion der Person (P) und der Umwelt (U) darstellt: $V=F(P,U)$" (1963, 69). LEWIN wendet sich in seiner Feldtheorie gegen eine Darstellung psychologischer Phänomene mit Hilfe physikalischer Raumvorstellungen und fordert demgegenüber eine Betrachtungsweise, die die jeweilige Person nicht isoliert, sondern in ihrem jeweiligen "Lebensraum" beläßt, der als "psychologischer Raum" (ebd.) oder als psychologisches Feld bezeichnet wird. Die "Geometrie" dieses Raumes gilt es nach LEWIN zu finden, um menschliches Verhalten in seiner Feldgebundenheit zu erkennen. Ansatzpunkte für eine solche Geometrie des psychologischen Feldes sieht LEWIN in der Vorstellung eines hodologischen Raumes (a.a.O., 70), der als begrenzter und nach bestimmten Wegen strukturierter Raum vorgestellt wird. Die Verbindung zwischen Person und Umwelt in diesem Feld sieht LEWIN als Kraftlinien, die psychologische Kräfte in Form von Vektoren repräsentieren und so auch für mathematische Berechnungen offen sind. Diese bei LEWIN noch sehr ausgeprägte, quantifizierende Forschungsintention in bezug auf die Feldtheorie in der Psychologie ist in Ansätzen allenfalls noch bei BARKER (1968, 152f.) und SCHOGGEN (1978, 129ff.) vorhanden, die ebenfalls von Umweltkrafteinheiten (environmental force units, EFU) sprechen und damit die Wirkungen der personalen und materiellen Elemente eines "behavior-settings" auf eine Person meinen. Dem liegt offensichtlich der Vektor-Gedanke von LEWIN zugrunde. Der geometrische Ansatz im engeren Sinne ist jedoch nicht weiter verfolgt worden. Ohne die LEWINsche Feldtheorie auch nur annähernd umreißen zu können, ist doch dieser Ausgangspunkt ökologischer Theoriebildung in den Sozialwissenschaften von größter Bedeutung. Von LEWIN läßt sich auch neben dem soziologischen Situationsbegriff nach THOMAS ein psychologischer Situationsbegriff herleiten, der bis in die ökologische Psychologie der Gegenwart reicht und auch die ökophänomenologische Betrachtungsweise entscheidend prägt. In bezug auf die konkrete Bestimmung eines psychologischen Feldes wird der Situationsbegriff für LEWIN zentral. Bei der näheren Bestimmung eines bestimmten Feldes zu einer gegebenen Zeit führt LEWIN den Situationsbegriff in seine Überlegungen ein (a.a.O., 89f.) und konkretisiert seine Formel von der Umweltgebundenheit des menschlichen Verhaltens schließlich als situationsbezogene Formel, indem er das Verhalten zu einem gegebenem Zeitpunkt als Funktion der Situation zu diesem Zeitpunkt beschreibt und zur Grundeinheit psychologischer Forschung erhebt. Situationsanalyse in diesem Sinne wäre gerichtet auf die Relation der einzelnen Feldbestandteile und die beobachtbaren Veränderungen im Feld. Situationsanalyse ist nach LEWIN in der Regel nur zu einer bestimmten Zeit (resp. einer überschaubaren Zeitperiode) möglich. Vergangene oder zukünftige Ereignisse im Feld können nach LEWIN in ihrer Auswirkung auf gegenwärtiges Verhalten nur dann bestimmt werden, wenn "die Situationen geschlossene Systeme" (a.a.O., 91) darstellen. Aufgrund bekannter Funktionszusammenhänge und Gesetzmäßigkeiten sei dann die retrospektive und prospektive Bestimmung eines Verhaltens möglich. Feldtheorie sei jedoch insgesamt auf dem "Prinzip der Gleichzeitigkeit" (a.a.O., 90) aufgebaut und folglich auch immer auf eine konkrete Situation zu einem gegebenen Zeitpunkt gerichtet. In seiner Auseinandersetzung mit BRUNSWIK führt LEWIN seine Feldtheorie insofern weiter, als er die ""Grenzzone" des Lebensraums" (a.a.O., 99) näher zu bezeichnen sucht, da BRUNSWIK darauf hinweist, das auch außerhalb des Feldes liegende soziale und physikalische Faktoren das Feld beeinflussen können. Die Analyse dieser Randzone des psychologischen Feldes oder der Situation bezeichnet LEWIN letztlich als Aufgabe einer "psychologischen Ökologie" (a.a.O., 101). Schon bei LEWIN liegt also das Problem einer Bestimmung der Horizonte von Situation und System vor. Ausgehend von seinen feldtheoretischen Grundannahmen kommt dem Situationsbegriff bei LEWIN eine fundierende Bedeutung im Vergleich zum Systembegriff zu. Geschlossene Systeme werden als Spezialfall des Situationsbegriffs angesehen.

Diese Auffassung erhält sich - mehr oder weniger explizit bis hinein in die gegenwärtige Systemtheorie - auch nach dem von LUHMANN beschriebenen Paradigmenwechsel. Situationen gelten durchweg als umfassendere und unspezifischere Einheit sozialwissenschaftlicher Analyse im Vergleich zu systemtheoretischen Thematisierungen. GOFFMAN (1973), der an verschiedenen Stellen seines Werkes eine Affinität zu ökologischen Problemstellungen erkennen läßt und in den Frühschriften mehrfach auf BARKER/WRIGHT verweist, operiert in seiner Interaktionstheorie ebenso mit einer Kombination von System- und Situationsbegriff. Er benennt die ihn vorrangig interessierenden, zentrierten Interaktionen als "ein festgelegtes (situiertes) Aktivitätssystem" (a.a.O., 8). Direkte Interaktion mit anderen zur Erfüllung einer Aufgabe können nach GOFFMAN zu solchen Aktivitätssystemen führen, in denen die ausgeführten Aktionen in einen Funktionskreislauf eintreten und wie von selbst, in sich geschlossen ablaufen. Bei häufiger Wiederholung solcher Aktivitätssysteme entstehen deutlich ausgeprägte Verhaltensmuster, sog. "situierte Rollen" (a.a.O., 108), eher schematisierte Verhaltensweisen, die fast unbewußt ablaufen. Im Unterschied zur traditionellen Rollentheorie begnügt sich GOFFMAN jedoch nicht mit dieser Ebene der Anpassung des Individuums an schematisierte soziale Prozesse. Gerade in bezug auf die "situierte Rolle" formuliert GOFFMAN seine These von der "Rollendistanz" (a.a.O., 160) als mitschwingendem Anteil der Rollenübernahme in situierten Aktivitätssystemen. Durch die Teilnahme an mehreren solcher Aktivitätssysteme sieht sich das Individuum mit vielschichtigen Rollenmustern konfrontiert, die den potentiellen Wechsel zwischen verschiedenen situierten Rollen erforderlich machen können. Über das situierte System hinausgehend verankert GOFFMAN auf diesem Hintergrund das Phänomen der Rollendistanz wieder in der sozialen Situation insgesamt (a.a.O., 160f.).

Auf diesen Systemansatz beruft sich auch LUHMANN (1972) in einer frühen Darstellung der Systemtheorie. Er unterscheidet im Anschluß an GOFFMAN zwischen System und Situation und gewährt der Situation ein "Eigenrecht" (a.a.O., 297), das auch Distanz zu "formalen Organisationen" (ebd.) ermögliche. Systeme seien für die soziologische Analyse erst in Situationen zu transformieren, bevor Situationen als "System besonderer Art" oder "Situationssysteme"(ebd.) untersucht werden könnten. Neben der Begrenzung des Horizontes auf einen Ausschnitt von sozialen Situationen wird dieser Ausschnitt in einem zweiten Schritt ausschließlich in einer "funktionalen Analyse" (a.a.O., 157f.) untersucht, die die Elemente eines Systems in ihrer systemerhaltenden Funktionalität (a.a.O., 19f.) betrachtet. Auch nach dem "Paradigmawechsel in der Systemtheorie" (LUHMANN 1991) hält LUHMANN an der funktionalen Analyse fest (a.a.O., 83f.). Es soll hier keineswegs eine Würdigung dieses systemtheoretischen Theoriefortschrittes von den geschlossenen über die offenen zu den selbstreferentiellen Systembildungen (a.a.O., 22f.) versucht werden.[20] Für den vorliegenden Zusammenhang ist dennoch von Interesse, daß auch auf der Basis der Theorie selbstreferentieller Systeme nicht

---

[20] Eine abschließende Zusammenschau dieses neuen systemtheoretischen Paradigmas bereitet offensichtlich noch Probleme, da inzwischen eine Differenzierung selbstreferentieller, selbsterhaltender und synreferentieller Systeme (HEIJL 1991) vorgenommen werden muß. Aber auch die biologischen Grundlagen der konstruktivistischen Erkenntnistheorie im Anschluß an MATURANA/VARELA (1987), die hier anklingen, bleiben durchaus nicht unwidersprochen. So arbeitet etwa FISCHER (1985) die Variabilität der neuronalen Grundlagen des menschlichen Erkennens heraus, die die Annahme von einer funktionalen Verknüpfung im menschlichen Nervensystem durch eine hermeneutisch-offene Konzeption der "Welt im Kopf" (a.a.O., 115ff.) ersetzt.

vom Situationsbegriff abgerückt wird. Situationen bleiben weiter Hintergründe für Systembildungen, bestimmte Situationsdefinitionen ermöglichen die Entstehung von Systemen (a.a.O., 167) von dem Moment an, in dem sich eine doppelte Kontingenz der Situationselemente ausprägt im Sinne einer wechselseitigen Rückbezüglichkeit von Verhaltensweisen oder Aktionen. Auch im Rahmen der neueren Systemtheorie stellen Systeme keineswegs universelle soziale Einheiten dar, sondern bleiben bezogen auf die soziale Situation als ihren sozialen Entstehungsgrund, den sie spezifizieren, von dem sie abstrahiert werden müssen. Systeme sind von daher auch nicht mehr notwendig auf Handeln ausgelegt, sondern nur noch abhängig von einem Beobachter, für den sie real sind, der die funktionalen Bezüge der Systemelemente herstellt und so komplexe soziale Wirklichkeit analytisch reduziert. Der Erklärungswert der modernen Systemtheorie gerade angesichts einer sich ausbreitenden Institutionalisierung und menschlichen Gestaltungstätigkeit kann an dieser Stelle unbestritten bleiben. Die Reichweite der Systemtheorie auch in ihren jüngsten Ausprägungen muß jedoch mit Skepsis betrachtet werden, solange das Konzept der sozialen Situation, das von THOMAS über GOFFMAN in den Ansatz von LUHMANN eindringt, weiter herangezogen wird, um die Grenzen sozialer Systeme näher zu bezeichnen.

Die Systemtheorie ist demnach weder in ihrer klassischen Ausprägung als zentrales Konzept funktionalistischer Soziologie bei PARSONS noch in der modernen Erweiterung nach LUHMANN in der Lage, den Situationsbegriff vollständig zu ersetzen und die systemische Betrachtungsweise in den Rang einer Universaltheorie zu stellen. Fundierend wirkt letztlich auch für die systemische Betrachtungsweise die Phänomenologie der Lebenswelt. Sie stellt von daher auch die Basis für einen ökologischen Situationsbegriff dar, der sicher auch Systemelemente aufweisen wird, mit dem sich jedoch durch einen ausschließlich systemtheoretischen Ansatz die unmittelbare Verknüpfung zwischen Mensch und Umwelt nicht hinreichend repräsentieren ließe und der aus diesem Grunde immer in der Gefahr schwebte, sich vom lebensweltlichen Fundament jeglicher wissenschaftlichen Erkenntnis - auch der systemtheoretisch orientierten - zu lösen und damit erneut folgenschwere Theorie-Praxis-Probleme heraufbeschwört, die sich speziell im Felde der Erziehungswissenschaft negativ auswirken würden. Demzufolge muß auch die Phänomenologie zur Fundierung eines ökologischen Situationsverständnisses herangezogen werden

Zur Ableitung dieses ökologischen Situationsbegriffes sind wir auf die jüngsten Ergebnisse der ökologischen Psychologie und dort besonders auf die Arbeiten von GRAUMANN/KRUSE angewiesen. In dieser Perspektive wird eine Annäherung von ökologischen und phänomenologischen Theoremen sichtbar, die auch personale und soziale Situationsansätze transzendiert. Im Unterschied zu ökosystemischen Entwürfen einer Ökopsychologie (MOGEL 1984, SCHMIDT-

DENTER 1984) entwickeln GRAUMANN/KRUSE einen ökophänomenologischen Ansatz der Ökopsychologie, für den ein ökologischer Situationsbegriff zentral ist. Schon BAAKE hatte in seiner Rezeption sozialökologischer Theoriebildung für die Jugendforschung auf die Notwendigkeit einer lebensweltlichen Fundierung aufmerksam gemacht (BAAKE 1991, 88f.) und Bezüge zwischen Lebensweltanalyse und sozialökologischer Betrachtungsweise unter Hinweis auf MERLEAU-PONTY und SCHÜTZ hergestellt.[21] BAAKE gelangt so zu einer zonalen Strukturierung alltäglicher Lebenswelten. Von ökologischen Zentren (a.a.O., 73) als der direkten sozialen Umwelt (z.B. Familie) mit intensiven sozialen Kontakten reicht sein Modell über den "ökologischen Nahraum" (a.a.O., 74) als Umgebung mit weniger spezifischen Kontakten (z.B. Nachbarschaft, Stadtteil) bis hin zur ökologischen Peripherie (a.a.O., 75) als Umweltbereich mit nur gelegentlichen sozialen Kontakten. Dieses konzentrische Umweltmodell vergleicht BAAKE mit BRONFENBRENNERs Systemebenen und zeigt vorhandene Parallelen und Überschneidungsbereiche auf (a.a.O., 85).[22] Allerdings distanziert sich BAAKE deutlich von systemtheoretischen Fundierungsansätzen, indem er die Relevanz phänomenologischer Axiome für die sozialökologische Theoriebildung ableitet. Das Lebensweltkonzept, das ausgehend von HUSSERL, SCHÜTZ und MERLEAU-PONTY "die nicht hinterfragbare Welt-Evidenz für den Menschen" (a.a.O., 88) zum Gegenstand hat, wird dem Systemansatz vorgezogen.

""Lebenswelt" ist ... insofern das "konkreteste Konzept", weil hier nicht der Systembegriff (Bronfenbrenner) oder eine deskriptive Ordnung von Materialien leitend sind, sondern die konkreten gesellschaftlichen Zustände zu einer bestimmten Zeit, wie sie von Subjekten gestaltet und erfahren werden ..."(BAAKE 1991, 91).

Erst mit diesem Versuch einer wissenschaftstheoretischen Fundierung des ökologischen Ansatzes aus der Phänomenologie heraus kann die Konstituierung eines ökologischen Situationsbegriffes weiter ausgeprägt werden und darauf aufbauend die pädagogisch relevante Bearbeitung ökologischer Konzepte erfolgen Die päd-

---

[21] BAAKE (1980, 503f.) stellt in seinen Arbeiten zur sozialökologischen Jugendforschung bereits sehr frühzeitig die Notwendigkeit ergänzender wissenschaftstheoretischer Reflexionen heraus, die sich aus der Rezepiton von BRONFENBRENNER ergibt. Insofern vermag der erziehungswissenschaftliche Rekurs auf sozialökologische Ansätze in der Soziologie , die durch FRIEDRICHS (1977) im Detail beschrieben sind, den zunehmend kritisierten "Status der Sozialökologie" (MUSIL 1988) nicht zu transzendieren. Den Rang eines wissenschaftstheoretischen Paradigmas (KUHN 1976) kann Sozialökologie von daher auch nicht beanspruchen. Ergänzungen werden erforderlich, die sich aus grundlegenden Theorieentwürfen wie Systemtheorie oder Phänomenologie herleiten.

[22] Dieses Modell eines konzentrischen Lebensraums von Kindern betreffend ist an dieser Stelle auf die Untersuchung von ZEIHER (1983) zum Modell des verinselten Lebensraumes von Kindern zu verweisen, nach dem der vereinheitlichte Lebensraum, den BAAKE hier entwirft, so nicht mehr mit der gegenwärtigen Lebenssituation von Kindern zur Deckung gebracht werden kann.

agogische Relevanz ökologischer Theoriebildung entsteht in diesem Zugriff vorrangig aus dem Situationsbegriff der ökologischen Psychologie.

GRAUMANN (1988) entwickelt in seiner Würdigung des Lebenswerkes von LINSCHOTEN (1925-1946), einem niederländischen Psychologen, der als unmittelbarer BUYTENDIJK- und LANGEVELD-Schüler zum Utrechter Kreis der phänomenologischen Psychologie und Pädagogik zählt, einen Situationsbegriff, der schon alle wesentlichen Züge trägt, die sich später zum zentralen Bezugspunkt ökologischer Psychologie herausbilden. LINSCHOTENs Beitrag zur phänomenologischen Psychologie besteht hauptsächlich in der Rezeption von MERLEAU-PONTYs Theorie der leiblichen Fundierung der Intentionalität des Mensch-Welt-Bezuges.

"Durch seinen Leib bewohnt der Mensch seine Welt, in seiner Leiblichkeit begegnet er uns, ist er situiert." (GRAUMANN 1988, 311).

LINSCHOTEN übernimmt von MERLEAU-PONTY (1966) die Vorstellung eines an den Leib gebundenen menschlichen Geistes und wendet sich damit gegen die Idee eines körperlosen *cogito* bei DESCARTES. Die Leiblichkeit menschlichen In-der-Welt-Seins im Rahmen einer phänomenologischen Situationstheorie stellt den entscheidenden Schritt über die personale und soziale Dimension des Mensch-Welt-Bezuges hinaus dar, wie sie in personalistischen und interaktionistischen Situationsdefinitionen zum Ausdruck kommen. Die Intentionalität als Gerichtetsein des Menschen auf bestimmte Ausschnitte seiner Welt wird in dieser Vorstellung nicht nur durch die personale Einzigartigkeit und die intersubjektive Sinnkonstitution bestimmt. Darüber hinaus ist Intentionalität immer verankert in einem körperhaften oder leibhaftigen Subjekt und dessen leiblich-sinnlichem Verhältnis zu seiner Welt. Im Unterschied zu LANGEVELD, der ja - wie bereits in Kap. 3.1.1 angezeigt- durchaus mit den Schriften MERLEAU-PONTYs vertraut war (wenn auch nur am Rande von ihnen die Rede ist), deutet LINSCHOTEN auf die "prinzipielle Sozialität unseres Bewußtseins und Handelns" (GRAUMANN 1988, 313) auch in der Theorie der Leiblichkeit bei MERLEAU-PONTY (1966) hin. "Zwischenleiblichkeit" und "Koexistenz" als Eckpunkte im Spätwerk von MERLAU-PONTY (1984, 1986) steigen so zu zentralen Begriffen einer Situationstheorie auf, die Personalität, Sozialität und Leiblichkeit als miteinander verknüpfte Weisen des menschlichen In-der-Welt-Seins auffaßt. Diese Hereinnahme der Leiblichkeit menschlichen Erkennens in die jeweilige Einzigartigkeit und gleichzeitig soziale Vermitteltheit personaler Weltsicht durch LINSCHOTEN bewirkt erst - nach der interaktionistischen Situationstheorie - den zweiten entscheidenden Schritt über die existenzphilosphische Situationstheorie nach JASPERS und deren individuumzentrierten Ansatz hinaus. Neben Leiblichkeit und Sozialität treten bei LINSCHOTEN noch Dinghaftigkeit und Historizität. Lebenswelt wird von LINSCHOTEN als Korrelat des Leib-Subjektes gesehen (GRAUMANN 1988, 311) und häufig auch als "Landschaft" (ebd.) bezeichnet, wodurch zum Ausdruck gebracht wird, daß die menschliche "Umwelt" nicht nur personal und sozial strukturiert ist, sondern ebenso von Dingen und räumlichen Distanzen bevölkert wird.

"Der Leibhaftigkeit der Person entspricht die Dinghaftigkeit der Welt. Was beide aufeinander verweist, ist die Intentionalität des Erlebens und Verhaltens." (GRAUMANN 1988, 312).

An dieser Stelle klingt BUYTENDIJKs Hauptsatz aus seinen spieltheoretischen Reflexionen (1933) an, in dem er darauf aufmerksam macht, daß Spiel immer ein Spiel mit etwas ist und dieses Etwas auf das Spiel zurückwirkt. Dieser leibliche Dingbezug des Menschen, das sinnliche Verhältnis, das besonders Kinder zu den dinglichen Ausprägungen ihrer Lebenswelt haben und das erst im Verlaufe von Sozialisation und Erziehung durch rationale und v.a. abstraktere Umweltbezüge überlagert wird, gilt es gerade in der weltweiten Krise der menschlichen Auseinandersetzung mit den natürlichen Lebensgrundlagen wieder zu entdecken. Für eine ökologische Erziehungstheorie, die bisher meist aus systemtheoretischen Überlegungen heraus konstituiert werden soll, bietet speziell dieser leibliche Dingbezug des Menschen, den LINSCHOTEN im Anschluß an MERLEAU-PONTY formuliert, eine erweiternde Perspektive an. Neben personale und interaktionistische Elemente pädagogischer Situationen treten damit gleichberechtigt die leiblich-sinnlichen Qualitäten von Lern- und Entwicklungsprozessen. Menschliche Lernfähigkeit angesichts der ökologischen Krise ist demnach nicht nur aus personaler Verantwortung und intersubjektivem Konsens heraus zu bestimmen, sondern ebenso als leiblich-sinnliches Vermögen der Welterfahrung und des Welterlebens, konkretisiert im intentionalen Bezug auf die Dinge. Gerade angesichts vielfach kritisierter Prozesse des "allmählichen Verschwindens der Wirklichkeit" (von HENTIG 1987) gewinnt die phänomenologische Theorie der Leiblichkeit eine beträchtliche Orientierungsfunktion für ökologische Lernprozesse, die insbesondere in der Rekonstruktion leiblich-sinnlicher Erfahrung natürlicher Lebensweltsegmente zu suchen ist.

Darüber hinaus nimmt LINSCHOTEN ebenfalls den bereits in existenzphilosophischen und interaktionistischen Situationskonzeptionen aufgegriffenen biographisch-temporalen Aspekt der Situationstheorie mit auf, wenn er auf die "Historizität" (GRAUMANN 1988, 313) von Situationen hindeutet. Damit ist zunächst nichts weiter ausgesagt, als daß Vergangenes im Sinne von Schon-Erfahrenem, auf dessen Hintergrund wir aber aktuell handeln und Zukünftiges als Noch-Nicht-Erfahrenes, auf dessen Zielvorstellung hin wir ebenfalls aktuell aktiv sind, jeweils die gegenwärtige Situation mit strukturieren. Leiblichkeit und Sozialität, Dinghaftigkeit und Historizität stellen nach GRAUMANN die "vier Thematisierungen phänomenologischer Analyse im Begriff der Situation" (ebd.) dar und werden von LINSCHOTEN wie folgt zusammengeführt:

"Da, wo die Person, gegenwärtig durch ihren Leib, mit ihrem Horizont der Historizität mit einer bestimmten Landschaft in Kommunikation tritt, sprechen wir von Situation". (LINSCHOTEN 1953, 250 zit. n. GRAUMANN 1988, 313).

In dieser Situationsdefinition sieht GRAUMANN in der Folgezeit die "Affinität von phänomenologischer und ökologischer Perspektive" (1990, 97) aufgehoben. Er verweist rückblickend auf die dem Umweltbegriff der Phänomenologie zugrundliegenden Idee einer "Merk- und Wirkwelt" nach UEXKÜLL (UEXKÜLL/KRISZAT 1970) und betont abweichend von LINSCHOTEN noch die "Perspektivität unserer Erfahrung" (GRAUMANN 1990, 99):

"..., d.h. die Tatsache, daß wir immer anschauliche Gegenstände wie unanschauliche Sachverhalte aus einer Position (Blickpunkt, Ausgangspunkt) aus in bestimmten Aspekten des jeweiligen Objekts innerhalb eines Erwartungs- bzw. Erfahrungshorizonts zur Kenntnis nehmen, ..." (Ebd.).

Die "perspektivisch strukturierte Situation" (ebd.) weist dabei keineswegs auf eine Zentrierung im Individuum hin, sondern zeigt ebenfalls die Möglichkeit des Hineinversetzens in die Perspektiven anderer auf. Überlegungen zu einer die "Dinglichkeit" menschlichen Welterlebens einschließenden "Räumlichkeit" (ebd.) der Erfahrung prägen den materiellen Aspekt der Situationstheorie bei GRAUMANN noch deutlicher aus. Im Grunde liegt jedoch die Struktur eines ökologischen Situationsbegriffes in der Rezeption des Lebenswerkes von LINSCHOTEN durch GRAUMANN bereits begründet. Gemeinsam mit KRUSE, der besonders durch seine phänomenologisch motivierte Raumtheorie (1974) zur ökologischen Psychologie beiträgt, stellt GRAUMANN eine phänomenologische Sicht der Umwelt von Kindern vor, die den ökologischen Situationsbegriff in seiner ganzen

Bandbreite präsentiert. *Ökologische Situationen* sind danach durch die *Merkmale der Leiblichkeit und Perspektivität, Dinglichkeit und Räumlichkeit, sowie Historizität und Sozialität* strukturiert. GRAUMANN/ KRUSE betonen ausdrücklich, daß diese Merkmale nicht isolierte Strukturelemente von Situationen darstellen, sondern nur die enge Wechselbeziehung zwischen Mensch und Welt konkretisieren sollen, die sich im Phänomen der Intentionalität manifestiert. Die Strukturmerkmale beinhalten im einzelnen:

- *Leiblichkeit und Perspektivität*

Zunächst gilt es Situationen über den spezifischen Leib der Subjekte zu differenzieren, die in ihr handelnd anwesend sind. Nach GRAUMANN/KRUSE (1992, 4) unterscheiden sich Situationen bereits in der Wahrnehmung durch verschiedene leibliche Subjekte. Eine gemeinsame Situation kann danach durchaus abweichende Bedeutungen erhalten - und zwar in Abhängigkeit von der leiblichen Verfassung des Subjektes, die z.B. variiert zwischen Gesunden und Kranken, Behinderten und Nichtbehinderten oder Männern und Frauen und sich bis auf die subjektive Bedeutung der dinglichen Qualität der Situation auswirkt. Eng verbunden mit dem leiblichen Fundament unserer Existenz erscheint das Faktum, daß unsere Wahrnehmung der Situation immer von einem bestimmten Standort bzw. Blickpunkt ausgeht. Damit einher geht die Feststellung, daß unsere Wahrnehmung immer nur ausschnitthaft das uns Umringende repräsentieren kann. Hier wird im Anschluß an HUSSERL (GRAUMANN/KRUSE 1992, 4f.) auf den Horizont von Situationen verwiesen, der nicht verwechselt werden darf mit einer starren, unverrückbaren Grenze des Wahrnehmungsfeldes, sondern immer vorläufig eine Quasi-Grenze darstellt, die sich bei näherem Betrachten als nach vorn hin offen zeigt und auf einen neuen Horizont deutet.

- *Dinglichkeit und Räumlichkeit*

Situationen als konkrete Einheit der Mensch-Umwelt-Beziehung zeichnen sich ebenso durch eine symbiotische Bindung an die materielle Qualität des Umgebenden aus. Wenn die Phänomenologie aufbauend auf MERLEAU-PONTY davon spricht, daß der Leib situiert sei, so meint diese Aussage hauptsächlich die unmittelbare Verhaftung des Leibsubjektes mit der räumlichen Dingwelt. Diese sog. "objektiven Umweltmerkmale" können in dieser Betrachtungsweise nicht als von unserer Wahrnehmung abgetrennte Objekte im Range eines Dinges-an-sich fungieren. Sie sind immer innerhalb unserer subjektiv gefärbten, durch unsere leiblich vermittelte Wahrnehmungsweise in einer begrenzten Vorstellungswelt Dinge-für-uns, aufs engste von unserer Erlebnis- und Erfahrungsmöglichkeiten gefärbte Gegenstände und räumliche Arrangements. Zu unterscheiden sind z.B. Greifbarkeit und Erreichbarkeit von dinglich-räumlichen Situationsbezügen (GRAUMANN/KRUSE 1992, 5f), aber darüber hinaus sicher auch die gesamte sinnliche Erfahrungsqualität der dinglichen Umwelt, die besonders für die kindliche Situationswahrnehmung von größter Bedeutung ist.

- *Historizität und Sozialität*
Die Offenheit von Situationen ergibt sich abgesehen von der Perspektivität ebenso aus ihrem "zeitlichen Charakter" (a.a.O., 6). Das leibliche Subjekt steuert die eigene Biographie zu dieser Zeitlichkeit bei und erfährt zugleich die historische Gewordenheit der personalen Einzigartigkeit des anderen und seine intersubjektiv wahrnehmbare Perspektivität. Wir sind "Teil der Geschichte einer anderen Person" (ebd.) und nehmen andere gleichzeitig in unsere Biographie mit hinein. Aber Historizität kommt gleichermaßen der räumlich-dinglichen Qualität von Situationen zu. Gerade die Kinderräume haben sich - wie ZEIHER (1983) nachweist - seit den fünfziger Jahren im Sinne einer weitgehenden Auflösung des einheitlichen, in konzentrischen Kreisen sich um die elterliche Wohnung aufbauenden kindlichen Lebensraumes (MUCHOW/MUCHOW 1935) in westeuropäischen Industrieländern grundlegend gewandelt. Demgegenüber steht heute die Struktur der Verinselung des kindlichen Lebensraumes, in dem Kinder die Erreichbarkeit attraktiver Raumzonen nur noch mit Hilfe von Erwachsenen sicherstellen können.

Wenn sich bereits Lebens-Geschichten als stets ineinander verflochtene Bestandteile von konkreten Lebenssituationen beschreiben lassen, so kommt der Situationalität menschlichen Seins über das Medium der Sprache eine "fundamentale Sozialität" (a.a.O., 7) zu. GRAUMANN/KRUSE machen an dieser Stelle neben dem - schon durch den symbolischen Interaktionismus hervorgehobenen - sozialen Charakter menschlichen In-der-Welt-seins die Fundierung dieses Momentes von Situation in der Leiblichkeit deutlich. Wir sind als leibliches Subjekt bereits "Gegenstand der Erfahrungen des anderen" (ebd.), werden in unserem "Äußeren" wahrgenommen, bewertet und kommunizieren bereits auf der Ebene der Leiblichkeit. Alle weitere Entwicklung in unserer persönlichen Lebensgeschichte, in der Ausprägung unserer subjektiven Perspektivität und in der Wahrnehmung der räumlich-dinglichen Qualität der Umwelt ist von Beginn auf das engste mit anderen verknüpft.

Es ist von entscheidender Bedeutung für das Verständnis des ökophänomenologischen Situationsbegriffes die Verknüpfung von Leiblichkeit und Sozialität (vgl.

COENEN 1987) zu sehen, die erst die existenzphilosophische Verkürzung eines personalen Situationsansatzes transzendiert. Der ökologische Situationsbegriff bei GRAUMANN/KRUSE nimmt sowohl personale als auch soziale Aspekte des menschlichen Situiert-Seins auf und erweitert diese Auffassung des Wechselwirkungsverhältnisses von Person und Umwelt unter Beibehaltung des phänomenologischen Wissenschaftsverständnis in der gemeinsamen Berufung auf HUSSERL um den leiblich-sinnlichen Bezug zur räumlichen Dingwelt.

Um diesen ökologischen Situationsbegriff pädagogisch zu wenden, liegt es nahe zunächst auf die Wahrnehmung von Situationen durch Kinder einzugehen. GRAUMANN/KRUSE stellen selbst Überlegungen zur Bestimmung von Umweltqualitäten für Kinder unter der Maxime an, "eine bestimmte gegebene Umwelt streng aus der Perspektive des Kindes oder besser von Kindern verschiedenen Alters zu beschreiben und zu bewerten" (a.a.O., 9). Als Beispiel einer solchen ökophänomenologisch orientierten Kindheitsforschung werden die Untersuchungen von MUCHOW zum "Lebensraum des Großstadtkindes" (1935) herangezogen. MUCHOW hat in ihren Studien zwischen drei Raumbezügen von Stadtkindern differenziert, die vom "Raum, in dem das Kind lebt" über den "Raum, den das Kind erlebt" bis zum "Raum, den das Kind lebt" (MUCHOW/MUCHOW 1935) reichen. Bahnbrechend sind diese Studien insofern, als sie den Beweis dafür liefern, daß die räumlich-dingliche Qualität städtischer Lebenswelten (v.a. die Straße) für Kinder eine vollkommen andere Bedeutung einnehmen kann als für Erwachsene, ein gegenwärtig sicher allseits bekanntes, doch stadtplanerisch immer noch häufig unberücksichtigtes Merkmal städtischer Lebenssituationen von Kindern. Ökophänomenologisch orientierte Kindheitsforschung hätte darüber hinaus verstärkt nach methodologischen Arrangements (wie Spiele, Zeichnungen, Modelle oder Video-Kamera) zu suchen, mit deren Hilfe Kinder die subjektive Perspektivität ihrer Lebenssituation zugänglich machen können (a.a.O., 12). So verstandene phänomenologische Forschungsansätze stehen sicher noch am Anfang. Für die pädagogische Rezeption des ökologischen Situationsbegriffes liegt nun weitgehend Neuland vor uns, und wir sind insgesamt auf den Weg des Transfers der Vorarbeiten aus der ökologischen Psychologie unter pädagogischem Aspekt angewiesen. Allgemeine Pädagogik und Heilpädagogik bieten bisher keine umfängliche Diskussion des hier vorgestellten Situationsverständnisses an. Eine erste Anwendung dieser Begrifflichkeit erfolgt im weiteren auf dem Gebiet der Heilpädagogik verbunden mit der Intention, die Konturen eines ökologischen Ansatzes auf diesem Gebiet in systematischer und wissenschaftstheoretisch fundierter Weise deutlicher auszuprägen.

3.3.4 Behinderung, Integration und Situationalität

Die Heilpädagogik repräsentiert ebenfalls die Differenzierung ökologischer Theorieansätze in systemtheoretisch und phänomenologisch motivierte Erweiterungen. Im Bereich des interaktionistischen Ansatzes ist eine Öffnung für ökologische Thematisierungen zu konstatieren (SCHMETZ 1990, 874 u. 1993, 109), für die sicher auch ökologische Anknüpfungspunkte bei GOFFMAN (1967, 177 u. 1977, 54f.) mit verantwortlich sind. SCHÖNBERGER (1982) führt das sozialökologische Konzept in die Diskussion um den Wandel der Sonderpädagogik ein und gibt erste Denkanstöße für sonderpädagogische Diagnostik und Didaktik unter Einbeziehung von "ökologische(n) Variablen" (a.a.O., 121). Damit wird nach der sozialwissenschaftlichen nun eine erneute Wende der Heilpädagogik unter ökologischem Aspekt eingeleitet.

SANDER (1985) bemüht sich vorrangig um die systemische Ebene im Ansatz von BRONFENBRENNER und untersucht besonders das Klassifikationsproblem unter ökosystemischem Aspekt. Erst in der Betrachtung von Behinderung als "Mensch-Umwelt-Einheit" (a.a.o, 26) wird hier das Klassifikationsprinzip gesehen, das die von RAUSCHENBACH (1980) kritisierten, herkömmlichen Ansätze der Klassifikation in der Behindertenarbeit (ätiologie-, funktions- und defektzentrierte) wirksam überschreitet. Behinderung wird in dieser ökologische Perspektive sichtbar als differenter Bedarf an Unterstützung. Auf diese Weise werden Behinderung und Integration in reziproker Weise aufeinander bezogen und in ein Mensch-Umwelt- resp. "Kind-Umwelt-System" (SANDER 1990, 81) eingebettet definiert:

"Behinderung liegt vor, wenn ein Mensch auf Grund einer Schädigung oder Leistungsminderung ungenügend in sein vielschichtiges Mensch-Umwelt-System integriert ist. " (Ebd.).

Schädigung (impairment) und Behinderung (handicap) wird in dieser Begrifflichkeit in Anlehnung an den Klassifikationsansatz der Weltgesundheitsorganisation (WHO 1980) voneinander abgehoben. Diese Differenzierung reflektiert zunächst den aus der Soziologie entlehnten Zuschreibungsprozeß eines Etiketts "behindert" aufgrund einer Schädigung, der zugleich die Möglichkeit der Nicht-Behinderung trotz vorhandener Schädigung aufzuzeigen vermag und damit darauf verweist, daß nicht jede Schädigung automatisch zu einer Behinderung führt. In ökologischer Sicht kann dieser Prozeß der sozialen Konstituierung von Behinderung nun in seinen gesamten Kontext hineingenommen und im Hinblick auf seine systemischen Bedingungsanteile untersucht werden. Die Definition der Behinderung als ungenügende Integration in das Mensch-Umfeld-System verändert heilpädagogisches Reflektieren vom defektorientierten hin zum ressourcenorientierten Förderansatz, erweist somit *eo ipso* pädagogische Relevanz. Unter ökologischem Aspekt stehen deshalb nicht mehr nur die individuellen Bedingungen der pädagogischen Förderung zur Diskussion, sondern vielmehr die Umweltbedingungen, deren Beeinflussung integrationsfähige Kind-Umfeld-Systeme hervorbringen soll. Dieser ökosystemische Ansatz nach SANDER (1985, 1990) wirkt sich schwerpunktmäßig an der Peripherie integrativer Prozesse in Beratungskonzepten und in der Kind-Umfeld-Diagnose aus und wird schließlich auch mit der neueren Systemtheorie von LUHMANN begründet (vgl. SANDER 1993, 63).

Bezogen auf die Frühförderung stellt OERTER (1989) eine Verknüpfung handlungstheoretischer und ökologischer Konzepte zur Fundierung eines Person-Umwelt-Bezuges vor, der bereits auf der begrifflichen Ebene die Subjekt-Objekt-Beziehung zwischen Kind und Umwelt als sozial und gegenstandsbezogene Handlung beschreibt. Auch hier bleibt, wie im Rahmen seiner ökologisch orientierten Entwicklungspsychologie (OERTER/MONTADA 1987) zunächst der Systemansatz von BRONFENBRENNER leitend. Auf dem Gebiet der Spieltheorie nimmt OERTER (1993b) neuerdings jedoch stärker handlungstheoretische Theoriekonzepte auf.

Als Orientierungspunkt dieser zahlreichen Anstöße zu einer paradigmatischen Verschiebung im Felde der Heilpädagogik muß jedoch der ökologische Ansatz gelten, wie er im "System Heilpädagogik" von O. SPECK (1991a) eine konsistente Ausarbeitung bezogen auf den gesamten Gegenstandsbereich der Heilpädagogik erfahren hat.[23] O. SPECK verortet die ökologische Perspektive in den anthropologischen Grundlagen der Heilpädagogik (a.a.O., 189) und definiert "Behinderung" noch weitgehend interaktional als Wirkzusammenhang zwischen Selbst, sozialer Umwelt, Schädigung und Behinderungsbefindlichkeit (a.a.O., 166). O. SPECK (a.a.O., 15) betreibt seine Reflexionen allerdings nicht ausschließlich aus einem systemtheoretischen Ansatz. Neben der weitgehenden Gleichsetzung von Ökologie und System unter Berufung auf BATESON wird ebenso das Lebensweltkonzept referiert. O. SPECK hält im Gegensatz zu LUH-

---

[23] SPECK zieht den Begriff "Heilpädagogik" mit der Begründung vor, daß das Präfix "Heil-" seine medizinischen Konnotationen weitgehend abgelegt habe und gegenwärtig eher im Sinne von ganzheitlicher Betrachtung verwendet werden könne.

MANN (1991, 51) am Subjektbegriff fest, für das dieser bekanntermaßen keine Verwendung innerhalb der Systemtheorie sieht. "Heilpädagogik" wird von O. SPECK damit sowohl systemtheoretisch konstruiert als auch lebensweltlich fundiert.

"Sowohl die den einzelnen als Subjekt immer weniger beanspruchenden und wertenden Systeme als auch die totale normative Vielfalt und Verunsicherung, wie sie sich im Erziehungsfeld abzeichnet, lassen besondere Chancen für eine neue, von mehr Personachtung allgemein bejahter Solidarität geprägte Lebenswelt erkennen (...)." (A.a.O., 203).

System und Lebenswelt als theoretische Bezugsrahmen klingen hier ebenso an, wie die Verantwortungsethik von JONAS (O. SPECK 1991a, 194), das dialogische Prinzip von BUBER (a.a.O., 195) und konstruktivistische Ansätze im Anschluß an MATURANA/VARELA (a.a.O., 206). Vor dem Hintergrund dieser beträchtlichen Theorievielfalt entwickelt O. SPECK einen originären heilpädagogischen Handlungsansatz, der das heilpädagogische Erziehungssystem als soziales System in seiner selbstreferentiellen Prozessualität und institutionellen Widersprüchlichkeit entfaltet und sowohl lebensweltliche und innersystemische Zusammenhänge als auch "Methoden-Komplementarität" (a.a.O., 281) im Sinne eines didaktisch-methodischen Prinzips hervorhebt. Darauf aufbauend wird Integration als personale und soziale ausdifferenziert (a.a.O., 309), wobei die Wege auf das Ziel "Integration" hin, direkte (Integration als Weg und Ziel im Sinne gemeinsamen Spielens, Lernens und Lebens) und indirekte Realisierungsformen (Integration als Ziel, Separation in besonderen Institutionen als Weg) (a.a.O., 292) offen lassen. O. SPECK hat mit diesem umfassenden Entwurf zweifellos den Beweis dafür angetreten, das eine erneute Paragimendiskussion in der Heilpädagogik unter ökologischem Aspekt im Gange ist und die Grenzen des Fachgebietes neu abgesteckt werden. Auch erweist sich der Erklärungswert und die Reichweite des ökologisch-systemtheoretischen Ansatzes bei O. SPECK bezogen auf alle wesentlichen Heilpädagogischen Handlungsfelder. Es gilt jedoch zu fragen, inwieweit systemtheoretische Ansätze letztlich in der Lage sind, komplexere, nicht-kontingente und nicht in Funktionszusammenhängen stehende Erziehungssituationen in ihrer lebensweltlichen Eingebundenheit ebenso zu repräsentieren. O. SPECK selbst hat in seinen Schriften eine allmähliche Abkehr von situationstheoretischen Überlegungen vollzogen, die etwa in seiner Geistigbehindertenpädagogik (1980, 246f.) noch wesentlich zentralerer Bezugspunkt heilpädagogischer Theoriebildung waren. Im "System Heilpädagogik" verzichtet O. SPECK fast vollständig auf situationstheoretische Erörterungen, obwohl der Begriff durch das lebensweltliche Theorieelement immer wieder durchscheint. Systemtheoretische

Betrachtungen sind sicher angesichts des Institutionalisierungsgrades heilpädagogischer Handlungsfelder indiziert, stellen jedoch aufgrund der funktionalen Analyse nur Abstraktionen lebensweltlicher Zusammenhänge zur Verfügung. Soziale Interaktionen lassen sich als Funktionszusammenhänge und Kontingenzen nur eingeschränkt repräsentieren. Funktionale Anteile mögen jeglicher sozialer Interaktion im heilpädagogischen Feld anhaften, zumal in institutionalisierten Zusammenhängen. Erziehungssituationen in ihrer personalen, sozialen und ökologischen Struktur lassen sich hingegen nur ausschnitthaft als System erfassen, verbunden mit dem analytischen Nachteil eines beträchtlichen Abstraktionsgrades, der über die Deskription funktionaler Verknüpfungen hinaus (seien sie auch autonom und ko-ontogenetisch strukturiert) keine normativen, handlungsleitenden Perspektiven sichtbar macht. Erst der kritische Bezug auf die Besserung der Lebenswelt unter dem Primat des Menschenwürdigen (a.a.O., 194 u. 203) läßt die Wendung ins Pädagogische sichtbar werden, allerdings um den Preis einer substantiellen Korrektur an der systemtheoretischen Ausgangslage. O. SPECK folgt LUHMANN nicht in seiner subjektlosen Theoriekonsequenz. Für die pädagogische Qualität seiner ökologischen Reflexionen ist das Festhalten an einem real existierenden Subjekt grundlegend:

"Die Menschenwürdigkeit des Zusammenlebens ist aber ohne die elementare, den Alltag transzendierende, auf Sinn und Verständigung hin orientierte Potentialität des Subjekts auch nicht möglich." (Ebd.).

Das Subjekt und nicht das System zeichnet demnach verantwortlich für die pädagogische Dimension in einer ökologischen "Heilpädagogik". Die pädagogische Betrachtungsweise dringt bei O. SPECK *ergo* über den wesentlich komplexeren, auf das Subjekt bezogenen Lebensweltbegriff in die Analyse ein. Letztlich zeigt O. SPECK mit seinem systemtheoretischen Ansatz zugleich die Begrenztheit des Blickwinkels ökologischer Erziehungstheorie auf, die sich nicht ebenso auf lebensweltliche Zusammenhänge bezieht. Ökologische Heilpädagogik ist als systemtheoretische nur in Teilbereichen erfaßt. Sie bedarf der phänomenologisch fundierten Ausweitung ihres Horizontes.

Neben der zunehmend wahrgenommenen und diskutierten ökosystemischen Perspektive der Heilpädagogik beginnt sich ein weitgehend phänomenologisch bestimmter Ansatz ebenfalls abzuzeichnen. MEYER-DRAWE (1993, 30) und LOCH (1993, 175) stellen die Phänomenologie in die Reihe der "Forschungsprofile" für die Integration der Behinderten und bieten je spezifische situationstheoretische Thematisierungen. BEGEMANN (1992, 233 u. 261f.) denkt die "Neuorientierung in der Sonderpädagogik" im wesentlichen von einem Begriff der Erziehungssituation ausgehend. MÜHLUM/OPPL und WENDT (1992) stellen einen ökosozialen Ansatz für Heilpädagogik und Rehabilitation vor, der von einem "Person-in-der-Situation" -Fundament hergeleitet wird und über die systemischen Strukturvorstellungen im Anschluß an das Modell von BRONFENBRENNER hinaus v.a. einen biographischen Zugang zur gesamten Lebenssituation der Behinderten sucht. Schon WEMBER (1992, 697) macht in diesem Zusammenhang auf die situationstheoretischen Vorarbeiten von KLEBER im Bereich der Lernbehindertenpädagogik aufmerksam und regt damit auch eine weitere Diskussion des Situationsbezuges für die Heilpädagogik insgesamt an, wenn auch der postulierte Paradigmenwechsel mit Skepsis betrachtet wird. Verdienst der ökosozialen Perspektive bleibt jedoch die explizite Anknüpfung am phänomenologischen Lebensweltkonzept und seiner Thematisierung auf dem Gebiet einer ökologischen Heilpädagogik.

Bei WÖHLER (1986a, 1986b) wird ein ökologisches Konzept von Heilpädagogik entfaltet, das explizit aus phänomenologischen Herkünften stammt. In seinem ökologisch revidierten Modell von sonderpädagogischer Förderung zeigt WÖHLER (1986a, 530f.) in bewußter Distanz zu LUHMANN wesentliche "Konstellationen und Konfigurationen" unter ökologischem Aspekt auf. Sonderpädagogische Förderung wird hier in "Schlüsselsituationen" , bezogen auf bestimmte "Settings" und "Institutionen", sowie in Form von "Situationsdeutungen, Zeitordnung, Schlüsselpersonen" näher bestimmt. Eine phänomenologisch motivierte, ökologische Situationsanalyse erfolgt dann im Hinblick auf das Handeln und Erleben Geistigbehinderter (1986b, 607ff.). Im Anschluß an BOESCH (1980) sieht WÖHLER Situationen sowohl über subjektive Bewertungen als auch durch die objektive "Beschaffenheit" strukturiert, wobei die intentionale Verwiesenheit subjektiver und objektiver Situationselemente als wechselseitiger Prozeß erscheint. WÖHLER nimmt in diesem Zusammenhang die erneute Phänomenologie-Diskussion in der Erziehungswissenschaft auf und stellt den Zusammenhang mit den Vorarbeiten von MEYER-DRAWE, LIPPITZ, DANNER/LANGEVELD und WALDENFELS her. Für die analytische Durchdringung des sonderpädagogischen Aufgabenfeldes unter ökologisch-phänomenologischem Aspekt ist bei WÖHLER bereits der Bezug auf MERLEAU-PONTY entscheidend. Unter Hinweis auf MÜHL (1983) fordert WÖHLER auf diesem Theoriehintergrund,

"..., daß Lern- bzw. Fördersituationen nicht nur an von ihnen (den Schülern - U.H.) lebensweltlich-gelebtem Erfahrenen ansetzen muß, sondern daß Fördern - also umweltliche Ziel-Anforderungen-Stellen - am besten über eine leiblich-bewegte Vermittlung gelingt." (A.a.O., 610).

Die situationstheoretische Grundlage einer ökologischen Heilpädagogik erfährt damit bei WÖHLER über die personalen und sozialen Aspekte des Erziehungsgeschehens hinausgehend eine leibliche Strukturierung. Lebenswelt und Leiblichkeit sind die Bezugspunkte seines heilpädagogischen Entwurfes und enthalten so bereits wesentliche Strukturaspekte des hier als Beurteilungsgrundlage herangezogenen Situationsbegriffes der ökologischen Psychologie. Fraglich bleibt an dieser Stelle noch, inwieweit die Deskription des Behindert-in-der-Situation-Seins nicht auch Konsequenzen zeitigen muß für die Klassifikationsversuche unter ökologischen Vorzeichen, wie sie SANDER aus ökosystemischer Sicht darstellt. Wie verändert sich - so soll hier abschließend gefragt werden - unsere Sicht des Problemkomplexes von Behinderung und Integration unter ökophänomenologischem Aspekt?

Zur Beantwortung dieser Fragestellung ist ein Rückbezug auf jenen Klassifikationsansatz notwendig, der von WOCKEN (1980) und REINARTZ/ SANDER(1977/1978) zum Begriff "Schulschwierigkeiten" entwickelt wird. REINARTZ/SANDER definieren in ihren Überlegungen zur integrativen Förderung in der Grundschule, die Zielgruppe dieses heilpädagogischen Maßnahmenkomplexes als "schulschwache Kinder". Sie verweisen damit in dialektischer Intention einmal auf die Schwäche des Kindes im Umgang mit schulischen Anforderungen. Zum anderen soll der Begriff "Schulschwäche" aber gleichzeitig die Schwäche der Schule im Umgang mit diesen Kindern und ihren Förderbedürfnissen bezeichnen. "Schulschwäche" als heilpädagogischer Terminus im Übergangsfeld zwischen Grund- und Sonderschule stellt aus ökophänomenologischer Sicht die Relation zwischen Kindern auf der einen und pädagogischer Situation im institutionalisierten Zusammenhang auf der anderen Seite her. Eine ähnliche Denkfigur liegt WOCKENs (1980) Analysen zur semantischen Struktur des Begriffes "Schulschwierigkeiten" zugrunde, wenn er ebenfalls auf die Schwierigkeiten der Schule mit bestimmten Kindern in Abhebung von deren subjektiver Problematik in bezug auf die Anforderungen des Lernens in der Schule aufmerksam macht. Aus ökophänomenologischer Sicht ist der Begriff "Schulschwierigkeiten" und davon abgeleitete Subtermini wie Lern- und Verhaltensschwierigkeiten gut geeignet, Person-in-Situation-Modelle in die Klassifikationsbemühungen aufzunehmen. Ein solcher, an den Problemen der Lebens- und Lernsituation ausgerichteter Versuch der begrifflichen Abgrenzung von Behinderung, wird bereits seit längerer Zeit diskutiert. SCHRÖDER hält in seiner begriffskritischen Diskussion der Kategorie "Lernbehinderung" am Terminus "Lernschwierigkeiten" im Sinne ZIELINKIs (1980) fest. SCHRÖDER kritisiert den Begriff der "Schulschwäche", der nach seiner Auffassung entgegen der Intention von REINARTZ/SANDER (1977/1978) nicht zugleich person- und kontextbezogen verwendet werden könne. "Lernschwierigkeiten" fungieren schließlich als möglicher Terminus zur Bezeichnung von Schwierigkeiten des schulischen Lernens unabhängig von speziellen Schulformen (SCHRÖDER 1990, 41), neben Lernbeeinträchtigungen in bezug auf Anforderungen der Grund- und Hauptschule, sowie Lernstörungen und Lernbehinderungen (ausschließlich im Blick auf die Schule für Lernbehinderte) (a.a.O., 44) als Abstufungen von Lernbeeinträchtigungen. Dieses hierarchische Begriffsfeld wird also unterhalb des Oberbegriffs "Lernschwierigkeiten" entfaltet und fußt von daher bereits auf interaktionistisch-ökologischen Überlegungen bei ZIELINSKI (1980, 32).

In einem wenig beachteten Beitrag von LINSCHOTEN (1970), der ja schon für die Entwicklung eines ökologischen Situationsbegriffes von Bedeutung war (s. Kap. 3.3.2), überträgt dieser Vorarbeiten aus der phänomenologischen Psychologie auf die Erziehungsberatung bei lernbehinderten und erziehungsschwierigen Kindern. In dieser Darstellung, deren Zielgruppe (Eltern) in die Interpretation aufzunehmen ist, macht LINSCHOTEN erstmals deutlich, welche Dimensionierung der von ihm zugrundegelegte Situationsbegriff im Felde der Heilpädagogik zuläßt. Er verwendet zwar noch den Begriff "Problemkind" (vermutlich als Zugeständnis bezogen auf die Zielgruppe), definiert diesen aber bereits aus dem Situationsbezug heraus:

"Wir bezeichnen nämlich dasjenige Kind als Problemkind, das seine Erzieher vor Schwierigkeiten stellt, aus denen sie, innerhalb der normalen Familienverhältnisse, keinen Ausweg finden." (LINSCHOTEN 1970, 11).

Schwierigkeiten haben in dieser Perspektive demnach nicht nur die Kinder mit einem Problem, sondern ebenso ihre Erzieher. Die Problematik entfaltet sich immer im Rahmen eines sozialen Zusammenhangs. LINSCHOTEN zeigt anhand mehrerer Fallbeispiele aus der Beratungspraxis,

"..., daß die Schwierigkeiten eines Problemkindes in seinem Verhältnis zu anderen Menschen liegen. Es steht nicht isoliert da, es bildet kein Problem für sich. Es hat seine Probleme im Rahmen der Familiensituation oder innerhalb einer anderen Gemeinschaft." (A.a.O., 16).

Von diesen Gemeinschaften in verschiedenen Lebenssituationen wird letztlich auch das Maß gesetzt, an dem die Schwierigkeiten des einzelnen bewertet werden und von dem aus ihr Schweregrad beurteilt wird. Die Schwierigkeiten mit dem Problemkind werden von LINSCHOTEN nach ihrer Behebbarkeit, der Dauer, ihrem "Ernst" im Sinne der umfeldbezogenen Auswirkungen und dem Auftreten extremer Reaktionsweisen charakterisiert (a.a.O., 11ff.) und auf "Erziehungsschwierigkeiten", sowie "Lernschwierigkeiten" und affektive Störungen bezogen. Interessant ist schließlich noch, daß LINSCHOTEN seine Ausführungen zur Erziehung mit Hinweisen auf die Bereitstellung eines ausreichenden Spielraumes (im doppelten Sinne von Platz und Handlungsfreiheit) beginnt und so bereits ökologisch orientierte Reflexionen anstellt.

Fundierend in diesem Sinne erscheint nicht mehr nur das Kind mit seinen personalen Merkmalen, auf die die Umwelt in stigmatisierender Weise reagiert, sondern ebenso die gesamte leibliche Situationalität. Die Definition der Behinderung kann in diesem Situationsrahmen ausgehend vom Phänomen der Erschwerung, der Schwierigkeit, der Problemhaftigkeit oder der "difficulties" erfolgen. Mit Schwierigkeiten sind hier situationale Anforderungen (eine "schwierige Situation", wie es umgangssprachlich heißt) gemeint, zu deren Lösung eine bestimmte Tätigkeit erforderlich ist. Der Prozeß der Lösung solcher Anforderungssituationen kann als Lernen bezeichnet werden, da in ihm das Kompetenzpotential eines Individuums mit den übrigen Situationselementen in Verbindung gebracht wird, um die Anforderung zu bewältigen. Es besteht jedoch im Unterschied zum existentialistischen Ansatz unter ökophänomenologischer Perspektive kein Zwang zur Lösung. Auch Situationsvermeidungen sind denkbar, Vorlieben für standardisierte Situationen können sich verfestigen, die Bereitschaft sich ständig neuen Situationsanforderungen in einer offenen, pluralistisch und demokratisch strukturierten Gesellschaft zu stellen, verringert sich unter Umständen im Einzelfall, und es werden Routine-Situationen mit niedriger Gesamtkomplexität in überschaubaren sozialen Zusammenhängen bevorzugt. In jenen Person-in-Situations-Konstellationen, in denen sich Schwierigkeiten und Erschwernisse in leiblicher, perspektivischer, dinglicher, räumlicher, zeitlicher und sozialer Hinsicht ergeben (s. die Strukturelemente des ökologischen Situationsbegriffes in Kap. 3.3.2), besteht ein Potential für die Entstehung von Behinderungen in personaler, sozialer oder ökologischer Sicht. Der Kern der Behinderung liegt aus ökophänomenologischer Sicht also in Situationserschwerungen personaler, sozialer und ökologischer Art.

Unter *personalem Aspekt* erscheinen situationale Probleme als Schwierigkeiten des einzelnen mit der Situation, als subjektive Bewältigungsformen von Situationsanforderungen und individuelle Vorstellung von der Schwierigkeit mit einer Situation. Diese Erschwernisse können sich zu Behinderungen manifestieren, dadurch, daß sie im Sinne BACHs (1983) umfänglich, langfristig und schwerwiegend (in einem festzulegenden Maß) werden. Solange sie partiell, kurzfristig und minderschwer bleiben, sollte weiterhin von Schwierigkeiten z.b. des Lernens oder des Verhaltens die Rede sein. Aus heilpädagogischer Sicht erscheint auf dieser Ebene die Aufgabenstellung einer Hilfe zur Ausprägung personaler Strategien für die Bewältigung situationaler Anforderungen.

Unter *sozialem Aspekt* öffnet sich uns bereits die Schwierigkeit, die die Situation mit dem einzelnen hat (im Gegensatz zu den Schwierigkeiten, die der einzelne mit der Situation hat). Die von der sozialen Umwelt wahrgenommenen personalen Bewältigungsformen situationaler Anforderungen unterliegen Bewertungsprozessen auf der Basis intersubjektiv gültiger Maßstäbe für Normalität im Sinne von Normgerechtheit. Abweichungen von diesen konsensartigen Durchschnittswerten unterliegen etikettierenden und stigmatisierenden Prozessen, in deren Folge die Ausbalancierung von sozialer und personaler Identität nachhaltig erschwert sein kann. Erfahrbar ist in dieser Sichtweise ebenfalls die enge Verpflechtung von personalen und sozialen Situationsebenen, die Reziprozität der Perspektiven als wechselseitige Perspektivität. Über Prozesse der Gewohnheitsbildung und Habitualisierung von Interaktionsformen sind in diesen sozialen Zusammenhang auch die Schwierigkeiten institutionalisierter Situationen zu stellen. Neben kognitiven Wissensbestandteilen zur Erfassung der sozialen Komplexität von Anforderungssituationen erscheinen hier die sozialen Grundfähigkeiten nach KRAPPMANN (Rollendistanz, Ambiguitätstoleranz, Empathie und Identitätspräsentation) geeignet zur Ableitung heilpädagogischer Zieldimensionen, wie SCHMETZ bereits aufzeigt.

Unter *ökologischem Aspekt* treten die leiblich-sinnlich erfahrbaren Ebenen situationaler Schwierigkeiten in das Blickfeld. Situationsanforderungn repräsentieren hier nicht nur die Komponente des anderen, des personifizierbaren sozialen Gegenübers, sondern auch die räumlich-dingliche Qualität der Situation, zu der wir uns leiblich verhalten und die wir durch unseren Leib wahrnehmen. Bewältigung von Situationsanforderungen wird auf dieser Ebene über den interaktionalen Zusammenhang angereichert um ebenso bedeutsame Beziehungen zu Gegenständen und räumlichen Distanzen, einschließlich deren subjektiver und intersubjektiver

Wahrnehmungs- und Erlebnisweise. Schließlich wird ebenfalls die zeitliche Begrenzheit von situationalen Schwierigkeiten erfahrbar. Im Prozeß der Bewältigung konkretisiert sich das Gelernte als Vergangenes und gleichzeitig wieder aktivierbares, das jedoch nicht mehr ständig gegenwärtig sein muß. Über interkulturelle Vergleiche wird unmittelbar deutlich, daß diese ökologische Situation je nach gesellschaftlichem Ort in ihrer räumlichen Dinglichkeit sich erheblich unterscheidet. Sie ist also nicht abzutrennen von diesem gesellschaftlichen Eingebettetsein.

Erschwerte Lernsituationen sind in ökophänomenologischer Sicht darüber hinaus im Hinblick auf ihre Strukturmerkmale zu analysieren. Erschwerte Lernsituationen repräsentieren durch die anwesenden Personen eine Fülle an biographischen Vorerfahrungen, wie etwa G. KLEIN (1985) im Rahmen seiner bioraphisch orientierten Lernforschung bei Kindern und Jugendlichen mit Lernbehinderungen aufzeigt (→ *Historizität*). Gerade hinsichtlich der Gruppe der Lernbehinderten sind negative Vorerfahrungen in der familiären Situation oder Mißerfolgserlebnisse in Institutionen der Erziehung und Bildung mit entscheidend für das je konkret wahrnehmbare Bild ihrer Lernschwierigkeiten. Zugleich ergeben sich in dieser biographischen Linie vielfältige Verküpfungen in Interaktionen mit anderen, Gleichaltrigen, Erwachsenen, bekannten und fremden Bezugspersonen, in deren Verlauf sich über den komplexen Prozeß der Stigmatisierung (THIMM 1975) ebenfalls die vorliegenden Lernschwierigkeiten ausgeprägt haben (→ *Sozialität*).

Wir sind es gewohnt, uns für die mangelnde Kompetenz oder Defektstruktur des einzelnen Kindes zu interessieren. Die Frage, welches Kind wie schwer und in welcher Weise behindert ist, möchten wir in unserer beruflichen Tätigkeit möglichst präzise erfassen. Interessieren wir uns darüber hinaus auch für den sozialen Entstehungzusammenhang einer bestimmten Lernschwierigkeit, so wird uns die Rekonstruktion bereits wesentlich schwerer fallen. Die Frage, wer wen und in welcher Weise behindert, müssen wir häufig unbeantwortet lassen. Der soziale Prozeß der Behinderung entzieht sich überdies meist der Beeinflußbarkeit durch pädagogische Förderung. Letztlich müssen wir jedoch noch weitergehend zur Kenntnis nehmen, daß Lernschwierigkeiten gewissermaßen verortet sind, in bestimmten räumlichen Zusammenhängen manifest werden und sich in anderen "Landschaften" nicht in dem Maße zeigen (→ *Räumlichkeit*, → *Dinglichkeit*). Wir müssen demnach ebenso fragen, wo, an welchem Ort jeman behindert ist bzw. behindert wird und uns um eine topologische Interessenhaltung zur möglichst allseitigen Erfassung von Lernschwierigkeiten bemühen. Das jeweilige Setting ist in seiner räumlich-materiellen Qualität mit entscheidender Bedingungszusammenhang für die Erklärung und Entstehung von erschwerten Lernsituationen.

Das Stichwort vom "Spielen und Lernen mit allen Sinnen" macht die Runde in Kindertageseinrichtungen und Schulen, da der soziale Wandel in der Nachkriegsgeschichte die Lebensbedingungen von Kindern, Jugendlichen und Familien nachhaltig verändert hat. Die verschiedenen Kanäle des Lernens sollen angesprochen werden, um allen Kindern und Jugendlichen einen Zugang zu Gegenständen und Elementen unserer Kultur zu ermöglichen. Auch erschwerte Lernsituationen zeichnen sich aus durch bestimmte Möglichkeiten an leiblich-sinnlicher Erfahrungsvielfalt, deren Eingeschränktheit möglicherweise mit verantwortlich für das Zustandekommen der Lernschwierigkeiten war (→ *Leiblichkeit*). Es gilt diese ebenfalls unter Diagnose- und Förderungsaspekten wahrzunehmen. Schließlich sollten wir uns bei aller Notwendigkeit zur erwachsenenbestimmten Analyse der erschwerten Lernsituation nicht darüber hinwegtäuschen, daß mit unserer Betrachtungsweise nur ein Bezugspunkt der Lernsituation konstituiert ist. Wir haben uns in gleicher Weise um die Erfassung der Sichtweise der Kinder und Jugendlichen auf der Basis jeweiliger Kompetenzen in diesen Lernsituationen zu bemühen und müssen unter normativem Aspekt sogar dafür Sorge tragen, daß sie Gelegenheit erhalten, ihre Perspektiven mit in die Lernsituation einbringen zu können (→ *Perspektivität*).

Lernbehinderung unter situationalem Aspekt zu erfassen, bedeutet so letztlich, die gesamte Vielschichtigkeit der personalen, sozialen und ökologischen Ebenen von Spiel- und Lernsituationen zu berücksichtigen. Pädagogische Situationen, die integrative Qualität haben sollen, sind ebenfalls in ihrer personalen, sozialen und ökologischen Struktur beobachtend zu analysieren und handelnd zu gestalten. Behinderung konstituiert sich in der situationalen Perspektive immer aus einem vielschichtigen Bezug des einzelnen zur Lebenswelt, als Behinderung bezogen auf spezifische Situationen. Pädagogische Situationen sind somit selbst Bestandteil von Behinderungsprozessen, indem sie die Abweichung von einer Leistungsnorm sichtbar machen und im Rahmen defizitorientierter Diagnostik und Förderung stigmatisieren. Nehmen wir jedoch Kinder und Jugendlicher mit einer bestimmten Schädigung zunächst einmal in ihrer leiblichen Situationalität wahr und bemühen uns um eine möglichst weitgehende Einklammerung unserer wertenden Perspektive, so werden in dieser deskriptiv-phänomenologischen Einstellung Kinder und Jugendliche sichtbar, die im Verhältnis zu spezifischen Situationen über spezifische Kompetenzen verfügen. Erst diese Einklammerung etikettierender Prozesse, die auch die professionelle heilpädagogische Perspektive potentiell erst einmal konstituieren muß, öffnet den Blick auf die individuelle Differenz menschlicher Kompetenzstrukturen, ohne daß defizitäre Verkürzungen gleichsam *a priori* unser Bild von Kindern und Jugendlichen reduzieren. Integrationspädagogik hat aufbauend auf ökophänomenologischen Reflexionen die Aufgabe, diese Kompetenzen bei Kindern und Jugendlichen im Verhältnis zu situationalen Anforderungen zu diagnostizieren und in pädagogische Situationsgestaltungen einzubringen. Neben personalen Elementen, die die Individualität der Lern- und

Abb. 1: Strukturmerkmale erschwerter Lernsituationen

Leiblichkeit — Perspektivität — Dinglichkeit

erschwerte Lernsituation

Räumlichkeit — Historizität — Sozialität

Entwicklungsprozesse des einzelnen verdeutlichen und sozialen Elementen, die die dialogische Struktur des pädagogisches Prozesses enthalten, gilt es im wesentlichen *integrative Lern- und Entwicklungssituationen* zu gestalten, die über die personal-soziale Ebene hinaus den gesamten ökologischen Kontext in den Blick nimmt. Kinder und Jugendliche mit einer Behinderung müssen aus ökophänomenologischer Sicht also in Situationen versetzt werden,

- in denen sie ihre *personale Identität* entfalten können,
- in denen ihnen *soziale Partizipation* in lebensweltlichen Zusammenhängen ermöglicht wird und
- in denen sie ihr *leiblich-sinnliches Zur-Welt-Sein* als eigenständige Perspektive einbringen können.

Integrationspädagogik als Gestaltung von integrativen Lern- und Entwicklungssituationen unter ökologischem Aspekt wird somit konzipierbar als problembezogene Perspektive, die immer dann angezeigt erscheint, wenn personale, soziale oder ökologische Teilhabe einzelner an pädagogischen Situationen erschwert und gefährdet ist oder zu scheitern droht. *Integrative pädagogische Diagnostik* erfaßt in diesem Modell immer die gesamte Vielfalt des menschlichen Situationsbezuges, bezieht sich also weiterhin auf die methodisch abgesicherte Feststellung von individuellen Lern- und Entwicklungskompetenzen und -prozessen etwa durch struktur- und prozeßbezogene Arrangements von Förderdiagnostik (KORNMANN/MEISTER/SCHLEE 1983). Sie bedarf jedoch ebenso der Reflexion ihres intersubjektiven Kontextes, indem sie individuelles Verhalten im sozialen Zusammenhang beobachtet und sowohl die kindorientierten in der Gruppe der Gleichaltrigen als auch die erwachsenenbezogenen Interaktionen mit Eltern und PädagogInnen in den diagnostischen Prozeß mit aufnimmt. Schließlich erfordert integrationspädagogische Diagnostik eine Variation ihres ökologischen Kontextes, indem sie neben Regelkindergarten, Frühförderstelle, Regelschule und Sondereinrichtungen auch Elternhaus und freizeitbezogene Situationsanalysen zum einzelnen Kind unternimmt. *Integrative Didaktik und Methodik* hat schließlich aus ökophänomenologischer Sicht die intentionale Situationsanalyse unter dem Aspekt ihrer handlungsbezogenen Gestaltung zum Gegenstand. Mit THIERSCH (1986, 167) müssen Lern- und Entwicklungssituationen im Anschluß an BLOCH immer als Situationen des Werdens konzipiert sein, in denen nicht fertige Problemlösungen vorzulegen sind, sondern eine Lernumwelt bereitsteht, die eine möglichst selbsttätige Problemlösung durch Kinder und Jugendliche in und an konkreten Segmenten ihrer Lebenssituationen erlaubt. Besonders die Projektmethode scheint aus den bisher vorliegenden Erfahrungen in Integrationsklassen vielfältige Anknüpfungspunkte zur Realisierung dieser integrationspädagogischen Aufgabenstellung anzubieten. Die Projektmethode als Unterrichtsveranstaltung zur weitgehend sellbsttätigen Lösung von selbstgewählten Problemstellungen in kleinen Lerngruppen vermittelt zwischen lebenswelt- und kindorientierten Bezugspunkten der didaktischen Reflexion und erlaubt so die Einbeziehung der Lebenssituation in den Unterricht unter Berücksichtigung des Bedürfnisses der SchülerInnen nach Selbsttätigkeit (vgl. HEIMLICH 1993c, RAMSEGER 1992).

3.4 Phänomenologie integrativer Spielsituationen

Auf dem Hintergrund der phänomenologischen Situationstheorie und ihrer unterschiedlichen Ausprägungen kann nun abschließend die Vielschichtigkeit integrativer Spielsituationen erörtert werden. Vom ökophänomenologischen Ergebnis der Darstellung phänomenologisch-pädagogischer Konzeptionen ausgehend sind integrative Spielsituationen auf der Basis eines ökologischen Situationsbegriffes zu entfalten. Der dabei hervorzuhebende ökologische Aspekt umgreift sowohl soziale als auch personale Aspekte. Die im folgenden zu beschreibende Phänomenologie integrativer Spielsituationen enthält eine zunehmende Komplexität der Perspektive, die von personalen Aspekten ausgehend über die sozialen zu den ökologischen Aspekten hinführt. Integrative Spielsituationen sind weiter oben als solche Situationen definiert worden, in denen alle Kinder unabhängig von ihren Fähigkeiten die Chance zur Teilnahme am gemeinsamen Spiel haben. Dieser vorläufige Definitionsansatz kann nun auf der Basis der konzeptionellen und wissenschaftstheoretischen Analyse konkretisiert werden. In diesem Zusammenhang meint Phänomenologie weniger ein auf ideale Wesensschau gerichtetes philosophisches Erkenntnisinteresse, sondern vielmehr eine Philosophie der Erfahrung, die das Konzept der integrativen Spielsituation in sein lebensweltliches Fundament einbindet und als konkretes Segment einer qualitativ veränderten Erziehungswirklichkeit der pädagogischen Förderung von Kindern mit einer Behinderung im Elementarbereich des Bildungswesens betrachtet. Personale, soziale und ökologische Aspekte erscheinen im Zuge dieser Analyse als jeweils zu verändernder Standort dieser Betrachtung. Aus phänomenologischer Sicht steht deshalb die Perspektivität der erziehungswissenschaftlichen Durchdringung integrativer Spielsituationen im Vordergrund.

3.4.1 Personale Aspekte integrativer Spielsituationen

Betrachten wir integrative Spielsituationen aus dem Blickwinkel des Kindes mit einer Behinderung, so zentrieren wir unsere Aufmerksamkeit für einen exemplarischen Moment in der personalen Perspektive von Situationen. In dieser Sichtweise wird deutlich, auf welche Weise die der Behinderung zugrundeliegende Schädigung subjektiv verarbeitet wird, wie das einzelne Kind, mit dieser Beeinträchtigung umgeht und sie bewältigt. In diesem Prozeß der internen Auseinandersetzung mit dem Problemgehalt seiner Lebenssituation entwickelt das Kind auf einzigartige Weise eine Form der Lösung der jeweils gestellten situationalen Aufgaben, die seine Personwerdung mit beeinflussen. Es ist unverwechselbar in der Art und Weise der Bewältigung der Situationsproblematik, entwickelt einen produktiv-reproduktiven Bezug zu seiner Lebenswelt, der ihm sowohl konventionelle als auch kreative Umgangsformen mit seiner Schädigung oder Beeinträchtigung im Sinne von LANGEVELD ermöglicht. Es ist von daher keineswegs selbstverständlich, daß jede Schädigung oder Beeinträchtigung zu einem behinderten Person-in-Situation-Sein führt. Gerade die kreativen Anteile in der personalen Verarbeitung von Schädigungen und Beeinträchtigungen enthalten die Chance zum Entwurf von Bewältigungsstrategien, die sich mit vorhandenen Handlungstypologien in Einklang bringen lassen, nicht als Abweichung von der Norm auftreten und keine Behinderung nach sich ziehen. Zugleich wird das Kind durch die produktiven Aspekte seiner Situationsbewältigung vor einer bloßen Anpassung an die Situation geschützt. Indem es seine personale Unverwechselbarkeit ausprägt, wird eine Integration, die die Personalität des Kindes unberücksichtigt läßt, verhindert. Integration - so wird bereits in personaler Perspektive deutlich - darf nicht als nahtloses Aufgehen einzelner in der Situation fehlinterpretiert werden. Immer ändert sich zugleich die Situation selbst durch das Eintreten eines Kindes mit einer Schädigung oder Beeinträchtigung und seinen kreativen Bewältigungsformen. Integration, die das Ziel der Menschwerdung des Menschen im Sinne einer mündigen, zur Selbstbestimmung fähigen Person außer acht ließe, wäre nichts weiter als Anpassung an Gegebenes und würde im reproduktiven Lebensweltbezug verharren. Sicherlich sind diese reproduktiven Integrationsprozesse real vorfindbar. Unter normativem Aspekt bleiben sie jedoch hinter der Chance produktiver Integrationsprozesse zurück, die die gesamte Situation des Kindes mit einer Behinderung kreativ verändern und nicht nur das einzelne Kind fähig machen zur Teilhabe an der Gemeinschaft. *Integrationsfähig* im produktiv-reproduktiven Lebensweltbezug hat somit *nicht nur das Kind in seiner Personalität,* sondern ebenso *seine gesamte Lebenssituation* zu sein, einschließlich der pädagogisch-institutionellen Ausprägungen dieser Lebenssituation.

Integrative Spielsituationen kommen nun *in personaler Perspektive* immer dann zustande, wenn alle Kinder auf der Basis ihrer je spezifischen Kompetenzen - und eben auch die Kinder mit einer Behinderung - am gemeinsamen Spiel in Familie, Tageseinrichtung, Schule und Wohnumfeld in der Weise partizipieren können, daß *neben der reproduktiven Einordnung des einzelnen Kindes in die Spielsituation die produktiven Anteile jedes Kindes an der Situationsgestaltung erfahr-*

bar werden. Unter spielpädagogischem Aspekt ist also darauf zu achten, daß alle Kinder ihre produktiv-reproduktiven Lösungsansätze des Problemgehaltes der jeweiligen Spielsituation in den Umgang mit anderen einbringen können. Dazu bedürfen sie der Unterstützung, Anregung und Begleitung durch die SpielpädagogInnen als VertreterInnen der erwachsenen Generation ebenso wie der gegenwirkenden und verhütenden Grundformen pädagogischen Handelns im Sinne von SCHLEIERMACHER. Prüfstein für das Gelingen integrativer Spielprozesse ist demnach in personaler Perspektive die *Erfahrung des produktiven Anteils von Kindern mit einer Behinderung an der Gestaltung der Spielsituation.*

3.4.2 Soziale Aspekte integrativer Spielsituationen

Eine radikal personalistische Perspektive integrativer Spielsituationen würde letztlich die Auflösung des Situationsbezuges nach sich ziehen und Behinderung bzw. Integration als Prozesse des Umgangs mit Schädigungen und Beeinträchtigungen in die Einsamkeit des Bei-sich-Seins verweisen. Diese Radikalisierung ist jedoch nicht durchführbar. Die gesamte Personwerdung in der Entwicklung des Kindes mit einer Behinderung steht von der Geburt an (und wie wir inzwischen aus der pränatalen Psychologie wissen auch schon vor der Geburt) unter dem Eindruck einer sozialen Umwelt. Die Personwerdung dieses Kindes ist als dialogisches Geschehen zu begreifen. Das Kind mit einer Behinderung nimmt sich selbst schon nicht unabhängig von einer sozialen Umwelt als abweichend wahr. Dazu bedarf es der leiblichen Anwesenheit des Anderen, in dessen Perspektive es sich selbst wahrnimmt. Selbst- und Fremdwahrnehmung sind so bereits reziprok aufeinander bezogen. Wir dürfen jedoch keinesfalls von einer Symmetrie des dialogischen Bezuges ausgehen. Auch das Kind mit einer Behinderung wird zwar am Du zum Ich, wie BUBER sagt. Doch dieses Ich wird anders wahrgenommen als das Du. Mein Leib ist es, der sein leibliches Gegenüber sinnlich erfahrbar macht als den Anderen und auch den Fremden oder Vertrauten. Aber in der Interaktion, während ich mich bewegend oder sprechend an den Anderen richte, nehme ich mich zugleich als Bewegenden und Sprechenden selbst wahr. Diese Selbstwahrnehmung habe ich dem Anderen voraus. Seine Fremdwahrnehmung kann demgegenüber nur eine reduzierte Perspektive repräsentieren und auch die Selbstwahrnehmung ist nicht vollständig durchführbar, da ich es selbst bin, der sich betrachtet. Die Perspektiven von Ich und Du sind deshalb zwar aufeinander bezogen, aber wir können sie nicht ineinander auflösen. Es gilt sie ineinander zu übersetzen und miteinander zu verknüpfen. Sie bleiben als eigenständige Perspektiven bestehen und sind doch miteinander verwoben, ohne miteinander zu verschmelzen. Dies wäre die gegenüberliegende Extremposition einer Auflösung der Person in die Sozialität. In dem Moment, wo die Perspektiven von Ich und Du ununterscheidbar ineinander aufgehoben sind, würde die personale Idenität in der sozialen aufgehen und sich ein kollektives Bewußtsein der reproduktiven Anpassung an Bestehendes etablieren, ein soziales Phänomen, dem wir sicher ebenfalls begegnen können. In kritisch normativer Intention muß jedoch das Spannungsverhältnis zwischen personaler und sozialer Identität, zwischen Ich und Du erhalten bleiben, wollen wir nicht die Menschwerdung des Menschen im Sinne von Mündigkeit als konkret-utopischen Entwurf personaler Entwicklung aufgeben. Ich und Du sind zweifellos aufeinander bezogen, aber dieser dialogische Bezug kann weder als symmetrisches noch als ineinander auflösbares Verhältnis der Perspektiven gedacht werden.

Für die Prozesse der Behinderung und Integration hat dies die bekannten Konsequenzen bezüglich ihrer sozialen Konstitution. Das behinderte Person-in-Situation-Sein wird hier erfahrbar als intersubjektives Geschehen. Personale Bewältigungsformen von Schädigungen und Beeinträchtigungen sind demnach niemals für sich isoliert zu betrachten. Immer ist zugleich der Andere anwesend, dem ich ein Stück meines Selbst-Bewußtseins verdanke und dem ich ein Stück seines Selbst-Bewußtseins liefere. Etikettierung abweichenden Verhaltens als "behindert" und Stigmatisierung der Leib-Subjekte dieses Verhaltens mit der Konsequenz der sozialen Ausgrenzung nehmen bereits Teil an einer behinderten Personwerdung. Identitätsbildung wird somit nicht nur in der personalen Bewältigung erschwert, sondern ebenfalls in der sozialen Teilhabe. Der Versuch von Kindern mit einer Behinderung, identisch zu sein, sich als eigenständige Person in der Situation zu präsentieren und dabei personale sowie soziale Identitätsanteile auszubalancieren, trifft insgesamt auf Erschwernisse. Diese Situationserschwernisse sind kritisch daraufhin zu überprüfen, inwieweit sie die Bedingungen für eine Identitätsbildung noch bieten. Die Möglichkeit der Identitätsbildung im produktiv-reproduktiven Lebensweltbezug gerät also zum Prüfstein der sozialen Integration von Kindern mit einer Behinderung. Der produktive Anteil der Kinder mit einer Behinderung an der Gestaltung ihrer Lebenssituation besteht im Sinne einer weiteren Konkretisierung in der Ausbalancierung personaler und sozialer Identität, in der Fähigkeit, so sein zu können wie andere und zugleich ein Selbst zu sein.

Für die integrative Spielsituation bedeutet diese Erweiterung der phänomenologischen Perspektive unter sozialem Aspekt nun, daß wir die Chance zur Identitätsbildung im gemeinsamen Spiel genauer kennzeichnen müssen. *Integrativ* können wir eine *Spielsituation* dann nennen, wenn sie *für alle Kinder die Chance bietet, personale und soziale Identität* im Sinne von KRAPPMANN *auszubalancieren*, am gemeinsamen Spiel durch die Übernahme der Perspektive der anderen teilzunehmen und dabei die jeweils eigenen Perspektiven in die Spielsituation mit einzubringen und weiterzuentwickeln. In der leiblichen Fundierung dieses gemeinsamen Spiels kommt zusätzlich die Vorstellung zum Ausdruck, daß die Gemeinsamkeit von Kindern mit und ohne Behinderungen in ihrer leiblichen Situationalität bereits ursprünglich gegeben ist und sich im sozialen Spielprozeß nur weiter ausdifferenziert. In einem ursprünglichen, leiblichen Sinne sind wir bereits integrativ aufeinander bezogen. Die Intersubjektivität von Kindern mit und ohne Behinderungen ist in der Zwischenleiblichkeit schon angelegt. Erst die Herausbildung separierender Situationsgestaltungen mit getrennten Spielsituationen für Kinder mit und für Kinder ohne Behinderungen teilt in der sozialen Perspektive diese ursprüngliche, leiblich vermittelte Gemeinsamkeit. Das gemeinsame Spiel von Kindern mit und ohne Behinderungen ist somit potentiell bereits im leiblichen Zur-Welt-Sein als integratives angelegt. Erst die konkrete Lebenssituation im soziokulturellen Rahmen prägt unterschiedliche Grade der Integration und Separation konkret aus und erfordert so als Reaktion auf behindernde soziale Prozesse erneut die bewußte Intendierung von Integration.

3.4.3 Ökologische Aspekte integrativer Spielsituationen

Personale und inter-personale Elemente des behinderten Person-in-Situation-Seins sind uns bereits im Felde einer phänomenologischen Betrachtung integrativer Spielsituationen begegnet. Die leibliche Fundierung des Dialogs zwischen Kindern mit und ohne Behinderungen weist aber über diese Ebenen hinaus auf einen Lebensweltbezug hin, der die gesamte leiblich-sinnliche Erfahrungsvielfalt des kindlichen Zur-Welt-Seins zum Gegenstand hat. Ein produktiv-reproduktiver Lebensweltbezug zieht im Sinne von WALDENFELS die gesamte leibliche Situation der Kinder mit eine Behinderung in Mitleidenschaft. Nicht nur die Identitätsbildung wird hier als produktiver Anteil einzelner Kinder an der Situationsgestaltung sichtbar. Produktivität im Umgang mit der Lebenssituation entfalten Kinder mit Behinderungen auch im kreativen Umgang mit der erreichbaren dinglichen Struktur dieser Situation. Das Spiel selbst kann uns hier als Beleg für einen solchen kreativen Anteil des Kindes mit einer Behinderung an der Lebenswelt dienen, zeigt es doch, daß in der natürlichen Einstellung der Kinder zu ihrer materiellen Spielumwelt neue Sinngebungen und Bedeutungszuweisungen vertraute Gegenstände in einem veränderten Licht erscheinen lassen. Vorgegebene Nutzungsmöglichkeiten werden von Kindern häufig nicht als verbindliche angesehen und im Spiel phantasievoll in andere Zusammenhänge gestellt - sicherlich in Abhängigkeit vom Schweregrad der Schädigung bzw. Beeinträchtigung. Gleichzeitig bleibt jedoch der Bezug zur sinnlichen Qualität dieses Gegenstandes erhalten. Das Spannungsverhältnis zwischen personaler und inter-personaler Bedeutung läßt sich nicht auflösen, es sei denn um den Preis eines Verzichtes auf phantasievolle Umdeutungen von Gegenständen (was gemeinhein als Phantasiearmut etikettiert würde) oder um den Preis eines endgültigen Verbleibens im Reich der Phantasie (was wiederum als Form psychopathologischen Verhaltens angesehen würde). *Spiel* ist offensichtlich im Sinne von BUYTENDIJK immer *ein spielerisches Hin und Her zwischen Spiel- und Lebenssituation* oder zwischen unverbindlicher und offener Sinngebung, wie LANGEVELD sagt. Im unmittelbar leiblichen Bezug auf die dingliche Qualität der sozialen Umwelt erscheint darüber hinaus von Bedeutung, daß Kinder mit Behinderungen sehr direkt mit der sinnlichen Erfahrungsvielfalt von Gegenständen konfrontiert sind und ihre personale und soziale Entwicklung in engem Bezug zu den Erfahrungsmöglichkeiten steht, die die für sie erreichbaren Gegenstände bieten. Behindertes Person-in-Situation-Sein wird zudem als räumliche Relation zwischen Personen und Dingen konkret. Prozesse der Behinderung sind aus dieser Perspektive auf ihren topologischen Gehalt hin zu befragen. Neben der Frage nach dem Schweregrad einer Behinderung, der personalen Belastung durch eine Schädigung oder Beeinträchtigung und den Erschwerungen für die Identitätsbildung der Betroffenen gilt es v.a. zu klären, wo, in welchen räumlichen Zusammenhängen, in welcher räumlich-dinglichen Situation Behinderung virulent wird. Behinderung erscheint in dieser Sichtweise keineswegs als durchgängig vorhandenes, personales Merkmal, das die Identitätsbildung in jedem Fall erschwert, sondern als situational variables Phänomen. Die lernbehinderten Erwachsenen erreichen beispielsweise nach Ablauf der Schulpflicht vielfach eine Lebenssituation, in der Behinderung nicht mehr erfahrbar ist, auch wenn diese Zielvorstellung der sozialen Integration gegenwärtig immer häufiger durch Erschwerungen durch Arbeitslosigkeit und unzureichende berufspädagogische Förderung gefährdet ist. Ebenso gilt, daß SchülerInnen mit Schwierigkeiten des Schriftspracherwerbs in der Freizeitsituation z.B. beim Fußballspiel im Sportverein - also weitgehend unabhängig von der schriftsprachlichen Anforderungssituation - durchaus in ihrer situationalen Teilhabe an der Gemeinschaft nicht beeinträchtigt sind. In der räumlich-dinglichen Konkretion behindernder und integrativer Prozesse wird die Relativität von Behinderung sichtbar, die letztlich für die Schwierigkeit des definitorischen Zugriffs im Felde der Heilpädagogik mit verantwortlich ist. Auch die biographische Dimension des behinderten Person-in-Situation-Seins als chronologische Ebene der situationalen Variabilität von Behinderung und Integration klingt dabei bereits an. Insbesondere für Schwierigkeiten des Lernens und allgemeine Entwicklungsschwierigkeiten gilt die unterschiedliche Bedeutung von Beeinträchtigungen in Abhängigkeit von der jeweiligen biographischen Situation. So kann ein als lernbehindert eingestuftes und in die Sonderschule für Lernbehinderte aufgenommenes Kind im Lebensabschnitt vor der Schule bis zum Alter von 6 Jahren häufig kaum in seiner Entwicklungsproblematik erkannt werden und ist somit zunächst von Ausgrenzungen nicht betroffen. Gerade beim Übergang in die Berufsbildung erscheint demgegenüber die Behinderung im Sinne einer eingeschränkten Zugänglichkeit der gewünschten Ausbildungsberufe besonders bedrückend. Behinderung und Integration unter ökologischem Aspekt zu betrachten hat demnach eine topologische und chronologische Konkretion zur Folge, die Personwerdung und Identitätsbildung an ihrem räumlich-dinglichen Erscheinungsort festmacht und in ihrer historisch-biographischen Wandelbarkeit verdeutlicht.

Integrative Spielsituationen werden nun aus ökologischer Sicht erst dann konkret bestimmbar, wenn *alle Kinder auf der Basis ihrer jeweiligen Fähigkeiten, Personwerdung, Identitätsbildung und leiblich-sinnliche Erfahrungsmöglichkeiten im gemeinsamen Spiel realisieren können.* Dazu ist es erforderlich, die Spielsituation als produktive Situation zu gestalten und auf Offenheit hin auszulegen, damit alle Ansprüche tatsächlich zum Zuge kommen können. Personale und soziale Perspektiven der integrativen Spielsituation zentrieren unsere Aufmerksamkeit nur in unterschiedlichen Situationselementen, einmal beim einzelnen Kind mit einer Behinderung und zum anderen in der dialogischen Beziehung des Kindes. Erst die ökologische Perspektive dezentriert unseren Blick auf die ganze Bandbreite des behinderten Person-in-Situation-Seins. Die *Offenheit der Situation* ist von daher sowohl als personale und soziale wie auch als ökologische Bedingung der Möglichkeit von Integration der Kinder mit einer Behinderung und daher als Weg und Ziel pädagogischer Förderung anzusehen. Integrative Spielpädagogik erfordert die Besinnung auf solche Situationsgestaltungen, die Offenheit gewährleisten für personale Identitätsbildung in sozialer und leiblich-sinnlicher Partizipation. *Integrative Spielsituationen* sind von daher in personal, sozialer und ökologischer Hinsicht *als offene, produktive und werdende Situationen zu gestalten*, die die Chance zur phantasievollen Umgestaltung der Lebenswelt für alle TeilnehmerInnen enthalten. Integrative Spielpädagogik unter ökologischem Aspekt hat demnach genauer zu bestimmen, wie diese offenen, produktiven und werdenden Spielsituationen zu schaffen sind.

3.5 Integrative Spielförderung aus phänomenologischer Sicht (Zusammenfassung)

Mit Hilfe der unterschiedlichen Ausprägungen des Situationsbegriffes innerhalb der phänomenologischen Pädagogik ist eine ökologische Erziehungstheorie möglich, die im Unterschied zu systemtheoretischen Ansätzen auf situationstheoretischen Ergebnisse fußt. Sowohl die Lernbehindertenpädagogik als auch integrationspädagogische Konzeptionen sind aus einem ökologischen Situationsbegriff heraus bestimmbar als situationsorientierter Ansatz. Lernbehinderung wird in diesem Zusammenhang als erschwerte Lernsituation definiert und über die Merkmale Historizität, Sozialität, Räumlichkeit, Dinglichkeit, Leiblichkeit und Sozialität konkret beschrieben. Damit ist eine über personale und soziale Aspekte von Lernschwierigkeiten ausgeweitete Theorieperspektive eröffnet, die als ökologische zu kennzeichnen ist. Integrativ sind solche Spielsituationen zu nennen, in denen personale Identität, soziale Partizipation und leiblich-sinnliches Zur-Welt-Sein möglich ist. Unter integrationspädagogischem Aspekt gilt es folglich integrative Spielsituationen als offene, werdende und produktive Situationen für alle Kinder zu gestalten. Aufgabe integrativer Spielförderung in unterschiedlichsten Handlungsfeldern wäre somit aus ökophänomenologischer Sicht die Gestaltung integrativer Spielsituationen als offene Situationen.

Literaturempfehlungen:

BLEIDICK, U. (1988): Betrifft Integration: behinderte Schüler in allgemeinen Schulen. Konzepte der Integration: Darstellung und Ideologiekritik. Berlin: Marhold, 1988

BRONFENBRENNER, U. (1989): Die Ökologie der menschlichen Entwicklung. Natürliche und geplante Experimente. Hrsg. v. K. Lüscher. Frankfurt a.M.: Fischer, 1989 (Originalausgabe: 1979, Erstausgabe: 1981)

EBERWEIN, H. (Hrsg.)(1990): Behinderte und Nichtbehinderte lernen gemeinsam. Hb. d. Integrationspädagogik. Weinheim u. Basel: Beltz, ^{2}1990

LIPPITZ, W./MEYER-DRAWE, K. (Hrsg.)(1987): Kind und Welt. Phänomenologische Studien zur Pädagogik. Frankfurt a.M.: Athenäum, ^{2}1987

MEINERTZ, F./KAUSEN, R./KLEIN, F. (1992): Heilpädagogik. Eine Einführung in pädagogisches Sehen und Verstehen. Bad Heilbrunn: Klinkhardt, ^{8}1992

SANDER, A. (1985): Zum Problem der Klassifikation in der Sonderpädagogik: Ein ökologischer Ansatz. In: Vierteljahresschrift für Heilpädagogik und ihre Nachbargebiete. 54 (1985) 1. S. 15-31

SPECK, O. (1991): System Heilpädagogik: eine ökologisch reflexive Grundlegung. München, Basel: E. Reinhardt, ^{2}1991

THIERSCH, H. (1986): Die Erfahrung der Wirklichkeit. Perspektiven einer alltagsorientierten Sozialpädagogik. München, Weinheim: Juventa, 1986

4.0 SPIELPÄDAGOGIK ALS INTEGRATIONSPÄDAGOGIK

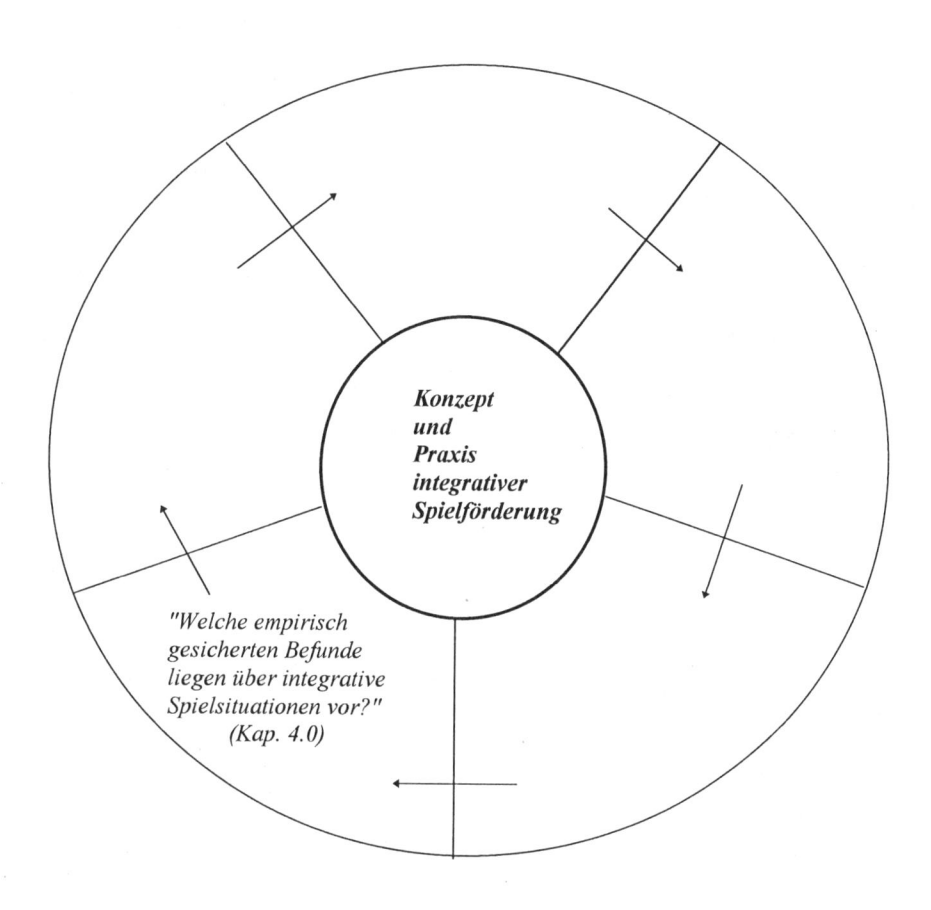

Konzept und Praxis integrativer Spielförderung

"Welche empirisch gesicherten Befunde liegen über integrative Spielsituationen vor?" (Kap. 4.0)

Dieses Kapitel gibt einen Überblick über ...
- ... die Bedeutung des Spiels im Rahmen präventiver Maßnahmen.
- ... das Verhältnis von Spiel und Integration.
- ... Forschungsergebnisse zu integrativen Spielsituationen.

> "...; daß der Mensch zum Bewußtwerden, zur Vernunft seines Wesens durch Tun und Denken, Darstellen und Erkennen nach dem Grundgesetz aller Entwickelung - der Entwicklung der Einheit zur Mannigfaltigkeit, oder der Mannigfaltigkeit aus der Einheit - ... kommen soll."(FRÖBEL 1965, 11)

Die Phänomenologie bietet also neben anderen möglichen Theorieansätzen (z.B. systemtheoretischen Reflexionen) die Grundlage für eine weiterführende Diskussion auf dem Gebiete integrationspädagogischer Konzeptionen. Im Mittelpunkt einer solchen lebensweltorientierten Debatte steht zumindest bezogen auf die Altersgruppe der Null- bis Sechsjährigen das Spiel, das gleichsam zwischen lebensweltlicher Verbundenheit und pädagogischer Inszenierung hin- und herschwankt und auch in der jeweiligen Bildungs- und Erziehungseinrichtung als Rückbezug und Zugang zur Lebenswelt fungiert. Im folgenden gilt es nun, diese spielpädagogische Grundlegung im Felde der vorhandenen heilpädagogischen Konzeptionen, die das Spiel auf je verschiedene Weise thematisieren, zu verorten.

Strukturell richtet sich der Gang der integrationspädagogischen Reflexionen im weiteren an 3 Ebenen aus. Zunächst ist es erforderlich, den Zusammenhang von *Spiel und Intervention* insgesamt auszuloten, um nachzuweisen, daß eine Einflußnahme Erwachsener auf kindliches Spiel im Felde spielpädagogischen Handelns überhaupt Effekte zeitigt. Diese Fragestellung hat ihren Grund insbesondere in solchen Untersuchungsbefunden, die aufzeigen, daß keineswegs selbstverständlich von einer Beeinflussung des kindlichen Spiels durch ökologische Variablen auszugehen ist und die v.a. im Gegensatz zu monokausalen Wirkungszusammenhängen deutlich machen, daß Spiel ebenfalls stattfinden kann trotz widriger Umstände und unter ungünstigen Bedingungen. Dies bedingt auch eine vorsichtige Prognose von spielpädagogischen Effekten, da sich angesichts der Qualität dieser kindlichen Tätigkeit vorprogrammierte Übungseinheiten und fremdbestimmte Lernsequenzen von selbst verbieten. Im Rahmen heilpädagogischer Überlegungen hat das kindliche Spiel besonders in der Frühförderung und in außerschulischen Handlungsfeldern seinen Platz. Aus diesem Grunde soll auf einer zweiten Ebene der Zusammenhang von *Spiel und Prävention* im Rahmen der vorliegenden Literatur erörtert werden. Dabei ist in kritischer Absicht zu klären, inwieweit die Thematisierung des kindlichen Spiels im Bereich der Frühförderung von defizitorientierten Modellen der Spieltätigkeit Behinderter

Abstand nimmt und sich auf den Entwicklungsstand der spielpädagogischen Diskussion im internationalen Maßstab bezieht. Es gilt insbesondere die Frage zu klären, wie sich Behinderung als "intervenierende Variable" des spielpädagogischen Prozesses konstituiert und ob sich aus dem Umgang mit behinderten Kindern eigenständige spielpädagogische Handlungsformen generieren lassen. Schließlich soll abschließend in einer typisierenden Betrachtungsweise aufgezeigt werden, welche spielpädagogischen Handlungsformen in der Integrationspädagogik entwickelt werden. Der Zusammenhang von *Spiel und Integration* erschließt sich allerdings im wesentlichen über den internationalen Forschungsstand, so daß hier v.a. ein Rückgriff auf die englischsprachigen Untersuchungen geleistet werden muß, der die Forschungsübersicht aus Kap. 2.3 unter qualitativ-inhaltsanalytischem Aspekt weiterführt.

4.1 Spiel und Intervention

Wenn wir uns nun spielpädagogischen Reflexionen im engeren Sinne zuwenden, so betreten wir keineswegs ein in sich abgeschlossenes, fundiertes und gut abgegrenztes Teilgebiet der Erziehungswissenschaften. Die von FRITZ (1991) in die Diskussion eingebrachte radikale, an die wissenschaftstheoretischen Wurzeln gehende Frage "Was ist Spielpädagogik?" kann beim gegenwärtigen Entwicklungsstand des Fachgebietes keineswegs konsensfähig beantwortet werden. Lösungsansätze variieren zwischen den Polen einer vollkommenen Trennung von Spiel und Pädagogik auf der einen und einer vollkommenen Verschmelzung der beiden Phänomene auf der anderen Seite und versuchen das jeweilige Modell durch theoretisch begründete Sichtweisen zu legitimieren. Erst in jüngster Zeit beginnt sich das forschungsmethodische Interesse auf die Möglichkeiten von Spielstimulierung, -förderung und -intervention auszuweiten, so daß auf diesem Wege empirisch fundierte Aussagen über die Chancen von Interventionen Erwachsener in das kindliche Spiel und deren tatsächliche Effekte denkbar sind.[1]

Bereits der Terminus "Spielpädagogik" dürfte schon ausgesprochen umstritten sein. EINSIEDLER (1991, 144 u. 1993) vermeidet ihn fast vollständig und zieht den Begriff der "Spielförderung" vor. Er weist nach, daß das "Nichteingreif-Konzept" (ebd.) in der Spielpädagogik bis hinein in die fünfziger Jahre im deutschen Sprachraum gültig war und auf reifungstheoretischen Annahmen

---

[1] Unter Intervention werden im weiteren in Abweichung von ausschließlich therapeutischen und entwicklungspsychologischen Begriffsverwendungen alle Tätigkeiten des Erwachsenen zusammengefaßt, die auf das kindliche Spiel einzuwirken versuchen. Intervention ist also hier als Sammelbezeichnung zu verstehen.

beruhte. Im Werk von HETZER zeigt EINSIEDLER den Wandel der spielpädagogischen Grundannahmen auf, die schließlich in einem Modell der indirekten und direkten Spielführung zusammenlaufen (a.a.O., 145). HETZER (1967, 9f.) geht von einer Beeinflussung des kindlichen Spiels durch kulturelle Faktoren aus, da das Spiel im wesentlichen als Auseinandersetzung mit der Umwelt anzusehen sei und überwindet so den reifungstheoretischen Ansatz. Die Spielführung sei in der Hauptsache als mittelbare zu organisieren, die Spielzeiten und Spielräume gewährleiste (a.a.O., 41f.), während die unmittelbare Spielführung bei auftretenden Problemen im Spiel zum Tragen komme und für einen Fortgang des Spiels Sorge trage. Auch bei dieser direkten Intervention in das Spielgeschehen sei allerdings die Freiheit des Kindes im Spiel sicherzustellen. Freiheit und Bindung stünden in einem Spannungsverhältnis (a.a.O., 46ff.). Darüber hinaus betont EINSIEDLER die spielpädagogischen Konzeptionen von SMILANSKY (1968), in der eine Förderung des sozialen Rollenspiels auf verschiedenen Wegen durch Erwachsene erreicht wird, die ebenfalls die Dialektik von aktiver Gestaltung des Spiels und passiver Beobachtung aufzeigen. MERKER/RÜSING/BLANKE (1980) richten ihre spielpädagogische Konzeption in Zusammenhang mit dem Situationsansatz im Rahmen der Kindergartenpädagogik an der Gestaltung von Spielprozessen aus. Das Tätigkeitsmuster von SpielpädagogInnen bezeichnen sie in diesem flexiblen Unterstützungsmodell als "aktive Passivität" und bringen damit zum Ausdruck, daß spielpädagogisches Handeln sich zwischen Aktivität und Passivität hin- und herbewegt. Unter Rückbezug auf dialektische Denkansätze in der Allgemeinen Pädagogik u.a. bei LITT (1961), der nachweist, daß pädagogisches Handeln immer zwischen "Führen" und "Wachsenlassen" angesiedelt ist, ohne jedoch jemals einem dieser Pole ausschließlich zuzufallen, wird ein Grundmuster spielpädagogischen Handelns sichtbar, dessen dialektische Struktur gegenwärtig einen Minimalkonsens in der spielpädagogischen Diskussion repräsentieren dürfte (vgl. HEIMLICH 1993b).

Auf dem Hintergrund jüngerer Tendenzen in einer entwicklungspsychologischen fundierten Spielinterventionsforschung leitet EINSIEDLER die Aufgabenstellung einer "situationsbezogenen und gestaltenden Spielförderung" (a.a.O., 146) ab, die Kindern ermöglichen solle, von einfachen zu komplexeren Spielformen fortzuschreiten, ohne daß ein vorgefertigtes "Spielprogramm" durchgeführt würde. Als empirische Belege für diesen Entwurf werden Untersuchungen zu Eltern-Kind-Beziehungen vorgestellt, in denen bestimmte "Lehrtechniken" von Müttern ablesbar seien, die für die Förderung des Spiels ihrer Kinder bedeutsam waren. In diesem Zusammenhang ist gegenwärtig eine Konkretisierung spielpädagogischer Handlungsmuster erkennbar. Auf der Basis von Video-Analysen habe sich nach EINSIEDLER gezeigt, daß Mütter durch "Vormachen", "Hinweisreize geben", "Ein Handlungsgerüst bereitstellen ("Scaffolding")", "Den Einsatz erhöhen" und "Verbale Unterstützung" (EINSIEDLER 1991, 147f.) in der Lage sind, sehr effektiv kindliches Spiel zu unterstützen. Grundmuster der Spielförderung könnten somit aus der Eltern-Kind-Beziehung abgeleitet werden. EINSIEDLER faßt darüber hinaus die Forschungsergebnisse zu verschiedenen Spielformen dahingehend zusammen, daß Aufmerksamkeit und Anteilnahme des Erwachsenen für das kindliche Spiel, "Wertschätzung gegenüber bestimmten Spielformen" und die Bereitschaft zur sozialen Interaktion zu einer förderlichen Atmosphäre für kindliches Spiel im Elternhaus beitragen könnten (a.a.O., 149). Auch die "heilpädagogische Spielförderung" (a.a.O., 150), die angesichts schwerer "Spielstörungen" in Folge von "Entwicklungsstörungen" zum Einsatz komme, wird hier eingeordnet. Im Unterschied zur mittelbaren Spielführung ist demnach mit der Spielförderung bei EINSIEDLER eine direktere Form der Intervention in das kindliche Spiel benannt. Während des Freispiels im Kindergarten sei besonders darauf zu achten, daß Kinder auch anspruchsvolle Spielformen realisierten und starre geschlechtsspezifische Spielmuster vermieden (a.a.O., 151).

Wir haben bereits an anderer Stelle (HEIMLICH 1993b) auf die Konsequenzen der Spielinterventionsforschung im Bereich der Spielpädagogik allgemein hingewiesen. Dabei wird immer wieder auf die besonderer Bedeutung der emotionalen Qualität der Erwachsenen-Kind-Beziehung als Basis des spielpädagogischen Umgangs hingewiesen. Auch in der integrativen Spielförderung wäre somit sicherzustellen, daß der soziale Umgangs als Basis des Spielfördergeschehens sichergestellt ist. Wenn jedoch die zentrale Aussage von BUYTENDIJK (1933), daß "Spiel immer ein Spielen mit etwas" sei (und sicherlich meinte BUYTENDIJK hier auch "mit jemandem"), noch zutrifft, so müssen ebenfalls Aussagen über die räumliche, zeitliche und materielle Struktur einer förderlichen Spielumgebung getroffen werden. Diese Konsequenz klingt auch bei Van der KOOIJ (1991/1993) an, und er schlägt - ähnlich wie EINSIEDLER - einen situativen Ansatz von Spielförderung vor. Neben der Ebene der kindlichen *Spieltätigkeit* wäre demnach eine Ebene der *Spielsituation* als Bezugsgröße von Spielinterventionen zu unterscheiden, in die die gesamte Gestaltung des Umfeldes in räumlich-materieller, personal-sozialer sowie in temporaler Hinsicht einzubeziehen wäre. Aus unserer Sicht spricht jedoch nichts dagegen, diese tätigkeits- und situationsorientierten Bezugsgrößen und die darauf bezogene Spielintervention als Spielpädagogik zu bezeichnen. Kinder konstitutieren - so zeigte die ökophänomenologische Spieltheorie - über die spezifische Tätigkeit des Spiels bestimmte Spielsituationen als vom Alltag abzuhebende Bereiche der sozialen Wirklichkeit. In der Erziehungsbedürftigkeit und Erziehungsverwiesenheit des Menschen liegt aber die grundlegende Bedeutung eines engen resp. dialogischen Bezuges zwischen Erwachsenen und Kindern begründet, der diesen Konstituierungsprozeß der Spielwirklichkeit von vornherein als intersubjektives Geschehen ausweist. In dieser Richtung ist die *anthropologische Dimension von Spielpädagogik* zu suchen (vgl. HEIMLICH 1991b). Die Hervorbringung von Spielsituationen ist kein individueller Akt, sondern stets ein sozial vermittelter, aus dem Umgang mit anderen entspringender Prozeß der Änderung von Sinn- und Bedeutungsinhalten. Immer dann, wenn dieser Umgang von Erwachsenen und Kindern tätigkeits- und situationsbezogene Ebenen des kindlichen Spiels betrifft und sich durch emotionale Anteilnahme und einen gestaltenden Einfluß auf die Bedingungen des kindlichen Spiels auszeichnet, kann deshalb auch von Spielpädagogik gesprochen werden. Die empirische Spielinterventionsforschung hat gezeigt, daß gerade die dialogische Struktur der Eltern-Kind-Interaktion eine Fülle von spielpädagogischen Handlungsmustern bereithält, die das Niveau des kindlichen Spiels wirksam zu beeinflussen vermögen. Der spielpädagogische Pessimismus scheint auf diesem Hintergrund allmählich einer bewußteren Reflexion der sozialisatorischen Spieleinflüsse zu weichen, die alltäglich zu beobachten sind und Kinder heute mit vielfältigen Problemlagen eines gesamtgesellschaftlichen Wandels konfrontieren, bei deren Bewältigung Erwachsene eine advokatorische Funktion übernehmen. In dieser Richtung ist die *sozialstrukturelle Dimension von Spielpädagogik* (vgl. HEIMLICH 1989) zu suchen. SpielpädagogInnen sind insofern auch als Anwälte der Kinder zu betrachten, die Verantwortung für die Gestaltung einer Spielsituation übernehmen, in denen anspruchsvolle Spielniveaus und -intensitäten möglich werden.

4.2 Spiel und Prävention

Wenn im Rahmen dieser Spielinterventionsproblematik nun nach den Möglichkeiten präventiver Hilfen gefragt wird, so geschieht das in einer auf die Prävention von Lernbehinderung zentrierten Weise. Die Zuordnung der "frühen Hilfen" zu dieser Zielgruppe erfolgt dabei ursachenbezogen über soziale Problemlagen und psychosoziale Lern- und Entwicklungsschwierigkeiten (G. KLEIN 1991). Das kindliche Spiel hat insgesamt einen festen Platz in der Fachdiskussion zur

Frühförderung (vgl. SPÖRRI 1982, HEIMLICH 1989). BRACK (1986) zeigt die vielfältigen Anwendungsmöglichkeiten des Spiels im Rahmen einer frühen Behandlung von Kindern mit Entwicklungs- und Verhaltensstörungen auf, die überwiegend verhaltenstherapeutisch ausgerichtet ist. Er geht davon aus, daß diese Gruppe von Kindern "nicht einzelne Spielfertigkeiten" (a.a.O., 298), sondern vielmehr das "Explorationsverhalten" (ebd.) lernen müsse.[2] Es gehe von daher im Rahmen der Frühförderung dieser Kinder um den "Aufbau von Spielverhalten" (a.a.O., 299), was durch ein Stufenprogramm der therapeutischen Intervention realisiert werden soll. Auf der Basis eines bereits vorhandenen oder angeregten Explorationsverhaltens erfolge zunächst eine Verstärkung im Rahmen des unstrukturierten Spiels der Kinder und eine Regulierung der Nähe des Erwachsenen zum Kind (a.a.O., 300). Ziel sei dabei das möglichst von Verstärkungen unabhängige Spielen des Kindes, das auch in größerer räumlicher Distanz zum Erwachsenen noch durchgehalten werden soll. Der Übergang zu strukturiertem Spiel (a.a.O., 302) erfährt in diesem Modell durch gezielte Aufforderungen des Erwachsenen, die sich nach Schwierigkeitsgrad unterscheiden, eine Unterstützung. SARIMSKI (1986, 86ff.) stellt anhand verschiedener Beurteilungsskalen die Bedeutung des kindlichen Spiels für die Erfassung sozialer Interaktionen in den ersten Lebensjahren heraus. SINNHUBER (1978) gibt einen Überblick über Spielmaterialien zur Förderung der kindlichen Entwicklung hinsichtlich der Wahrnehmung, Sprachfähigkeit, Handmotorik, Körpermotorik und des Sozialbereichs. Fraglich bleibt angesichts dieser durchaus spielbezogenen Reflexionen, ob die jüngeren Fortschritte auf dem Gebiet der Theorie und Empirie des kindlichen Spiels auch Eingang gefunden haben in die Reflexionen der spielpädagogischen Handlungsmuster im Rahmen der Frühförderung.

4.2.1 Spiel und Frühförderung

Für die achtziger Jahre muß insgesamt eine Ausdifferenzierung im System der Frühförderung festgestellt werden, die nach Phasen des Auf- und Ausbaus, in denen Einrichtungen der Frühförderung zunächst einmal zu schaffen und zu professionalisieren waren (vgl. O. SPECK 1989, 13ff.), nun insbesondere zu einer Vernetzung vorhandener Angebotsformen fortschreitet. Vorreiterfunktion kommt hier sicher der "*Arbeitsstelle Frühförderung*" an der *Universität München*

---

[2] Explorations- und Spielverhalten werden bei BRACK als unabhängige Tätigkeitskomplexe angeführt. Eine Problematisierung der Trennung zwischen Exploration und Spiel würde deutlich machen, daß diese letztlich nicht durchführbar ist und Spiel und Exploration eng aufeinander bezogen bleiben. Wir werden weiterhin von Explorationsspiel als Basis der Spielentwicklung sprechen.

zu, die unter Leitung von O. SPECK maßgeblich am Ausbau der Frühförderung in *Bayern* beteiligt ist und als Modell für andere Bundesländer wirkt. O. SPECK unterscheidet im Rückblick neben dieser Gründungsphase einen Abschnitt "interprofessioneller Kooperationssuche" (a.a.O., 13), in dessen Verlauf sich pädiatrische und pädagogische Ansätze von Frühförderung aufeinander zu bewegen und so den Weg für ein flächendeckendes System Frühförderung eröffnen. Diese Phase der organisatorischen Konsolidierung und Vernetzung vorhandener Hilfen in den siebziger Jahren schafft Ende der achtziger Jahre zugleich die Voraussetzung für eine verstärkte Konzeptionsdiskussion auf der Basis nun schon langjähriger praktischer Erfahrungen mit Frühförderung.

4.2.1.1 Konzepte der Frühförderung

Dominant und in seinem Erklärungswert sicherlich breit angelegt erscheint der systemtheoretische Ansatz, den O. SPECK in Anbindung an den Entwurf eines "Systems Heilpädagogik" auch bezogen auf die Frühförderung ausarbeitet und damit eine längere Entwicklung hin zu einem ökosystemischen Ansatz von Frühförderung zusammenfaßt (vgl. STRASSMEIER 1986). O. SPECK (1989) verknüpft ökologische und systemische Denkansätze zu einem System Frühförderung, dem unter Einschluß konstruktivistischer Theoriekonzepte mehrere prinzipielle Bestimmungsstücke zugeordnet werden (a.a.O., 18ff.). Die Entwicklung des Kindes sieht O. SPECK als vom "autonomen System" (a.a.O., 19) bewirkt und erst in zweiter Linie von der Umwelt ausgelöst. Folglich sei "Entwicklungsförderung ... nur als Förderung der Entwicklungsbedingungen" (a.a.O., 20) zu realisieren, da direkte Eingriffe in die kindliche Entwicklung deren autonomen Charakter gefährdeten und nicht von einer linearen Wirksamkeit therapeutischer Interventionen ausgegangen werden könne. Frühförderung dürfe sich aus systemischer Sicht deshalb auch nicht nur auf den kindlichen Organismus richten, sondern müsse ebenso den gesamten sozialen Kontext mit einbeziehen, was notwendigerweise eine enge "Kooperation mit den Eltern" (a.a.O., 21) nach sich ziehe. Frühförderung und Familie sind als soziale Systeme zu betrachten, die jeweils eigenständige Strukturierungsprozesse durchlaufen, in deren Folge die intersystemische Kommunikation durchaus zum Problem geraten könne. Kommunikation zwischen Fachleuten und Eltern müsse sich unter dem Primat einer erfolgreichen Entwicklungsförderung als wechselseitiges, interaktives Geschehen konstituieren. Neben dem Kontakt zur Familie habe Frühförderung die Aufgabe, die "Kooperation ... (der) ... professionellen Teilsysteme" (a.a.O., 22) sicherzustellen und die interdisziplinäre Zusammenarbeit zwischen medizinischen, psychologischen sowie pädagogischen (einschließlich sozialpädagogischen) Teilsystemen zu gewährleisten. Die fachlichen Konzepte, die sich aus dieser systemtheoretisch fundierten Betrachtungsweise heraus unterscheiden lassen, zentriert O. SPECK (1991b, 19f.) bezogen auf eine eltern- und eine kindbezogene Entwicklungslinie. In der Zusammenarbeit mit den Eltern habe sich eine Veränderung der Konzepte vom "Laien-Modell" über das "Ko-Therapeuten-Modell" hin zum "Kooperationsmodell" ergeben (vgl. O. SPECK/WARNKE 1989, WEISS 1989). Eltern würden als Adressaten von Frühförderung (bei der Hausfrüherziehung auch im Familiensystem) zunehmend im Sinne kompetenter Partner begriffen, denen nach dem Prinzip "Hilfe zur Selbsthilfe" Anregungen zu geben seien, wie sie in einer entwicklungsfördernden Weise mit ihren Kindern umgehen könnten (sog. "empowerment"-Konzept nach RAPPAPORT, vgl. WEISS 1987, 161f.). Kindbezogene Arbeitsmethoden der Frühförderung hätten sich demgegenüber aus einem bloßen Nebeneinander unterschiedlicher professioneller Systeme über einen verstärkten Austausch der vorhandenen Handlungsansätze zwischen den beteiligten Teilsystemen zu einem komplexen Ansatz entwickelt, der als interdisziplinärer zu charakterisieren sei. Es gelte nach O. SPECK (1991b, 22) insbesondere zwischen "entwicklungsnormativen" und "entwicklungsökologischen" Konzepten zu unterscheiden. Während erstere sich an Entwicklungsstandards orientierten und von daher individuelle Entwicklung diagnostizierten und daraus therapeutische Ansätze entwickelten, gingen letztere von einem "Gesamtzusammenhang der Entwicklungs- und Lernbedingungen" (a.a.O., 23) aus. Das Kind werde hier nicht als Objekt professioneller Hilfe gesehen, sondern als "Subjekt und Akteur seiner Entwicklung" (ebd.), das der Unterstützung bedürfe. Gleichzeitig wird mit dieser Problemskizze deutlich, daß ökosystemische Ansätze in der Frühförderung offensichtlich über einen breiten Konsens verfügen und die konzeptionelle Diskussion im Rahmen der Frühförderung zumindest prinzipiell kompatible Teilkonzepte hervorgebracht hat. Dies wird zum einen im Konzept einer ökologischen Früherziehung in der *Schweiz* deutlich (vgl. BIEBER u.a. 1989, SCHLIENGER 1990). Zum anderen zeigen CHRIST u.a. (1986) in ihrem Ansatz einer ökosystemischen Frühberatung Möglichkeiten der Unterstützung der sozialen Integration behinderter Kinder bezogen auf das Setting Kindergarten auf und öffnen so auch den Blick für ein Konzept integrativer Frühförderung, das den Prozeß der Integration im Regelkindergarten (zumal im Rahmen der Einzelintegration) fachlich qualifiziert begleiten und unterstützen kann. Ökologische Orientierungen zeigen auf der Ebene pädagogischer Konzeptualisierung von Frühförderung demnach ebenso Wege zu einer Verknüpfung präventiver und integrativer Methoden von Heilpädagogik auf.

Die Sichtweise vom Kind als "Akteur seiner Entwicklung" (KAUTTER 1991, 25) wird vom *Reutlinger Forschungsprojekt "Frühförderung entwicklungsverzögerter und entwicklungsgefährdeter Kinder"* (KAUTTER u.a. 1988) in die Debatte eingebracht. Neben umfangreichen Reflexionen über kompetenzorientierte Förderansätze tritt in diesem Frühförderkonzept besonders die anthropologische Grundannahme in den Vordergrund, daß das Kind sich auf der Basis der Erkenntnisse von MONTESSORI, PIAGET, BETTELHEIM und BOWLBY dann am besten entwickeln könne, wenn es einer selbstbestimmten Tätigkeit nachgehe (KAUTTER 1991, 31). Folglich sei es nicht von entscheidender Bedeutung defizitäre Funktionen bei Kindern zu diagnostizieren und diese fehlenden Funktionen zu trainieren, sondern es komme vielmehr darauf an, daß das ""Thema" des Kindes" (KAUTTER 1991, 29) gefunden werde und die "Eigentätigkeit" des Kindes angeregt werde. Dazu sei eine "vorbereitete Umgebung" im Sinne MONTESSORIs vonnöten und ebenso der einfühlsame Umgang des Erwachsenen mit dem Kind (a.a.O., 31ff.).

Auf der Basis von phänomenologischen und gestalttheoretischen Denkansätzen entwirft WALTHES (1991) ein bewegungsorientiertes Konzept von Frühförderung. Bewegung wird hier nicht neben andere Entwicklungsmomente gestellt, sondern als "grundlegendes und integratives Moment der Persönlichkeitsentwicklung" (a.a.O., 36) aufgefaßt. Insofern kommt der Bewegung auch eine fundierende Bedeutung für die Identitätsentwicklung und die Entwicklung kommunikativer sowie handlungsbezogener Fähigkeiten des Kindes zu. Unter Einschluß systemisch-konstruktivistischer Grundannahmen beschreibt WALTHES (a.a.O., 43ff.) drei Gruppen von handlungsleitenden Prinzipien, die sich auf die Bereiche Kind und Familie, Bewegung sowie Selbständigkeit beziehen. Durchgängiges Grundprinzip stellt auch hier eine Stärkung der Umwelbedingungen und Ressourcen dar und nicht primär eine Zentrierung der Hilfe auf das Kind und die direkte Intervention. Praktisch wirkt sich dieses Konzept in Eltern-Kind-Kursen aus, die dazu beitragen sollen, daß die Eltern und ihre behinderten Kindern in die Lage versetzt werden, ihre Alltagssituation zunehmend selbständiger auf der Basis ihrer Fähigkeiten zu gestalten. Spielen und Bewegen sind in solchen Situationen eng aufeinander bezogen (a.a.O., 51).

Ein situationsbezogenens Konzept der Frühförderung stellt ebenfalls JETTER (1984) vor, das zum einen auf handlungstheoretischen Grundlagen aufbaut, zum anderen jedoch explizite Bezüge zur Lebenswelttheorie nach SCHÜTZ herstellt.

In der Frühförderung seien aus der Sicht der pädagogischen Intervention mehrere Gruppen von Situationen zu unterscheiden: "Alltagssituationen", "Situationen der Beobachtung und des versuchsweisen Eingreifens" und "Situationen offener und zielgeleiteter Kooperation" (a.a.O., 186). Auf diese Situationen hin sei Frühförderung pädagogisch auszugestalten. Basis aller weiteren Bemühungen sei insbesondere die Alltagssituation und in ihr je schon gegebene Handlungsmöglichkeiten. Das Spiel erscheint in diesem alltagsbezogenen Zugang als unmittelbar involviert.

Ohne an dieser Stelle die verschiedenen pädagogischen Konzepte von Frühförderung, die in der jüngeren Zeit zur Diskussion stehen, in ihrer ganzen Bandbreite nachzeichnen zu können (vgl. etwa ENGLBRECHT/WEIGERT 1991), muß doch auf dem Hintergrund dieses kurzen Abrisses deutlich sein, daß Frühförderung sich Ende der achtziger Jahre und zu Beginn der neunziger Jahre von einem kindzentrierten Ansatz hin zum einem umfeld- bzw. systemorientierten Ansatz weiterentwickelt hat (vgl. BIEBER u.a. 1989, SCHLIENGER 1990). Damit einher gehen grundlegende Veränderungen in den anthropologischen und pädagogischen Theoriemustern, die einen Wandel der defizitorientierten Sichtweise des Kindes mit einer Behinderung hin zu einer an den Unterstützungsmöglichkeiten kindlicher Entwicklung orientierten Sichtweise erkennen lassen. Auf der Basis dieses Paradigmenwechsels in der Frühförderung, der sich ebenso im angloamerikanischen Sprachraum nachweisen läßt (vgl. MEISELS/SHONKOFF 1990), kann auch eine veränderte Einschätzung des Spiels für die kindliche Entwicklung erwartet werden, wie in Randbemerkungen zu den Frühförderkonzeptionen bereits anklingt. Diese Fragestellung soll nun zunächst bezogen auf die Gruppe der Lernbehinderten beantwortet werden, soweit eine Zuordnung zur Frühförderung hier möglich ist.

4.2.1.2   Spiel in der Frühförderung bei drohender Lernbehinderung

In seiner umfassenden Bestandsaufnahme zur Frühförderung der Lernbehinderten im Rahmen des Gutachtens für den *Deutschen Bildungsrat* hat G. KLEIN (1973) auch zum Spiel Stellung genommen und damit eine Diskussion eröffnet, die speziell bezogen auf diese Zielgruppe nicht mehr abgebrochen ist. Er betont zum einen die große Bedeutung des kindlichen Spiels, spielerischer Übungsformen und Einkleidungen (a.a.O., 176) für die Frühförderung, sieht jedoch die Spielfähigkeit der Lernbehinderten überwiegend als defizitäre an. Das Spiel lernbehinderter Kinder sei stereotyper und verarmter. G. KLEIN führt dies in der Hauptsache auf die ungesicherte Lebenssituation besonders der sozial benachteiligten Kinder zurück, die letztlich verantwortlich sei für mangelhafte Spielanregungen und unzureichende Spielmaterialien. Auch später betrachtet G. KLEIN (1981) die Spielförderung als grundlegendes Element von Frühförderung, kritisiert aber deutlicher die bloße Verzweckung des kindlichen Spiels, die über ein "Zugeständnis an die Kinder" (a.a.O., 45) nicht hinausreiche. Basis dieser Spielförderung ist erneut die Voraussetzung einer verminderten Spielfähigkeit, die wir bereits an anderer Stelle einer kritischen Überprüfung unterzogen haben mit dem Ergebnis, daß bezogen auf die Gruppe der sozial benachteiligten Kinder allenfalls von Spielentwicklungsverzögerungen die Rede sein kann mit differenten (im Gegensatz zu defizitären) Spielentwicklungen und unterschiedlichen thematischen Schwerpunkten sowie verschiedenartigen Spielformen (HEIMLICH 1989). Auf der Basis wesentlicher Ansätze der Spieltheorie, die das Förderpotential des kindlichen Spiels im Hinblick auf kognitive, emotionale, soziale Verhaltensaspekte im Anschluß an HEBENSTREIT (1979) erörtert, wird ein Spielförderkonzept vorgestellt, das personale (Beziehung Erwachsene - Kinder), materielle (Spielmaterialien, Spielraum) und situative Anteile ("Gestaltung eines entspannten Feldes und Befriedigung der kindlichen Grundbedürfnisse" (G. KLEIN 1981, 54) umfaßt. Hervorzuheben gilt es in diesem Konzept insbesondere den auf die Förderung kindlicher Spielfähigkeit angelegten Schwerpunkt, der als spielpädagogische Maßnahme zu bezeichnen ist, da das Spiel hier nicht das Mittel einer auf andere Zwecke bezogenen Förderung bleibt, sondern selbst Ziel und Mittel der Förderung darstellt (vgl. HEIMLICH 1988).

In der sicher bis heute noch unzureichenden Praxis einer Frühförderung der Lernbehinderten (G. KLEIN 1991, 59f.) lassen sich mehrere Ansätze spielpädagogischer Handlungsformen ausmachen, die zum festen Bestandteil des "Fleckerlteppichs" der Methoden von Frühförderung (O. SPECK 1991b, 21) zählen. SCHMIDTKE (1984) leitet die Aufgaben einer Spielförderung im Rahmen der Frühförderung Lernbehinderter aus den schulischen Anforderungsstrukturen ab und sieht in spielerischen Lernformen die Möglichkeit, basale Lernvoraussetzungen in den Bereichen Psychomotorik, Wahrnehmung, Kognition, Sprache und Soziales Lernen zu schaffen (a.a.O., 348). Die Prävention bei drohender Lernbehinderung sei nach SCHMIDTKE v.a. in der Grundschule zu leisten und durch die Integration des Spiels in den Grundschulunterricht zu realisieren, dem die Aufgabe zukomme, auch "schulschwache" Kinder rechtzeitig zu fördern und so vor einer Sonderschulüberweisung zu bewahren. THURMAIER (1983) und WEIGERT (1984) bestätigen diese vorwiegend an den Schwerpunkten schulischer Schwierigkeiten der sozial benachteiligten Kinder ausgerichtete Intention der Frühförderung Lernbehinderter. Spielpädagogische Handlungsansätze haben, wenn sie überhaupt diskutiert werden, in diesem Zusammenhang eher die Funktion, Übungssequenzen zur Vorbereitung auf schulische Leistungsanforderungen einzukleiden. Demgegenüber gibt das *Würzburger Modell* (FLOSDORF 1980, FLOSDORF 1983, KLUG/DEMARCHE/ DERMANN 1986) einer Frühförderung von Kindern aus sozial benachteiligten Familien Anlaß zu der Vermutung, daß in der Frühförderpraxis ein pragmatisch ausgerichtetes Gemisch an spielbezogenen Methodenansätzen vorherrscht. Aus Würzburg wird von einem Spiel- und Aktivitätszentrum für einen sozialen Brennpunkt berichtet, das aus einem pädagogisch betreuten Spielplatz und einem Spielhaus bestehe. Im Rahmen der Einzelbetreuung würden "Spieltherapie, Rollenspiel und Bewegungsspiele" (FLOSDORF 1983, 41) eingesetzt. Informationskurse als Formen der Elternarbeit thematisierten das Spielverhalten (ebd.). Als zusätzliche Hilfe und Fördermaßnahme wird u.a. erneut auf die Spielförderung verwiesen (ebd.). Im Laufe des Projektes erfolgt eine weitere Intensivierung der Elternarbeit mit besonderem Schwerpunkt zum Thema Spiel, da eine große "Unsicherheit beim spielerischen Umgang" (KLUG/ DEMARCHE/DERMANN 1986, 33) in bezug auf die Eltern festzustellen sei.

"Unwissenheit über die Bedeutung des Spiels in der kindlichen Entwicklung, fehlende Informationen über altersentsprechende Spielmaterialien und -angebote, die in der Fördersituation sichtbar werden könnten, schaffen derart große Wiederstände, daß sie bisher nur bei wenigen Eltern durchbrochen werden konnten." (Ebd.).

Als Lösungsweg für diese Problematik wird eine "Mütterfortbildung" (ebd.) angesehen, die aus einem Training, Mutter-Kind-Spielnachmittagen sowie Informationen zu Spielmaterialien bestehen solle.

Auch WEMBER (1986, 198ff.) weist in Zusammenhang mit einer an PIAGET orientierten Grundlegung der Lernbehindertenpädagogik darauf hin, daß bereits seit längerer Zeit auch integrative Frühförderprogramme für Kinder, die von Lernbehinderung bedroht sind, international diskutiert werden. Dabei erfolgt an mehreren Stellen ein Hinweis auf die Notwendigkeit einer spielorientierten Intervention auch für die angestrebte Förderung der kognitiven Entwicklung vor dem Schuleintritt.

Auf dem Hintergrund neuropsychologischer Forschungsbefunde zur Lernbehinderung stellt OERTER (1993a, 40ff.) insbesondere die Bedeutung des Spiels als

"Medium von Entwicklungsförderung" (ebd.) heraus. Dabei wird durchaus das Eigenrecht des Spiels anerkannt und keineswegs unter die Ziele der Entwicklungsförderung subsumiert. Allerdings betont OERTER deutlich die Notwendigkeit einer gezielten Anregung des Spiels bei Kindern mit Leistungsbeeinträchtigungen jeglicher Art und differenziert dieses Spielförderkonzept aus handlungstheoretischer Sicht bezogen auf die Spielformen sensumotorisches Spiel, sowie Symbol-, Rollen- und Regelspiel aus. Von großem Interesse ist dabei auch die Perspektive einer schulischen Adaption von Spielförderkonzepten, diehier angedeutet wird.

Eigenständige spielpädagogische Konzepte für die Frühförderung Lernbehinderter entwickeln sich somit sowohl in grundlegender als auch in pragmatisch bestimmter Hinsicht. Es ist jedoch insgesamt davon auszugehen, daß die klassischen heilpädagogischen Adaptionen der Spielintervention die spielorientierte Frühförderpraxis auch bezogen auf diese Zielgruppe ausprägen. Neben spieltherapeutischen Ansätzen, die hier nicht diskutiert werden können (vgl. HEIMLICH 1989, 162ff.), erscheint in diesem Zusammenhang als einflußreichstes Konzept die heilpädagogische Übungsbehandlung (vgl. FINGER/STEINEBACH 1992, 44f.).

4.2.2 Spiel in der heilpädagogischen Übungsbehandlung

In der Neuauflage des "Lehrbuches der heilpädagogischen Übungsbehandlung" erweitern OY/SAGI (1990) die spieltheoretischen Grundlagen und spielpädagogischen Konsequenzen ihres Förderkonzeptes auf dem Hintergrund jüngerer Entwicklungen in diesem Fachgebiet. Es werden insbesondere therapeutische Ansätze aus der psychoanalytischen Richtung (S. FREUD, A. FREUD, M. KLEIN, AXLINE und ZULLIGER) (a.a.O., 62 ff.) einbezogen. Die heilpädagogische Übungsbehandlung, die als Methode der Frühförderung bei geistigbehinderten Kindern entwickelt wird, aber ebenso die Praxis der Frühförderung bei allgemein entwicklungsverzögerten und sozial benachteiligten Kindern beeinflußt, erweist sich nach OY/SAGI als offen für therapeutische Handlungsformen. Charakteristisch für dieses Frühförderkonzept erscheint insbesondere das Verhältnis von Spiel und Übung. Spiel wird von OY/SAGI definiert als "jede Tätigkeit, die um ihrer selbst willen getan wird und die dem Spielenden Freude bereitet" (a.a.O., 72). Beide Elemente der Begriffsbestimmung gelten gegenwärtig als umstritten und können sich keineswegs auf einen breiten Konsens berufen. Die Zweckfreiheit als Merkmal des kindlichen Spiels verkennt die Zielgerichtetheit menschlicher Tätigkeit. Auch im Spiel können durchaus Zwecke, Absichten und Zielsetzungen zum Ausdruck kommen. Das Spiel als zweckfrei zu definieren, verstellt also mehr den Blick auf das konkrete Spielgeschehen, als daß es ihn begrifflich fassen könnte. Die Behauptung, daß Spielen stets mit Freude verbunden sei, muß insbesondere im Lichte der psychoanalytischen und therapeutischen Spielinterventionen als idealisierende Betrachtung des kindlichen Spiels angesehen werden, da sie offensichtlich von Ängsten, emotionalen Spannungen und übermächtigen Konflikten, die im Spiel verarbeitet werden, abstrahiert. Aufbauend auf dieser Spieldefinition führen OY/SAGI eine Unterscheidung zwischen dem Spiel von behinderten und nichtbehinderten Kindern ein. Während sich das Spiel der Nichtbehinderten von selbst ergebe und in seiner Entwicklungsbedeutsamkeit gerade aufgrund seines spontanen Charakters nicht zu unterschätzen sei, müsse insbesondere das Spiel der Geistigbehinderten gezielt angeleitet werden.

"Spielaktivität und Initiative, die das nichtbehinderte Kind spontan entwickelt, müssen beim behinderten Kind geweckt, planvoll entwickelt und systematisch aufgebaut werden." (A.a.O., 73f.).

Kinder mit Behinderungen müßten das Spielen erst lernen. Behinderte Kinder spielten nicht in dem Sinne wie Nichtbehinderte und würden insbesondere auf dem Niveau des Funktionsspiels verharren. Auf der Basis der Einteilung der Spielentwicklung bei SCHENK-DANZINGER (1977) (a.a.O., 99) wird die defizitäre Spielentwicklung bei behinderten Kindern anhand der Spielformen Funktionsspiel, Rollenspiel, Konstruktionsspiel und Regespiel in einzelnen beschrieben. Aussagen zum Phantasiespiel fehlen. Aus der defizitären Sichtweise heraus erfolgt im wesentlichen die Bestimmung des methodischen Konzeptes. Basis des Behandlungsansatzes ist eine eigenständige Sichtweise der Übung, die nicht nur als pädagogische Methode aufgefaßt wird, sondern ebenso als Bestandteil eines erfüllten Lebens angesehen wird (a.a.O., 78). Insofern sei es auch gerechtfertigt, Spiel und Übung gleichzusetzen.

"Das Spiel hat auch als Übung seine Bedeutung." (A.a.O., 74).

Voraussetzung dieser Basisannahme ist sowohl eine unspezifische Begrifflichkeit bezogen auf das Spiel als auch bezogen auf die Übung. GRÖSCHKE (1988) hat in Ergänzung zu OY/SAGI auf der Basis der Aussagen von SCHLEIER-MACHER dieses Verhältnis weniger als Gleichsetzung, sondern vielmehr als unauflösbares Spannungsverhältnis dargestellt. SCHLEIERMACHER (1957) spricht sehrwohl davon, daß beim kleinen Kind vor dem Eintritt in die Schule noch Spiel und Übung ineinander fallen und insofern hier tatsächlich ungeschieden sind. Daraus jedoch zu folgern, daß auch Übungsmethoden zur Anregung des kindlichen Spiels bei behinderten Kindern notwendig seien, hieße den SCHLEIERMACHERschen Spielbegriff in sein Gegenteil zu verkehren. Auch wenn beim Kleinkind Spiel und Übung noch nicht geschieden sind, so bleibt doch weiterhin gültig, daß das Spiel bei SCHLEIERMACHER "Befriedigung des Moments" (a.a.O., 50) ist und jegliche Intervention in diesen Augenblick mit einem zukünftigen Ziel zum Zwecke der Übung bestimmter Funktionen zumindest gesondert zu legitimieren, wenn nicht ganz abzulehnen wäre.

"Im Anfang sei die Übung nur an dem Spiel, allmählich aber trete beides auseinander in dem Maß, als in dem Zögling der Sinn für die Übung sich entwickelt und die Übung ihn an und für sich erfreuet." (Ebd.).

Sind jedoch Spiel und Übung zunächst noch nicht geschieden, so müßte von SCHLEIERMACHER her konsequent "jegliche Aufopferung eines bestimmten Momentes für einen künftigen" (a.a.O., 46) den Spielcharakter in Frage stellen. Spiel und "Beschäftigung im Spiel" ist hingegen bei SCHLEIERMACHER zu trennen, da die Beschäftigung sich - auch im Spiel - bereits auf die Zukunft richtet (a.a.O., 50).

Aus diesem Grunde erscheint eine Gleichsetzung von Spiel und Übung bis dato keineswegs schlüssig hergeleitet, muß im Gegenteil als ungelöster Widerspruch eine Charakterisierung der heilpädagogischen Übungsbehandlung im Rahmen vorhandener frühpädagogischer Ansätze erschweren. Spielpädagogische Handlungsweisen können mit diesen übungsorientierten Interventionen trotz des expliziten Bezuges auf die Geschichte der Spielpädagogik nach FRÖBEL (a.a.O., 81ff.) jedoch keinesfalls verbunden werden, solange die definitorische Grundlage derart ungeklärt erscheint. Besonders deutlich wird die insgesamt defektzentrierte Sichtweise im Rahmen der heilpädagogischen Übungsbehandlung, wenn die Methodik dieses Verfahrens im einzelnen beschrieben wird. Die Durchführung erfolgt überwiegend in Einzelfördersituationen, in denen das Spielmaterial und die Spielübungen von HeilpädagogInnen vorgegeben sind (a.a.O., 120f.), die ihre Arbeit lernzielorientiert (Richt-, Nah- und Lernziele) planen (a.a.O., 243f.). So wird etwa das FRÖBEL-Material in der heilpädagogischen Übungsbehandlung lernzielorientiert eingesetzt, ohne Freispielphasen als Förderelement zu thematisieren (KLEIN-JÄGER 1987). Die Abweichung vom spielpädagogischen Ansatz bei FRÖBEL selbst (vgl. HOOF 1977) ist größtenteils nicht bewußt. Ähnliches gilt auch für das MONTESSORI-Material (OY 1987), das im Rahmen der heilpädagogischen Übungsbehandlung ebenfalls hinter seinen Möglichkeiten im Hinblick auf selbsttätige Spielprozesse zurückbleibt. Somit ergibt sich auf der Basis des hier zugrundegelegten Spielbegriffes die Notwendigkeit, heilpädagogische Übungsbehandlung und Spielpädagogik klar zu trennen, wie TIETZE-FRITZ (1988, 128f.) ebenfalls vorschlägt, wenn sie eine indirekte Unterstützung kindlicher Spieltätigkeiten deutlich von der heilpädagogischen Übungsbehandlung abtrennt. Überdies erscheint eine kritische Revision dieses frühpädagogischen Konzeptes unter integrationspädagogischem Aspekt angezeigt, wie sich etwa in der Darstellung der Berliner Ansätze zu einer auf gemeinsame Erziehung ausgerichteten Erzieherinnenausbildung zeigt[3]. Für die integrative Frühförderung von Kindern mit Behinderungen erscheint es in der Praxis mehr und mehr als ungeeignet, Einzelfördersituationen und Behandlungspläne mit lernzielartiger Struktur zugrundezulegen. Erzieherinnen, die die heilpädagogische Zusatzausbildung durchlaufen haben, stoßen auf erhebliche Schwierigkeiten, die heilpädagogische Übungsbehandlung in den integrativen Erziehungsalltag im Regelkindergarten einzubringen. Diese Problematik führt nicht selten zu deutlichen Identitätsproblemen, da sich mit der Zusatzausbildung auch die Qualitätsansprüche an die eigene Tätigkeit bei den Erzieherinnen vorrangig auf die Einzelförderung bezieht. Eine Öffnung und Flexibilisierung der heilpädagogischen Übungsbehandlung für die integrative Förderung würde hier wesentlich umfangreichere Möglichkeiten einer optimalen Förderung behinderter Kinder im Regelkindergarten nach sich ziehen. Diese Öffnung würde allerdings auf der einen Seite auch den Übungscharakter nachhaltig in Frage stellen und auf der anderen Seite den bislang noch uneingelösten spielpädagogischen Anspruch ernst nehmen. Wenn bundesweit die heilpädagogische Zusatzausbildung, die in der Regel auf der heilpädagogischen Übungsbehandlung und verwandten methodischen Ansätzen der Frühpädagogik aufbaut, als verbindliche Qualifikation für die gemeinsame Erziehung im Elementarbereich angesehen wird, so muß angesichts dieser Kritik eine Reform dieser Zusatzausbildung zwingend erscheinen. Als Eckpunkte dieser Reform wären bezogen auf den zentralen Stellenwert des kindlichen Spiels bei der gemeinsamen Erziehung flexible Unterstützungsansätze anzusehen, die je nach Verlauf des spontanen Spielgeschehens als Angebot für behinderte Kinder

---

[3] *Abgeordnetenhaus von Berlin*: Mitteilung Nr. 286 des Senats von Berlin über personelle Absicherung von Integrationskita.s v. 22.01.1987

bereitzuhalten wären, um ihnen die Chance zur Teilnahme am gemeinsamen Spiel mit nichtbehinderten Kindern zu geben. Das Fördermodell würde sich in der Folge jedoch von einem auf die HeilpädagogInnen zentrierten Ansatz zu einem auf die Gruppe der Gleichaltrigen ("peer-group") bezogenen Ansatz verschieben.

Über dieses klassische Konzept einer spielbezogenen Frühförderung hinaus lassen sich jedoch mehrere im engeren Sinne spielpädagogische Konzepte abgrenzen, die weniger dem Modell der therapeutischen Intervention verbunden sind, sondern vielmehr einen Paradigmenwechsel in der Heilpädagogischen Methodik repräsentieren, der von der individuumzentrierten zu einer umfeldorientierten Perspektive überleitet und auch die Dominanz der Tätigkeit der HeilpädagogInnen stärker in Frage stellt.

4.2.3 Spielpädagogische Handlungsformen in der Frühförderung

Im Rahmen des Konzeptes der "Heilpädagogischen Früherziehung" nimmt F. KLEIN (1979) kritisch zu Defizitkatalogen zur Beschreibung der Spieltätigkeit des entwicklungsbehinderten Kindes Stellung. Im Rahmen einer Befragung bei Früherzieherinnen, SonderschullehrerInnen und Heilpädagogischen Fachkräften zeige sich nach F. KLEIN insgesamt eine deutliche Abweichung in der Beurteilung der Spieltätigkeit insbesondere der geistig behinderten Kinder. Früherzieherinnen sehen danach eher Ähnlichkeiten zwischen dem Spiel behinderter und nichtbehinderter Kinder, während SonderschullehrerInnen und Heilpädagogische Fachkräfte überwiegend die defizitäre Sichtweise des Spiels behinderter Kinder bestätigten (a.a.O., 87 ff.). Einigkeit bestehe hingegen hinsichtlich des Bedarfs an "Spielhilfe" (a.a.O., 88) und in der Bestätigung der größeren Ausdauer der behinderten Kinder. Dieser Befund legt die Vermutung nahe, daß das den jeweiligen Erfahrungen im Umgang mit behinderten Kindern zugrundeliegende pädagogische Konzept für diese Einschätzung mehr verantwortlich ist als eine Diagnose der Spieltätigkeit von behinderten Kindern. F. KLEIN kommt in seiner Einschätzung dieser Befragungsergebnisse zu der Schlußfolgerung, daß allenfalls von einer verzögerten Spielentwicklung bei behinderten Kindern auszugehen sei. Keinesfalls könne jedoch von einer generellen Unfähigkeit zum Spiel bei behinderten Kindern, insbesondere bei geistig behinderten ausgegangen werden.[4]

---

[4] Somit kommt dem Begründungszusammenhang des *Landschaftsverbandes Rheinland* im Rahmen des Modells der zentralen integrativen Einrichtung unter Ablehnung der Einzelintegration aus fachlicher Sicht ein höchst widersprüchlicher Charakter zu, da die Annahme vom Spieldefizit geistig Behinderter sich als keineswegs eindeutig herausstellt (vgl. *Landschaftsverband Rheinland*: Gemeinsame Erziehung behinderter

Folglich ergeben sich auch im Konzept der "Heilpädagogischen Früherziehung" eher Anknüpfungspunkte für ein an der Spielfähigkeit selbst ausgerichtetes pädagogisches Konzept, für spielpädagogisches Handeln also. F. KLEIN unterscheidet mehrere Elemente der häuslichen Erziehungssituation unter Rückbezug auf LANGEVELD und PIAGET (a.a.O., 96ff.), die es in einer die kindliche Selbsttätigkeit im Spiel unterstützenden Weise zu arrangieren gelte. Der häusliche Lebensraum sei im Hinblick auf seine Vertrautheit aus dem Blickwinkel des Kindes zu betrachten und zu gestalten (a.a.O., 98). Spielgaben sollten zu "Spontan-Aktivitäten" einladen, "Vertrauen und Sicherheit in die eigenen Kräfte" vermitteln sowie einen "Zweck in spiel-lerndidaktischer Hinsicht" und eine bestimmte "Beschaffenheit" (a.a.O., 100ff.) aufweisen. Diese räumlich-materiellen Arrangements seien von Anfang an in die häusliche Alltagssituation mit einzubinden, die stets auf ihre entwicklungsfördernden Potentiale hin zu betrachten und an der das behinderte Kind möglichst allseitig zu beteiligen sei. Konstitutiv ist für F. KLEIN bereits ein situatives Verständnis von Spielpädagogik, in dem die Gestaltung einer die Selbsttätigkeit von behinderten Kindern fördernden "Spiel-Lern-Situation" (a.a.O., 104) im Zentrum steht. Hinter diesem Primat der Selbsttätigkeit des behinderten Kindes, die es fördernd hervorzuholen gelte, trete die Erzieherin weitgehend zurück als Bestandteil bzw. Randbedingung der Spiel-Lern-Situation. Behinderung wird bei F. KLEIN auf diesem Hintergrund auch als Folge unzureichender oder nicht erfolgter Früherziehung sichtbar. Das angenommene Spieldefizit behinderter Kinder entstünde demnach nicht ausschließlich aus einer spezifischen individuellen Disposition, sondern ebenso aus einer Früherziehungspraxis, die die Selbsttätigkeit nicht hinreichend anregt. Bei F. KLEIN begegnet uns also ein der "Heilpädagogischen Übungsbehandlung" genau entgegengesetztes Konzept von spielorientierter Intervention in der Frühförderung. Prävention durch Spiel wird hier nicht als auf die HeilpädagogInnen zentrierte Übung veranstaltet, sondern als Unterstützung der spontanen Spieltätigkeiten behinderter Kinder in der häuslichen Alltagssituation. Dieses spielbezogene Interventionsmuster kann deshalb als Spielpädagogik im engeren Sinne bezeichnet werden, da die spontane Spielaktivität des behinderten Kindes die Basis jeder weiteren Förderung darstellt, die Förderung selbst als situatives Arrangement konzipiert wird und keineswegs als unmittelbares und lernzielorientiertes Vorgehen der HeilpädagogInnen, das sich des kindlichen Spiels allenfalls als Mittel der Förderung bedient. Bei F. KLEIN zeichnet sich der Paradigmen-

---

und nichtbehinderter Kinder im Kindergarten. Berichtsvorlage Nr. 7/79 JU f. d. Landesjugendwohlfahrtsausschuß v. 30.05.1983. S. 7f.).

wechsel in der heilpädagogischen Methodik bezogen auf die präventiv ausgerichtete Arbeit der Frühförderung bereits ab.

Einen ähnliches, ebenfalls an der Spielsituation ansetzendes entwicklungsorientiertes Spielförderkonzept legt BRAND (1988) mit dem "Pertra-Spielsatz" vor. Die Spielaktivitäten stellen auf der Basis eines breit angelegten Spielbegriffes (a.a.O., 10f.) einen der zentralen Bezugspunkte des Förderkonzeptes dar. BRAND bezieht sich zwar auch noch auf "Entwicklungs- und Lernstörungen" (a.a.O., 21ff.). Das Förderkonzept selbst ist jedoch eher als allgemeine Entwicklungsförderung zu interpretieren, das nicht nur als spezifische Maßnahme für behinderte Kinder, sondern ebenso für andere Kinder von Bedeutung ist. BRAND geht davon aus, daß Kinder in jedem Fall Anregungen für ihr Spiel benötigen und erwartet deshalb von entsprechend konzipierten Spielmaterialien einen entwicklungsfördernden Effekt. Als Kriterien für diese Spielmaterialien nennt sie "Möglichkeiten zum Bewegen und Hantieren", die Offenheit für unterschiedliche Bedürfnislagen, einen großen Freiraum in der Handhabung und die Förderung von "Partner- und Gruppenaktivitäten" (a.a.O., 27f.). Im Rahmen einer systematisch aufgebauten Entwicklungsförderung stellt BRAND darauf aufbauend Spiele für verschiedene Entwicklungsbereiche vor, die jeweils zur Förderung dieser Bereiche beitragen sollen, wobei der spielerische Charakter besonders betont wird.

"Alle Fördermaßnahmen erfolgen als Spielangebote, die immer Bewegung einbeziehen. Sie versuchen, das Kind ganzheitlich zu erfassen, es aber gleichzeitig gezielt zu fördern. Immer sprechen angemessene Spielangebote beim Kind Emotion und Motivation, Wahrnehmung und Kognition, Aufmerksamkeit und Gedächtnis (...) und Kreativität an." (A.a.O., 29).

Im Rahmen der Basisförderung richtet sich der Schwerpunkt des Konzeptes auf die Förderung der Nahsinne des Kindes (Tastsinn, Bewegungssinn, Gleichgewichtssinn) (ebd.). Weitere Spielangebote zielen auf die "zunehmende Ausdifferenzierung der Motorik und Wahrnehmung" (ebd.) sowie den "Ausbau der Integrationsfähigkeit" (ebd.) ab. Der "Pertra-Spielsatz" bietet zur Realisierung dieser Förderziele eine Fülle an Materialien an, die praktisch unbegrenzt miteinander kombinierbar sind und so auch den flexiblen und individualisierten Förderschwerpunkten entsprechen können. Auch die Spielförderpraxis mit diesem Material (a.a.O., 45ff.) vermittelt insgesamt den Eindruck einer spielpädagogischen Situationsgestaltung, in der die Kinder weitreichende Möglichkeiten des Umgangs mit den einzelnen Elementen haben und auch phantasievollen

Betätigungen nachgehen können, ohne daß dies im Sinne spielexterner Förder- und Entwicklungsziele unterbrochen würde. Somit kann auch für den Pertra-Spielsatz und das darauf bezogene Konzept von Entwicklungsförderung die Zuordnung zu spielpädagogischen Handlungsformen im Rahmen der Frühförderung erfolgen.

Aus der *Schweiz* berichtet KELLER (1991) von Spielgruppen als Ergänzung zu institutionalisierten Formen der Frühförderung von Kindern mit Entwicklungsproblemen und zeigt damit auch Realisierungsansätze für spielpädagogische Handlungsformen in diesem Bereich auf. Beeinflußt durch die "Kinderladenbewegung" in der *BRD* und die "play groups" in England und Amerika entstehen zu Beginn der siebziger Jahre in der *Schweiz* Spielgruppen als Selbsthilfeeinrichtungen interessierter Eltern. Durch regionale und überregionale Zusammenschlüsse wird bis Ende der achtziger Jahre eine landesweite Verbreitung erreicht, die Schätzungen zufolge 20 % der Landkinder und 80 % der Stadtkinder im Kindergartenalter einbezieht (a.a.O., 15f.). Spielgruppen sind in der Hauptsache als Angebot für Kinder ab 3 Jahren bis zum Eintritt in den Kindergarten gedacht. Sie müssen also klar von "Krabbelstuben" und "Krabbelgruppen" sowie dem Kindergarten abgegrenzt werden (a.a.O., 18f.). Das pädagogische Konzept der Spielgruppen basiert trotz der kurzen Altersspanne auf der altersgemischten Gruppe. Es werden maximal 10 Kinder aufgenommen und in der Regel für 2 Stunden täglich betreut. Das kindliche Spiel steht in den Spielgruppen im Mittelpunkt der pädagogischen Förderung (a.a.O., 19ff.). Den Ausgangspunkt aller weiteren pädagogisch-konzeptionellen Überlegungen bildet insbesondere das freie Spiel der Kinder, aus dem heraus eine frühpädagogische Unterstützung affektiver, sozialer, kognitiver und kreativer Verhaltensbereiche zu entwickeln sei (a.a.O., 26 ff.).

"Die Spielgruppe ist ein Ort, wo dem freien, unstrukturierten, unterstützend begleiteten Spiel von Kindern untereinander grösste Bedeutung zukommt. Dieses Zusammensein um zu spielen ergänzt auf sinnvolle Art den familiären Rahmen, ohne dem Kindergarten etwas vorwegzunehmen." (A.a.O., 30).

KELLER vollzieht damit aus der Praxis der Spielgruppenarbeit heraus eine entscheidende Hinwendung zu einem frühpädagogischen Förderkonzept, das sich nicht mehr um die therapeutische Intervention der HeilpädagogInnen zentriert, sondern das Entwicklungspotential einer vielfältig zusammengesetzten Gemeinschaft spielender Kinder zum Förderprinzip erhebt. Methodisch stehen bei der

Unterstützung des gemeinsamen Spiels der Kinder die "Kinder- und Spielbeobachtung" sowie "Impulsorientiertes Spielen" im Vordergrund (a.a.O., 31ff.). Die Beobachtung des Spiels der Kinder gewinnt in diesem Modell also bereits den Status einer spielpädagogischen Handlungsform, die der Spielgruppenleiterin eine Regulierung des Verhältnisses von Nähe und Distanz zum Spielgeschehen erlaubt und deshalb die Voraussetzung bildet, um die Spieltätigkeit einzelner Kinder sowie die Komplexität von Spielsituationen differenzierter wahrnehmen zu können und schließlich auch wieder aktiver zu unterstützen. Diese Unterstützung erfolgt nun nach KELLER nicht durch vorgefertigte Programme oder Spielvorstellungen der Spielgruppenleiterin, sondern vielmehr als flexibles Reagieren auf das beobachtete Spielgeschehen. Unterstützung des Spiels sei in diesem Modell weniger mit gezielten Aktivitäten der Erwachsenen zu vergleichen, sondern vielmehr mit einer bestimmten "Erziehungshaltung" (a.a.O., 32).

"Die Grundhaltung, auf diese Weise mit Kindern zusammenzusein, kennt weder starre Abläufe noch feste Regeln, sondern sie ist voller kreativer Unsicherheit und zwingt die Spielgruppenleiterin dazu, eigene Vorstellungen (...) zum Spiel zurückzustellen. Dies ist nötig zugunsten einer aufmerksamen Präsenz im Prozess des Spielgeschehens, das die Kinder spontan anbieten." (Ebd.).

Damit entwickelt KELLER aus der Spielgruppenarbeit ein Modell der Prävention von Entwicklungsproblemen, das ausschließlich mit spielpädagogischen Handlungsformen arbeitet und im spontanen Spielprozeß die Förderung der kindlichen Entwicklung realisiert. Auch wenn das Berufsbild der Spielgruppenleiterin erst am Beginn einer Professionalisierungsentwicklung steht und auch Mütter und Väter in der Spielgruppe aktiv mitarbeiten, so sollten doch die Ergebnisse der anfangs vorgestellten Spielinterventionsforschung gerade bezogen auf die spielpädagogischen Kompetenzen von Müttern Anlaß zu der Erwartung geben, daß durch weitere Qualifizierungsmaßnahmen die Arbeit der Spielgruppenleiterin gerade bezogen auf Kinder mit Entwicklungsproblemen aufgewertet wird. Sicher ist mit den Spielgruppen nur eine Ergänzung von Kindergartenförderung und Heilpädagogischer Früherziehung zu erreichen. Als Entwicklungsprobleme, die in der Spielgruppe bewältigt werden können, nennt KELLER das Bindungsverhalten, Aggressionen, Spielhemmungen und Fremdsprachigkeit. Es erfolgt jedoch ebenso eine Ausweitung der Zielgruppe auf im engeren Sinne als behindert bezeichnete Kinder, die in der Spielgruppe auch integrativ zu fördern seien, für die aber ebenso eine spezielle Förderung nicht ausgeschlossen werde (a.a.O., 72f.). Eine "Regulation" (a.a.O., 74ff.) vorliegender Störungen setze zuallererst die eingehende Informationen der Eltern voraus, um ihnen einen veränderten Erziehungsstil zu ermöglichen. Aber auch die Gruppensituation selbst enthalte erfahrungsgemäß ein Potential zur positiven Beeinflussung von Entwicklungsproblemen. Außerdem sei häufig eine Entspannung des Eltern-Kind-Verhältnisses notwendig, in dem die Eltern zur "Defokussierung" (a.a.O., 77) angeregt würden, um ihr Kind nicht nur in seiner Störung und Problematik zu sehen, sondern ebenso in seinen Stärken und positiven Entwicklungsansätzen. Damit verbunden müsse bei Eltern eine positive Erwartungshaltung bezüglich der weiteren Entwicklung des Kindes angestrebt werden. Diese sei auch unter dem Aspekt systemischer Intervention als "reframing" (a.a.O., 62 u. 80) zu bezeichnen, einer Technik aus der systemischen Familientherapie, die Eltern dazu anrege, bestimmte Verhaltensweisen von Kindern positiv zu konnotieren, d.h. in einen "neuen Rahmen" zu stellen, um neue Bedeutungszuweisungen zu ermöglichen und gleichsam spielerisch flexibel mit den eigenen Erwartungshaltungen umzugehen. Hervorgehoben wird ebenso das "Lernen am Modell" (a.a.O., 81f.) als Form der Intervention in spontane Spielprozesse im Sinne der sozial-kognitiven Lerntheorie nach BANDURA (1979). Insgesamt tritt somit bei KELLER ein Präventionsbegriff in Erscheinung, der sich klar abgrenzen läßt von therapeutischer Intervention. Während die Spielgruppenleiterin eher auf die Bewältigung von "Krisensituationen" ausgerichtet sei, lasse sich für die Kinderpsychotherapeutin eher die bereits eingetretene "Fehlentwicklung" und deren Behandlung als Aufgabenbereich nennen (a.a.O., 82). Die Spielgruppenarbeit sei im wesentlichen als Beispiel für "personenbezogene Präventionsstrategien" zu begreifen, mit deren Hilfe versucht werde, über den Weg der "Förderung und Entwicklung von Kompetenzen" einer aus Krisensituationen möglicherweise entstehenden Fehlentwicklung vorzubeugen (a.a.O., 83). Maßnahmen "strukturbezogener Prävention" (ebd.) richteten sich demgegenüber eher auf eine "Reduzierung von krankmachenden Umwelteinflüssen" (ebd.), ein Interventionsfeld, zu dem die Spielgruppenarbeit laut KELLER nur einen eingeschränkten Zugang habe.

Ein in der grundlegenden Ausrichtung als spielpädagogisch zu bezeichnendes Präventionskonzept bei F. KLEIN (1979) und BRAND (1988) tritt uns somit in der Darstellung der Spielgruppenarbeit in der *Schweiz* als konsequent am spontanen Spiel ausgerichtete und von der therapeutischen Intervention abgegrenzte Form präventiver Intervention bei Kindern mit Entwicklungsproblemen entgegen. Im Überblick läßt sich somit auf der Basis fachlicher Diskussionen im Felde der Frühpädagogik ein Paradigmenwechsel in der zugrundliegenden

Methodik konstatieren. Während bei von BRACK (1986) das verhaltenstherapeutische Umgehen mit kindlichen Spielprozessen in seiner Funktionalität für die Frühdiagnostik und Frühpädagogik von seinen empirischen Grundlagen bis hin zur Evaluationsforschung umfassend eruiert und damit die Defektzentrierung weitgehend fortgeschrieben wird, lassen sich - sicher auch unter dem Eindruck einer wachsenden Therapiekritik (ALY/ALY/TUMLER 1981) - auf dem anderen Extrempol der Präventionskonzepte indirektere Handlungsstrategien ausmachen. Das spontane Spiel von Kindern mit Entwicklungsproblemen erscheint hier gleichsam als exemplarischer Bezugspunkt einer Entwicklung hin zu einer Sichtweise präventiver Heilpädagogik, in der die Erwachsenen (Spielgruppenleiterinnen, HeilpädagogInnen und Eltern) allmählich lernen müssen, sich von der Defektzentrierung in ihrer Betrachtungsweise behinderter und von Entwicklungsproblemen bedrohter Kinder zu lösen (zu "defokussieren") und das jeweilige Kind in seiner Kompetenz wieder wahrnehmen zu lernen. Zugleich wird mit diesem Perspektivenwechsel eine Öffnung für integrative Prozesse und Förderansätze im Rahmen der Prävention möglich, die somit nicht mehr zwangsläufig als spezifische und separierende Maßnahme zu konzipieren wäre, sondern vorhandene Ressourcen wie Eltern und "peer-group" als Entwicklungsanregungen mit einzubeziehen hätte. Diese Aufgabenstellung einer integrativen Spielförderung bei Kindern mit Behinderungen und Entwicklungsproblemen soll nun im weiteren auf ihre empirische Fundierung hin befragt werden.

4.3 Spiel und Integration

Wenn im weiteren nun ein tieferer Einblick in den internationalen Forschungsstand zum gemeinsamen Spiel behinderter und nichtbehinderter Kinder angestrebt wird, so geschieht das in einer Fragestellung, die auf die dort in ihrer Struktur und Effektivität erforschten spielpädagogischen Handlungsformen zentriert ist. Der Zusammenhang von Spiel und Integration erfährt hier somit eine Betrachtung unter spielpädagogischem Aspekt, um so Konturen eines spielpädagogischen Handlungskonzeptes in der Integrationspädagogik abzuleiten.

4.3.1 Spiel in der Integrationspädagogik

Das Thema des gemeinsamen Spiels von Kindern mit und ohne Behinderungen durchzieht von Beginn an die integrationspädagogische Diskussion in der BRD und den deutschsprachigen Nachbarländern. Im Gutachten des DEUTSCHEN

BILDUNGSRATS zur "Pädagogischen Förderung behinderter und von Behinderung bedrohter Kinder und Jugendlicher" (1973) werden Vorschläge zur integrativen Förderung im gemeinsamen Spiel entwickelt. Mögliche Organisationsformen dieser spielorientierten Integrationspädagogik seien "Spielgruppen für behinderte Kinder" mit umfänglichem Förderbedarf, "Spielgruppen von behinderten und nichtbehinderten Kindern" mit gemeinsamer Förderung und "Spielgruppen nichtbehinderter Kinder, in die behinderte Kinder aufgenommen werden" bei gleichzeitiger Gewährleistung einer behinderungsspezifischen Förderung durch die Sondereinrichtung (a.a.O., 55). Allerdings weist LIPSKI (1985, 262) mit Recht darauf hin, daß damit noch keine konkreten organisatorischen Modelle angesprochen seien und somit in dieser Empfehlung offen gelassen werde, in welchem Verhältnis dieses Modell einer integrativen Spielförderung zu den bestehenden Einrichtungen im Regel- und Sonderbereich stehen solle.

4.3.1.1 Spielpädagogische Konzeptansätze in der gemeinsamen Erziehung

In der deutschsprachigen Literatur lassen sich von diesem Ausgangspunkt her eine große Bandbreite an Beiträgen zum gemeinsamen Spiel von behinderten und nichtbehinderter Kindern ausmachen, ohne daß diese verstreuten Hinweise bislang einer Zusammenschau unterzogen worden wären. Ein besonderer Schwerpunkt kristallisiert sich erwartungsgemäß in der Literatur zur integrativen Förderung im *Kindergarten* heraus. So berichten EX/STRIVE (1983) über langjährige Erfahrung mit einem spielorientierten Konzept integrativer Förderung körperbehinderter und nichtbehinderter Kinder in einem *Kölner Sonderkindergarten*. Auf der Basis der Annahme, daß für behinderte und nichtbehinderte Kinder im Kindergartenalter "der Weg des Lernens vorrangig über das Spielen" (a.a.O., 44) verlaufe, gestaltet sich das Arbeitskonzept maßgeblich von der "Spielfreiheit, Spielfreude, Zweckfreiheit und aufgrund eines inneren Tätigkeitsdranges" (ebd.) her als vorbereitete Umgebung, die vielfältige Materialien enthält, dabei Reduzierungen einkalkuliert und insgesamt "eine Atmosphäre des Sich-Wohlfühlens" (ebd.) garantiert werden soll.

Aus dem seit Oktober 1977 bestehenden integrativen Kindergarten der EVANGELISCHEN FRANZÖSISCH - REFORMIERTEN GEMEINDE FRANKFURT (1984) werden ausführliche Berichte über Freispielsituationen mit behinderten und nichtbehinderten Kinder vorgelegt, die die ganze Vielfalt der Themen in der integrativen Kindergartengruppe und den pädagogisch-konzeptionellen Stellenwert dieser Ebene integrativer Prozesse aus dem Erziehungsalltag heraus verdeutlichen.

HUNDERTMARCK (1981) nimmt in ihrer Darstellung des integrativen Kindergartens u.a. auch zum gemeinsam Spiel Stellung. Es wird dabei nicht von Spieldefiziten ausgegangen, sondern von jeweils trotz möglicher Schädigungen noch vorhandenen Fähigkeiten, die es im Spiel zu stärken gelte. Zugleich biete das Spiel durchaus die Möglichkeit zur Unterstützung der kindlichen Entwicklung in den verschiedensten Verhaltensbereichen (emotionale, soziale und wahrnehmungsbezogene) (a.a.O.,65f.). Pädagogisch bedeutsam sei kindliches Spiel (und somit auch gemeinsames Spiel von behinderten und nichtbehinderten Kindern) zum einen als Gelegenheit zur Beobachtung, mittels der eine rechtzeitige Erkenntnis von Entwicklungsproblemen möglich sei. Darauf aufbauend gelte es ebenfalls Reflexionen darüber anzustellen, wie diesen beginnenden Entwicklungsproblemen zu begegnen sei (hier noch mit präventivem Schwerpunkt) und wie bei manifesten Behinderungen Spielanregungen zu gestalten seien, um auch behinderten Kindern eine Teilnahme am gemeinsamen Spiel zu ermöglichen. Als Kriterien für solche Spielangebote werden die Förderung von "Kommunikation", "Sinnesfunktionen" und "Ausdrucksfähigkeit" genannt. Erfahrungsgemäß sei auf einen "hohen Spannungs- und Entspannungscharakter" sowie eine gewisse "Regelmäßigkeit im Spielen" besonders zu achten (a.a.O., 68). Zu diesen Kriterien werden eine Reihe von konkreten Spielvorschlägen dargestellt, die sich durchweg auf angeleitete Spielphasen in der Gesamtgruppe beziehen. Das freie Spiel der behinderten und nichtbehinderten Kinder und dessen Anregung scheint in den zugrundliegenden Erfahrungszusammenhängen noch nicht dominant gewesen zu sein.

Weitere spielpädagogische Förderbeispiele werden aus der Spielstubenarbeit der *Integrativen Montessori-Schule Münsterland e.V.* (1984) und aus dem *Kinderhaus Friedenau in Berlin* (1985, 58) berichtet. Auch MIEDANER (1986, 184ff.) zeigt die Relevanz des Freispiels im Kindergarten für behinderte und nichtbehinderte Kinder auf und unterscheidet zwischen verschiedenen Typen der Anregung von Freispiel, die von einer selbständigen Gestaltung durch die Kinder über die Einbindung von gezielten Angeboten aus Wochen- und Monatsplänen bis hin zur Förderung einzelner Kinder reichen (Raumgestaltung, Spielbeobachtung und Hilfen zur Einbeziehung aller Kinder). FRAGNER (1990) stellt im Rahmen einer Übersicht über wesentliche Literaturbeispiele zur gemeinsamen Erziehung im

Kindergarten ebenfalls die Bedeutung des gemeinsamen Spiels im integrativen Erziehungsalltag heraus.

Auch die *Spielplätze* unterliegen in jüngster Zeit integrativen Betrachtungen. Unter dem Stichwort "barrierefrei" entwickelt PHILIPPEN (1991/1992) Anregungen für integrative Spielplätze. Das *Deutsche Kinderhilfswerk* stellt ebenso eine Planungshilfe für behindertengerechte und integrative Spielplätze vor (KÖPPEL 1988), in der mehrere Funktionsbereiche unterschieden werden: festverankerter Spielgeräte, Wasser-, Sand- Matschbereich, freie Bewegungsspiele, Kommunikation, Naturerfahrung und Fahren (a.a.O., 10). Anhand eines Modellspielplatzes und exemplarischen Spielgeräten werden die Maßnahmen zur Erhöhung der Nutzbarkeit für Kinder mit unterschiedlichen Fähigkeiten aufgezeigt. Auch OPP (1992a) berichtet über die Entstehungsgeschichte eines integrativen Spielplatzes und stellt diese in einen entwicklungspsychologischen Zusammenhang. Zahlreiche Praxiserfahrungen regen zur unmittelbaren Nachahmung an.

Im *Schulbereich* nehmen sich die Beispiele einer spielorientierten Integrationsförderung spärlicher aus. Kindliches Spiel wird als Medium der Förderdiagnostik diskutiert (BELUSA/EBERWEIN 1990). REISER (1989) entwickelt integrative Aspekte einer Spielgruppearbeit nach dem Konzept der Themenzentrierten Interaktion für die Grundschule. HEYER/PREUSS-LAUSITZ/ZIELKE (1990) erfassen für die SchülerInnen der *Uckermark-Schule in Berlin* die Freizeitaktivitäten über mehrere Jahre hinweg. Dabei nehmen sie auch eine spielorientierte Auswertung vor, in der sich zeigt, daß sich wohnortnahe Integration (alle SchülerInnen eines Stadtteils gehen in die der Wohnung am nächsten liegende Schule) positiv auf spielorientierten Sozialkontakte der Kinder am Nachmittag auswirkt. Aus dem Vergleich mit den spielbezogenen Freizeitkontakten der SchülerInnen einer benachbarten Schule für Lernbehinderte wird deutlich, "daß für die Sonderschüler die Fortsetzung der schulischen Sympathien in reale Freizeitkontakte nicht in dem Maß wie in der Grundschule möglich war." (a.a.O., 119).

Von den deutschsprachigen Nachbarländern der *BRD* hat besonders die *Schweiz* Ansätze einer integrativen Spielförderung enwickelt. NUSPLIGER-BRAND (1984) zeigt aus der Geschichte des Schweizer Kindergartens heraus die aktuellen Entwicklungen der pädagogischen Konzeptionsdiskussion auf. Dazu zählt auch eine ambulante Betreuung verhaltensauffälliger Kinder (a.a.O., 56).

HeilpädagogInnen realisieren in diesem Modell eine integrative Förderung dieser Kinder im Freispiel des Regelkindergartens. Am *Institut für Sonderpädagogik der Universität Zürich* liegen im Rahmen der Ausbildung der LernbehindertenpädagogInnen langjährige Erfahrungen mit Spielnachmittagen für behinderte und nichtbehinderte Kinder vor, die bereits seit Mitte der siebziger Jahre durchgeführt werden. Im Sommer 1984 erfolgt eine besondere Zentrierung dieses Angebotes auf das Rollenspiel (STEPPACHER/JELTSCH 1985). Ergebnis dieser an SMILANSKYs Rollenspielförderkonzept anschließenden "Spielübungen" (a.a.O., 85) ist die Feststellung, daß Kinder unterschiedliche "Anwärmphasen" benötigen und die Ausdauer für ein Rollenspielthema im integrativen Zusammenhang etwa vier Nachmittage anhält. Gleichzeitig sei eine Verbesserung der spielpädagogischen Kompetenz der Studierenden bei der Unterstützung integrativer Rollenspielprozesse festzustellen und eine allmähliche Optimierung der Beobachtungsinstrumente (a.a.O., 89). In einer zweiten Auswertungsphase stehen v.a. die Interaktionen zwischen den Studierenden und den behinderten und nichtbehinderten Kindern im Mittelpunkt (JELTSCH-SCHUDEL 1985). Dabei lassen sich eine diagnostische Ebene (Problematik der mangelnden Distanz durch MitspielerInnen-Rolle), eine Ebene der pädagogischen Intervention (Problematik der Adäquanz bezogen auf das Ziel des gemeinsamen Spiels), eine Ebene der Fernziele (Problematik der zugrundeliegenden normativen Orientierungen) und das Verhältnis von diagnostischem und pädagogischem Handeln (Problematik der Abstimmung) unterscheiden (a.a.O. 441ff.). Außerdem stellt sich heraus, daß unterschiedliche Persönlichkeitstypen im spielpädagogischen Handeln virulent werden, die zwischen den Polen einer abwartenden Zurückhaltung und eines aktiven Eingreifens angesiedelt seien.

4.3.1.2   Das Projekt "Heilpädagogische Begleitung" in der Schweiz

Dank der intensiven Forschungsbemühungen der *Universität Freiburg* können für die *Schweiz* eingehendere Analysen vorgestellt werden, die überdies den aus bundesdeutscher Sicht interessierenden Vorteil einer spielorientierten Kindergartenpädagogik als Ausgangslage bieten. Im Rahmen des *INTSEP-Forschungsprogrammes des Heilpädagogischen Instituts der Universität Freiburg* unter der Leitung von HÄBERLIN liegen bis Anfang 1993 zwei Projektberichte vor, die sich mit der gemeinsamen Erziehung im Kindergarten unter den Aspekten "Zusammenarbeit" und "Heilpädagogische Begleitung" beschäftigen (HÄBERLIN, JENNY-FUCHS, MOSER OPITZ 1992, FREIBURGER PROJEKTGRUPPE 1993). Im weiteren werden zunächst die

Rahmenbedindungen der integrativen Arbeit im Regelkindergarten dargestellt und in einem zweiten Schritt um die Erfahrungen aus der "Heilpädagogischen Begleitung" ergänzt.

In der Darstellung der konzeptionellen Grundlagen des Kindergartens in der Schweiz wird der Einfluß der spielorientierten Kindergartenpädagogik nach FRÖBEL und der Reformpädagogik (v.a. MONTESSORI), sowie der antiautoritären Erziehung (NEILL 1969) hervorgehoben. So sei bereits von diesen Traditionslinien her "kaum eine Tendenz des Kindergartens hin zu einer unterrichtsorientierten Vorschule feststellbar" (HÄBERLIN, JENNY-FUCHS, MOSER OPITZ 1992, 33). In den Leitideen der Kindergartenpädagogik sei mit den "Grundlagen für die pädagogische Arbeit im Kindergarten" von 1990 eine deutliche Einbeziehung des gesellschaftlichen Wandels im Leben der Kinder ablesbar, was insbesondere an veränderten Spielbedingungen und Spielangeboten festgemacht werde (a.a.O., 34). Individualisierung, Ganzheitlichkeit, Spielorientierung und Umweltbezug werden als wesentliche Grundzüge des pädagogischen Konzeptes genannt, ohne daß damit eine Lernzielformulierung einhergehen müsse. Es sei eher ein zugrundeliegendes Menschenbild erkennbar. Im Rahmen dieses Konzeptes habe die Kindergärtnerin "nicht (mehr) primär eine belehrende, sondern eine "rahmenschaffende" (...)" Rolle (a.a.O., 35). Die fachliche Kompetenz der Kindergärtnerinnen müsse allerdings unter dem Aspekt der gemeinsamen Erziehung mit Skepsis betrachtet werden.

"Im Hinblick auf die Schaffung eines (integrativen) Kindergartens für alle (für behinderte und nicht-behinderte) Kinder ist der geringe Professionalisierungsgrad des Kindergärtnerberufs nicht nur als problematisch zu beurteilen, sondern darin können auch Möglichkeiten gesehen werden." (A.a.O., 36).

In dieser Beurteilung liege eine wesentliche Begründung für die Notwendigkeit der "Heilpädagogischen Begleitung".

Die "Heilpädagogische Begleitung im integrativen Kindergarten" (a.a.O., 37) soll von der Heilpädagogischen Früherzieherin getragen werden. Deren Arbeit habe in der Schweiz diagnostische, therapeutische, prophylaktische und erzieherisch-soziale Aspekte aufzuweisen und sei mit der Frühförderung in der BRD vergleichbar. Ganzheitlichkeit der Maßnahmen und Elternbezogenheit müsse insbesondere angestrebt werden. Als Aufgabenbereiche der Heilpädagogischen Früherzieherin werden Früherkennung, Frühförderung, interdisziplinäre

Zusammenarbeit und Öffentlichkeitsarbeit genannt (a.a.O., 38 ff.). Im Unterschied zur "Hausfrüherziehung" (a.a.O., 41) finde die Heilpädagogische Begleitung jedoch im Kindergarten statt und nehme dadurch deutlicheren Bezug auf die Gruppe der Gleichaltrigen und weniger auf die isolierte Betrachtung eines einzelnen Kindes, ohne hingegen aus der Gruppe auch Beurteilungsmaßstäbe abzuleiten.

Zu den Rahmenbedingungen gemeinsamer Erziehung wird aus einer Befragung der Kindergärtnerinnen, LehrerInnen und HeilpädagogInnen, sowie Erfahrungen im Freiburger Pilotprojekt eine Übersicht erstellt, die für die Elementar- und Primarstufe gleichermaßen gelten soll (FREIBURGER PROJEKTGRUPPE 1993). Für die architektonisch-technischen Rahmenbedingungen, in die alle räumlich-materiellen Bedingungen einzubeziehen seien, müsse die Gewährung von "mehr Handlungsspielraum" (a..a.O., 30) als Prinzip gelten. Außerdem seien behindertengerechte Ausstattungsmaßnahmen vorzusehen, sowie Zusätzräume für Beratungen und Besprechungen. Der "Gruppen- oder Klassenraum" müsse Gelegenheit für "ungestörte Aktivitäten und Einzelarbeit"(a.a.O., 31) bieten und möglichst mit einem Zusatzraum für Kleingruppenarbeit verbunden sein. In formal-organisatorischer Hinsicht sei eine Gruppengröße von 16 (+/- 2) Kindern für Kindergärten als Richtzahl anzusehen (a.a.O., 32). Die Aufstockung des Personals erfolge über die "Heilpädagogische Begleitung". Eine finanzielle Absicherung müsse vom Gesetzgeber über das Modellprojekt hinausgehend vorgenommen werden, so wird gefordert. Mindestens eine Stunde Besprechungszeit wöchentlich sowie die Gelegenheit zur Supervision sei vorzusehen. Der Besuch des Kindergartens sei freiwillig, beziehe sich auf ca. 20-22 Lektionen (Unterrichtsstunden) wöchentlich und müsse nicht in Ganztagsform erfolgen (a.a.O., 33). Unter konzeptionellem Aspekt werde der Kindergarten und die Schule für alle als Ort verstanden, "an welchem unter bestimmten Bedingungen allen Kindern die Gelegenheit gegeben werden kann, in reguläre Lebens- und Lernzusammenhänge einbezogen zu sein." (a.a.O., 38). Als Prinzipien der gemeinsamen Erziehung werden u.a. individualisierte Förderung, Freiwilligkeit, flexible Alltagsgestaltung und ein verändertes Rollenverständnis bei Regel- und HeilpädagogInnen genannt. Als Bezugspunkt für die Qualifikation der Kindergärtnerinnen sei die Fähigkeit zur "Gestaltung einer gemeinsamen Lern- und Spielsituation für alle Kinder und zu interdisziplinärer Zusammenarbeit" (a.a.O., 40) anzusehen. Auch hier zentriert sich die konzeptionelle Reflexion auf das Verhältnis von Lebens- und Spielsituationen im Kindergarten, dem offensichtlich paradigmatische Funktion zukommt im Rahmen der konkreten Ausgestaltung der integrationpädagogischen Arbeit im Kindergartenalltag. Unter personalinteraktionalem Aspekt verändere sich die Anforderungssituation für das Personal grundlegend, da wesentlich umfänglichere Formen der interdisziplinären Kooperation notwendig seien. Hier gelte es durch die Fähigkeit zur Akzeptanz des Partners, durch Offenheit und Flexibilität im eigenen Verhalten in erhöhtem Maße kommunikationsbereit zu sein. Eine eng am Erziehungsalltag ausgerichtete Beschreibung der Problematik der Zusammenarbeit zwischen den Beteiligten an der Integration im Kindergarten erfolgt auf der Basis qualitativer Interviews bei Kindergärtnerinnen und HeilpädagogInnen und zeigt im Ergebnis erschwerende (u.a. Rollenverständnis und behinderungsspezifische Wissensmängel der Kindergärtnerin, Spezialistentum der HeilpädagInnen) und förderliche Bedingungen (Anteilnahme, klare Aufgabenteilung, gemeinsame Elterngespräche, ausreichende Zeit, Zuverlässigkeit, Sympathie und Respekt) (a.a.O., 64ff.) auf.

Aus den Erfahrungen mit der Heilpädagogischen Begleitung in Kindergärten und Regelschulen werden vier Grunddimensionen sichtbar, die die gemeinsame Erziehung prinzipiell beeinflussen. Heilpädagogische Begleitung gestaltet sich in den verschiedenen Praxisfeldern unter den Maximen "Umfeld- und Systemorientierung," "Individualisierung", "Förderdiagnostik", "Zusammenarbeit und Interdisziplinarität" (FREIBURGER PROJEKTGRUPPE 1993, 52 ff.), die als nicht vollständig überschneidungsfreie und interdependente Typisierungen dargestellt werden. Einzelintegration und der Kindergarten für alle erscheinen als Grundformen der gemeinsamen Erziehung, auf die hin Erfahrungen mit der Heilpädagogischen Begleitung im Detail behandelt werden. Ein zusammenfassender Rückblick über 4 Projektjahre (a.a.O., 180f.) erbringt schließlich eine Phasengliederung, in deren Verlauf sich das Konzept Heilpädagogische Begleitung ausgehend von einer kindzentrierten Ausrichtung über eine umfeldorientierte Öffnung bis hin zu einer systemorientierten Betrachtungsweise weiterentwickelt hat.

Das Konzept der Heilpädagogischen Begleitung stellt sich so als umfängliche Sichtweise der gesamten Problematik von Integration in Kindergarten und Schule dar und tritt mit dem Anspruch der Unterstützung von RegelpädagogInnen bei der Realisierung einer optimalen Förderung des Kindes mit Schwierigkeiten auf. Hervorzuheben ist die enge Anbindung der Konzeptentwicklung an die Alltagssituationen in Kindergärten und Schulen und die intensive Durchleuchtung der Kooperationsproblematik bei integrativer Förderung. Bezogen auf die BRD liegt mit diesen Projektergebnissen ein in großen Teilen übertragbares Konzept für die integrative Frühförderung im Regelkindergarten vor. Kritisch anzumerken bleibt die weitgehende Vermischung der Aussagen zum Kindergarten und zur Schule für alle. Gerade angesichts der spielpädagogischen Tradition des Kindergartens in der Schweiz drängt sich die Frage auf, inwieweit schulpädagogische und kindergartenpädagogische Konzepte hier tatsächlich miteinander vermittelt werden können. Aus bundesdeutscher Sicht ergibt sich naturgemäß eine große Nähe zur Spieltradition der Kindergartenpädagogik in der Schweiz. Gerade aus dem Bezug dieser Tradition heraus muß jedoch festgestellt werden, daß Kindergartenpädagogik durch die Zentrierung auf die Gestaltung von Spielsituationen in räumlich-materieller, formal-organisatorischer und personalinteraktionaler Hinsicht eigenständige Rahmenbedingungen erfordert, die sich nicht unmittelbar aus der Schulpädagogik ableiten lassen oder *vice versa* für diese gelten könnten. Bei aller Zustimmung zum Konzept der Heilpädagogischen Begleitung, die gerade zur Unterstützung von Maßnahmen der Einzelintegration von besonderer Bedeutung sind, wäre eine getrennte Darstellung der Rahmenbedingungen für Kindergärten und Schulen aus bundesdeutscher Sicht von Vorteil gewesen. Dies gilt v.a. in Zusammenhang mit der Feststellung, daß der Kindergarten sehr viel größere rechtliche Handlungsspielräume zur Realisierung von Integration anbietet.

"In den allgemeinen Anforderungen an den Kindergarten ist die Forderung nach gemeinamer Erziehung aller Kinder jedoch geradezu gegeben. Der Freiraum pädagogischen Sehens und Handelns in diesem Rahmen ist gross; keine determinierten Lernzielpläne geben ein Leistungssoll vor." (A.a.O., 39).

Hier deutet sich eine Entwicklungschance für gemeinsame Erziehung vergleichbar mit den Kindergärten der *BRD* an, die ebenfalls nicht den Lehrplänen und Richtlinien der Schulen unterliegen. Es zeigt sich jedoch zugleich die Notwendigkeit des länderübergreifenden Perspektivenwechsels in der erziehungswissenschaftlichen Diskussion, in dem sicher kein länderspezifischer Standpunkt absolut gesetzt werden kann.

4.3.1.3   Spielorientierte Integrationsforschung im Elementarbereich der BRD

In der *BRD* ist bislang nur KNIEL mit zwei empirischen Untersuchungen zur Bedeutung des kindlichen Spiels bei der gemeinsamen Erziehung vertreten. In der Kasseler Untersuchung von 1984 (KNIEL/KNIEL 1984) sind 14 behinderte Kinder in 13 Regelkindergarten involviert, von denen 6 weiblichen Geschlechts

(8 männlich) waren bei einer Altersverteilung von 2 Zweijährigen, 5 Vierjährigen, 2 Fünfjährigen und 5 Sechs- und Siebenjährigen (a.a.O., 62ff.). Die Gruppe wurde im Vergleich zu nichtbehinderten und sog. "schwierigen" Kindern mit Hilfe eines kombinierten Beobachtungsbogens nach SCHMIDT-DENTER (1980), eines Beobachtungsbogens zum Konfliktverhalten und eines weiteren zum prosozialen Verhalten untersucht (KNIEL/KNIEL 1984, 168-171). Das kombinierte Beobachtungsinstrument enthielt u.a. auch Angaben zu den Beschäftigungsweisen des Kindes, zum sozialen Spielverhalten und zum Ort des Spiels, die für den vorliegenden Zusammenhang relevante Aussagen ermöglichen. Die Beobachtungen finden für jedes Kind an drei verschiedenen Tagen zu wechselnden Zeitpunkten im Zeitraum Winter bis Frühjahr 1983 statt. Infolgedessen beschränkt sich die Untersuchungstätigkeit auf die Innenräume. Die Beobachtungen beziehen sich auf Freispielsituationen. Bei den fünf häufigsten Beschäftigungen in der Beobachtungssituation ergibt sich keine signifikante Abweichung zwischen behinderten, nichtbehinderten und schwierigen Kindern. Die Abfolge der Häufigkeiten dieser Tätigkeiten weist zwar kleine Unterschiede auf. Basteln und Malen rangiert jedoch in allen drei Gruppen auf den vorderen Plätzen. Behinderte Kinder beschäftigen sich am zweihäufigsten mit Aufstellen und Aufbauen. Rollenspiele folgen erst auf dem fünften Rang. Bei nichtbehinderten Kindern werden Konstruktionsspiele und Geschicklichkeitsspiele häufiger als bei behinderten verzeichnet, während schwierige Kinder am häufigsten unbeschäftigt waren (a.a.O., 72f.). KNIEL/KNIEL interpretieren diesen Befund als Hinweis auf eine stärker strukturierte pädagogische Arbeit in den integrativen Einrichtungen, wie sich in einem Vergleich mit nordrhein-westfälischen Kindergärten zeige (a.a.O., 74). In bezug auf die verschiedenen Kategorien des sozialen Spielverhaltens wird festgestellt, daß behinderte Kinder relativ gleichmäßig an unterschiedlichen sozialen Zusammenhängen beteiligt seien, wobei das Parallelspiel (als ähnliche Spieltätigkeit im Nebeneinander zweier oder mehrerer Kinder) und das Spiel bei der Erzieherin in etwa gleiche Anteile verbuchten, während das Spiel mit einem Kind eher selten vorkomme (a.a.O., 76f.). Dagegen befänden sich behinderte Kinder mehr als doppelt so häufig im Alleinspiel als nichtbehinderte Kinder. Im Zusammenspiel würden behinderte Kinder zu mehr als sechzig Prozent, nichtbehinderte Kinder zu fast neunzig Prozent und schwierige Kinder zu mehr als 75 % die aktivere Rolle übernehmen. Behinderte Kinder verhalten sich demnach durchaus nicht ausschließlich passiv in sozialen Spieltätigkeiten mit nichtbehindertern (a.a.O., 79). Bei behinderten und nichtbehinderten Kindern überwiegt im Vergleich mit schwierigen Kindern die partnerschaftliche Form des Zusammenspiels. Von Interesse ist aber auch ein

erhöhter Anteil der Erzieherinnendominanz bei der Interaktion behinderter und schwieriger Kinder (a.a.O., 80f.). In pädagogisch-konzeptioneller Hinsicht ist aus diesen Befunden zu folgern, "daß es den Erzieherinnen in Regelkindergärten gelingt, sowohl bei behinderten als auch bei "schwierigen" Kindern ihre Zuwendung individuell auf die Bedürfnisse der Kinder abzustimmen." (A.a.O., 81). Die Komplexität der Untersuchungsstrategie muß sicher als beispielhaft für eine spielpädagogische Integrationsforschung angesehen werden. Die Begrenztheit der Untersuchungsergebnisse ergibt sich v.a. aus der zeitlichen Struktur, die sich auf einen Untersuchungszeitraum beschränkt und somit langfristige Entwicklungstendenzen nicht abzubilden vermag. Die Studie von KNIEL/KNIEL muß jedoch in ihrer Fragestellung angemessen eingeordnet werden, die sich zu Beginn der achtziger Jahre noch darauf ausrichtete, eine empirisch fundierte Antwort auf die Frage zu liefern, ob denn Integration im Elementarbereich überhaupt möglich sei.

In einer zweiten Untersuchung von 1986 richten sich KNIEL u.a. stärker an spielpädagogischen Fragestellungen in integrativen Regelkindergärten und in Sondereinrichtungen aus. Es interessiert nun besonders die Zielsetzung der Erzieherinnen bezogen auf das Freispiel und die Auswirkungen von Zielen und Rahmenbedingungen für das Spiel von geistig retardierten Kindern (a.a.O., 256). Die Untersuchung wird als vergleichende Studie zwischen Sondergruppen, integrativen Gruppen und Regelgruppen durchgeführt. Es sind 12 Regel- und acht Sondereinrichtungen beteiligt. Methodisch basiert die Untersuchung auf einer Befragung der Erzieherinnen und Freispielbeobachtungen von 47 geistig retardierten Kindern an jeweils zwei Vormittagen, wobei sich 15 in Sonder-, 19 in integrativen und 14 in Regelgruppen aufhalten (ebd.). Unter spielpädagogischem Aspekt zeigt sich im Vergleich der drei Settings, daß in Sondergruppen das Freispiel am häufigsten angeleitet wird, während Regelgruppen und integrative Gruppen das Freispiel im eigentlichen Sinne in den Vordergrund stellen und auf eine Lenkung bzw. Einschränkung von Spieltätigkeit und Spielort überwiegend verzichten (a.a.O., 262f.). Es kann deshalb festgehalten werden, daß in Sondergruppen das Freispiel sehr viel stärker von der Erzieherin angeleitet wird, wobei Spielimpulse, Hilfestellungen und Einzelbeschäftigung die spielpädagogischen Handlungsformen konkret ausprägen (a.a.O., 264). Für die Beschäftigung der behinderten Kinder zeigt sich, daß sie in Sondergruppen am häufigsten unbeteiligt sind und auch in der Nutzung von Spielmaterial häufiger monotone Handlungsweisen erkennen lassen (a.a.O., 267). Insgesamt stellt KNIEL fest, daß Sondergruppen trotz der insgesamt besseren Ausstattung im

Vergleich zu integrativen und Regelgruppen keineswegs eine Überlegenheit bei der spielpädagogischen Förderung geistig retardierter Kinder haben. Neben der erneuten Beschränkung auf einen kurzen Untersuchungszeitraum zeigt diese zweite Studie deutlich, daß qualitative Ansätze in der methodologischen Diskussion zur Integrationsforschung seinerzeit noch kaum eine Rolle spielten. Gerade in der Erforschung der Zielsetzungen von Erzieherinnen bei der integrationspädagogischen Arbeit hätte aus heutiger Sicht eine Erweiterung um qualitative Interviews nahegelegen.

BECKER-GEBHARD (1990) und MARTE (1990a) bieten darüber hinaus Sekundäranalysen angloamerikanischer Forschungsergebnisse an, die auch spielorientierte Befunde enthalten. In seiner Übersicht zur "peer-group"-orientierten Integrationsforschung im Elementarbereich kommt BECKER-GEBHARD zu mehreren empirisch gestützten Zentralaussagen, die insgesamt darauf hindeuten, daß zwar durchaus kooperative Spielformen in größerem Umfang zu verzeichnen sein und nichtbehinderte Kinder sich etwa in ihren sprachlichen Leistungen im Spiel den behinderten Kindern anpassen würden. Interaktionen zwischen behinderten und nichtbehinderten Kindern im jeweiligen integrativen Setting stellten sich aber keineswegs zwangsläufig und automatisch ein. Es sei deshalb von der Notwendigkeit einer pädagogischen Anregung des gemeinsamen Spiels auszugehen, für die unterschiedliche Modelle vorgestellt werden (u.a. "peer-group"-orientierte Modelle). MARTE kommt bezüglich ökologischer Variablen des gemeinsamen Spiels zu der Überzeugung, daß über Materialien und räumliche Organisation die sozialen Beziehungen von behinderten und nichtbehinderten Kindern gesteuert werden können. Für die Raumgliederung werden Abteilungen und weitere strukturierende Maßnahmen wie das Schaffen von Rückzugsmöglichkeiten und die Herstellung einer gesteigerten Übersichtlichkeit empfohlen. Die Grundlagen dieser integrationspädagogischen Konsequenzen sind hingegen nicht durchgängig aus Untersuchungen in einem integrativen Setting abgeleitet. MARTE strebt eher einen Transfer von empirischen Befunden bei nichtbehinderten Kindern auf die Gruppe der behinderten Kinder an. Für dieses Vorgehen spricht sicherlich, daß eine Reihe von pädagogischen Erfahrungen aus dem Regelkindergarten auch in integrativen Gruppen von Bedeutung sind. Problematisch wird dieser Transferansatz jedoch auf der Basis strenger Auswahlkriterien für Integrationsforschungsuntersuchungen. Diese müssen auch aus dem integrativen Setting stammen, wollen sie dem Anspruch empirisch fundierter Forschungsbemühungen zur gemeinsamen Erziehung entsprechen. Untersuchungen zum sozialen Spielverhalten von behinderten

Kindern oder zum Umgang von nichtbehinderten Kindern mit Materialien sind deshalb nicht im strengen Sinne der Integrationsforschung zuzurechnen. Damit soll allerdings keineswegs das Bemühen von MARTE und BECKER-GEBHARDT verkannt werden, auf dem seinerzeitigen Stand der Forschung zu fundierten Aussagen über die Gestaltung sozialer Spieltätigkeiten von behinderten und nichtbehinderten Kindern, sowie über die räumlich-materielle Ausstattung integrativer Gruppen zu gelangen.

Aus diesen verstreuten Hinweisen läßt sich im Überblick ein breiter Konsens bezüglich der praktischen Bedeutung des gemeinsamen Spiels in der Integrationspädagogik ableiten. Den vielfältigen spielpädagogischen Aktivitäten (Diagnostik, Freispielförderung, Spielangebote) in institutionellen und außerinstitutionellen Settings (Kindergarten, Spielgruppen, Schule, Spielplatz, Spielnachmittag) und damit verbundenen Reflexionsansätzen können bislang jedoch noch keine umfassenden Bemühungen empirischer Integrationsforschung gegenüber gestellt werden.

4.3.2 Integrative Spielförderung im empirischer Sicht - eine Sekundäranalyse

Ein empirisches Fundament für eine erziehungswissenschaftliche Auseinandersetzung mit diesem Feld der Integrationspädagogik kann aus diesem Grunde nur unter Rückgriff auf die Forschungsergebnisse aus dem angloamerikanischen Sprachraum erreicht werden. Dabei ist vorab nochmals darauf aufmerksam zu machen, daß die Ergebnisse allenfalls orientierende keineswegs jedoch normierende Funktion haben können, da die Bildungssysteme der *BRD* und der *USA* nur in eingeschränkter Weise miteinander vergleichbar sind und außerdem Differenzen in den vorherrschenden Erziehungseinstellungen von Eltern sowie pädagogischen Konzeptionen von Einrichtungen bestehen (vgl. KASCHADE 1992, OPP 1992b). Dennoch erscheint eine Einbeziehung der Untersuchungsergebnisse v.a. aus Nordamerika sinnvoll, da hier ein hoher Standard der empirischen Integrationsforschung erreicht wird. Außerdem verspricht die hier angestrebte Fokussierung auf spielpädagogische Handlungstypologien in integrativen Settings empirisch fundierte Hinweise auf die Effektivität spielorientierter Interventionen bei gemeinsamem Spiel. Im wesentlichen lassen sich die vorliegenden spielpädagogischen Modelle unter zwei Aspekten strukturieren. Zum einen werden v.a. die personal-interaktionalen Bedingungen integrativer Spielsituationen als Grundlage integrativer Förderung herangezogen. Zum anderen erfolgt eine Hervorhebung der räumlich-materiellen Bedingungen. Bei kombinierten

Untersuchungen, die sowohl soziale als auch spielzeugbezogene Spieltätigkeiten thematisieren, wird im vorliegenden Zusammenhang eine Trennung dieser Aspekte aus analytischen Gründen vorgenommen. Die temporale Struktur integrativer Spielsituationen kann auf der Basis der vorliegenden Forschungsbefunde bislang nur im Verhältnis zu diesen Schwerpunkten herausgearbeitet werden und wird unter den jeweiligen Aspekten thematisiert. Es sei an dieser Stelle nochmals darauf verwiesen, daß die vorzustellenden empirischen Untersuchungen sich konsequent an integrativen Settings im Elementarbereich (Altersgruppe 0-6 Jahre) ausrichten. Vergleichende Betrachtungen zwischen behinderten und nichtbehinderten Kindern werden nur insoweit hinzugezogen, als daraus unmittelbare Konsequenzen für die integrative Spielförderung abzuleiten sind. Die Fragestellung der weiteren Analyse richtet sich insgesamt auf die Ableitung zugrundeliegender Typisierungen spielpädagogischer Handlungsformen, die hier im Begriff der integrativen Spielsituation zentriert werden.

4.3.2.1 Personal-interaktionale Bedingungen integrativer Spielsituationen

Angeregt durch die ersten Integrationsprojekte in Nordamerika zu Beginn der siebziger Jahre und den Versuch, gemeinsame Erziehung behinderter und nichtbehinderter Kinder unter sozial-ethischen, rechtlich-legislativen sowie entwicklungs- und erziehungsbezogenen Aspekten theoretisch zu begründen (BRICKER 1978), entwickelt sich in der nordamerikanischen Integrationsforschung für den Elementarbereich sehr schnell ein weitreichender Konsens über die Bedeutung sozialer und peerbezogener Interaktion für die Unterstützung integrativer Prozesse in Regeleinrichtungen. BAILEY/MOLERY (1984, 228f.) stellen mehrere Untersuchungen im Überblick vor und entwickeln Ansätze zur Förderung der sozialen Interaktion im Spiel, die sich auf die Spielkategorien nach PARTEN (1933) beziehen (unbeschäftigt, Parallelspiel, Assoziationsspiel).[5] HANLINE (1985, 46) macht deutlich, daß soziales Spiel zwischen behinderten und nichtbehinderten Kindern nicht selbstverständlich entstehe, sondern vielmehr angeregt werden müsse und sehr stark von der Einstellung der ErzieherInnen abhänge. HANSON/HANLINE (1989, 183) leiten bereits Möglichkeiten einer Förderung der sozialen Spieltätigkeit in integrativen Settings ab, die im wesentlichen auf eine Variation der Gruppengröße und Gruppenzusammensetzung abzielen. PETERSON/HARALICK (1977) weisen in ihrer Studie nach, daß

---

[5] PARTEN (1932) unterscheidet bezogen auf die soziale Spieltätigkeit zwischen den Kategorien "unbeschäftigt", "Beobachtungsspiel", "Alleinspiel", "Parallelspiel", "Assoziationsspiel" und "Kooperationsspiel".

soziale Integration im gemeinsamen Spiel tatsächlich passiert. Nichtbehinderte Kinder würden zwar häufiger nichtbehinderte Kinder als Spielpartner wählen. Aber gut 50 % der beobachteten sozialen Spieltätigkeiten bezöge sich auf behinderte Kinder, und trotz dieser Bevorzugung nichtbehinderter Spielpartner könnten in den kombinierten Gruppen (behinderte und nichtbehinderte Kinder) alle Spielformen (Allein-, Parallel- und Kooperationsspiel) beobachtet werden. Geschlechtsspezifische Differenzen konnten in dieser Untersuchung nicht festgestellt werden. Als spielpädagogische Konsequenz aus dieser Studie läßt sich also folgern, daß gemeinsames Spiel dann wahrscheinlicher ist, wenn behinderte und nichtbehinderte Kinder als Spielpartner in unmittelbarer Nähe erreichbar ("available") sind.

Die vergleichsweise umfangreichste empirische Forschungstätigkeit zur sozialen Spieltätigkeit in integrativen Settings ist mit dem Namen Michael J. GURALNICK (1976, 1978, 1980, 1981) von der *Ohio State University (USA)* verbunden. DEVONEY/GURALNICK/RUBIN (1974) untersuchen zunächst den Effekt, den die Anwesenheit von nichtbehinderten Kindern in integrativen Gruppen auf das soziale Spiel von behinderten Kinder hat. Als "baseline" fungiert das Spiel einer Gruppe behinderter Kinder. In der Interventionsphase werden nichtbehinderte Kinder in die Spielsituation eingebracht. Im dritten Abschnitt ("structure") schaltet sich auch die Erzieherin ein, um mit strukturierenden Hinweisen das soziale Spiel anzuregen. Im Ergebnis zeigt sich, daß die bloße Anwesenheit von nichtbehinderten Kindern das soziale Spiel der behinderten Kinder nicht in bemerkenswerter Weise anzuregen vermag. Erst die strukturierte Intervention durch die Erzieherin kann einen deutlichen Anstieg des Assoziations- und Kooperationsspiels bewirken. Weitere Beobachtungen im Umfeld der Untersuchung zeigen jedoch, daß nichtbehinderte Kinder in der Lage sind, das soziale Spiel Behinderter zu beeinflussen, auch wenn diese Effekte noch keine Signifikanz erreichen. GURALNICK (1976) versucht darauf aufbauend unterschiedliche Anregungsbedingungen in ihrer Auswirkung auf das soziale Spiel behinderter Kinder genauer abzuschätzen. Zu diesem Zweck werden zwei nichtbehinderte Kinder darin unterrichtet, das Spiel behinderter Kinder durch Rollenspiel und verbale Beschreibungen anzuregen. Ein vom behinderten Kind favorisiertes Spielzeug und ein weiteres Spielzeug stellen ebenfalls jeweils eine Anregungsbedingung dar. In der einzelfallbezogenen Auswertung zeigt sich, daß das modellierende Verhalten der nichtbehinderten Kinder nicht in der Lage ist, soziales Spiel bei behinderten Kindern wirksam zu unterstützen. Erst in Verbindung mit dem bevorzugten Spielzeug kommt es zu deutlicheren Unterschieden. FREDERICKS (1978) zeigt demgegenüber Möglichkeiten einer Unterstützung sozialer Spieltätigkeiten durch die Förderung des Sprachverhaltens auf, wenn vom Erwachsenen alle verbalen und nonverbalen Kommunikationsanteile unterstützt und kindbezogene Interaktionen durch Verstärkungen und Vermittlungsfunktionen angeregt werden. Diese strukturierenden Hinweise des Erwachsenen zur Unterstützung der verbalen Kommunikation von behinderten und nichtbehinderten Kindern führen im Endeffekt zu einer Ausweitung des Parallel- und Assoziationsspiels. Eine Unterscheidung nach verschiedenen Graden der Behinderung zeigt (GURALNICK 1980), daß leichter behinderte Kinder eher in soziale Spieltätigkeiten mit nichtbehinderten involviert sind als schwerer behinderte. Zugleich wird festgestellt, daß mittelschwer ("moderately") und schwerer ("severely") behinderte Kinder mit allen anderen Kindern unabhängig von deren jeweiligem Entwicklungsstand in sozialer Interaktion stehen. Als weitere Einflußgröße der sozialen Spieltätigkeit von behinderten und nichtbehinderten Kindern untersucht GURALNICK (1981) die Gruppenzusammensetzung. Die beteiligten 37 Kinder in dieser Studie (Alter: 4 - 6 Jahre) stammen aus einem integrativen Vorschulprogramm und werden 4 Entwicklungsniveaus zugeordnet ("nondelayed", "mildly handicapped", "moderately handicapped" und "severely handicapped"). Im Verlaufe der experimentellen Untersuchung erfolgt ein Vergleich zwischen homogen ("nonhandicapped" /"mildly handicapped" und "moderately"/"severely handicapped") und heterogen zusammengesetzten Gruppen mittels einer Beobachtung des Freispiels auf der Basis der Kategorien von PARTEN (1932) ("solitary, parallel, associative, or cooperative play", a.a.O., 121), selbstdefinierten Kategorien zum Phantasiespiel ("inappropriate play", "appropriate play", "pretend play", a.a.O., 120) und der Kommunikationsbereiche "giving" und "receiving" mit den jeweiligen Subkategorien "positive motor or gestural communication (M-G)", "negative M-G", "positive vocal or verbal communication (V-V)" und "negative V-V". Es zeigt sich, daß das Spiel der schwerbehinderten Kinder am häufigsten der Kategorie "unbeschäftigt" zugeordnet wird. Das Alleinspiel nehme im Verlaufe der Untersuchung bei allen Gruppen ab und erreiche im zweiten Beobachtungszeitpunkt signifikant niedrigere Werte. Beobachtungsspiel zeige sich häufiger bei der Gruppe der "mildly handicapped children" als bei der Gruppe der "severely handicapped". Im Parallelspiel sei die Partizipation sowohl in homogenen als auch in heterogenen Gruppen am häufigsten anzutreffen. "Moderately handicapped" und "severely handicapped" seien in keiner Gruppenzusammensetzung in "Kooperationsspiel" involviert. Im Rahmen dieser Untersuchung läßt sich somit kein Zusammenhang zwischen der Art der Gruppenzusammensetzung (homogen versus heterogen) und dem sozialen Spiel nachweisen, da die Effekte sich zwischen den Gruppen nicht signifikant unterscheiden. Zum Phantasiespiel sei festzuhalten, daß als einziger signifikanter Effekt das "inappropriate play" in den heterogenen Gruppen abnimmt. Auf der Ebene der Kommunikation könne als nachgewiesen gelten, daß Kinder der niedrigeren Entwicklungsniveaus mit allen anderen Kindern sowohl aktive als auch reaktive Beziehungen unterhalten. Kinder auf einem höheren Entwicklungsniveau richten sich allerdings nur in 14 % der Fälle an Kinder auf einem niedrigeren Entwicklungsniveau. Zu höheren Raten der gegenseitigen Kommunikation komme es dann, wenn behinderte und nichtbehinderte Kinder mehr als 30 % ihrer Spielzeit mit Parallelspiel beschäftigt seien. Es muß auf der Basis dieser Befunde davon ausgegangen werden, daß die heterogene Gruppenzusammensetzung allein, soziale Interaktionen zwischen behinderten und nichtbehinderten Kindern im Vergleich zu homogenen Gruppen nicht wirksamer zu erhöhen vermag. Insbesondere die Gruppe der Schwerbehinderten steht in heterogenen Gruppen in der Gefahr, während des Freispiels in soziale Isolation zu geraten. Daraus folgt, daß gezielte Fördermaßnahmen notwendig sind, um sicherzustellen, daß auch schwerbehinderte Kinder in die integrative Gruppe involviert werden, während für Kinder mit leichteren Formen von Behinderung und für nichtbehinderte Kinder gilt, daß sie von der heterogenen Gruppenzusammensetzung durchweg profitieren. Für das Erzieherinnenverhalten wird in dieser Studie eine erhöhte Aufmerksamkeit bezogen auf schwerer behinderte Kinder festgestellt, die aber offensichtlich noch nicht zu signifikanten Unterschieden in der sozialen Spieltätigkeit beizutragen vermag. Offensichtlich weist dieser Befund auch auf einen entsprechenden Fortbildungsbedarf hinsichtlich der Unterstützung des sozialen Spiels schwerbehinderter Kinder in integrativen Gruppen hin. Weitere Untersuchungen zum Vergleich zwischen verschiedenen Behinderungsgraden sollten in Ergänzung zu der hier vorgestellten Gruppenbildung noch deutlicher zwischen den verschiedenen Entwicklungsniveaus unterscheiden. Möglicherweise ist das geringe Maß an differentiellen Effekten auf die Bandbreite der Entwicklungsniveaus (z.B. zwischen nichtbehinderten und leicht behinderten Kindern) innerhalb der homogenen Gruppen zurückzuführen. Unter spielpädagogischem Aspekt lassen sich im Hinblick auf die Forschungsergebnisse von GURALNICK eine ganze Reihe von spezifischen Maßnahmen unterscheiden, die insgesamt als *peer-group-intervention (Peergruppen-Modell)* integrativer Spielförderung bezeichnet werden können. Einzelmaßnahmen in diesem Modell umfassen vorrangig strukturierende Hilfen des Erwachsenen bezogen auf das soziale Spiel und die Sprachanteile im Phantasiespiel. Nichtbehinderte "peers" als Modelle für entfaltete soziale Spieltätigkeiten sind nur dann wirksam, wenn sie Spielideen und Spielanregungen aus den Spielvorlieben der behinderten Kindern entwickeln (z.B. Lieblingsspielzeug). Eine heterogene Gruppenzusammensetzung erscheint besonders geeignet, Kindern mit leichteren Behinderungen das soziale Spiel mit nichtbehinderten Kinder zu ermöglichen, während schwerer behinderte Kinder der Unterstützung durch den Erwachsenen bedürfen. Es ist also erneut darauf zu verweisen, daß sich innerhalb der Freispielsituation im Rahmen integrativer Einrichtungen soziales Spiel zwischen behinderten und nichtbehinderten Kindern - insbesondere auf den sozial anspruchsvolleren Niveaus (Assoziationsspiel, Kooperationsspiel) - nicht spontan entwickelt, sondern der Anregung und Unterstützung durch den Erwachsenen bedarf.

Ebenfalls vergleichende Studien zwischen "integrated situations" und "non-integrated situations" stellt Tiffany FIELD (1981, 1982) zusammen mit Mitarbeitern aus dem *Mailmann Center for Child Development* und der *University of Miami Medical School* vor. FIELD/ROSEMAN/DESTEFANO/ KOEWLER (1981) beobachten Kinder mit leichten Behinderungen und nichtbehinderte Kinder als separate Gruppen in den Klassenräumen der Vorschuleinrichtung und als gemischte Gruppe auf dem Spielplatz der Einrichtung. Auf dem Hintergrund dieser erst ansatzweise als integrativ zu bezeichnenden Spielsituation werden die Spielinteraktionen auf dem Spielplatz und im nicht-integrativen Klassenraum in insgesamt 8 Perioden über ein Schulhalbjahr hinweg beobachtet. Das zugrundeliegende Kategoriensystem enthält die Faktoren "looking, smiling, vocalizing, proximity, touching, hitting, toy snatching, and crying" (a.a.O., 53).[6] Sowohl für die nicht-integrative wie auch für die integrative Spielsituation läßt sich nachweisen, daß behinderte Kinder weniger häufig zu anderen Kindern schauen, mit anderen weniger sprechen und sich seltener in der Nähe anderer aufhalten. Behinderte Kinder verbringen mehr Zeit damit, zur Erzieherin zu schauen, in deren Nähe zu sein, und sie werden häufiger von der Erzieherin berührt als nichtbehinderte Kinder. Außerdem sprechen behinderte Kinder mehr mit einem Spielzeug als mit anderen Kindern. In der nicht-integrativen Spielsituation verbringen beide Gruppen weniger Zeit damit, andere Kinder anzuschauen und sich in deren Nähe zu begeben. In integrativen Situationen nimmt das erzieherinnenorientierte Verhalten der behinderten Kinder signifikant ab, während nichtbehinderte Kinder in diesen Situationen weniger Zeit mit dem Anschauen

---

[6] Übersetzung: "Schauen, Lächeln, Sprechen, Nähe, Berühren, Hauen, Spielzeug schnappen und Schreien"

von Spielzeug und mit Selbstgespächen verbringen. Insgesamt bewirkt die integrative Spielsituation auf dem Spielplatz also (trotz der Aufteilung in separate Gruppen mit behinderten oder nichtbehinderten Kindern während des Aufenthaltes im Klassenraum als vermutlich überwiegende Erfahrung der Kinder in dieser Untersuchung) eine deutliche Veränderung des Spiels in Richtung auf die "peer-group". FIELD u.a. weisen deshalb nochmals darauf hin, daß beide Gruppen vom gemeinsamen Spiel profitieren können und ein negativer Effekt für nichtbehinderte Kinder durch die Anwesenheit behinderter Kinder auf dem Spielplatz (etwa durch Nachahmungsreaktionen) nicht nachzuweisen sei. In einem Vergleich dieser Studie mit einer Untersuchung in nicht-integrativer Situation (FIELD u.a. 1982) können diese Ergebnisse erhärtet werden. Es zeigt sich, daß in der integrativen Situation mehr prosoziales, an anderen Kindern orientiertes und weniger auf Erzieherinnen fixiertes oder von diesen angeregtes Verhalten bei behinderten Kindern im gemeinsamen Spiel mit nichtbehinderten Kindern beobachtet werden kann. In Übereinstimmung mit GURALNICK machen die Untersuchungen von FIELD u.a. somit deutlich, daß ein prinzipiell positiver Effekt für das soziale Spiel leichtbehinderter und nichtbehinderter Kinder durch die integrative Spielsituation angenommen werden kann. Insofern wird das peergruppen-orientierte Modell integrativer Spielförderung nochmals bestätigt.

Eigenständige Ansätze der Förderung der sozialen Spieltätigkeit in integrativen Settings entwickelt Philip S. STRAIN (1986, 1989, 1990) mit seinen Mitarbeiten im Rahmen des *Early Childhood Intervention Program* im *Allegheny-Singer-Research-Institute (Pittsburgh, USA)*. Auf der Basis von qualitativen Beobachtungen der Interaktionen in der "peer-group" erkennt STRAIN die Bedeutung der sog. "social initiations" (STRAIN/ODOM 1986, 543) für das Verhalten der interagierenden Partner. Im Rahmen einer Forschungsübersicht zur Initialphase des sozialen Spiels zwischen "peers" werden mehrere Verhaltensweisen abgeleitet: "(a) play organizers, (b) shares, (c) physical assistance , and (d) affection." (a.a.O., 545).[7] Es wird nun angestrebt, daß nichtbehinderte Kinder eine Förderung in bezug auf diese Verhaltensweisen erhalten, um so das soziale Spiel mit behinderten Kindern direkt zu beeinflussen. In vier oder fünf, an mehreren Tagen aufeinanderfolgenden Förderstunden werden diese Verhaltensweisen von nichtbehinderten Kindern mit Hilfe von Beschreibungen und Modelldarstellungen des angestrebten Verhaltens durch Erwachsene gelernt. In der eigentlichen Interventionseinheit wird eine Gruppe von behinderten und

---

[7] Übersetzung: "(a) Spielorganisationen, (b) Teilen, (c) Körperliche Hilfe und (d) Zuneigung"

nichtbehinderten Kindern zu einem nicht näher bezeichneten "intervention setting" (a.a.O., 546) gebracht und zum Spielen aufgefordert. Das speziell in den Initiierungstechniken geförderte Kind erhält eine weitere gezielte Anweisung, um in der Regel mit einem behinderten Kind soziales Spiel anzuregen. In der Anfangsphase können verbale Hilfestellungen des Erwachsenen dem Kind die Interventionsaufgabe erleichtern. Auch Verstärkersysteme aus der Verhaltensmodifikation werden in diesem Zusammenhang erwähnt. Diese *peer-initiation-intervention (Kontaktinitiierungs-Modell)* im Rahmen integrativer Spielförderung wird nun mit Hilfe von Einzelfallstudien in seiner Effektivität genauer untersucht. Es zeigt sich, daß bewegungs- und gesten-orientierte Initiierungen von behinderten Kindern häufiger beantwortet werden als verbale Anweisungen. Behinderte Kinder antworteten meistens mit einer Spiegelung des Initiierungsverhaltens, d.h. wenn das Kind mit der Interventionsaufgabe das Teilen von Spielmaterialien demonstriert, antwortet das behinderte Kind ebenfalls mit dem Teilen von Spielmaterialien. Emotional orientierte Initiierung, die Zuneigung beinhalteten, erwiesen sich bei Mädchen als effektiver im Vergleich zu Jungen. Überdies werden ebenfalls positive Effekte (aufgabenbezogenes Verhalten, Sprache und Störungsverhalten) für die Kinder mit der Interventionsaufgabe berichtet (a.a.O., 549). Bezüglich der behinderten Kinder legen die zahlreichen Einzelfallstudien mit Kindern unterschiedlicher Behinderungsarten die Vermutung nahe, daß "peer social initiation" dazu beiträgt, die positiv verlaufenden Initiierungsansätze und die Dauer hinsichtlich sozialer Spieltätigkeiten bei behinderten Kindern und bei allen übrigen Kindern zu erhöhen. Insofern scheint es möglich zu sein, die Fähigkeit behinderter Kinder, soziales Spiel zu initiieren, durch eine an den "peers" orientierte Förderung positiv zu beeinflussen. In weiteren Untersuchungen konzentriert sich STRAIN auf ein verhaltensmodifikatorisches Modell zur Unterstützung sozialer Spieltätigkeiten unter "group contingencies" (Gruppenbedingungen) (LEFEBVRE/STRAIN 1989), das auf der "peer initiation" aufbaut. Das Initiierungsverhalten wird weiter ausdifferenziert nach angemessenen und ungemessenen Initiierungen und angemessenen und unangemessenen Antworten sowie Spielorganisation. Zusätzlich werden Verstärkungsformen der Erzieherinnen für Initiierungsverhalten unterschieden, die sich nicht mehr ausschließlich auf jene Kinder beziehen, die soziales Spiel initiieren sollen, sondern ebenso auf die gesamte Spielgruppe ("group reinforcement contingency", a.a.O., 331). In die Förderung des Spielinitiierungsverhaltens, das vor der eigentlichen Spielbeobachtung erfolgt, sind nun alle Kinder einbezogen (6 nichtbehinderte und 5 behinderte Kinder). Im Ergebnis läßt sich festhalten, daß dieses gruppenbezogene Verstärkungsverhalten seitens der Erzieherinnen dazu beiträgt, daß angemessenes Sozialverhalten (verbale Kontaktaufnahme) bei den nichtbehinderten "peers" auf einem hohen Niveau beobachtet werden kann. Außerdem kann in diesem Untersuchungsdesign eine Verringerung der Erzieherinnenabhängigkeit bezüglich der Verstärkung erreicht werden, ohne daß das soziale Spiel zwischen behinderten und nichtbehinderten Kindern davon beeinflußt würde. Schließlich zeigt der Untersuchungsverlauf bezogen auf die Einbindung der Förderung des Initiierungsverhaltens gute Möglichkeiten der Implementation in die Praxis. In einer weiteren Studie versuchen KOHLER/STRAIN/MARETSKY/DeCESARE (1990) "peers" nicht nur als Initiatoren des sozialen Spiels einzusetzen, sondern ihnen auch unterstützende Verstärkungsmöglichkeiten zu vermitteln und deren Wirkung auf das soziale Spiel mit Nichtbehinderten abzuschätzen. Als Beobachtungsinstrument dient der "Child Intervention Code", der Operationalisierungen zu den Bereichen "Child initiations", "Child Responses" und "Child Concurrents" (a.a.O., 329f) enthält und sich auf soziale Interaktionen zwischen behinderten und nichtbehinderten Kindern bezieht. Ein "Peer Support Code" erfaßt über die Bereiche "Peer initiations" und "Peer Responses" (a.a.O., 330f.) demgegenüber die sozialen Interaktionen zwischen zwei "peers", die in sozialen Spieltätigkeiten mit nichtbehinderten Kindern involviert sind. Das sog. "Classwide Social Skill Training" (a.a.O., 332) umfaßt erneut sowohl behinderte als auch nichtbehinderte Kinder. Sie lernen in 15 täglich stattfindenden Fördereinheiten von 15 Minuten Länge durch eine Förderung des Rollenspiels im wesentlichen 3 soziale Kompetenzen ("skills"): Spielorganisation, Angebot und Nachfrage des Teilens sowie Angebot und Nachfrage von Hilfestellungen. Besonders im Hinblick auf die nichtbehinderten "peers" zeigt sich, daß sie in der Lage sind, ein hohes Niveau von Verstärkungsverhalten bezüglich der sozialen Spieltätigkeit von behinderten Kindern zu erreichen. Die tatsächlichen Effekte bezüglich der sozialen Spieltätigkeit behinderter Kinder sind im vorliegenden Fall (zwei autistische Jungen als behinderte Kinder) noch uneinheitlich. Weitere Untersuchungen lassen auf der Basis größerer Stichproben eine noch umfänglichere empirische Prüfung der Gültigkeit dieses Förderkonzeptes erwarten.

4.3.2.2 Räumlich-materielle Bedingungen integrativer Spielsituationen

JOHNSON/ERSHLER (1985) legen zwar eine vergleichende Studie zum spielzeugbezogenen Spiel behinderter und nichtbehinderter Kinder vor und beziehen sich sowohl auf Sondereinrichtungen ("Early Childhood Special Education") als auch auf Regeleinrichtungen ("Early Childhood Education"). Ihre

Ergebnisse legen jedoch eine weitreichende Revision unserer Vorstellungen vom Spiel Behinderter nahe, und sie erlauben darüber hinaus Reflexionen über die Problematik des gemeinsamen Spiels von behinderten und nichtbehinderten Kindern, die hier als Eingangsüberlegung aufgrund ihrer orientierenden Funktion diskutiert werden sollen. Der Spielbeobachtung liegt in dieser Studie ein kombiniertes Instrument zugrunde, das v.a. kognitives und soziales Spiel aufeinander bezieht. Es werden in kognitiver Hinsicht in Anlehnung an PIAGET Funktions-, Konstruktions- und Symbolspiel unterschieden. In sozialer Hinsicht erfolgt eine Ausdifferenzierung nach Alleinspiel, Parallelspiel und Interaktionsspiel. Jede kognitive Spielform wird in der Kombination als Alleinspiel, Parallelspiel und Interaktionsspiel separat ausgewiesen, so daß diese Studie neben den Angaben zu den nicht-spielbezogenen Aktivitäten und der Unterscheidung von peer-orientierten und erwachsenenorientierten Interaktionen detaillierte Befunde zum sozial-kognitiven Anspruchsniveau der beobachteten Spieltätigkeiten erwarten läßt. Im Ergebnis unterscheidet sich der Spielzeuggebrauch zwischen behinderten und nichtbehinderten Kindern in charakteristischer Weise, ohne jedoch die These von den Spieldefiziten behinderter Kinder weiter zu stützen. Die Differenz im Spielzeuggebrauch behinderter und nichtbehinderter Kinder wird als Schwerpunktverlagerung sichtbar. Behinderte Kinder spielen in der Hauptsache (56,2 % der Zuordnungen) mit Rollenspielmaterialien (z.B. kleinen Fahrzeugen, Puppen und Verkleidungsmaterialien). An zweiter Stelle (21,2 % der Zuordnungen) erscheint das Spiel mit grobmotorischen Spielmaterialien (z.B. große Fahrzeuge, Sprossenwand, große Kissen usf.) gefolgt von sog. "manipulatives" (a.a.O., 77), die z.B. Sand- und Wasserspielzeug umfassen (9,5 % der Zuordnungen). Dieser eindeutigen Schwerpunktsetzung im Spielzeuggebrauch Behinderter steht eine gleichmäßigere Verteilung des Spielzeuggebrauchs nichtbehinderter Kinder gegenüber, die ihre Spielaktivitäten über alle Spielzeugkategorien hinweg verteilen. Der Vergleich zeigt im einzelen, daß behinderte Kinder mehr als doppelt so häufig Rollenspielmaterialien und ca. dreimal so häufig grobmotorische Materialien bevorzugen, während der Umgang mit "manipulatives" sich zwischen den Gruppen kaum unterscheidet (11,5 % bei nichtbehinderten und 9,5 % bei behinderten Kindern). Durch Kreuztabellierung erfassen JOHNSON/ERSHLER zusätzlich das sozial-kognitive Anspruchsniveau des Spiels in den Spielzeugkategorien. Es zeigt sich erneut kein eindeutiges Defizit bei behinderten Kindern. Allenfalls die Bandbreite des Spiels Behinderter unterliegt in sozial-kognitiver Hinsicht Einschränkungen. So können bei nichtbehinderten Kindern 8 von 9 möglichen sozial-kognitiven Spieltätigkeitstypen beobachtet werden, während behinderte Kinder die ganze Bandbreite der

Spielzeugkategorien nur im Funktions-Alleinspiel, im Funktions-Interaktionsspiel und Konstruktions-Interaktionsspiel nutzen. Unter geschlechtsspezifischem Aspekt zeigt sich, daß abweichend vom Spiel nichtbehinderter Jungen die behinderten Jungen Symbol-Alleinspiel bevorzugen. Mädchen zeigen in dieser Studie insgesamt mehr Konstruktionsspiel und Konstruktions-Parallelspiel als Jungen, während Jungen häufiger im Funktions-Parallelspiel und Symbol-Alleinspiel beobachtet werden können. Insgesamt spielen behinderte Kinder häufiger mit Erzieherinnen in Phasen des Funktionsspiels. Die Anwesenheit des Erwachsenen verändert das Spiel behinderter Kinder vom Rollenspiel hin zum Konstruktionsspiel, Bücher anschauen, Brettspielen usf. Das Rollenspiel zeigt sich eher in Abwesenheit des Erwachsenen. JOHNSON/ERSHLER ziehen aus ihren Ergebnissen die Schlußfolgerung, daß behinderte Kinder durchaus auch Symbolspiel zeigen, diese Spielform jedoch im Vergleich zu nichtbehinderten Kinder weniger ausdifferenziert und in wesentlich größerem Umfang von den Rollenspielmaterialien abhängig sei. Aus diesen Befunden heraus müsse das Symbolspiel behinderter Kinder genauer als Funktions-Rollenspiel gekennzeichnet werden. In spielpädagogischer Hinsicht sei deshalb eine Anregung des Spiels behinderter Kinder in unterschiedlichen Settings durch differenziertes Spielzeug, das in neue Kontexte einzubringen sei und auch mit Demonstrationen des Erwachsenen bezüglich orthodoxer und nichtorthodoxer Umgangsformen zu präsentieren sei. Diese strukturellen Differenzen zwischen dem spielzeuggebundenen Spiel behinderter und nichtbehinderter Kinder und deren spielpädagogische Konsequenzen stellen sich als Interventionsproblematik auch in integrativen Settings.

BAILEY/WOLERY (1984) entwickeln in einer Zwischenbilanz zur nordamerikanischen "mainstreaming"[8]-Praxis Prinzipien einer Raumgestaltung für integrative Förderung im Elementarbereich. Diese Prinzipien enthalten Angaben über Umgebungsfaktoren und Settingmerkmale, die insbesondere soziale Integrationsprozesse ermöglichen sollen. Integrative Settings unterscheiden sich nach BAILEY/WOLERY nicht prinzipiell von regulären Settings im Elementarbereich . Es seien aber Modifikationen in der Raumgestaltung vorzunehmen, die die Partizipation aller Kinder am gemeinsamen Spiel unterstützen könnten. "Barrierefreiheit" ("barrier-free design", a.a.O., 111) müßte die verschiedenen Räume und Zonen einer integrativen Einrichtung auszeichnen, damit alle Kinder Zugang zu den verschiedenen Raumzonen hätten. Dazu zählten auch gemeinsam

---

[8] vgl. kritisch dazu OPP (1992b)

zu nutzende Eingangsbereiche. Ein durchgängiges Merkmal integrativer Räumlichkeiten sei in der Strukturierung zu sehen. Es bestehe die Notwendigkeit, verschiedene Raumzonen mit klaren Angebotsformen in einer gewissen Konsistenz zur Verfügung zu stellen. Unter diesem Aspekt sollten insbesondere Aktivitätszonen mit regulären und besonderen Angeboten unterschieden werden. Es gelte Rückzugsmöglichkeiten und Gelegenheiten für informelle soziale Kontakte der Kinder zu schaffen. Räumlichkeiten in integrativen Settings hätten darüber hinaus Anregungen für alle Sinne anzubieten, reichhaltige Umgebungsstimuli zu präsentieren und Möglichkeiten zur Abgrenzung eigener Räume durch die Kinder zu schaffen. Zugleich wird mit dieser Übersicht deutlich, daß sich Prinzipien einer integrationsorientierten Raumgestaltung nicht ausschließlich auf integrative Settings positiv auswirken können, sondern ebenso wichtige Anregungen für reguläre Settings enthalten. Dieser erfahrungsbezogene Entwurf einer integrativen Raumgestaltung stellt darüber hinaus bereits einen Typus spielpädagogischer Förderung in integrativen Settings dar, in dem räumlich-materielle Qualitätsstandards einer integrativen Spielförderung im Mittelpunkt stehen. Dieses Förderkonzept wäre um eine raumstrukturelle Perspektive zu zentrieren und wird deshalb als *"structured-environment-intervention (Umweltstruktur-Modell)* gekennzeichnet.

Die weitere empirische Literatur zu den räumlich- materiellen Bedingungen integrativer Spielsituationen richtet sich ausnahmslos auf die Unterstützung der sozialen Kontakte, insbesondere des sozialen Spiels innerhalb der "peer-group". STONEMAN/CANTRELL/HOOVER-DEMPSEY (1983) beobachten in einer überwiegend qualitativ ausgerichteten Studie ("naturalistic investigation") den Zusammenhang von Spielmaterialien und Sozialverhalten in einem "mainstreamed preschool classroom" (a.a.O., 163), in dem nach dem DARCEE-Modell ("Demonstration and Research Center für Early Education (...) curriculum", a.a.O., 164), einem in Teilen auch spielpädagogisch ausgerichteten Programm (a.a.O., 171), gearbeitet wird. Dieses Curriculum sei zwar ursprünglich für Sondereinrichtungen entwickelt worden. Es habe sich jedoch erwiesen, daß es bei entsprechender Adaption auch in integrativen Settings realisiert werden könne. Die Alltagsnähe der Untersuchung zeigt sich abgesehen von der teilnehmenden Beobachtung als Forschungsmethodik v.a. in der Strukturierung des Forschungsprozesses als Mehrzeiten-Analyse. Die Beobachtung erfolgt einmal wöchentlich verteilt über insgesamt 24 Wochen in den Monaten November bis April. Es werden Daten zur Interaktion (Einzelaktivität, Konflikt, Kooperative Interaktion und Erwachsenen-Kind-Interaktion) erhoben. Für die Auswertung werden diese

Daten in drei Perioden zu jeweils 10 Beobachtungen gegliedert. Trotz der relativ kleinen Stichprobe mit 12 Kindern aus einer integrativen Einrichtung werden varianzanalytische Signifikanzprüfungen zu verschiedenen Indikatoren durchgeführt. Im Ergebnis zeigt sich, daß sich der Spielzeuggebrauch über die drei Beobachtungsperioden in verschiedenen Einzelkategorien signifikant verändert. Während der Gebrauch feinmotorischen Spielzeugs (z.B. Puzzles, Lego) bei behinderten Kindern kontinuierlich abnimmt, beschäftigen sich nichtbehinderte Kinder zunehmend mit dieser Spielzeugkategorie. Übereinstimmend reduzieren beide Gruppen das Spielen mit Bauklötzen und Fahrzeugen im Gesamtzeitraum und erweitern insgesamt ihre Spielphasen. Die populärsten Spielmaterialien sind in beiden Gruppen "art materials" (z.B. Ausschneiden, Malen und Tonarbeiten) und "housekeeping" (z.B. Geschirr, Puppenhaus, Kamera, Telefon, Doktorkleidung) (a.a.O., 167f.). Die Interaktion zwischen behinderten und nichtbehinderten Kindern läßt sich ebenfalls den Spielmaterialkategorien "art" und "housekeeping" zuordnen. Aber auch im Umgang mit Bauklötzen und Fahrzeugen und in etwas geringerem Umfang beim Spiel mit Wasser ergeben sich signifikant höhere Raten von Interaktionen zwischen behinderten und nichtbehinderten Kindern. Bezogen auf die Kategorien der sozialen Interaktion wird festgestellt, daß Einzelaktivitäten v.a. in Verbindung mit Büchern, feinmotorischem Spielzeug und kreativen Materialien signifikant häufiger auftreten. Kooperative Interaktionen konnten hauptsächlich (ebenfalls signifikante Zusammenhänge) in Verbindung mit Bausteinen, Fahrzeugen, Wasserspiel, "housekeeping" und dem Cassetten-Recorder beobachtet werden. Das gemeinsame Spiel mit Bauklötzen und Fahrzeugen enthält die vergleichsweise höchste Konfliktrate. Außerdem zeigt sich, daß Erwachsenen-Kind-Interaktionen immer dann auftreten, wenn Kinder (behinderte oder nichtbehinderte) nicht mit irgendeinem Spielzeug beschäftigt sind. Soziale Interaktion zwischen behinderten und nichtbehinderten Kindern ließe sich also auf der Basis dieser Befunde über den Umgang mit bestimmten Spielmaterialien ("housekeeping", kreative Materialien, Bauklötze, Fahrzeuge und Wasserspielzeug) fördernd unterstützen. In einem Forschungsüberblick kommen LEVINE/MCCOLOUM (1983) bezogen auf die Altersgruppe der 0- bis 3jährigen im Rahmen der "mainstreaming"-Programme zu dem Ergebnis, daß das Spielzeug auch bei dieser Altersgruppe eine große Bedeutung für die Entwicklung sozialer Interaktion hat. Besonders groß bemessene Spielmaterialien würden das Zusammenspiel fördern. Im Vergleich zwischen verschiedenen Altersgruppen bei Kleinkindern zeigt sich, daß v.a. am Ende des ersten Lebensjahrs Spielmaterialien eine wichtige Funktion in der Entwicklung sozialer Interaktionen einnehmen. Als Kriterien für die Spielzeugauswahl in bezug auf das gemeinsame Spiel behinderter und nichtbehinderter Kinder werden neben einer für zwei Kinder ausreichenden Mindestgröße auch anregende Farben und Schattierungen, Greifmöglichkeiten, Oberflächenvariablität und Geräuschevielfalt genannt (a.a.O., 25). Diese Bandbreite an Kriterien kann naturgemäß nicht mehr nur von einem einzigen Spielmaterial repräsentiert werden. In integrativen Settings sei deshalb insbesondere auf eine reichhaltige Ausstattung mit Spielmaterialien zu achten, zu denen auch selbstgemachtes Spielzeug zählt und die insgesamt den genannten Kriterien entsprechen sollten. BECKMAN/KOHL (1984) bestätigen auf der Basis einer experimentellen Forschungsstrategie, in deren Rahmen integrative und nichtintegrative Gruppen in zwei verschiedenen, als Spielräume bezeichneten Settings beobachtet werden, die Feststellung von der Wirksamkeit des Spielzeugs für die soziale Interaktion in integrativen Settings. Über einen Rating-Prozeß von 10 Beurteilern werden 15 Spielzeuge unter sozialem Aspekt gruppiert mit dem Ergebnis, daß sich drei Gruppen herausbilden bei einer Interrater-Übereinstimmung von 100 %. Als "Isolated toys werden z.B. Bücher, Papier und Bleistift oder Puzzles bezeichnet. "Social toys" sind demgegenüber Bauklötze, ein Ball, Fahrzeuge und Puppen. Eine dritte Gruppe wird bestehend aus "social" und "isolated toys" als "mixed toys" bezeichnet (a.a.O., 170). Es lassen sich erwartungsgemäß die meisten sozialen Interaktionen im Zusammenhang mit Spielzeug nachweisen, das soziale Spieltätigkeiten impliziert. In integrativen Gruppen wird mehr soziale Interaktion beobachtet als in nichtintegrativen Gruppen. Reines spielzeuggebundenes Spiel ist in dieser Studie v.a. dann nachzuweisen, wenn Kinder mit "isolated toys" spielen, während durch "social toys" diese Spielform weniger auftritt. Als spielpädagogische Konsequenz schlagen die AutorInnen vor, "social toys" in integrativen Gruppen stets in erreichbarer Nähe für alle Kinder zu plazieren und Kinder gegebenenfalls auch im Rahmen des freien Spiels direkt auf solches Spiel aufmerksam zu machen. MARTIN/BRADY/WILLIAMS (1991) sehen in der sozialen Interaktion von behinderten und nichtbehinderten Kindern die Hauptaufgabe gemeinsamer Erziehung im Elementarbereich. Spielzeug wird als "setting event" (Setting-Element) (a.a.O., 154) angesehen, in seinem Verhältnis zur sozialen Interaktion betrachtet und auf zwei Untersuchungsbedingungen ("isolated toys" und "social toys") verteilt. Die Beobachtung des sozialen Verhaltens erfolgt im Rahmen eines experimentellen Designs in zwei integrativen und zwei nichtintegrativen Gruppen, von denen jeweils eine nur mit "isolated toys" und eine nur mit "social toys" spielt. Die Daten für alle 4 Gruppen bestätigen erneut, daß die soziale Interaktion in integrativen Gruppen offensichtlich ansteigt. Dies gilt sowohl für die "social toy"-Bedingung wie für die "isolated toy"-Bedingung, wobei die "social toy"-

Bedingung in der integrativen Gruppe insgesamt am häufigsten zu sozialen Interaktionen anregt (auch häufiger als in der nichtintegrativen Gruppe, die mit "social toys" spielen soll). Somit zeigt sich im Ergebnis, "that toy type, as well as integratedness of the group, affects preschool children's play." (A.a.O., 158f.).[9] Dieser Effekt gilt in besonderem Maße für behinderte Kinder. Auf der Basis dieses empirischen Befundes wird gefolgert, daß Spielzeug als "setting event" zwar das soziale Verhalten in integrativen Gruppen nicht kontrollieren kann. Es bestehe aber durchaus die Möglichkeit, Gelegenheiten zur sozialen Interaktion im Spiel durch ein bestimmtes Angebot an "social toys" zu machen, ohne daß damit lineare Effekte vorprogrammierbar wären. Auch mit dieser Schlußfolgerung liegt ein Hinweis auf spielpädagogische Handlungsformen in integrativen Settings vor, die sich insbesondere durch einen indirekten Interventionscharakter auszeichnen. Über die gestaltenden Maßnahmen im Bereich der räumlich-materiellen Spielumgebung - speziell durch die Auswahl, Präsentation und Plazierung von Spielzeug, das soziale Interaktionen zu fördern vermag - ist ein positiver Effekt bezüglich des gemeinsamen Spiels von behinderten und nichtbehinderten Kindern zu erwarten. Damit wäre eine weiterer Typus spielpädagogischen Handelns in der integrativen Förderung abgeleitet, der hier als *social toy intervention (Interaktionsspielzeug-Modell)* bezeichnet werden soll.

Eine Ergänzung erfahren diese Befunde durch eine explizit ökologisch ausgerichtete Studie von ODOM/PETERSON/MCCONNELL/OSTROSKY (1990), in der die Effekte der Räume und curricularen Aktivitäten bezogen auf Sondereinrichtungen und Regeleinrichtungen miteinander verglichen werden. 127 Kinder einschließlich 94 behinderter Kinder sind an der Untersuchungen in 28 "classrooms" (24 "specialized classrooms", 4 "early education classes")[10] beteiligt. Der Beobachtung wird eine Auswahl von Items aus dem "Ecobehavioral System for the Complex Assessment of Preschool Environments (ESCAPE)" (a.a.O., 319), das aus einer Reihe von operationalisierten Variablen in den Bereichen ökologische Bedingungen, Erzieherinnenverhalten und Verhalten der Kinder besteht, zugrundegelegt. Es zeigt sich im Ergebnis, daß Regeleinrichtungen überwiegend spielorientiert arbeiten, während Sondereinrichtungen mehr schulvorbereitende Elemente einbeziehen. Entscheidender Befund ist jedoch der unterschiedliche Effekt des Spiels in beiden Settings. Sowohl in "specialized classrooms" als auch in "early education classes" zeigt sich nur im Zusammen-

---

[9] Übersetzung: "..., daß Spielzeugtyp genauso wie Integrationsgrad der Gruppe das Spiel von Vorschulkindern anregen."
[10] Übersetzung: "Klassenräume", "Sonderklassenräume", "Vorschulklassen"

hang mit Spiel ein signifikanter Unterschied in der Interaktion mit der "peergroup", wenn man die "base-line" (soziale Interaktion mit peers zu Beginn der Untersuchung) zugrundelegt. Innerhalb der Spieltätigkeit ergibt sich nochmals ein besonders positiver Effekt der Spielform "pretend play" (im allgemeinen vergleichbar mit dem Terminus "Symbolspiel" bei PIAGET oder allgemein Phantasiespiel) bezogen auf die soziale Interaktion. Das Symbolspiel sei überdies die einzige Aktivitätsform gewesen, die auch zu signifikanten Steigerungen der verbalen Äußerungen zwischen "peers" geführt hätte. Die AutorInnen kommen deshalb insgesamt zu dem Schluß, daß "early education classrooms" einen anregenderen Kontext für die Entwicklung sozialer Interaktionen und peerbezogener Sprachanteile bei behinderten Kindern anbieten als "specialized classrooms". Zusätzlich wird darauf hingewiesen, daß gleichaltrige Nichtbehinderte als Modelle für positive soziale Interaktionen in bezug auf Behinderte wirken können. Außerdem sei eine Öffnung der Curricula für behinderte Kinder im Elementarbereich im Hinblick auf spielpädagogische Bereiche anzustreben und zugleich mit Ansätzen zu einer integrativen Förderung zu verbinden:

"..., programming for social integration may be a necessary feature of such play activities." (ODOM u.a. 1990, 328).[11]

Somit muß im internationalen Maßstab von einem empirisch fundierten Konsens bezüglich der fundamentalen Bedeutung von Spielmaterialien und spielbezogenen Raumgestaltungsansätzen für eine Förderung sozialer Interaktion zwischen Behinderten und Nichtbehinderten ausgegangen werden. Zugleich machen gerade die an den räumlich-materiellen Bedingungen integrativer Spielsituationen ausgerichteten Untersuchungen deutlich, daß personenbezogene therapeutische Interventionen im Rahmen der Frühförderung und peerbezogene Spielinterventionen in integrativen Settings für 0- bis 6jährige in den gesamten ökologischen Kontext hineingestellt werden müssen, der neben den Einzelfördermaßnahmen und den sozialen Interaktionen zu Gleichaltrigen und Erwachsenen auch durch Spielzeug und Raumgestaltungsprinzipien gebildet wird.

Neben anderen Behinderungsarten thematisieren eine Reihe von Untersuchungen aus dem nordamerikanischen Raum nun auch explizit die Gruppe der von Lernbehinderung bedrohten Kinder in integrativen Settings.

---

[11] Übersetzung: "..., Ausrichtung auf soziale Integration könnte ein notwendiges Modell solch Spielaktivitäten sein."

4.3.2.3 Integrative Spielsituationen bei drohender Lernbehinderung

Für die Spielfähigkeit lernbehinderter Kinder geht DeGROOT (1977, 164f.) noch davon aus, daß in der Regel eine Entwicklungsverzögerung im Vergleich zu gleichaltrigen Nichtbehinderten vorliegt. Erwachsenen sei es möglich, insbesondere das Spiel dieser Kinder mit Spielzeug ausdauernder und intensiver zu gestalten. Im Anschluß an HETZER wird jedoch vor einem einseitigen und übermäßigen Gebrauch von Lernspielzeug gewarnt, da in solchen Fördermodellen meist die "peer group" ausgeschlossen werde (a.a.O., 165). Häufig sei ein reduziertes Spielzeugangebot notwendig. Das Eltern-Kind-Spiel mit lernbehinderten Kindern sollte v.a. auch sprachlich begleitet werden.

Van der KOOIJ/VRIJHOF weisen 1982 auf dem Hintergrund eines multidimensionalen Modells der Spielentwicklung (vgl. auch Van der KOOIJ 1983a) auf die Bedeutung des Spiels für die Förderung von Kindern mit Lernbehinderungen hin. Im Zusammenhang mit den seinerzeit vorhandenen Untersuchungsergebnissen wird hier bereits deutlich gemacht, daß sich das Spielverhalten von lernbehinderten und nichtbehinderten Kindern bezogen auf die Spielkategorien Wiederholungsspiel, Imitationsspiel, Konstruktionsspiel und Gruppierungsspiel nicht signifikant unterscheidet (a.a.O., 154). Unter dem Aspekt einer Stimulierung des Spiels sei davon auszugehen, daß Spiel eine bedeutende Rolle in der Prävention von Lernschwierigkeiten "spielen" könne. Es sei deshalb notwendig, das Spiel als Mittel der Intervention in Fällen von Lernbehinderungen anzuwenden (a.a.O., 160). Angemessene Spielförderung bei lernbehinderten Kindern müsse allerdings von vornherein auf einem umfassenden Theorieverständnisses des Spiels beruhen, ohne den die Vorteile des Spiels zur Unterstützung von Lern- und Entwicklungsprozessen nicht genutzt werden könnten. Diese Feststellung gilt sicher auch für den Einsatz des kindlichen Spiels in integrativen Spielsituationen zur Prävention von Lernschwierigkeiten.

Die integrative Spielförderung bei lernbehinderten Kindern im Elementarbereich bildet nur ein untergeordnetes Thema in der internationalen Spielforschung. Die überwiegende Zahl der Untersuchungen bezogen auf die Gruppe der Lernbehinderten konzentriert sich auf den Bereich der "elementary school"[12], und es zeigt sich erneut, daß Lernbehinderung in enger Anbindung an schulische Leistungsan-

---

[12] vergleichbar mit der Grundschule

forderungen virulent wird. Von daher ergeben sich auch die bereits erwähnten Schwierigkeiten im Zugang zur Zielgruppe einer präventiven oder integrativen Förderung im Hinblick auf drohende Lernbehinderung. FURMAN/ RAHE/HARTUP (1979) untersuchen die Effekte von altersgleichen und altersgemischten Gruppe auf die sozialen Kompetenzen ("sociability") von Vorschulkindern, die als sozial Abgelehnte ("socially withdrawn") bzw. sozial Isolierte ("social isolates") bezeichnet werden. Da gerade Kinder mit Lernschwierigkeiten in integrativen Settings häufig mit Ablehnungen konfrontiert sind, kann von dieser Studie zumindest ein indirekter Aufschluß über mögliche Interventionsformen bei Ablehnungs- und Isolationsprozessen bezogen auf potentiell lernbehinderte Kinder in integrativen Gruppen erwartet werden. Sozial isolierte Kinder werden in dieser Studie mit gleichaltrigen und jüngeren Partnern in Gruppen zu 16 Kindern zusammengefaßt und jeweils einem nicht-isolierten, gleichgeschlechtlichen Partner zugeordnet. Über einen Zeitraum von 4-6 Wochen erfolgt eine Förderung im Rahmen von Spielstunden in einem separaten Raum unter Zuhilfenahme von Spielzeug, das soziale Interaktionen fördern soll (z.B. Bauklötze, Puppen, Verkleidungsmaterial usf.). Die Zahl der sozialen Interaktionen im Spiel steigt zwar auch in der altersgleichen Gruppe leicht an. In der altersgemischten Gruppe mit den jüngeren Kindern ist der Anstieg jedoch am höchsten, insgesamt fast doppelt so hoch als vor Beginn der Spielförderung und auf einem vergleichbaren Niveau mit den nicht-isolierten Kindern. Dieser Befund legt im Wege des Transfers auf die Gruppe der von Lernbehinderung bedrohten Kinder den Schluß nahe, daß hier der altersgemischten Gruppe als Förderbedingung eine besondere Bedeutung zukommt, in der v.a. auch soziales Spiel mit jüngeren Kindern anzuregen wäre. Insofern haben die Befunde zur Effektivität integrativer Gruppen bezüglich des sozialen Spiels sicher auch eine Bedeutung für die Gruppen der von Lernbehinderung bedrohten Kinder. Der allgemein positive Effekt der heterogenen Gruppenzusammensetzung auf sozialen Spieltätigkeiten müßte demnach auch für diese Gruppe gelten.

Von ODOM/JENKINS/SPELTZ/DEKLYEN (1982) stammt eine der wenigen Untersuchungen, die sich explizit auf die Gruppe der von Lernbehinderung bedrohten Kinder im Vorschulbereich bezieht ("children at risk for learning disabilities", a.a.O., 379) und zugleich Spielinterventionsansätze thematisiert. Sie soll deshalb an dieser Stelle etwas ausführlicher zur Sprache kommen. Nach einem kurzen Einblick in den Stand der Forschung zu den sozialen Kontakten von Kindern mit Lernbehinderungen zu Gleichaltrigen wird festgestellt, daß in integrativen Settings diese soziale Problematik eine noch größere Bedeutung haben wird, wie auch HÄBERLIN (1991) in einer Forschungsübersicht zur Integration der Lernbehinderten deutlich macht. Es wird ein eigens für diese Zielgruppe konstruiertes Curriculum vorgestellt ("Integrated Preschool Curriculum (IPC)"), das mit einem Standard-Vorschulprogramm verglichen werden soll. Das IPC basiert auf der Grundannahme, daß Spielaktivitäten die größten Möglichkeiten für "peer interaction" enthalten und soziales Spiel deshalb auch eine zentrale Bedeutung im Rahmen integrativer Förderung haben sollte. Wenn behinderten Kindern allerdings basale Voraussetzungen zum sozialen Spiel fehlten, müßten diese im Rahmen einer gezielten Förderung geschaffen werden. Das IPC besteht aus 3 Komponenten: "Integrated Activities, Assessment, and Direct Instruction of Social Skills (DISS)" (a.a.O., 381).[13] Die integrativen Aktivitäten zielen auf das gemeinsame Spiel zwischen Kindern mit einem geringen Stand an sozialen Fähigkeiten und Kindern mit einem höheren sozialen Entwicklungsstand. Dieses Curriculumelement basiert im wesentlichen auf der Beschreibung von Spielaktivitäten, Materialempfehlungen, Zielsetzungen für die verschiedenen Aktivitäten und einem Evaluationssystem für individuelle Aktivitäten. Als integrative Spielaktivitäten werden unterschieden: funktionale Aktivitäten (z.B. Wasserspiele), kreative (z.B. Malen), konstruktive (z.B. Bauen), rollenspielbezogene und spieltypbezogene (z.B. Kegeln) Aktivitäten. Diese Spielaktivitäten sind in zwei Niveaustufen unterteilt. Zu Beginn der Arbeit mit dem IPC werden weniger anspruchsvolle Spielaktivitäten angeregt (Niveau 1), während die komplexeren Spielaktivitäten (Niveau 2) erst am Ende des ersten Schuljahres beginnen. Im Rahmen der Beobachtung und Beurteilung von sozialen Spielaktivitäten werden zwei Instrumente vorgestellt: ein Beobachtungsinstrument für externe BeobachterInnen und eine Rating-Skala für die Hand der LehrerInnen. Das Curriculumelement "Direct instruction of social skills (DISS)" besteht aus zwei grundlegenden Strategien: Förderung des Initiierungsverhaltens ("Initiating procedures") zum erfolgreichen Eintritt in soziale Spieltätigkeiten und sog. "Responding strategies" (a.a.O., 382), in denen ein nichtbehindertes bzw. normalentwickeltes Kind soziales Initiierungsverhalten an behinderte oder von Behinderung bedrohte Kinder richtet. Das IPC-Curriculum wird nun einer umfangreichen Evaluationsuntersuchung unterzogen, in der 56 behinderte und 16 nichtbehinderte Kinder mit einem Durchschnittsalter von 4 Jahren involviert sind. Bei 60 % dieser Gruppe liegen kommunikative Probleme vor, während der übrige Teil der Untersuchungsgruppe aus geistig behinderten, verhaltensgestörten und

---

[13] Übersetzung: "Integrative Aktivitäten, Beurteilung bzw. Beobachtung, Direkte Unterrichtung in Sozialen Kompetenzen"

körperbehinderten Kindern besteht. Die Evaluationsstudie wird in zwei integrativen Vorschulgruppen und einer nichtintegrativen durchgeführt. Die integrative Vorschulgruppe besteht aus acht behinderten und vier nichtbehinderten Kindern, während die nichtintegrative Gruppe aus 12 behinderten Kindern gebildet wird. Zum Vergleich wird eine Vorschulgruppe ausgewählt, die nach einem für die "mainstreaming"-Programme gängigen Curriculum arbeitet, in dem ebenfalls "peer"-Modelle soziale Interaktionen unterstützen sollen. Die integrativen Spielaktivitäten in den integrativen und nichtintegrativen Vorschulgruppen umfassen täglich 30 Minuten, in denen zwei Aktivitäten von den weiter oben genannten angeboten werden. Die Beobachtung der Kinder erfolgte bezogen auf beide curriculare Bedingungen mit Hilfe des Instrumentes "Social Interaction Scan", in dem zwischen den Kategorien "Isolate/Unoccupied" (isoliert/ unbeschäftigt), "Proximity" (Nähe), "Interactive" (interaktiv), "Negative" (negative Interaktionen) und "Teacher Interaction" (lehrerbezogene Interaktionen) unterschieden wird. Im Gegensatz zum regulären Curriculum werden für das IPC signifikant positive Effekte bezüglich der sozialen Spieltätigkeit errechnet. Die "peer"-Modelle erreichen im IPC eine höhere Interaktionsrate. Insgesamt zeigt sich auch ein größerer Anteil an Interaktionsspiel, obwohl die Differenzen bezüglich dieser Spielkategorie zwischen den beiden Curricula nicht signifikant sind. Im Vorschulcurriculum erreichen die Kinder allerdings signifikant größere Anteile an isoliertem/unbeschäftigtem Spiel. Die behinderten Kinder verbringen in den IPC-Gruppen signifikant mehr Spielzeit mit ihren nichtbehinderten Spielpartnern als die behinderten Kinder in der "mainstreaming"-Vorschulgruppe. Insgesamt läßt sich also festhalten, daß es insbesondere in bezug auf die Gruppe der von Lernbehinderung bedrohten nicht ausreicht, sie mit nichtbehinderten Kindern in Kontakt zu bringen. Sie benötigen gezielte Förderung zur Unterstützung ihres sozialen Spiels, wobei schon das spielpädagogisch ausgerichtete Konzept der integrativen Spielaktivitäten deutliche Effekte nach sich zieht und den von Lernbehinderung bedrohten Kindern eine Partizipation in bezug auf das soziale Spiel in der "peer group" erleichtert. Von dieser rechtzeitigen integrativen Intervention ist demnach ebenso ein präventiver Effekt zu erwarten bezogen auf die Integration von Kindern mit Lernschwierigkeiten im Schulbereich. Von besonderem Interesse erscheint jedoch, daß das "Integrated Preschool Curriculum" nahezu alle Elemente einer empirischen fundierten Spielintervention in integrativen Settings, die hier bezogen auf personal-interaktionale und räumlich-materielle Bedingungen dargestellt wurden aufnimmt und in eine curriculare Gesamtkonzeption mit den Ebenen allgemeine Förderung des gemeinsamen Spiels, Spielbeobachtung und Spielbeurteilung sowie direktes Spieltraining einbringt. Somit findet die zentrale These der vorliegenden Arbeit auf dem Hintergrund des empirischen Forschungsstands zur Spielintervention in integrativen Settings in der Evaluationsstudie von ODOM/JENKINS/SPELTZ/ DEKLYEN eine eindeutige Bestätigung. Die empirisch fundierten Interventionsmodelle zur Unterstützung des gemeinsamen Spiels von behinderten und nichtbehinderten Kindern sind also von großer Bedeutung für die integrative Spielförderung im Rahmen der Prävention von Lernbehinderung. Aus diesem Grunde erfolgt nun abschließend eine Gegenüberstellung der gefundenen Spielinterventionsmodelle unter besonderer Berücksichtigung der sich in jüngster Zeit immer deutlicher herauskristallisierenden ökologischen Aspekte.

4.3.3 Ökologische Intervention im Rahmen integrativer Spielförderung

Im Überblick läßt sich feststellen, daß Spielförderung behinderter Kinder in integrativen Settings in der Regel mit einer prinzipiellen Veränderung der curricularen und didaktisch-methodischen Ausrichtung einhergeht. Nur in einer Untersuchung wird der Versuch vorgestellt, die Methodik pädagogischer Förderung aus Sondereinrichtungen ("individualized instruction") ohne Modifikationen in den integrativen Erziehungsalltag einzubinden (O'CONNELL 1986). Im Tagesablauf der Regeleinrichtungen sei beispielsweise während der Freispielphase in der Zeit von 9:20 Uhr bis 9:50 Uhr wenigstens die Hälfte der Zeit für eine Kleingruppenförderung ("small group instruction", a.a.O., 168) vorzusehen. Die integrative Vorschulgruppe wird im Rahmen dieses Förderkonzeptes zwar noch in drei integrative Untergruppen aufgeteilt. Maßgeblich für die pädagogische Orientierung erscheint trotzdem die individuelle Spielaktivität des Kindes mit einer Behinderung, die zudem deutlichen Einschränkungen unterliegt, da selbständige Spielzeugwahl nicht mehr gewährt wird (a.a.O., 169). Dieses Interventionsmodell bezieht sich also vorwiegend auf eine erwachsenenabhängige Spielförderung einzelner Kinder mit Behinderungen im Rahmen des "Individual Education Plan" (Individueller Erziehungsplan). Somit herrscht in diesem Modell noch die individuumzentrierte Betrachtungsweise von Behinderung vor, die auch als differenzierte Einzel- bzw. Kleingruppenförderung realisiert wird. Die "peer group" spielt in diesem Modell eher eine untergeordnete Rolle mit assistierenden Funktionen (a.a.O., 169).

Im Gegensatz zu diesem exemplarischen Fall einer vorwiegend personenbezogenen Spielförderung in integrativen Settings wird im weiteren der These nachgegangen, daß sich auf der Basis der Ergebnisse der empirischen Integrationsforschung zur gemeinsamen Erziehung im Elementarbereich ein Paradigmenwechsel in der pädagogischen Förderung von Kindern mit Behinderungen nachweisen läßt. Dieser Paradigmenwechsel reicht ausgehend von personenorientierten Ansätzen einer integrativen Förderung des gemeinsamen Spiels behinderter und nichtbehinderter Kinder über die interaktionsorientierte bis hin zu ökologisch orientierter Intervention. Dieser Befund korrespondiert mit der allgemeinen Diskussion in der "mainstreaming"-Forschung. Gerade im Hinblick auf die Evaluation von Vorschulcurricula für diesen Bereich nimmt ökologisches Denken einen immer größeren Raum ein (PECK u.a. 1989). Nach diesem Modell ist die erfolgreiche Implementation von "mainstreaming"-Programmen in Abhängigkeit von einer Fülle ökologischer Variablen zu betrachten. Zu diesem "ecological framework" (ökologisches Rahmenkonzept) zählen die Bedürfnisse aller beteiligten Ebenen angefangen von Eltern und Kindern über die PädagogInnen bis hin zur Verwaltung und sozialen Gemeinschaft im allgemeinen. Zur Entwicklung von integrativen Vorschulprogrammen wird unter dieser Prämisse ein Prozeßmodell vorgestellt, in dessen Verlauf die Bedürfnisse und Ressourcen einer örtlich begrenzten Gemeinschaft (Vorort, Stadtteil, Gemeinde) ermittelt und auf das Ziel der Konstituierung einer am wenigsten einschränkenden Umgebung für behinderte Kinder ("least restrictive environment") bezogen sind. Auch die Sondereinrichtungen entdecken zunehmend die Bedeutung einer an den ökologischen Bedingungen ansetzenden Förderkonzeption und zeigen in diesem Prozeß der Neuorientierung zugleich Nahtstellen zu integrativer Spielförderung auf (ROGERS-WARREN/WEDEL 1980). STRAIN/ODOM (1986) betten ihre "peer initiation intervention" (a.a.O., 544f.)[14] in ein Raummodell ein, das zur Unterstützung der sozialen Interaktionen im Spiel auch entsprechendes Spielmaterial (Puppen, Bauklötze, kreative Materialien) und förderliche Raumstrukturen (Abgrenzung von Raumzonen für Interaktionsspiele, Präsentation einer begrenzten Anzahl von Spielzeug, um das Teilen zu fördern, kooperative Materialien für das Rollenspiel). ODOM/MCEVOY (1988, 251f.) bestätigen in ihrer Forschungsübersicht zur Integration im Vorschulbereich bezogen auf Nordamerika die Bedeutung von ökologischen Variablen im Rahmen möglicher Interventionsansätze und deren Bezug zu personalen und interaktionalen Interventionsansätzen. Auch die vorliegenden Spielinterventionsansätze in integrativen Settings repräsentieren diesen Paradigmenwechsel in der methodischen Ausrichtung einer pädagogischen Förderung von Behinderten.

---

[14] Übersetzung: "Kontaktinitiierungs-Intervention"

In einem zusammenfassenden Überblick sollen deshalb nun zunächst die im Wege der Typisierung herausgearbeiteten Modelle integrativer Spielförderung gegenübergestellt werden (s. Tab. 3). Insgesamt ist deutlich, daß die Einzelförderung in integrativen Settings als pädagogische Handlungsform kaum diskutiert, praktisch erprobt und empirisch geprüft wird. Im Mittelpunkt der Suche nach effektiven Interventionsstrategien stehen an der Peer-Gruppe orientierte Fördermodelle. Neben allgemeinen Maßnahmen zur Intensivierung sozialer Interaktionen zwischen behinderten und nichtbehinderten Kindern im gemeinsamen Spiel nehmen besonders verhaltensmodifizierende Maßnahmen einen großen Raum ein. In der individuellen Orientierung richten sich diese zunächst auf einzelne nichtbehinderte Kinder, die soziale Spielaktivitäten initiieren sollen. Es zeigt sich aber ebenso, daß die integrative Gruppe einschließlich der behinderten Kinder von einer Förderung und Verstärkung des Kontaktinitiierungsverhaltens profitiert. Auch die Aussagen zur räumlich-materiellen Ebenen konzentrieren sich auf das gemeinsame Spiel. Raumstrukturen in der integrativen Gruppe sollen Kontakte ermöglichen und Gelegenheiten zu unterschiedlichen Aktivitäten in wechselnden Gruppenzusammensetzungen bieten. Als besonders effektiv erweist sich interaktionsbezogenes Spielzeug im Hinblick auf die Förderung sozialer Interaktionen im Spiel. Dieser intentionale Schwerpunkt der typisierten Interventionsmodelle nimmt somit sowohl den personalen Aspekt integrativer Spielförderung als auch den sozialen Aspekt mit auf. Eine an der Peer-Gruppe orientierte integrative spielpädagogische Maßnahme beansprucht für sich, den Bedürfnissen jedes einzelnen Kindes sowie seiner personalen Einzigartigkeit zu entsprechen und gleichzeitig die sozialen Bezüge zur Gruppe der Gleichaltrigen herzustellen. Eine pädagogische Förderung von Kindern in integrativen Settings erfolgt demnach hauptsächlich über die Peer-Gruppe, auf der Basis der spontanen und informellen sozialen Interaktionen der Kinder untereinander, die es zu intensivieren, anzuregen und zu unterstützen gilt. In diesem Fördermodell nimmt das Spiel eine besondere Rolle ein, da es die von den Kindern selbsttätig aufgesuchte Form dieser sozialen Interaktion darstellt, ohne daß in dieser Hinsicht auf eine fördernde Begleitung verzichtet werden könnte. Ergänzt wird dieser intentionale Schwerpunkt durch räumlich-materielle Arrangements für gemeinsames Spiel. Sowohl das ausgewählte Spielzeug wie die realisierte Raumstruktur prägen die integrative Spielsituation mit aus und beziehen sich widerum auf die interaktionale Ebene einer integrativen Spielförderung. Zugleich wird an dieser Stelle jedoch der Blick geöffnet auf die vielfältigen sinnlichen Bezüge des gemeinsamen Spiels, die Bedeutung einer anregungsreichen Umgebung und einer großen Bandbreite von Spielzeug zur Unterstützung integrativer Spielprozesse.

Tab. 3: Interventionsmodelle integrativer Spielförderung

Modell	Methoden	Effekte
small-group-instruction-intervention (Kleingruppenförderungs-Modell)	• separate Förderung in der Freispielphase • gezielte Spiel- und Kreativangebo-te • Aufgaben müssen in einer bestimmten Reihenfolge bearbeitet werden • keine selbständige Spielzeugwahl • HeilpädagogInnen gehen zum Kind	• nicht empirisch geprüft • hohe Praxisnähe, da während des Frei-spiels der Gesamt-gruppe für 15 Min. täglich durchführbar
peer-group-intervention (Peer-Gruppen-Modell)	• strukturiende Hinweise des Erwachsenen • Nichtbehinderte als Modelle in Verbindung mit bevorzugtem Spiel-zeug • Verstärkung des Sprachverhaltens im Spiel • heterogene Gruppenzusammensetzung bei leichteren Behinderungsarten • zusätzlicher Förderbedarf bei schweren Behinderungen	• empirische Prüfungen • anspruchsvolle Formen des gemeinsamen Spiels erreicht • gemeinsames Spiel zwischen behinderten und nichtbehinderten Kindern förderabhängig, insbesondere bei schweren Behinderungen
peer-initiation-intervention I (Kontaktinitiierungsmodell I)	Individuumorientierung: • Förderung des Kontaktkinitiierungs-verhaltens eines nichtbehinderten Kindes • gemeinsames Spiel mit einem be-hinderten Kind in der Gesamtgrup-pe • Verstärkung des nichtbehinderten Kindes für positive Initiierungen	• empirische Prü-fung im Rahmen von Einzelfallstu-dien • höherer Anteil der erfolgreichen Initiierungen • dauerhafteres gemeinsames Spiel
peer-initiation-intervention II (Kontaktinitiierungsmodell II)	Gruppenorientierung: • Förderung des Kontaktkinitiierungsverhaltens von nichtbehinderten und behinderten Kindern • Verstärkung der gesamten Spielgruppe • Verstärkungen auch durch Nichtbehinderte	• empirische Prüfungen im Rah-men von Einzelfallstudien, • geringere Erwachsenenabhängig-keit
structured-environment-intervention (Umweltstruktur-Modell)	• Aktivitätszonen mit allgemeinen und speziellen Angeboten • reichhaltige Umgebungsstimuli • Rückzugsmöglichkeiten, • Gelegenheiten für informelle Kontakte	• aus einer Forschungsübersicht abgeleitet
social-toy-intervention (Interaktionsspielzeug-Modell)	• Auswahl interaktionsfördernden Spielzeugs (z.B. haushalts- und rollenspielbezogene Materialien) • Aufmerksamkeit für Interaktionsspielzeug erregen • Interaktionsspielzeug in der Nähe von behinderterten Kindern plazie-ren	• empirische Prüfung • vermehrte soziale Interaktion durch Interaktionsspielzeug

Neben den personalen und sozialen Aspekten integrativer Spielförderung müssen wir demnach eine ökologische Ebene unterscheiden, die die personale und soziale Ebene umgreift und in ihre räumliche-materielle Situation hineinstellt. Ökologische Intervention bezieht sich in diesem Zusammenhang auf die Gestaltung der gesamten situationalen Bezüge des gemeinsamen Spiels, richtet sich somit sowohl auf die personale Ebene der Einzigartigkeit jedes einzelnen Kindes als auch auf die soziale Ebene der immer schon gegebenen Interaktionen zwischen verschiedenen Kindern und beachtet ebenso das unmittelbare leiblich-sinnliche Verhältnis von Kindern zur räumlich-materiellen Umwelt. *Ökologisch in integrative Spielprozesse zu intervenieren, bedeutet, Situationen zu gestalten, in denen gemeinsames Spiel möglich ist.* Eine solche Intervention bedarf naturgemäß einer großen Bandbreite und Flexibilität der einzelnen Interventionsmuster und Handlungsstrategien. Weder die personale, noch die soziale oder die ökologische Ebene dürfen bei einer spielpädagogischen Unterstützung des gemeinsamen Spiels von behinderten und nichtbehinderten Kindern außer acht gelassen werden. Wenn im weiteren Gang dieser Untersuchung nach den ökologischen Interventionsstrategien gefragt wird, so sind dabei personale und soziale Aspekte also stets mit anwesend, wirken als Prüfkriterien einer Spielpädagogik, die die Möglichkeit des gemeinsamen Spiels zwischen behinderten und nichtbehinderten Kindern schaffen soll. *Ökologische Spielintervention ist zu verstehen als Bündel von Maßnahmen zur Gestaltung von Spielsituationen unter personalem, sozialem und räumlich-materiellem Aspekt.* Zur Konkretisierung dieses Modells im Hinblick auf integrative Spielsituationen wird nun im Rahmen einer empirischen Studie insbesondere nach den spielpädagogischen Problemstellungen gefragt, die sich in Zusammenhang mit den ersten Phasen der Entwicklung des gemeinsamen Spiels zwischen behinderten und nichtbehinderten Kindern im ersten Kindergartenjahr stellen. Ziel dieser Untersuchung ist die Herausarbeitung wesentlicher Bestimmungsstücke einer integrativen Spielpädagogik unter dem Aspekt ökologischer Intervention.

4.4 Grundelemente integrativer Spielförderung (Zusammenfassung)

Integrative Spielförderung kann auf dem Hintergrund vorliegender Ergebnisse aus der empirischen Forschung im Bereich der Spielintervention und im Bereich der Integration als Konzept zur Gestaltung integrativer Spielsituationen angesehen werden. Im Vordergrund dieses Fördermodells steht nicht mehr ausschließlich die Beziehung zwischen SpielförderInnen und Kindern mit Behinderung, auch wenn ihr gleichwohl weiterhin eine grundlegende Bedeutung zukommt. Integrative

Spielförderung wird demgegenüber gegenwärtig eher als "peer-group"-orientierter Ansatz realisiert, in den die gesamte Gestaltung der Umweltvariablen von integrativen Spielprozessen mit einzubeziehen ist. Diese Form der Intervention in integrative Spieltätigkeiten und Spielsituationen ist als ökologischer Ansatz zu kennzeichnen, der die gesamte Spielumwelt als Gegenstand spielpädagogischer Gestaltungen betrachtet.

Literaturempfehlungen:

EINSIEDLER, W. (1991): Das Spiel der Kinder. Zur Psychologie und Pädagogik des Kinderspiels. Bad Heilbrunn: Klinkhardt, 1991
FREIBURGER PROJEKTGRUPPE (1993): Heilpädagogische Begleitung in Kindergarten und Regelschule. Dokumentation eines Pilotprojektes zur Integration. Bern u.a.: Haupt, 1993
KAUTTER, H./KLEIN, G./LAUPHEIMER, W. /WIEGAND, H.-S. (1988): Das Kind als Akteur seiner Entwicklung. Idee und Praxis der Selbstgestaltung in der Frühförderung entwicklungsverzögerter und entwicklungsgefährdeter Kinder. Heidelberg: Schindele, 1988
OPP, G. (1992b): Mainstreaming in den USA. Heilpädagogische Integration im Vergleich. München, Basel: E. Reinhardt, 1992
STAATSINSTITUT FÜR FRÜHPÄDAGOGIK UND FAMILIENFORSCHUNG (Hg.) (1990): Hb. d. integrativen Erziehung behinderter und nichtbehinderter Kinder. München, Basel: E. Reinhardt, 1990
TROST, R./WALTHES, R. (Hg.) (1991): Frühe Hilfen für entwicklungsgefährdete Kinder: Wege und Möglichkeiten der Frühförderung aus interdisziplinärer Sicht. Frankfurt a.M.: Campus, 1991

5.0 PRAXIS INTEGRATIVER SPIELFÖRDERUNG

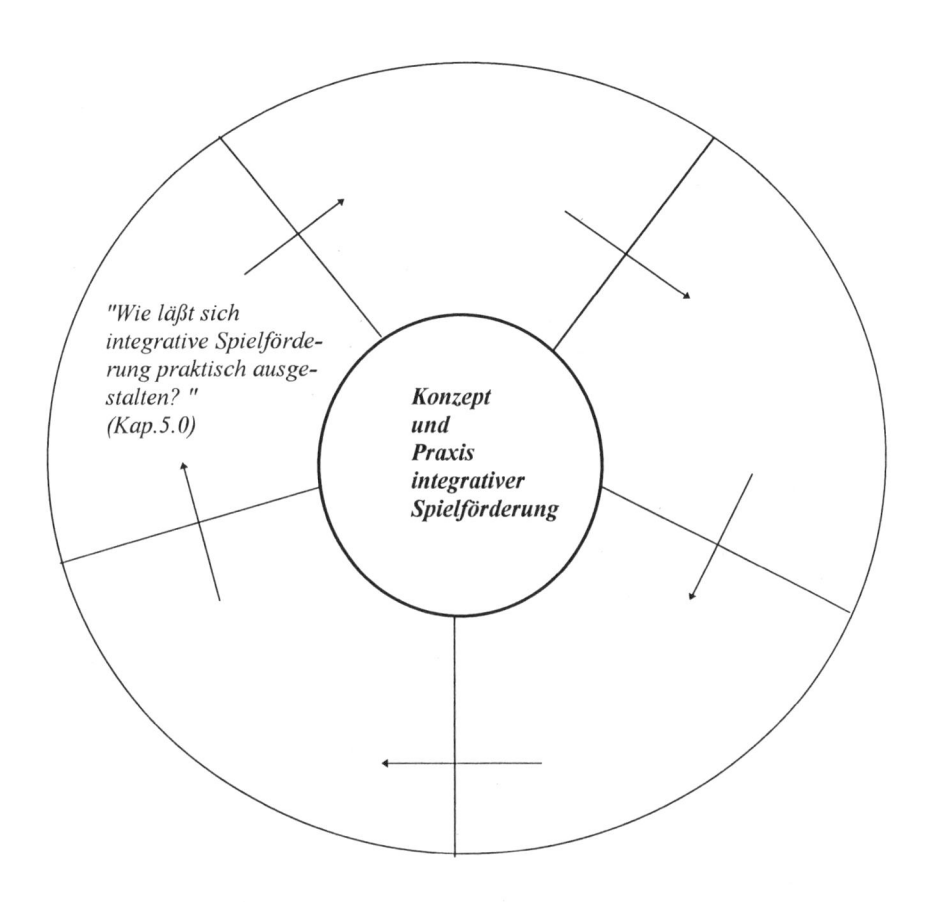

"Wie läßt sich integrative Spielförderung praktisch ausgestalten?"
(Kap.5.0)

Konzept und Praxis integrativer Spielförderung

In diesem Kapitel wird vorgestellt, ...
- ... welche Ergebnisse das Projekt „Gemeinsam spielen" zur sozialen Spieltätigkeit von Kindern mit und ohne Behinderungen erbracht hat.
- ... wie Erzieherinnen integrative Spielsituationen wahrnehmen.
- ... welche räumliche und materielle Ausstattung für das Gemeinsame Spielen von Kindern mit und ohne Behinderungen vorhanden sein sollte.

"Andere Welten, andere Leben, auch wenn sie sich noch so sehr von unseren eigenen unterscheiden, haben in sich die Kraft, durch Einfühlung getragene Anschauung und ein intensives, oft kreatives Echo bei anderen hervorzurufen." (SACKS, O. 1991, 37)

Sowohl nationale als auch internationale Beiträge integrationspädagogischer Forschung im Elementarbereich zeigen begleitend zur Forschungstätigkeit im engeren Sinne eine intensive methodologische Diskussion auf, in der eine Akzentverschiebung vom klassischem Repertoire empirischer Sozialforschung (ATTESLANDER 1975) ausgehend hin zu mehr qualitativ-orientierten Forschungsmethoden wie Einzelfallanalysen, teilnehmende Beobachtung und Gruppendiskussionen feststellbar ist. HÄBERLIN (1992, 5f.) kommt zu dem Schluß, daß neben dem "Paradigma der empirisch-analytischen Forschung im traditionellen Sinne" die "Dialektik zwischen Forschung und Praxis", zwischen objektiver Erkenntnis und subjektiver Erfahrung in der Integrationsforschung zu berücksichtigen sei. Dabei wird durchaus einkalkuliert, daß sich eine "Einbuße empirischer Objektivität und Generalisierung" ergibt, die jedoch durch den "Gewinn an Möglichkeiten des Praxisbezugs" aufgehoben werde. PREUß-LAUSITZ (1990, 242ff.) kommt in seiner Bilanz der Integrationsforschung zu dem Schluß, daß Begleitforschung zu Projekten der gemeinsamen Erziehung einem dialektischen Spannungsverhältnis zwischen objektivierender Distanz und beratender sowie innovationsorientierter Nähe ausgesetzt sei. Es gelte für eine Ausbalancierung der Extrempole zwischen vollkommener Vereinnahmung der IntegrationsforscherInnen durch die Erziehungspraxis auf der einen Seite und mangelnder Präsenz im Forschungsfeld auf der anderen Seite Sorge zu tragen und dieses Spannungsverhältnis auszuhalten. Theoriegrundlagen eines solchen Forschungsparadigmas sieht PREUß-LAUSITZ in der sozialökologischen Sozialisationsforschung nach BRONFENBRENNER (1976) gegeben. LANGFELDT (1990, 285f.) entwickelt als Lösungsstrategie zu dieser Aufgabenstellung integrationspädagogischer Forschung das Modell der "Programm-Evaluation", das in einer Vermittlung von qualitativen und quantitativen Methoden in Abhängigkeit von konkreten Fragestellungen besteht und sich im pädagogischen Feld resp. integrationspädagogischen Zusammenhang vorrangig auf die "formative Evaluation" bezieht. Integrationsforschung als Programm-Evaluation vermag von daher eher das Problem der "Optimierung des Programmes" zu gewährleisten als im Rahmen abschließender Bewertungen summativen Charakter zu gewinnen. Integrative Prozesse können diese Evaluationsebenen (formativ und summativ) nicht getrennt realisieren, sondern nur in einem Prozeß der Überlagerung mit unterschiedlichen Gewichtungen in Abhängigkeit von zugrundliegenden Fragestellungen. Auch bezüglich der Auswahl der zur Verfügung stehenden Methoden müsse nach LANGFELDT eine Vielfalt an "Informationsquellen" genutzt werden, zu denen klassische Methoden der empirischen Sozialforschung wie Interview, Fragebogen und Beobachtung ebenso gehören wie psychometrische Verfahren (Tests) und die Analyse von Akten, Dokumenten aller Art sowie Untersuchungsberichten. Diese aus der Forschungspraxis erwachsende Komplexität in der Datenbasis empirischer Integrationsforschung erfordert Entsprechungen hinsichtlich einer methodischen Flexibilität. Angesichts dieser hochkomplexen Ausgangslage kommt MARTE (1990b, 294) eher zu skeptischen Schlußfolgerungen bezüglich der Praktizierung quantitativ-experimenteller Methoden, nach denen auch eine Verkürzung des Horizontes empirisch zu gewinnender Befunde in Kauf zu nehmen sei. Integrationsforschung im klassischen, empirisch-positivistischen Sinne hätte sich also Beschränkungen ihrer Erkenntnismöglichkeiten zu unterwerfen. EBERWEIN (1990, 293f.) betont demgegenüber akzentuierter die Bedeutung einer ausschließlich qualitativen Integrationsforschung, die sich dem "interpretativen Paradigma" verpflichtet weiß (vgl. ebenso KRON 1988). Er weist besonders auf zwei methodologische Prinzipien hin, die qualitative Integrationsforschung im Hinblick auf das Forschungsfeld realisieren müsse: die Prinzipien Offenheit und Kommunikation (vgl. LAMNEK (1988/1989). Offen ist qualitative Integrationsforschung dann, wenn die theoretischen Konsequenzen sich erst als Forschungsergebnis konstituieren. Als kommunikativ kann Integrationsforschung dann gelten, "wenn der Forscher eine Kommunikationsbeziehung mit dem Forschungssubjekt eingeht und dabei das kommunikative Regelsystem des Forschungssubjektes in Geltung läßt (...)." (EBERWEIN 1990, 294). Dieser Anspruch steht standardisierten Interaktionen zwischen IntegrationsforscherInnen und IntegrationspädagogInnen entgegen. Fraglich bleibt jedoch, ob sich über diese subjektive und intersubjektive Schwerpunktsetzung hinaus auch vorurteilsbehaftete Wahrnehmungen gerade bei behinderten Kindern ausschließen lassen. Dies würde jedoch eine Komplementarität von quantitativer und qualitativer Methodologie in der empirischen Integrationsforschung bedeuten, in der sich ein Empirie-Begriff zeigen würde, der nicht nur dem naturwissenschaftlichen Ideal der objektiven Erkenntnis, sondern ebenso intersubjektiven Verstehensprozessen verpflichtet wäre. Für eine im wissenschaftlichen Sinne methodisch kontrollierte, pädagogische Integrationsforschung kann nach gegenwärtigem Diskussionsstand festgehalten werden, daß eine Beschränkung auf quantifizierende Betrachtungsweisen innerhalb experimenteller Forschungsdesigns kaum in der Lage sein wird, die Komplexität integrativer Prozesse hinreichend zu erfassen, einmal abgesehen davon, ob sich experimentelle Forschung mit Vergleichen zwischen Regel- und Sondereinrichtungen überhaupt stringent realisieren ließe. Angesichts einer Fülle möglicher Störvariablen und relativ geringer Stichprobengrößen (LANGFELDT 1990, 284) muß dieser Forschungsanspruch im Felde der gemeinsamen Erziehung als nur eingeschränkt umsetzbar erscheinen. Prozeßbegleitende, hypothesen- und strukturengenerierende Strategien sind hier ergänzend einzufügen, ohne daß damit ausgeschlossen wäre, daß zu begrenzten Fragestellungen auch experimentelle Studien durchgeführt würden. Gerade aus der historisch gewachsenen Nähe zwischen Integrationsforschung und Integrationspraxis erwächst demnach - so können wir zusammenfassend festhalten - ein beträchtliches forschungskritisches Potential. Eltern und Erzieherinnen wollen offensichtlich im Rahmen wissenschaftlicher Begleitforschung nicht zu Forschungsobjekten degradiert werden, sondern fordern Respekt vor ihren je spezifischen Situationswahrnehmungen bezüglich integrativer Prozesse. Auf der Basis dieses Primates einer Komplementarität quantitativer und qualitativer Methodologie in der Integrationsforschung ist auch die folgende Studie einzuordnen (vgl. HEIMLICH/SCHMETZ 1995).

5.1 Projekt "Gemeinsam spielen"

Aufbauend auf dem Projekt "Gemeinsam spielen" (HEIMLICH 1993a) stehen nun abschließend einige ausgewählte Befunde einer Beobachtungsstudie zur Debatte, die im Jahre 1992 in Dortmunder Regelkindergärten durchgeführt wurde. Es handelt sich dabei um eine Mehrzeiten-Analyse, die Beobachtungen zu drei Zeitpunkten verteilt über einen Gesamt-Untersuchungszeitraum von 15 Monaten aufnimmt und diskutiert. Ziel dieser empirischen Arbeit ist es v.a. im Rahmen eines sehr alltagsnahen Forschungsdesigns Entwicklungsprozesse bei Kindern mit einer Behinderung in integrativen Kindergartengruppen zu dokumentieren und aus den jeweiligen Entwicklungsprofilen Rückschlüsse auf die spielpädagogischen Problemstellungen in der Erzieherinnentätigkeit zu ziehen. Im Zentrum des Forschungsinteresses steht die Frage nach der sozialen Spieltätigkeit von behinderten und nichtbehinderten Kindern in integrativen Settings einschließlich möglicher spielpädagogischer Unterstützungsformen. Es handelt sich also insgesamt um eine Studie, die nicht im engeren Sinne an

Fördereffekten interessiert ist. Es geht vielmehr um die Abschätzung der Wirkungen eines integrativen Erziehungsalltags, dem ein situationsorientiertes pädagogisches Konzept zugrundeliegt. Methodologisch liegt der Studie ein komplementärer Ansatz von quantitativer und qualitativer Sozialforschung zugrunde. Damit wird zum einen das Konzept phänomenologischer Wissenschaftstheorie aus Kap. 3.0 in die Forschungspraxis transferiert. Dies bedingt eine Favorisierung von qualitativen Methoden wie Einzelfallstudien, teilnehmende Beobachtung und Gruppendiskussionen. Zum anderen besteht jedoch ebenso aus pragmatischer Sicht ein Interesse an methodisch kontrollierten Ergebnissen, die die subjektiven Wahrnehmungen von integrativen Spielprozessen und die Konfrontation dieser Perspektiven im Rahmen des Dialogs der am Forschungsprozeß Beteiligten, um standardisierte Beobachtungen erweitert. Eine kindliche Tätigkeit, die z.B. aus der subjektiven Sicht der Erzieherinnen und in der intersubjektiven Verständigung mit dem Forschungsteam im Rahmen der Gruppendiskussionen als abweichend empfunden wird, kann durch operationalisierte Beobachtungskriterien und zeitlich festgelegte Beobachtungseinheiten häufig sehr viel konkreter beschrieben werden. Die subjektiv aufrichtige und in den Folgen real spürbare Aussage einer Erzieherin: "Peter ist heute wieder sehr aggressiv!" kann sich so z.B. bei näherer Überprüfung mittels standardisierter Beobachtungsinstrumente einschließlich operationalisierter Kriterien als perspektivische Verzerrung der Alltagswahrnehmung erweisen, die zwar mit der subjektiven Wahrnehmung der Erzieherin übereinstimmen mag und insofern auch ernst genommen werden muß, die aber in einem stärker objektiven Sinne häufig nur begrenzte Gültigkeit bezogen auf spezifische Situationskonstellationen beanspruchen kann. Aus diesem Grunde darf auch eine phänomenologisch orientierte Integrationsforschung nicht von der quantitativen Methodologie Abstand nehmen. Erforderlich ist insgesamt ein Instrumentarium, das methodisch kontrollierte und ökologisch valide Ergebnisse hervorbringt. Auch aus phänomenologischer Sicht wird der streng empirischen Methodologie im Sinne ATTESLANDERs (1975) nicht der Rang eines methodisch kontrollierten Untersuchungsverfahrens abgesprochen. Sie stellt allerdings auch nicht mehr das gesamte Forschungsinstrumentarium zur Verfügung. Neben diesen Versuchen, möglichst objektiver Erkenntnisgewinnung und den Ergänzungen durch intersubjektive Interpretationsprozesse (Gruppendiskussionen, Falldiskussionen) erfordert eine ökophänomenologisch ausgerichtete Integrationsforschung immer auch die leiblich-sinnliche Anwesenheit der ForscherInnen im Forschungsfeld einschließlich deren verändernder Wirkungen, wie es BEEKMAN (1987) und COENEN (1987) im

Rahmen ihres Konzeptes der teilnehmenden Erfahrung praktizieren. Das Projekt "Gemeinsam spielen" stellt einen Versuch dar, ökophänomenologisch orientierte Integrationsforschung praktisch werden zu lassen.

5.1.1 Forschungskonzept [1]

Der Forschungsschwerpunkt *"Gemeinsam spielen"* knüpft also einerseits an einer regionalen Initiative zur wohnortnahen Integration an und soll dazu beitragen, FachberaterInnen und Erzieherinnen in diesem schwierigen Vorhaben zu begleiten. Andererseits soll im Projekt *"Gemeinsam spielen"* ein Feld von Integrationsforschung bearbeitet werden, dem zumindest in der neuen und alten *BRD* bisher nur eine randständige Rolle zugewiesen werden kann. Das gemeinsame Spiel von behinderten und nichtbehinderten Kindern - so zeigte der Gang der bisherigen Untersuchung (s. Kap. 2.0 und 4.0) - erscheint im deutschen Sprachraum abgesehen von den Untersuchungen von KNIEL bisher als Forschungsgegenstand nicht. Im Projekt *"Gemeinsam spielen"* steht die Untersuchung dieses Komplexes deshalb im Mittelpunkt, ausgehend von der Erfahrung, daß Kinder mit verschiedenen Fähigkeiten einen großen Teil ihrer gemeinsamen Aktivitäten innerhalb spontaner Spieltätigkeit selbst konstituieren. Die spielpädagogische Problemstellung in bezug auf dieses Phänomen enthält insbesondere die Frage nach angemessenen Unterstützungsformen dieser Spielprozesse. Damit ist der Kernbereich des alltäglichen Aufgabenfeldes der Erzieherinnen angesprochen. Insofern unterliegt dem Projekt *"Gemeinsam spielen"* auch der Anspruch, praxisrelevante Ergebnisse für die Hand der Erzieherinnen hervorzubringen, die unmittelbar mit ihnen und für sie entwickelt werden. Alltagsorientierung stellt somit den intentionalen Schwerpunkt des Projektes *"Gemeinsam spielen"* dar. Zu Beginn des Projektes *"Gemeinsam spielen"* haben in Dortmund und Lünen 25 Evangelische Regelkindergärten Kinder mit Behinderungen aufgenommen.[2] Es liegen auf dem Hintegrund der Entwicklungsgeschichte des Arbeitsbereiches "Wohnortnahe Integration ..." bereits reichhaltige Erfahrungen mit der Organisation und inhaltlichen Ausgestaltung wohnortnaher Integration im Regelkindergarten vor. Zu diesem Zeitpunkt stellen Erzieherinnen jedoch immer deutlicher die Frage nach der

---

[1] Dieses Kapitel ist in Teilen bereits veröffentlicht: HEIMLICH, Ulrich (1993a): Projekt "Gemeinsam spielen". Zur Gestaltung integrativer Spielsituationen - ein Zwischenbericht. In: Gemeinsam leben. 1 (1993) 1. S. 14-19

[2] Im Gegensatz zur kommunalen Struktur der Städte Dortmund und Lünen vereinigt der Kirchenkreis Dortmund und Lünen die Evangelischen Kirchengemeinden beider kommunaler Teilgebiete in einer gemeinsamen Dachorganisation (Vereinigte Kirchenkreise Dortmund und Lünen, VKK).

integrationspädagogischen Konzeption und der Perspektive für die weitere Arbeit. Träger und Personal des Arbeitsbereiches "Wohnortnahe Integration ..." artikulieren deutlich die Bereitschaft, sich an einem Forschungsprojekt der Universität Dortmund mit dem Ziel der intensiven fachlichen Diskussion und Zusammenarbeit zu beteiligen. In einer vorbereitenden Phase werden die organisatorischen Rahmenbedingungen mit den Regelkindergärten abgeklärt. Es beteiligen sich schließlich insgesamt 10 Einrichtungen mit 11 behinderten Kindern am Projekt *"Gemeinsam spielen"*.

5.1.1.1 Problemstellung

Auf dem Hintergrund neuerer Entwicklungen in der phänomenologischen Forschung (WALDENFELS 1985) wird der Begriff *"integrative Spielsituation"* zum zentralen Terminus des Projektes *"Gemeinsam spielen"* erhoben, so wie er weiter oben abgeleitet wurde (s. Kap. 2.0 und Kap. 3.0). *"Integrative Spielsituationen"* sollen hier als Fundament angesehen werden, von dem ausgehend und auf das hin orientiert Forschungsperspektiven aus unterschiedlichen theoretischen Herkünften sich entwickeln lassen. Bei aller theoretischen Differenziertheit kann die erziehungswissenschaftliche Reflexion auch im Rahmen der Integrationsforschung nicht ihrem lebensweltlichen Fundament entgehen. Dies liegt bereits vor mit einer sich durch Eltern- und Erzieherinneninitiativen ständig erweiternden Zahl von Regelkindergärten mit gemeinsamer Erziehung, einer integrativen Erziehungspraxis also - im vorliegenden Fall im Rahmen des Arbeitsbereiches "Wohnortnahe Integration..." beim *Diakonischen Werk Dortmund*. Gerade in der Altersgruppe bis 6 Jahren ist die Spieltätigkeit für die kindliche Entwicklung sehr bedeutsam. Auch integrative Prozesse finden im kindlichen Spiel statt. Das gemeinsame Spiel von Kindern mit und ohne Behinderungen steht also im Zentrum integrativer Prozesse im Elementarbereich unseres Bildungswesens. *Integrative Spielsituationen* bilden von daher das Fundament und den Bezugspunkt für die vorliegenden Integrationskonzeptionen. Es gilt diese Spielsituationen forschungsmethodisch zu erschließen - und schon KLEBER (1990, 175) hat darauf hingewiesen, daß eine Integrationsforschung, die das subjektive Erleben von Erziehungssituationen ausblendet, in einer positivistischen Verkürzung stecken bleibt. Neben der quantifizierenden Perspektive gerät damit das Instrumentarium qualitativer Sozialforschung zunehmend in das Blickfeld (LAMNEK 1988/1989). Insofern folgt das hier dargestellte Forschungskonzept einem ökophänomenologischen Ansatz im Anschluß an KLEBER (1980, 1985, 1990), in dessen Mittelpunkt der Begriff der "ökologischen Situation" steht (s. Kap. 3.0). Auch das Spiel selbst wird in diesem Zusammenhang situationsbezogen definiert. Das Spiel von Kindern ist insgesamt weder als konkrete Tätigkeit noch als Traumwelt hinreichend erfaßt. Im Anschluß an eine phänomenologische orientierte Erziehungswissenschaft in der Tradition von BUYTENDIJK (1933), LANGEVELD (1963) und BEEKMAN (1987) wird das kindliche Spiel selbst als Situation begrifflich gefaßt. Mit Hilfe der Spieltätigkeit konstituieren Kinder jenes zwiespältige Verhältnis zur Wirklichkeit, das sowohl an der Wirklichkeit haftet als auch die phantasievolle Überschreitung der wirklichen Grenzen hinüber in das Reich des Möglichen beinhaltet. Dieser Wirklichkeitsbezug wird im phänomenologischen Sinne als Intentionalität (DANNER 1989, 125) bezeichnet.[3] Bei Kindern konkretisiert sich dieses "Zur-Welt-Sein" im Spiel. Spielen heißt demnach auch immer Spielend-in-der-Situation-sein, sich in einem sinnvollen Zusammenhang also mit anderen Personen und Dingen zu befinden. Dieser Prozeß der sozialen Sinnkonstitution unter Kindern bezieht alle Kinder mit ein. Auch Kinder mit einer Behinderung partizipieren wie selbstverständlich an diesem Sinnzusammenhang, beteiligen sich aktiv an der Ausgestaltung der jeweiligen Situation und wirken so auch auf ihr soziales und dingliches Milieu ein. Erst die Aussonderung in separate Situationen, in denen z.B. nur noch Kinder mit einer Behinderung zusammen sind, verändert diese Teilhabe an der "Welt-von-uns-allen" und schafft getrennte Lebenssituationen.

Auf dieser fundamentalen Sinnschicht baut der Begriff *"integrative Spielsituation"* auf. Er liegt auch allen weiteren integrationspädagogischen Reflexionen aus differenten theoretischen Perspektiven insofern zugrunde, als vor jeder erziehungswissenschaftlichen Bemühung ihr lebensweltliches Fundament in Gestalt einer wie auch immer gesellschaftlich organisierten Erziehungspraxis bereits gegeben ist. Integrative Erziehungspraxis im Elementarbereich besteht jedoch zum größten Teil aus integrativen Spielprozessen. Das gemeinsame Spiel von Kindern mit und ohne Behinderungen stellt somit ein Element der Lebenssituation von Kindern mit Behinderungen dar. Integrationspädagogik und Integrationsforschung als Teilgebiet von Heilpädagogik und Erziehungswissenschaft insgesamt kann dieses lebensweltliche Fundament ignorieren, negieren kann sie es nicht.

---

[3] Auch VYGOTSKI (1977) beschreibt diesen Wirklichkeitsbezug als reziproken noch in einer offenen, auf das spontane Spiel der Kinder ausgerichteten Weise und stellt den Begriff der "fiktiven Situation" (a.a.O., 20) in den Mittelpunkt seiner Spieltheorie. Insofern ergeben sich hier durchaus Berührungspunkte mit einer phänomenologischen Spieltheorie.

5.1.1.2 Forschungsintention

Im einzelnen ergibt sich in diesem methodologischen Zusammenhang und auf der Basis der vorbereitenden Untersuchungen ein Forschungskonzept, in dessen Mittelpunkt die Nähe zum Alltag von Erzieherinnen und Kindern in Regelkindergärten stehen muß. Darüber hinaus liegt den folgenden Überlegungen eine spezifische Verknüpfung von quantitativer und qualitativer Methodologie zugrunde, die auch HÄBERLIN in seiner Untersuchungen zur heilpädagogischen Begleitung in Kindergarten und Schule realisiert (HÄBERLIN/JENNY-FUCHS/MOSER OPITZ 1992, FREIBURGER PROJEKTGRUPPE 1993).

Im Mittelpunkt der wissenschaftlichen Begleitforschung steht die Frage nach der Gemeinsamkeit im Spiel behinderter und nichtbehinderter Kinder im Elementarbereich. Dieses kooperative Moment wollen wir aus spielpädagogischer Perspektive genauer untersuchen. Die Lösung dieser Problemstellung macht den Rückbezug auf die spielpädagogischen Kompetenzen bei den Erzieherinnen erforderlich. Dazu gehört zuallererst die Fähigkeit zur distanzierten Spielbeobachtung. Spielpädagogische Handreichungen für die Arbeit der Erzieherin in integrativen Kindertageseinrichtungen müssen sich weiterhin beziehen auf die Gestaltung der Umweltbedingungen des freien und spontanen kindlichen Spiels und im einzelnen v.a. die Variablen Spielmittel, Spielpartner, Spielraum und Spielzeit ausdifferenzieren. Ziel der wissenschaftlichen Begleitung ist jedoch nicht, ein fertiges Konzept zu erproben, sondern mit den Betroffenen gemeinsam ein solches zu entwickeln.

Diese intentionale Ausrichtung weist insgesamt auf die Notwendigkeit eines kontinuierlichen Erfahrungsaustausches zwischen ForscherInnen und Erzieherinnen in der Form von Arbeitskreisen, Fortbildungsveranstaltungen und gemeinsamen Tagungen hin. Das Konzept der wissenschaftlichen Begleitung im Forschungsschwerpunkt *"Gemeinsam spielen"* folgt also dem Ansatz der qualitativen Sozialforschung, in der die Kommunikation aller am Forschungsprozeß Beteiligten zum zentralen methodischen Element erhoben wird. Im einzelnen lassen sich die folgenden Forschungsziele unterscheiden:

- Die Begleitforschung soll eine *Spielbeobachtungsinstrumentarium* zur Erfassung integrativer Spielsituationen hervorbringen, das zumindest *ein* Beobachtungsinstrument enthält, das auch für die Hand der Erzieherin geeignet ist.

- Die Begleitforschung dient der Entwicklung *spielpädagogischer Handreichungen*, die zur Gestaltung integrativer Spielsituationen zur Verfügung stehen müssen. Inhaltliche Bereiche ergeben sich aus den Umwelvariablen der spontanen Spieltätigkeit der Kinder: Spielmittel, Spielraum, Spielpartner, Spielzeit.
- Die Begleitforschung soll sich insbesondere mit der Beschreibung und *Typisierung der Handlungsformen der SpielpädagogInnen* (resp. Erzieherinnen) auseinandersetzen und hier ebenfalls konkrete Empfehlungen zur Verfügung stellen.
- Die Begleitforschung soll im ständigen *Erfahrungsaustausch* mit Erzieherinnen und FachberaterInnen realisiert werden, um so ausgehend von Alltagssituationen und in enger Verbindung mit den Erfahrungen der Erzieherinnen die "Knotenpunkte" einer integrativen Spielförderung zu entwickeln.

Es wird erwartet, daß sich aus diesen Teilzielen und Komponenten der intentionalen Ebene des Forschungsdesigns konkrete Aufschlüsse ergeben über ein Konzept ökologischer Intervention bei integrativen Spielsituationen. Um die geforderte Nähe zum Alltag der Erzieherinnen und zu den Entwicklungsprozessen der Kinder zu gewährleisten, wird angestrebt, die Begleitforschung möglichst über das erste Kindergartenjahr hinaus aufrechtzuerhalten.

5.1.1.3 Untersuchungsgruppe und Forschungssetting

Im Jahre 1991 werden alle 25 Einrichtungen des Arbeitsbereiches "Wohnortnahe Integration ..." beim *Diakonischen Werk Dortmund* von seiten der *Universität Dortmund* angeschrieben und um eine Beteiligung am Forschungsschwerpunkt *"Gemeinsam spielen"* gebeten. Das Auswahlkriterium für die Teilnahme am Projekt stellt die Aufnahme eines als behindert im Sinne von § 39 BSHG eingestuften Kindes zum 01.08.1991 dar, da unter dieser Voraussetzung ein entsprechend langer Aufenthaltszeitraum im Kindergarten (durchschnittlich 2 Jahre) zu erwarten ist. Die Auswahl der Untersuchungsgruppe erfolgt also nicht nach einem Zufallsverfahren sondern kriterienorientiert.

Von 14 Einrichtungen, die ihre Bereitschaft zur Zusammenarbeit signalisieren, können schließlich 10 ausgewählt werden. Da in einer Einrichtung 2 behinderte Kinder neu aufgenommen werden, besteht die Untersuchungsgruppe zu Beginn des Projektes aus 11 Kindern. Nach dem ersten Kindergartenjahr kommt es durch Umzug und Einschulung in eine Schule für Körperbehinderte zu einer weiteren Reduzierung der Untersuchungsgruppe um 2 Kinder, so daß der hier vorzulegenden Gesamtauswertung schließlich eine Gruppe von 9 Kindern mit

Behinderungen zugrundegelegt werden kann, die in allen drei Beobachtungszeiträumen anwesend war. Die Untersuchungsgruppe setzt sich aus 5 Mädchen und 4 Jungen zusammen mit einem Durchschnittsalter von 3;8 Jahren und einer Alterstreuung zwischen 2;10 und 5;2 Jahren. Es handelt sich im einzelnen um ein sprachbehindertes Kind, ein Kind mit Morbus-Down-Syndrom, sechs Kindern mit leichten bis schweren körperlichen Behinderungen und einem Kind mit einer Sehbehinderung und leichten autistischen Zügen. Von den Behinderungsarten her repräsentiert diese Gruppe die Bandbreite der Kinder mit Behinderungen, die in der Regel in integrativen Regelkindergärten angetroffen werden können. Eine Zuordnung von Kindern zur Gruppe der Kinder mit Lernbehinderungen erfolgt in diesem Zusammenhang nicht. Die Konkretisierung eines Konzeptes der integrativen Spielförderung bei dieser Zielgruppe erfolgt hier als auf indirektem Wege, wie auch die Forschungsübersicht zum Bereich der integrativen Spielsituationen für diese Kinder nahelegt. Dort zeigt sich, daß die integrativen Förderkonzepte für den Elementarbereich nicht im behinderungsspezifischen Zusammenhang entstehen, sondern in integrativen Gruppen mit unterschiedlichen Behinderungsarten entwickelt werden. Die Ergebnisse dieser integrationspädagogisch orientierten Forschungstätigkeit sind gleichwohl von zentraler Bedeutung für die Gruppe der Kinder, die von Lernbehinderungen bedroht sind, wie die umfangreiche Studie von ODOM u.a. (1982) bestätigt. Insofern können wir im Rahmen der gemeinsamen Erziehung im Elementarbereich nicht von einem behinderungsspezifischen Konzept der pädagogischen Förderung ausgehen. Dieses richtet sich vielmehr auf die vorhandenen und personal verschiedenen Kompetenzen der einzelnen Kinder. Erst in individualisierten Zusammenhängen könnte dieses behinderungsspezifische Förderkonzept auch auf die Gruppe der von Lernbehinderung Bedrohten ausgeweitet werden und lernbehinderungspezifische Erkenntnisse unter präventivem Aspekt hervorbringen. Gerade die individualisierte Förderung nach klassischem heilpädagogischen Ansatz nimmt jedoch in der Diskussion um integrationspädagogische Förderkonzepte für den Elementarbereich nur eine Randstellung ein. Insofern erscheint es gerechtfertigt, im vorliegenden Zusammenhang, die Untersuchungsgruppe nicht unter lernbehindertenspezifischem Aspekt zusammenzustellen, sondern vielmehr vom Erziehungsalltag in integrativen Regelkindergärten auszugehen und eine präventive resp. integrative pädagogische Förderung von Kindern, die möglicherweise von Lernbehinderung bedroht werden, ebenfalls in diesen Erziehungsalltag mit einzubetten. Vor allem für leicht bis mittelschwer behinderte Kinder kann nach vorliegenden Forschungsbefunden davon ausgegangen werden, daß ein gemeinsames Förderkonzept als effektiv zu betrachten ist.

Bei den beteiligten 10 Untersuchungseinrichtungen handelt es sich ausnahmslos um Evangelische Regelkindergärten in Dortmund und Lünen mit einer gängigen räumlich-materiellen Ausstattung ohne besondere Bereiche wie Schwimmbad oder Therapieräume. Die Gruppen, in denen sich die Untersuchungskinder befinden, werden von 2 Erzieherinnen und einer Zusatzkraft betreut. Die Stundenzahl der Zusatzkraft variiert allerdings in Abhängigkeit von der Gesamtzahl der behinderten Kinder in den Gruppen. In der Regel handelt es sich jedoch um Vollzeitstellen.

Die Einrichtungen repräsentieren die ganze Bandbreite an stadtteilbezogenen Einzugsbereichen für Kindergärten in Großstädten mit einem deutlichen Schwerpunkt in Dortmunder Vororten. Der Dortmunder Norden, in dem traditionell die Industriearbeiterschaft in klassischen Arbeitervierteln (mit Neubauten oder älterer Bebauung) wohnt, ist bei den Einrichtungen leicht überrepräsentiert (insgesamt 3 Kindergärten in den Vororten Huckarde, Lanstrop, Husen-Kurl), während 2 Einrichtungen sich in südlichen Stadtteilen befinden (Aplerbeck, Hörde). Da die gegenwärtige sozialräumliche Struktur der Stadt Dortmund durch Eingemeindungen von umliegenden Dörfern entstand, präsentieren einige Stadtteile bis heute noch einen eher dörflichen Charakter. Die Kindergärten in diesen Stadtteilen (Asseln, Brechten, Husen-Kurl) vermitteln vom Einzugsbereich her eine entsprechende Struktur. Für die beiden Einrichtungen in Lünen (Horstmar, Wethmar), einer unmittelbaren Nachbarstadt von Dortmund, gelten die Aussagen entspechend. Auch unter sozialräumlichem Aspekt kann deshalb festgehalten werden, daß abgesehen von Innenstadteinrichtungen eine große Bandbreite von Einzugsbereichen bis hin zu fast dörflichen Strukturen durch die Untersuchungseinrichtungen repräsentiert wird.

5.1.1.4 Forschungsmethoden

Zur Realisierung der Zielsetzungen des Forschungskonzeptes bezogen auf die Untersuchungsgruppe und die dargestellten Settings wird eine Verknüpfung der Methodenschwerpunkte Spielbeobachtung, Gruppendiskussionen und Einzelfallstudien in Form der Methodentriangulation (LAMNEK 1988/1989) angestrebt.

Im Mittelpunkt der methodischen Ausrichtung des Projektes *"Gemeinsam spielen"* steht die Spielbeobachtung im Alltag der Einrichtungen. Es handelt sich durchweg um die Methode der teilnehmenden Beobachtung (LAMNEK 1989, 233ff.), da gerade für ein vertieftes Verständnis integrativer Spielsituationen die Anwesenheit der ForscherInnen im Forschungsfeld notwendig ist und nur durch die Nähe zu den sozialen Interaktionen der Kinder untereinander ein Eindringen in die Spielwirklichkeit hinter der sinnlich erfaßbaren Spieltätigkeit möglich ist. Im vorliegenden Zusammenhang soll also explizit der von KLEBER an die Integrationsforschung formulierte Anspruch auf Einbeziehung der personalen Ebene von Integration geleistet werden. Integrative Spielsituationen werden mit einem dreiteiligen Beobachtungsinstrumentarium analysiert.

- Mit Hilfe des *"Beobachtungsbogens zur Erfassung der sozialen Spieltätigkeit"* soll innerhalb eines standardisierten Beobachtungsinstrumentes die Entwicklung des jeweiligen behinderten Kindes in bezug auf die Dimensionierung seiner sozialen Spieltätigkeit aufgezeichnet werden. Der Beobachtungsbogen basiert auf den Kategorien von PARTEN (1932): Beobachtungsspiel, Alleinspiel, Parallelspiel, Assoziationsspiel, Kooperationsspiel. Wir haben uns trotz der vorliegenden Kritik an den Kategorien von PARTEN (RUBIN/MAIONI/HORNUNG 1976) und den Differenzierungen (JOHNSON/CHRISTIE/YAWKEE 1987, 50) für diese Kategorien entschieden, weil sie in der Integrationsforschung häufig gebraucht werden und somit einen Vergleich der Ergebnisse ermöglichen. Außerdem repräsentiert die Kategorisierung von PARTEN eine größere Bandbreite der sozialen Spieltätigkeiten im Vergleich zu anderen Instrumenten. Wir gingen deshalb von der Annahme aus, daß es mit Hilfe dieser größeren Bandbreite auch eher möglich sein würde, die spontanen Spieltätigkeiten von behinderten und nichtbehinderten Kindern abzubilden. Im Unterschied zu PARTEN gehen wir jedoch davon aus, daß mit diesen Kategorien der sozialen Spieltätigkeit keine Entwicklungslogik im Sinne eines vertikalen Modells verbunden ist, nach dem also die einzelnen Kategorien als Hierarchie auf das Ziel des Kooperationsspiels als komplexester sozialer Spieltätigkeit hin zu interpretieren wären. Wir gehen im Gegensatz dazu von einem horizontalen Entwicklungsmodell aus, in dem die einzelnen Kategorien unterschiedliche Spannbreiten der Spieltätigkeit darstellen, ohne jedoch z.B. das Kooperationsspiel höher als das Alleinspiel zu bewerten. Insbesondere Forschungsergebnisse zum Niveau des Alleinspiels (FTHENAKIS/ SPERLING 1982) haben gezeigt, daß mit dieser Spielform durchaus von den Kindern gewünschte und von der Spielintensität her höchst anspruchsvolle Spielsituationen konstituiert werden können. Die einzelnen Kategorien werden auf dem Beobachtungsbogen mit Hilfe des "time-sampling" Verfahrens erfaßt. Innerhalb eines Beobachtungszeitraums von insgesamt 30 Minuten erfolgt alle 59 Sekunden eine Zuordnung zu einer der genannten Kategorien (s. Anhang 1).

- Eine *"Spielkooperationsskala"*, die als Rating-Skala auf dem Hintergrund der Forschungen zum prosozialen Verhalten (SCHMIDT-DENTER 1988) und auf der Basis von Erfahrungen in der vorbereitenden Untersuchung konzipiert wurde, soll die Einschätzung der qualitativen Dimension der sozialen Spieltätigkeit in den Schwerpunkten "Soziale Orientierung, Zielsetzung, Initiative, Selbstkonzept und Komplexität" über jeweils 5 Ausprägungsgrade hinweg ermöglichen (s. Anhang 2). Diese Dimensionierung wurde im wesentlichen auf der Basis der vorbereitenden Untersuchungen erstellt, in deren Verlauf v.a. mit qualitativen Beobachtungstechniken gearbeitet wurde.

- Zur Erfassung thematisch-inhaltlicher Aspekte der integrativen Spielsituationen und deren konkreter Rahmenbedingungen wird das *"Spielprotokoll"* eingesetzt, das ein ausschließlich qualitatives Instrument darstellt. Es enthält die Rubriken "Persönliche Angaben", "Spielsituationen", "Zeit" und "Spielpädagogischer Kommentar" und kann sowohl als Verlaufs- wie als Gedächtnisprotokoll verwendet werden. Im Projekt dient es als Verlaufsprotokoll der Aufzeichnung der integrativen Spielsituationen besonders unter der Fragestellung des gemeinsamen Spiels. Die Auswertung erfolgt innerhalb intensiver Nachbesprechungen im Forschungsteam durch intersubjektive Interpretation (HEIMLICH/HÖLTERSHINKEN 1994, 43-44).

Mit Hilfe der Video-Kamera werden an zwei verschiedenen Beobachtungstagen 30-minütige Sequenzen aus Freispielsituationen aufgezeichnet. Ergänzend zur Video-Aufzeichnung erfolgt das Ausfüllen der "Spielprotokolle" jeweils bezogen auf einen Kindergartenvormittag in der Zeit von 9.00 bis 12.00 Uhr. Das entspricht der Hauptaufenthaltszeit der Kinder im Kindergarten (vgl. TIETZE 1991, 12). Die Fragestellung der Spielbeobachtung richtet sich also ausschließlich auf Freispielsituationen am Kindergartenvormittag. Es werden aus diesem thematisch begrenzten Feld zufällige Zeitstichproben für die Video-Aufzeichnung gezogen (vgl. zur Beobachtungsproblematik allgemein MARTIN/ WAWRINOWSKI 1991).

Die Auswertung der Beobachtungsdaten und Protokolltexte vollzieht sich in zwei getrennten Arbeitsschritten. Zunächst werden die Video-Sequenzen innerhalb einer Gruppe von 10 BeobachterInnen mit Hilfe des "Beobachtungsbogens zur Erfassung der sozialen Spieltätigkeit" (alle 59 Sekunden eine Zuordnung zu einer Kategorie nach dem "time-sampling"-Verfahren) und der *"Spielkooperations-skala"* (Beurteilung im Anschluß an jede Beobachtungssequenz) analysiert. Zur Auswertung werden die Daten zeilenweise aufsummiert, Prozentanteile errechnet und diese schließlich in eine Auswertungstabelle eingetragen. Durch Errechnung des arithmetischen Mittels über zwei Beobachtungszeitpunkte und über 10 BeobacherInnen hinweg liegen auf diese Weise gut gesicherte Durchschnittswerte fest, die Verzerrungen durch unterschiedliche Beobachtungstage und Abweichungen in der Beurteilung durch die BeobachterInnen vermeiden und so zu einer weitgehenden Annäherung an den tatsächlich erreichten Stand des Spielniveaus der sozialen Spieltätigkeit und des Maßes der Spielkooperation beitragen. In einem ausführlichen Beobachtertraining wurden die BeobachterInnen in die Beobachtungstechnik sowie die Beobachtungskategorien eingeführt und anhand exemplarischer Video-Sequenzen (ebenfalls 30 Minuten Länge) aus der Vorlaufphase des Projektes solange trainiert, bis eine Interbeobachterreliabilität von mehr als 90 % gesichert werden konnte. In den ausführlichen vorbereitenden Diskussionen zu den Beobachtungskategorien der beiden Instrumente ergaben sich zudem im Vorfeld der eigentlichen Untersuchung noch einige Modifikationen bezüglich der Operationalisierung, die die Praktibilität der beiden Beobachtungsbögen erheblich erhöhten.

Die Einführung in die "*Spielprotokolle*" beinhaltete demgegenüber ausführliche Diskussionen zu den einzelnen Rubriken des Instrumentes unter besonderer Betonung der notwendigen Trennung zwischen deskriptiver, möglichst vorurteilsfreier Beschreibung und darauf aufbauender Interpretation von Spielsituationen. Nach ersten Erprobungen stellte sich heraus, daß zur Erfassung der Vielfalt der Freispielsituationen - insbesondere sprachlicher Äußerungen der Kinder - die Methode des Verlaufsprotokolles dem ebenfalls möglichen, im Anschluß an den Kindergartenvormittag zu erstellenden Gedächtnisprotokoll vorzuziehen ist. Das "*Spielprotokoll*" wird also während der Zeit von 9.00 bis 12.00 Uhr ausgefüllt und lediglich unterbrochen von der Videoaufzeichnungsphase. Eine Auswertung der Protokolltexte erfolgt in einer Kleingruppe mit 3 BeobachterInnen durch intersubjektive Interpretation. Diese Auswertungsgespräche beschäftigen sich besonders mit der Frage, welchen personalen Zugang jedes einzelne Untersuchungskind zur integrativen Spielsituation findet. Ziel dieses intersubjektiven Interpretationsprozesses ist die Herausarbeitung des "Themas", das bei einem Kind mit einer Behinderung bezogen auf das gemeinsame Spiel jeweils im Vordergrund steht. Als Theoriegrundlage für diesen Interpretationsprozeß dient insbesondere das Konzept des prosozialen Verhaltens (SCHMIDT-DENTER 1988).

Die Spielbeobachtung erfolgt also in der offenen und direkten Form als Feldbeobachtung. Nach einer Erprobung der Kameratechnik in der Vorlaufphase stellt sich heraus, daß die Kinder nach kurzer Zeit die Kamera als uninteressant empfinden und sich in ihrem Spiel nicht mehr nachhaltig stören lassen. Die SpielbeobachterInnen sind überdies gehalten, von sich aus keinen Kontakt zu den Kindern aufzunehmen und Kontaktwünsche der Kinder freundlich aber konsequent an andere Kinder oder die Erzieherinnen weiterzuleiten.

Ein weiteres Element im Rahmen der Spielbeobachtung bildet die Erfassung der spielpädagogischen Änderungen in der integrativen Arbeit. In *Erfahrungsberichten*, die sich an der integrativen Spielsituation ausrichten sollen, zeichnen die Erzieherinnen Maßnahmen auf, die sich auf die Gestaltung der Umweltvariablen des kindlichen Freispiels beziehen. Zu diesem Zweck werden die Erzieherinnen in die Handhabung des *Spielprotokolls* eingeführt und gebeten, es als Grundlage für die Erfahrungsberichte heranzuziehen. Gleichzeitig soll mit diesem Schritt die Praktikabilität dieses Beobachtungsinstrumentes und seine Brauchbarkeit für die integrative Erziehungspraxis aufgezeigt und einer kritischen Prüfung unterzogen werden.

Der qualitative Forschungsansatz beinhaltet desweiteren das kontinuierliche Gespräch zwischen ForscherInnen, Erzieherinnen und FachberaterInnen. Dieser Arbeitsschwerpunkt wird in enger Kooperation mit dem *Arbeitskreis der Erzieherinnen, die als Zusatzkräfte in einem zentralen Stellenpool beim Diakonischen Werk* speziell für den Arbeitsbereich "Wohnortnahe Integration ..." eingestellt wurden, realisiert. Sie sind im Rahmen der wissenschaftlichen Begleitung AnsprechpartnerInnen, Kontaktpersonen und MultiplikatorInnen. Sie sollen also v.a. als Bindeglied zwischen Begleitforschungsteam und Erzieherinnen dienen und einen regen Erfahrungsaustausch zwischen Forschung und Alltag gewährleisten. Dabei stehen auch Forschungsintentionen und Methoden zur Diskussion. Eine Auswertung der Gruppendiskussionen erfolgt mit Hilfe von ausführlichen Protokollen, die teilweise als Gedächtnisprotokolle und v.a. bei Plenumsdiskussionen unterstützt durch Tonbandaufzeichnungen entstehen. Auch diese Protokolltexte werden wiederum im Dreierteam eingehend diskutiert und auf ihre thematischen Schwerpunkte hin interpretiert. Mit den Gruppendiskussionen wird insbesondere auch eine forschungsdidaktische Funktion angestrebt, die es ermöglicht jeweils vorliegende Zwischenergebnisse aus dem Projekt unmittelbar mit den Erzieherinnen zu diskutieren und auf ihre Praxisrelevanz hin zu überprüfen.

Die Ableitung der spielpädagogischen Maßnahmen und die notwendige Gruppierung der erhobenen Daten zum Zwecke der Interpretation machen darüber hinaus eine Orientierung am einzelnen behinderten Kind erforderlich. Hier steht also die *Einzelfallstudie* und zwar im Rahmen des qualitativen Paradigmas (LAMNEK 1989, 17ff.) im Vordergrund. Basis dieses Arbeitsschwerpunktes sind ausführliche Informationen zum einzelnen Kind und seinen sozialräumlichen Lebensbedingungen. Dies erfordert Elternkontakte und Einsichtnahme in Entwicklungsberichte. In die Einzelfallstudien gehen schließlich auch die Beobachtungsergebnisse ein, so daß auf der Ebene der Einzelauswertung eine Zentrierung der Befunde aus der strukturierten Spielbeobachtung (Soziale Spieltätigkeit und Spielkooperation) und der unstrukturierten Spielbeobachtung (Spielprotokoll) vorgenommen wird. Im Unterschied zu den Hinweisen von JEHLE (1982) und WEMBER (1989) zur Einzelfallforschung halten wir jedoch quasi-experimentelle Designs im Rahmen des hier beschriebenen Forschungsfeldes weder für forschungspraktisch durchführbar noch für forschungsethisch legitimierbar. Dies würde die Bildung von parallelen Fällen in integrativen und separierten Settings voraussetzen. Eine vergleichende Betrachtungsweise in der Integrationsforschung zwischen Integration und Separation entspricht jedoch - wie weiter oben ausführlich hergeleitet (s. Kap. 2.0) - nicht den aktuellen Problemstellungen im integrationspädagogischen Zusammenhang. Insofern kommt der hier vorzustellenden Studie der Rang eines deskriptiven Forschungsmodells zu (vgl. HÄBERLIN 1994, 364).

Neben diese Einzelauswertung, die an dieser Stelle nicht erfolgen kann (vgl. dazu die praxisorientierte Aufbereitung in HEIMLICH/HÖLTERSHINKEN 1994), tritt ebenfalls eine Gesamtauswertung, da sich im internationalen Vergleich zeigt, daß der größte Teil der Integrationsforschungsstudien für den Elementarbereich mit kleinen Stichproben arbeitet, die häufig nicht mehr als 10 Probanden umfassen. Eine Untersuchungsgruppe von 9 Kindern mit einer Behinderung in 10 integrativ arbeitenden Regeleineinrichtungen erlaubt also im internationalen Zusammenhang durchaus vergleichbare Befunde. Insofern ist aufbauend auf den Einzelfallstudien auch eine Gesamtauswertung der Beobachtungsdaten aus dem *"Beobachtungsbogen zur Erfassung der sozialen Spieltätigkeit"* und der *"Spielkooperationsskala"* möglich. Diese Gesamtauswertung über alle Kinder und Zeiträume hinweg steht im weiteren im Vordergrund.

5.1.2 Forschungsergebnisse

In die Auswertungsphase ab Ende 1992, die weiterhin von Gruppendiskussionen mit den Erzieherinnen begleitet wird, gehen als Datenbasis ein:

- mehr als 30 Stunden Videofilmmaterial,
- annähernd 200 durch Spielprotokolle dokumentierte Beobachtungsstunden einschließlich deren intersubjektiver Interpretation im Forschungsteam,
- 6 themenzentrierte Gruppendiskussionen mit den Erzieherinnen und
- flankierende Gespräche mit Erzieherinnen, Eltern und Fachberatung.

Im Rahmen einer qualitativen Gesamteinschätzung zeigt sich, daß mit der dritten Beobachtungsphase im September 1992 der Prozeß der Integration der Kinder mit einer Behinderung in die Gruppe im jeweiligen Regelkindergarten bei fast allen Untersuchungskindern weitgehend abgeschlossen ist. Sie befinden sich jetzt häufig mitten im Spielgeschehen mit kleinen Gruppen von Kindern, sind selbst aktiv an der Gestaltung von Spielsituationen beteiligt und haben feste soziale Kontakte aufgebaut, die sie souverän handhaben. Insofern bietet sich uns in dieser Beobachtungsphase ein sehr entspanntes Gesamtbild, das von der Selbstverständlichkeit im Umgang der Kinder untereinander geprägt ist. Sie sind nun in der Lage, das Entwicklungspotential der integrativen Spielsituationen voll zu nutzen, sich von der vielfältigen Andersartigkeit ihrer Spielpartner anregen zu lassen und so ihre eigenen Fähigkeiten in diesen Spielaktivitäten kontinuierlich weiterzuentwickeln. Insofern gehen wir bei der qualitativen Gesamteinschätzung dieser drei Forschungsabschnitte davon aus, daß eine der Hauptschwierigkeiten des Integrationsprozesses im ersten Aufenthaltsjahr im Kindergarten zu bewältigen sind. Damit wäre auch dieses "verflixte erste Jahr" eine der wichtigsten Herausforderungen im Aufgabenbereich der Erzieherinnen. Sie benötigen Kenntnisse über den Verlauf der Entwicklung der sozialen Spieltätigkeit und Ansätze zur Unterstützung der Kinder bei der Überwindung möglicher Schwierigkeiten in der Gestaltung der sozialen Kontakte. Diese Problemstellung soll nun im Rahmen einer Gesamtauswertung konkretisiert werden, um darauf aufbauend spielpädagogische Handreichungen für diese Ebene zu entwickeln. Eine prüfstatistische Auswertung der Daten wird angesichts der Größe der Untersuchungsgruppe nicht durchgeführt, da sie eine statistischen Standard suggerieren würde, dem unterhalb einer Stichprobengröße von 30 (CLAUSS-EBNER 1975) kein Aussagewert zukommen würde.

5.1.2.1. Entwicklung der sozialen Spieltätigkeit

Auf der Basis der Kategorien von PARTEN kann zunächst eine Ausdifferenzierung der Individual- und Interaktionsspielanteile vorgenommen werden. Dabei zeigt sich, daß die Werte in der Kategorie "selbstbeschäftigt" im Zeitraum I bereits vergleichsweise niedrig ausgeprägt sind, im Zeitraum II um annähernd die Hälfte sinken, um im Zeitraum III auf diesem Niveau zu bleiben. Auch das "Beobachtungsspiel" geht im Untersuchungszeitraum leicht zurück bei gleichzeitigem Ansteigen der Werte in der Kategorie "Alleinspiel" um fast 10 % (dem höchsten Anstieg im Vergleich zu den anderen Kategorien). Die Anteile von "Parallelspiel" und "Assoziationsspiel" bleiben nahezu konstant. Die gruppenbezogenen Aktivitäten behinderter Kinder bewegen sich demnach vor allem auf der Ebene des "Assoziationsspiels". Die Anteile des "Koalitionsspiels" und des "Kooperationsspiels" bleiben im Untersuchungszeitraum auf einem insgesamt unbedeutenden Niveau. Eine Unterscheidung von "Koalitions- und Kooperationsspiel" kann entgegen der bei der Konstruktion des Beobachtungsbogens - ergänzend zu den Kategorien von PARTEN - zugrundegelegten Annahme als gegenstandslos betrachtet werden.

Der bedeutendste entwicklungsbezogenen Effekte des ersten Kindergartenjahres besteht demnach für die behinderten Kinder in einer deutlichen Abnahme des Anteils der Kategorien "selbstbeschäftigt" und "Beobachtungsspiel" bei gleichzeitig deutlicher Zunahme des Alleinspiels, während die Anteile an partnerbezogenen und gruppenbezogenen Spielaktivitäten in etwa gleich bleiben.

Tab. 4: Entwicklung der sozialen Spieltätigkeit

Soziale Spieltätigkeit (Angaben in %)								
	Kategorien der sozialen Spieltätigkeit							
Beobachtungszeitraum	Selbstb..	Beobsp.	Alleinsp.	Parallelp.	Assoziap.	Koalisp.	Koopsp.	Summe[1]
ZR I	12,99	28,50	13,49	22,86	18,20	2,47	1,57	100,08
ZR II	7,21	26,47	18,62	24,84	18,39	3,47	0,88	99,88
ZR III	7,98	25,03	22,86	23,45	17,49	2,75	0,43	99,99
m	9,39	26,67	18,32	23,72	18,03	2,89	0,96	99,98
Bemerkungen:								
1. Rundungsfehler möglich								

Abb. 2: Entwicklung der sozialen Spieltätigkeit I

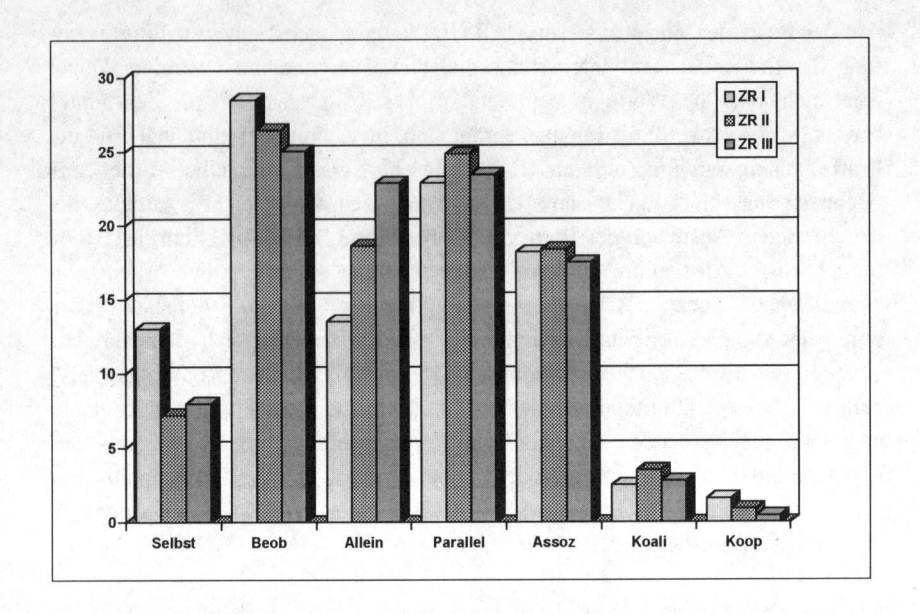

Abb 3: Entwicklung der sozialen Spieltätigkeit II

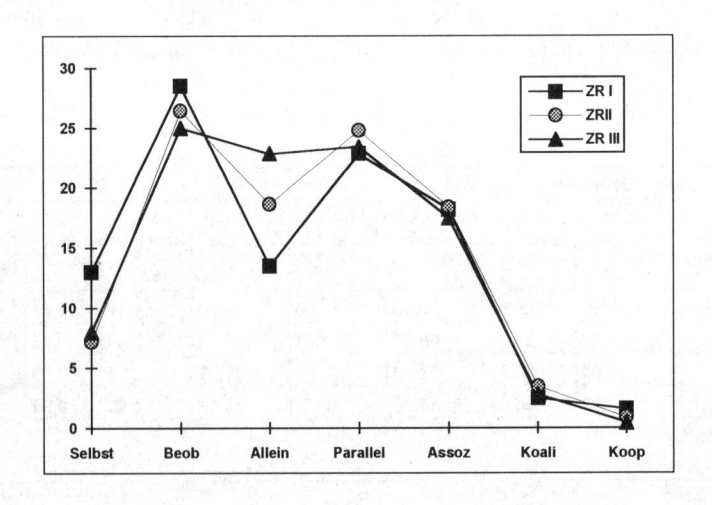

Das Säulendiagramm verdeutlicht diese Verschiebungen innerhalb des Individualspiels nochmals (s. Abb. 2.1). Die Übertragung der Daten zur Entwicklung der sozialen Spieltätigkeit in ein Liniendiagramm und ein Vergleich der Entwicklungsverläufe der einzelnen Spielkategorien über drei Zeiträume hinweg veranschaulicht die Verschiebung in der Häufigkeitsverteilung. Von einer annähernd bimodalen Verteilung im Zeitraum I verändert sich der Kurvenverlauf stetig zu einer flacheren Kurve mit breiterer Streuung und Annäherungen der Werte für die einzelnen Kategorien im Zeitraum III(vgl. CLAUSS-EBNER 1975, 67f.) (s. Abb. 7.2).

Behinderte Kinder verbreitern also im ersten Jahr in der integrativen Kindergartengruppe ihr Repertoire an sozialen Spieltätigkeiten hin zu aktiveren Handlungsmustern. Zugleich wird mit dieser Darstellungsform deutlich, daß sich eine entwickelte soziale Spieltätigkeit keineswegs aus Maximalwerten im Bereich des Kooperationsspiels zusammensetzen muß unter Vernachlässigung der anderen interaktionsbezogenen Spielformen. Angesichts der hier vorgefundenen-Spielentwicklung ist eher eine zunehmende Verbreiterung des Repertoires an sozialen Spieltätigkeiten zu erwarten, so daß sich die Verlaufskurve zu einem späteren Zeitpunkt im Sinne einer noch größeren Streuung über die Kategorien Allein-, Parallel-, Assoziations- und Kooperationsspiel weiter verflachen dürfte.

Von einer sozialen Isolation behinderter Kinder in der Regelkindergartengruppe kann auf der Basis dieser Ergebnisse schon unter der Bedingung einer gängigen Kindergartenkonzeption nach dem situationsbezogenen Ansatz nicht die Rede sein. Der Anteil des reinen Individualspiels liegt zwar deutlich über 50% der Gesamtspielzeit. Aber soziale Spieltätigkeiten umfassen ebenfalls einen bedeutenden Anteil der Spielzeit von behinderten Kindern im Regelkindergarten. Es kann deshalb davon ausgegangen werden, daß behinderte Kinder im integrativen Setting auch keineswegs abseits stehen. Bereits ohne gezielte Fördermaßnahmen zur Erhöhung der sozialen Spielanteile im gemeinsamen Spiel ergibt sich somit eine sehr umfangreiche Partizipation der behinderten Kinder am Gruppengeschehen.

Im Gegensatz zur qualitativ bestimmten Gesamteinschätzung im Forschungsteam (vgl. HEIMLICH/HÖLTERSHINKEN 1994) vermag diese globale Betrachtungsweise durch Aufsummierung der Kategorien den Eindruck von der gelungenen Integration der behinderten Kinder in die Regelkindergartengruppe nach dem ersten Kindergartenjahr allerdings nicht in vollem Umfang zu bestätigen. Es zeigt sich, daß sich behinderte Kinder nach einer Eingewöhnungsphase sehr schnell in die gemeinsame Spieltätigkeit einbringen und es den Erzieherinnen nach kurzer Zeit gelingt, den Anteil des gemeinsamen Spiels an der gesamten Spielzeit auf einem Niveau von annähernd der Hälfte zu festigen. Zugleich kristallisiert sich aber bereits an dieser Stelle der Gesamtauswertung das Problem des Übergangs vom Individual- zum Sozialspiel als Fragestellung von besonderem Interesse heraus, da dieser Übergang offensichtlich nicht automatisch verläuft resp. von den Kindern selbsttätig bewältigt werden kann. Es drängt sich eher die Vermutung auf, daß hier ein zusätzlicher Bedarf an spielpädagogischer Unterstützung angezeigt ist.

Eine differenzierte Betrachtung des Parallelspiels im Vergleich zum Interaktionsspiel (Assoziations-, Koalitions- und Kooperationsspiel) zeigt, daß diese Kategorie in ähnlichem Umfang vorkommt wie alle anderen gruppenbezogenen Spieltätigkeiten zusammen. Insofern ergibt sich im Vergleich zum Individualspiel ein deutlicher Schwerpunkt beim Parallelspiel mit annähernd einem Viertel der Gesamtspielzeit. Behinderte Kinder in integrativen Regelkindergärten bemühen sich also im ersten Kindergartenjahr und zu Beginn des zweiten Kindergartenjahres, mit Hilfe des Parallelspiels ihre Interaktionsspielanteile auszuweiten, wobei partner- und gruppenbezogene Aktivitäten zu etwa gleichen Teilen vorkommen. Sie befinden sich nach 6 Monaten Aufenthalt im Kindergarten auf einem gleichbleibend hohen Niveau des Parallelspiels. An diesem Punkt ergeben sich erste spielpädagogische Anknüpfungspunkte, die die Einbeziehung von nichtbehinderten Partnern in eine Förderung des Interaktionsspiels nahelegen.

Während also die interaktionsbezogenen Spieltätigkeiten mit Partnern oder Gruppen nahezu gleiche Anteile über alle drei Zeiträume hinweg behaupten, findet der entscheidende Entwicklungsschritt der behinderten Kinder bezogen auf die soziale Spieltätigkeit als Übergang von der sozialen Distanz der Beschäftigung mit sich selbst (selbstbeschäftigt) und der Beobachtung der anderen aus sicherer Entfernung (Beobachtungsspiel) hin zu eigenen Aktivitäten (Alleinspiel) statt. Damit wechseln die behinderten Kinder im ersten Kindergartenjahr deutlich sichtbar von der Passivität hin zur Aktivität. Auch an dieser Stelle kann also eine gezielte Förderung des gemeinsamen Spiels in der Regel auf spielbezogenen Aktivitäten behinderter Kinder aufbauen und diese mehr zu einer interaktionsbezogenen Qualität im Sinne partner- und gruppenbezogener Aktivitäten anregen. Das Beobachtungsspiel nimmt in diesem

Prozeß ebenfalls eine bedeutende Rolle ein. Bei der Auswertung der Video-Sequenzen unter qualitativen Aspekten zeigt sich, daß behinderte Kinder ganz offensichtlich innerhalb dieser Spielaktivität Informationen über das Gruppengeschehen sowie die Aktivitäten anderer Kinder sammeln und ein sozial-kognitives Grundwissen speichern, daß sie als Voraussetzung für interaktionsbezogene Spieltätigkeiten zu einem späteren Zeitpunkt wieder aktivieren. Diese Spielkategorie sollte also nicht mit sozialer Isolation verwechselt werden. Im Verhältnis der einzelnen Spielkategorien zeigt sich, daß die Anteile sich im Verlauf des ersten Kindergartenjahres weitgehend homogenisieren und sich das Repertoire der sozialen Spieltätigkeiten behinderter Kinder um aktivere Anteile (Alleinspiel) erweitert. Unter spielpädagogischem Aspekt legt dieser Trend die Förderhypothese nahe, daß behinderte Kinder nach einer Eingewöhnungsphase im ersten Kindergartenjahr der Unterstützung in bezug auf partner- und gruppenbezogene Spieltätigkeiten bedürfen. Ansätze des gemeinsamen Spiels behinderter und nichtbehinderter Kinder im ersten Kindergartenjahr müssen nach den vorliegenden Untersuchungsergebnissen hauptsächlich in den Bereichen Parallel- und Assoziationsspiel bewußt angeregt und unterstützt werden, um ihnen aufbauend auf der bereits vorhandenen Aktivierung ihrer Spieltätigkeit durch die integrative Gruppe auch anspruchsvolle Niveaus der sozialen Spieltätigkeit zu ermöglichen. Ökologische Interventionsstrategien bei integrativen Spielsituationen sollten sich demnach im ersten Kindergartenjahr auf eine Anregung des Parallel- und Assoziationsspiels ausrichten und dazu geeignete Spielumweltbedingungen (Spielzeug, Raumgestaltung, Tagesablauf, Erzieherinnenverhalten usf.) bereitstellen.

5.1.2.2 Entwicklung der Spielkooperation

Im Bereich der Spielkooperation bleiben die gefundenen Ausprägungsgrade in allen Einzelkategorien unterhalb des Medians Z = 3 und folglich auch in der Summierung bezogen auf den Gesamtscore unter dem Median Z = 15. Das Ausmaß der Spielkooperation, die Einschätzung der Qualität der sozialen Spieltätigkeit also, zeigt somit ein unspezifisches Profil ohne deutliche Abweichungen zwischen den Beobachtungszeiträumen und insgesamt unterdurchschnittliche Werte.

Tab. 5: Entwicklung der Spielkooperation

Spielkooperation						
	Kategorien der Spielkooperation[1]					
Beobach-tungs-zeitraum	Initiative	Ziel-setzung	Soziale Orien-tierung	Selbst-konzept	Kom-ple-xität	Gesamt-score[2]
I	2,04	2,08	1,49	1,91	2,02	9,54
II	2,35	2,10	1,47	2,15	2,16	10,24
III	2,41	1,82	1,32	1,89	2,02	9,46
Bemerkungen: 1. Insgesamt sind 5 Rangplätze pro Kategorie vorgesehen, d.h.es ist ein Maximalwert von 5 und ein Minimalwert von 1 bei einem Median von Z = 3 möglich. 2. Die Summen (Individualscore) können zwischen den Werten 5 und 25 liegen mit einem Median Z = 15.						

Abb. 4: Enwicklung der Spielkooperation

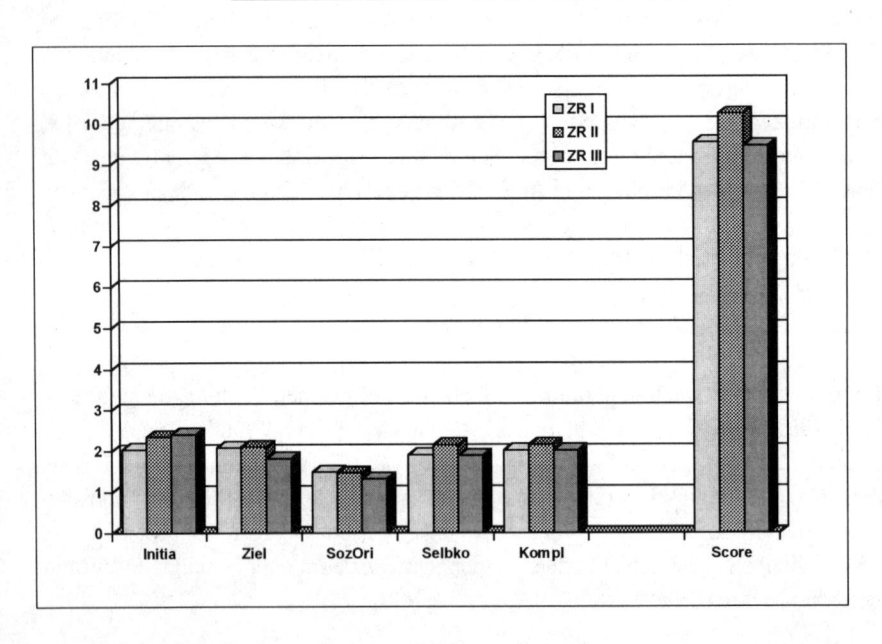

Über die Qualität der sozialen Spieltätigkeit, die hier als Ausmaß der Spielkooperation beurteilt werden sollte, können auf der Basis der *Spielkooperationsskala* keine differenzierten Aussagen gemacht werden.

Vermutlich ist dieses Beobachtungsinstrument eher geeignet, entfaltete Formen der sozialen Spieltätigkeit mit gruppenbezogenen Aktivitäten bei Kindern im Alter von 5 Jahren und darüber zu repräsentieren. Dieses Beobachtungsinstrument sollte deshalb auch erneut mit einer älteren Untersuchungsgruppe überprüft werden. In der vorliegenden Untersuchungsgruppe ergab sich - wie bereits erwähnt - ein Altersdurchschnitt von m = 3;8 Jahre. Für die Altersgruppe der 3-4jährigen vermag die "Spielkooperationsskala" demnach noch keine differenzierten Aussagen zu liefern.

Offen bleibt im Rahmen dieser Untersuchung also noch die Bedeutung der Spielkooperation für das gemeinsame Spiel behinderter und nichtbehinderter Kinder im Regelkindergarten, da die unspezifischen Beurteilungsergebnisse in diesem Bereich keine weitergehende spielpädagogische Umsetzung ermöglichen. Weitere Erprobungen mit der *Spielkooperationsskala* unter Einbeziehung von Revisionen im Anwendungsbereich und Ausweitungen der Zahl der Einzelkategorien können v.a. dann von Interesse sein, wenn auch das "Kooperationsspiel" größere Anteile an der sozialen Spieltätigkeit umfaßt. In diesem Fall ist zu erwarten, daß die "Spielkooperationsskala" förderdiagnostische Informationen liefert, die die Grundlage bilden für eine Unterstützung von Kooperationsspielaktivitäten älterer behinderter und nichtbehinderter Kinder im Regelkindergarten.

5.1.2.3 Entwicklung der Kontaktinitiierung

Bei der Auswertung der Einzelfallstudien, die hier nur summarisch dargestellt werden kann, liegen sowohl die Spielprotokolle (insgesamt ca. 200 Stunden) als auch die Ergebnisse aus den flankierenden Gesprächen mit Erzieherinnen und Eltern zugrunde. Auf dem Hintergrund der psychologischen Theorieansätze zum prosozialen Verhalten erfolgt eine intersubjektive Interpretation der Protokollsequenzen und der weiteren entwicklungsbezogenen Daten. Im Rahmen dieses Auswertungsprozesses verdichtet sich immer deutlicher die Phase der Kontaktaufnahme im gemeinsamen Spiel zum durchgehenden Hauptthema der individuellen Entwicklungsverläufe. Während also die Kategorien der sozialen Spieltätigkeit und die Spielkooperationsskala offenbar nur in Ansätzen geeignet sind, beginnende Formen der Spielkooperation abzubilden, gleichsam an der Oberfläche der integrativen Spielsituation stecken bleiben, stellen die Spielprotokolle integrationspädagogisch weiterführende Interpretationen zur Verfügung. Der Prozeß der Kontaktinitiierung im gemeinsamen Spiel von

Kindern mit und ohne Behinderungen weist nach unserer Interpretation mehrere typische Verhaltensmuster aus, die es erlauben die durchaus individuellen Strategien der Herstellung von Kontakten im Spiel nochmals in vier Gruppen zusammenzufassen.

- TYP I: SPONTANE KONTAKTAUFNAHME

Einige Kinder aus unserer Untersuchungsgruppe waren in der Lage, ohne große Probleme mit anderen in Kontakt zu treten. Sie suchten von sich aus die Nähe zu anderen Kindern, fanden selbständig den Zugang zu Spielgruppen und unterhielten zahlreiche und auch wechselnde soziale Beziehungen.

"5.9.92, 11.25 Uhr: J. sieht auf den Steinplatten die "Pferdehüpferinnen" wieder. Sie stellen eines der Pferde in eine kleine Plastikwanne, "waschen" es und tragen es hin und her. J. verläßt den Sandkasten und geht zu den Beiden. Sie beobachtet sie längere Zeit und geht neben ihnen her, wenn sie die Wanne hin- und hertragen.
Eins der Mädchen faßt den Wannengriff und wartet darauf, daß die andere ebenfalls wieder mit anfaßt. Das andere Mädchen ist aber gerade mit dem 2. Pferd unterwegs. J. greift nach dem Griff, hebt die Wanne an der einen Seite hoch und sagt: "Ich." Die beiden tragen dann die Wanne gemeinsam fort."

Als gemeinsames Merkmal dieser Kinder kann festgehalten werden, daß sie stets offen, vertrauensvoll und angstfrei auf andere zugehen. Diese Fähigkeit liegt im übrigen quer zur jeweils vorhandenen Behinderung bzw. Entwicklungsproblematik, d.h. trotz vorhandener körperlicher, geistiger oder sprachlicher Behinderung finden diese Kinder selbst Wege, um mit anderen ins Spiel zu kommen.

- TYP II: AGGRESSIVE KONTAKTAUFNAHME

Es ließen sich immer wieder Szenen im gemeinsamen Spiel beobachten, in denen Kinder das Problem der Kontaktaufnahme zu anderen durch aggressive Handlungen wie Schlagen, Treten, Kneifen, Spucken und Schimpfen zu lösen versuchten. Zum einen wollten diese Kinder den Spielkontakt einfach erzwingen. Zum anderen waren sie besonders zu Beginn der Kindergartenzeit nicht in der Lage, andere Wege in das gemeinsame Spiel zu suchen.

"4.2.1992, 10.30 Uhr: A. nimmt in der Vorhalle mehrmals hintereinander kurz Kontakt zu zwei Mädchen auf, indem er sie anstößt, lacht und wieder wegläuft.
17.2.1992, 9.40 Uhr: In der grünen Gruppe geht A. zu zwei Mädchen, die gemeinsam ein Haus aus Holzbausteinen bauen und sagt zu ihnen: "Hört auf, jetzt ist genug!" Er klopft ihnen auf die Schulter und läuft schnell aus dem Raum.- 9.55 Uhr: Zwei Mädchen seiner Gruppe wollen ihn holen. Er wehrt sich, drückt sich mit den Händen weg und läuft wieder in die grüne Gruppe."

In vielen Fällen verfügen sie noch über wenig ausgeprägte Fähigkeiten, Spielsituationen zu durchschauen und sich in ein Spielthema angemessen einzubringen. Kontaktaufnahme durch Aggression sollte nicht grundsätzlich negativ bewertet werden. Insbesondere ist zwischen spielerischen Aggressionen und tatsächlichen zu trennen.

"10.2.1992, 11.45 Uhr: Im Stuhlkreis sitzend singen die Kinder ein Abschieds- und ein Gebetslied. T. stößt abwechselnd mit den Kindern (2 Mädchen) an seinen Seiten die Köpfe zusammen. Die drei amüsieren sich über ihr Tun.
25.2.1992, 10.50 Uhr: Während im morgendlichen Erzählkreis einzelne Kinder von ihren Erlebnissen des Vortages berichten, stößt T. den Jungen neben sich mit dem Kopf an. Das gefällt diesem nicht, und er wendet sich ab. Daraufhin stupst T. das Mädchen zu seiner rechten Seite an und versucht sie ebenfalls mit dem Kopf zu stoßen."

Gleichwohl benötigen Kinder innerhalb dieses Kontakttyps die Hilfestellung der Erzieherinnen am dringendsten, da ihre Kontaktversuche häufig mißlingen und aggressive Formen der Kontaktaufnahme im Spiel auch Ausdruck eines mißlungenen Kontaktversuchs sein können. Hier gilt es alternative Verhaltensmuster aufzubauen.

- TYP III: PASSIV-BEOBACHTENDE KONTAKTAUFNAHME

Eine weitere Gruppe von sozialen Spieltätigkeiten zeichnet sich durch die deutliche Zurückhaltung einzelner Kinder aus, mit anderen Kontakt aufzunehmen, obwohl gleichzeitig der Kontaktwunsch klar signalisiert wird. Lange Beobachtungsphasen verbunden mit sog. „Alibitätigkeiten" (also z.B. Malen, Ausschneiden usf. bei gleichzeitiger Beobachtung anderer Kinder) sind hier vorherrschend.

"2.2.1992, 10.35 Uhr: S. geht zum Basteltisch, wo einige Kinder sticken. Sie sieht den anderen Kindern aufmerksam zu. Die Erzieherin bietet ihr an, auch zu sticken, sie möchte aber selbst nicht mitmachen. - 10.40 Uhr: Drei Mädchen spielen in der Puppenecke "Hund". Durch das "Gebell" wird S. auf sie aufmerksam. Sie schaut mehrmals interessiert zu ihnen rüber, bleibt aber am Basteltisch sitzen. - 10.45 Uhr: S. entdeckt die Duplo-Kiste auf einem Nebentisch. Sie kramt etwas darin herum, geht dann aber wieder zum Maltisch. Eines der Hund spielenden Mädchen kommt zum Maltisch, stellt sich neben S., die sofort aufsteht, sich auf "alle Viere" niederläßt und abwartend zu dem Mädchen hochschaut. "

Diese Kinder zeigen großes Interesse am Geschehen in der Gruppe und unterhalten auch bereits Blickkonktakte zu spielenden Kindern. Spielangebote anderer werden positiv aufgenommen, aber von sich aus sind sie noch nicht in der Lage, Vorschläge erfolgreich einzubringen.

- TYP IV: VERZÖGERTE KONTAKTAUFNAHME

Bei einigen Kindern war besonders zu Beginn des Kindergartenjahres noch kaum ein Kontaktversuch wahrzunehmen. Sie waren eher mit sich selbst und eigenen Entwicklungsproblemen beschäftigt. Es fanden kaum Aktivitäten in Richtung auf die Spielgruppe statt. Diese Kinder gelangen erst relativ spät in die Gruppe hinein und zwar häufig über den passiv-beobachtenden Kontakttyp.

"8.9.1992, 9.42 Uhr: Eine Erzieherin spricht K. an, was sie machen möchte. K. entnimmt ihrer Tasche, die im Kinderwagennetz liegt eine Musikcassette. Ins Ohr der Erzieherin sagt sie, daß sie diese Cassette hören möchte. Sie steht auf, schiebt den Kinderwagen in die Kuschelecke und setzt sich auf eines der dort liegenden großen Kissen. Die Erzieherin legt die Cassette in den Cassettenrecorder ein und die Geschichte der Vogelhochzeit beginnt. Drei Mädchen setzen bzw. legen sich ebenfalls in die Kuschelecke, um der Geschichte zuzuhören. - 10.02 Uhr: K. ändert ihre Sitzposition und schaut diejenigen Kinder an, die nach der Musik der Cassette tanzen. Sie kniet sich hin, hält mit der linken Hand den Kinderwagen fest und beobachtet die tanzenden Kinder weiter. "

Hier deuten sich also auch Entwicklungstendenzen zwischen den Kontakttypen an: von der Beschäftigung mit sich selbst über die Beobachtung von Spielaktivitäten bis hin zur Fähigkeit, spontan selbst Spielkontakte herzustellen. Auch dieser vierte Kontakttyp fordert ein hohes Maß an Aufmerksamkeit seitens der Erzieherin.

Diese typisierten Verhaltensmuster in der Phase der Initiierung von Spielkontakten zwischen Kindern mit und ohne Behinderungen zeigen gleichzeitig die lebensweltliche Einbettung integrativer Spielprozesse auf. Sie können weder als selbstverständlich und immer schon vorhanden angesehen noch von sozialisatorischen Einflüssen einfach abgekoppelt werden. Offenbar sind auch Kinder im integrativen Kindergarten zunächst einmal Kinder mit allen allgemeinen Sozialisationsproblemen, mit denen gegenwärtig der Erziehungsalltag in Tageseinrichtungen konfrontiert wird. Aggressionen besitzen dabei schon fast den Charakter von „Normalität", geraten zu Mitteln der Kontaktaufnahme in Ermangelung anderer Strategien. Aggressive Kontaktaufnahme kann also aus der Sicht des Kindes mit einer Behinderungen eine „normale" Strategie der Kontaktaufnahme und Selbstbehauptung in der integrativen Kindergartengruppe sein. Darüber hinaus gibt es Anzeichen dafür, daß das Zusammenspiel insgesamt nicht mehr selbstverständlich gegeben ist und durch wachsende Vereinzelung in kleinen Familien und Stadtteilen mit geringer Kinderzahl Fähigkeiten des sozialen Umgangs miteinander nicht mehr im Alltag erworben werden können. Kinder entwickeln zunehmend auch Gegenstrategien zu diesen Gefährdungen ihrer sozialen Welt (vgl. KRAPPMANN 1993). Aber gleichzeitig weist dieses Verhaltensmuster exemplarisch auf die Notwendigkeit einer fördernden Begleitung der beginnenden Phase des gemeinsamen Spiels durch die Erzieherinnen hin. Sie müssen in der Lage sein, konkrete Spieltätigkeit als Versuche der Kontaktaufnahme wahrzunehmen und so zu begleiten, daß ein Spielkontakt ermöglicht wird. In diesem Aufgabenbereich der fördernden Begleitung und Unterstützung ist die Erzieherin offenbar auf die Fähigkeit angewiesen, sich beobachtend und handelnd auf die genannten Kontakttypen einzustellen und ihr Hilfsangebot entsprechend auszurichten.

5.1.2.4   Ergebnisse der Gruppendiskussionen

Begleitend zur Beobachtungstätigkeit finden in der Laufzeit des Projektes insgesamt 6 themenzentrierte Gruppendiskussionen statt. Nach anfänglichen Erprobungen stellt sich heraus, daß eine Tonband-Aufzeichnung der Gespräche aufgrund der zögernden Wortbeiträge der TeilnehmerInnen nicht erforderlich ist. Die Gruppendiskussionen werden deshalb per Protokoll dokumentiert. Außerdem erweist es sich als notwendig, gemeinsam mit den teilnehmenden Erzieherinnen inhaltliche Schwerpunkte zu bestimmen, um an diesen thematischen Bezugspunkten ein reflektierendes Gespräch über den Erziehungsalltag in der gemeinsamen Erziehung anzubinden. Die Themen der Gruppendiskussion lauten:

Raumgestaltung integrativer Gruppenräume Teil I und II, Spielbeobachtung in integrativen Kindergartengruppen Teil I, II und III, Integrative Spielmittel. Diese Veranstaltungen erhalten mehr und mehr den Charakter von Fortbildungstagungen, auf denen die TeilnehmerInnen ihre Erfahrungen austauschen und vom Projektteam auch Anregungen und Praxishandreichungen erwarten. An diesem Element wird besonders deutlich, wie eng das Projekt „Gemeinsam spielen" hier an die Praxis der Gemeinsamen Erziehung heranrückt und wie wenig an einzelnen Punkten der Projektdynamik noch zwischen distanziertem Forschungsinteresse und handlungsorientiertem Innovationsbedarf unterschieden werden kann. Neben der allgemeinen Zustimmung zu dieser Form des Austausches zwischen Projektteam und Erzieherinnen lassen sich aufbauend auf den Gruppendiskussionen inhaltliche Konkretisierungen des Konzeptes integrativer Spielförderung hervorheben, die gleichzeitig mögliche Fortbildungsbausteine darstellen (s. Kap. 5.2.5).

- THEMENSCHWERPUNKT: INTEGRATIVE SPIELRÄUME

Fast alle Einrichtungen haben im Verlaufe des Projektes ihre Raumgestaltung geändert. Es besteht seitens der Erzieherinnen das dringende Bedürfnis, die Möglichkeiten der Raumgestaltung in Kindergartengruppen mit gemeinsamer Erziehung praxisnah zu reflektieren. Zu Beginn der Gruppendiskussion mit dem Themenschwerpunkt Raumgestaltung werden deshalb zwei Fallbeispiele bereits erprobter Raumkonzepte vorgestellt:

"Zwei Erzieherinnen aus verschiedenen Einrichtungen berichten von dem Prozeß der Raumumgestaltung, der in ihrem Kindergarten stattgefunden hat, mitausgelöst durch die Anwesenheit behinderter Kinder. In dem ersten Beispiel handelt es sich um ein Kind, daß motorisch sehr unruhig ist und sich im Gruppenraum häufig ablenken läßt und somit nicht in der Lage ist, eine längere Spielphase zu durchlaufen. Bedingt durch diese Beobachtung entscheiden sich die Erzieherinnen, zwei kleine Räume des Kindergartens derart zu gestalten, daß kleine Gruppen (2 bis 6 Kinder) dort miteinander spielen können. Ein Raum wird der "Kuschelraum", den die Kinder benutzen, um sich beispielsweise auszuruhen oder Bilderbücher zu betrachten. Den zweiten Raum gestalten die Erzieherinnen zeitlich abwechselnd zu verschiedenen Themenbereichen, wie z.B. Kaufladen oder Hüttenbauen. Da der Zutritt zu diesem Raum personenzahlmäßig begrenzt ist, lernen die Kinder, sich ein Band versehen mit einem Symbol (Sonne, Mond, Sterne) umzuhängen, bevor sie den Raum betreten. Schon nach wenigen Tagen stellen die Erzieherinnen die positiven Auswirkungen dieser neuen Raumangebote zum einen bezüglich des behinderten Kindes, zum anderen

auch in bezug auf das Verhalten der anderen Kinder der Gruppe fest. Die Kinder nutzen die zusätzlichen Räume während der Freispielphasen intensiv. Das behinderte Kind ist in dem themenzentrierten Raum länger in der Lage, konzentriert zu spielen, da seine Umgebung nicht so viele Reize übermittelt, wie es im großen Gruppenraum permanent geschieht. Die Erzieherinnen beobachten Kinder, die im Laufe des Vormittags ein Bedürfnis nach Rückzug und Geborgenheit suchen und in den „Kuschelraum" gehen, der ihnen Ruhe und eine angenehme Atmosphäre anbietet. Allein der Sachverhalt, daß sich nicht ununterbrochen 25 Kinder im großen Gruppenraum aufhalten, schafft ruhigere, leisere und somit angenehmere Bedingungen für alle Beteiligten. Die Erzieherinnen stellen desweiteren fest, daß gerade diejenigen Kinder, die unter den vorher existierenden Raumbedingungen häufig ein aggressives und destruktives Verhalten den anderen Kindern gegenüber zeigten, nach der Eingewöhnungsphase bezüglich ihres Sozialverhaltens positive Entwicklungen durchlaufen.

In dem zweiten Beispiel werden in die Gruppenräume "zweite Ebenen" eingebaut. Auch in diesem Fall fiel die Entscheidung zur räumlichen Veränderung im Zusammenhang mit der Anwesenheit eines behinderten Kindes, das sich zu Beginn seiner Kindergartenzeit in seinem Spiel- und Sozialverhalten sehr zurückhaltend zeigte, ängstlich war und somit häufig auf die Kontaktaufnahme von seiten der anderen Kinder aggressiv reagierte. Das entscheidende Thema auch in diesem Beispiel: "Wie können wir mehr Raum und Möglichkeiten für Kleingruppenspiele schaffen?" Auch in diesem Fall reagieren die Kinder auf den veränderten Gruppenraum durchweg positiv. Mit Freude "erobern" sie die verschiedenen kleinen Räume, die mittels der zweiten Ebene entstehen. Funktionsbereiche wie Bauecke, Puppenstube, Küche, Kuschelecke und Leseecke finden nebeneinander Platz, ohne einen total überschaubaren und damit unwohnlichen Raum zu bilden. " (Protokoll der Gruppendiskussion v. 4.5.1992).

In der folgenden Gesprächsrunde wird nochmals das Bedürfnis nach Geborgenheit und Sicherheit bei den Kindern herausgestellt, das als wichtigstes Prinzip der Raumgestaltung gilt. Erzieherinnen berichten auch, daß in traditionell gestalteten Räumen Kinder selbst mit einfachen Mitteln (Decken, Tücher, Wäscheklammern usf.) Kleinräume, Ecken und Nischen abgrenzen, also selbst Raum schaffen und gestalten. Von besonderer Bedeutung ist auch die Beobachtung, daß mit diesen Raumgestaltungsmaßnahmen durch Kinder häufig Rollenspiele in kleinen Gruppen einhergehen verbunden mit ausgedehnten Spielphasen.

In einer weiteren Gesprächsrunde erhalten die Erzieherinnen die Aufgabe, anhand einer Video-Sequenz zu beobachten, wo Kinder im Gruppenraum spielen.

"In einer kurzen Einzelarbeitsphase füllen die Erzieherinnen einen Fragebogen aus, der sich auf den gesehenen Videofilm bezieht. Anhand der Beobachtungsfragen wird dann der von Kindern gewählte Spielraum diskutiert. Eine Auswertung der Spielszenen ergibt, daß in 16 gezeigten Szenen Kinder 9x auf dem Boden, 4x stehend und 3x sitzend in der gemeinsamen Spielsituation zu sehen sind. Die Erzieherinnen schätzen dies teilweise ganz anders ein. Der Tisch scheint sich als Möbelstück in den Vordergrund zu schieben, wird aber von den Kindern nicht in dem Maße wirklich genutzt. Interessant auch das Auswertungsergebnis, daß die Kinder in dem gezeigten Film 5x einen "funktionsfreien Bereich" wählen." (Protokoll d. Gruppendiskussion v. 29.06.1992).

Bei einer kreativen Aufgabenstellung zur Raumgestaltung (Gestaltung eines Kindergartenraumes anhand eines einheitlichen Grundrisses mit einer Auswahl an vorgefertigten Möbeln auf Folien) zeigt sich in Zusammenhang mit der Auswertung der Filmszene, daß Erzieherinnen versuchen, mehr Freiflächen und Bewegungsmöglichkeiten in den integrativen Kindergartenraum einzubauen. Außerdem wird häufig vorgeschlagen, die Tische und Stühle auf ein notwendiges Minimum zu reduzieren und den Rest als "mobiles Inventar" zu handhaben, das je nach Bedarf eingesetzt wird. Ausdrücklich wird von Erzieherinnen betont, daß die Raumgestaltungskonzepte auf die Bedürfnisse aller Kinder ausgerichtet werden und nicht als Sondermaßnahme für Kinder mit Behinderungen anzusehen sind.

- THEMENSCHWERPUNKT: SPIELBEOBACHTUNG

Ein weiterer von den Erzieherinnen gewünschter Schwerpunkt für die Gruppendiskussion ist die Problematik der Beobachtung von integrativen Spielprozessen. Die Schwierigkeiten, gezielte Beobachtungen im integrativen Erziehungsalltag durchzuführen, sind bereits seit längerer Zeit Gegenstand der Diskussion im Rahmen der praxisbegleitenden Fortbildung der Erzieherinnen. Parallel zu unseren eigenen Beobachtungen liegen den Erzieherinnen auch *Spielprotokolle* zur Erprobung vor. Von den 22 anwesenden Erzieherinnen haben sechs Erfahrungen mit diesem Beobachtungsinstrument gesammelt. Zwei Erzieherinnen berichten über ihre Erfahrungen im Umgang mit dem Spielprotokoll in der Praxis:

" *Zunächst wird den TeilnehmerInnen eine Videoaufzeichnung des Beobachtungskindes S. gezeigt. ... Im Anschluß daran stellt die Erzieherin das gezeigte Kind vor und berichtet über dessen Entwicklung während des 1. Projektjahres. ... Die Erzieherin berichtet über den Spielprotokolleinsatz und die erzielten Ergebnisse. Ihre Beobachtung erfolgte aktiv; Stichworte wurden notiert und erst im Anschluß an die Beobachtung wurde das Protokoll erstellt. Während der ersten Beobachtungsphase steht folgende Fragestellung im Vordergrund: "In welchen Funktionsbereichen spielt S. gern?" und "Mit welchen Kindern spielt S. gerne?" Anhand der ausgefüllten Spielprotokolle erkennt die Erzieherin, daß sie sich anfänglich selber zu intensiv in das Spielgeschehen mit einbringt. Durch die Erprobung der BeobachterInnen-Haltung erfolgte eine Änderung ihres Erzieherinnenverhaltens, die die Selbständigkeitsentwicklung von S. verstärkt.* "

"*Die zweite Erzieherin stellt den Arbeitskreisteilnehmerinnen nach einer gezeigten Videoaufnahme das Kind H. vor. Auch in diesem Fallbeispiel ist festzustellen, daß sich sprach- und grobmotorisches Verhalten positiv entwickelt haben. Die Erzieherin fertigt ihre Spielprotokolle als passive Beobachterin an, um die Feinheiten im Spielverhalten des Kindes genau mitprotokollieren zu können. Da das Kind H. in der Regel mit anderen Kindern spielt, stellt sich die Erzieherin u.a. die Frage: "Wie, wann und wo spielt H. allein?" Weiterhin führt sie aus, daß mit Hilfe des Spielprotokolls die Lernfortschritte eines Kindes sehr gut dokumentiert werden können. Sie hält dieses Beobachtungsinstrument für vielfältig einsetzbar. So schlägt sie vor, daß z.B. zwei Erzieherinnen abwechselnd ein Kind beobachten können. Die Auswertung dieser Beobachtungen sollte dann im Team geschehen.*" (Protokoll d. Gruppendiskussion v. 25.1.1993).

Somit zeigt sich im Rahmen dieser Gruppendiskussion, daß das *Spielprotokoll* von den Erzieherinnen als gut geeignet für den Einsatz im Erziehungsalltag angesehen wird. Sie dokumentieren ebenfalls einen flexiblen Umgang mit dem Beobachtungsinstrument. Sowohl Beobachtungen mit einer aktiven BeobachterInnenrolle, bei denen ein Gedächtnisprotokoll erstellt wird, als auch Beobachtungen mit einer passiven BeobachterInnenrolle, bei denen ein Verlaufsprotokoll angefertigt wird, sind praktikabel. Von besonderem Interesse ist die Distanzierung aus dem unmittelbaren Spielgeschehen, die mit der Spielbeobachtung möglich wird. Außerdem erschließt sich hier bereits das pädagogisch-diagnostische Potential des *Spielprotokolls*. Offenbar ist es auch geeignet, Lern- und Entwicklungsfortschritte in der integrativen Kindergartengruppe zu dokumentieren und gezielte entwicklungsbezogene Fragestellungen beanworten zu helfen.

- **Themenschwerpunkt: Integrative Spielmittel**

Anhand einer Auswahl von unterschiedlichsten Spielmitteln erhalten die Erzieherinnen die Aufgabe, deren Einsetzbarkeit in der integrativen Kindergartengruppe zu bewerten. Aus der Gesprächsrunde ergeben sich folgende Hinweise auf integrative Spielmittel:

"- *Jedes Spielmittel kann bei sinnvollem, situationsbezogenem Einsatz integrativ sein.*
- *Die jeweilige individuelle Situation in einem Kindergarten bestimmt Auswahl und Einsatz von Spielmitteln.*
- *Spielmittel sollen die Phantasie, Kreativität und die Sinne eines jeden Kindes ansprechen.*
- *Für das gemeinsame Spiel dienen insbesondere Spielmittel, die die Kontaktaufnahme unterstützen (z.B. Handpuppen, Taschenlampe, Schattenspiel, Tastspiele).*
- *Spielmittel sollen nach intensivem Gespräch im Team ausgesucht, angeschafft oder selber hergestellt werden. Insbesondere die Fragen: "Was erwarten wir von einem Spielmittel?" und "Beachten und erkennen wir die Bedürfnisse der Kinder?" stehen im Vordergrund.*
- *Spielmittel sollen der Sinnesentwicklung dienen und Freude am Spiel entstehen lassen.*
- *Spielmittel müssen dem kindlichen Bedürfnis nach Bewegung und Tätigsein gerecht werden.*
- *Der häufige Umgang mit vorgefertigten Spielmitteln hemmt und verhindert die Entfaltung der kindlichen Phantasie. Eine Erzieherin berichtet: Einige Kinder in ihrer Einrichtung, die zum ersten Mal mit dem Kaufladen spielten, seien anfänglich nicht in der Lage gewesen, z.B. Kastanien oder Muscheln mittels ihrer Phantasie in Kartoffeln oder Brötchen zu verwandeln, da sie im familiären Umfeld ausschließlich vorgeformte, zweckbestimmte Spielmittel kennengelernt haben. Sie fragen: "Was sollen denn Muscheln in einem Kaufladen?"* "" (Protokoll d. Gruppendiskussion v. 7.6.1993).

Als Fazit der Gesprächsrunde wird nochmals hervorgehoben, daß es grundsätzlich keine Spiele oder Materialien gibt, die sich nicht auch in einer integrativ arbeitenden Kindergartengruppe einsetzen lassen. Das wichtigste Kriterium für integrative Spielmittel stellt aber nach Auffassung der Erzieherinnen deren sinnliche Erfahrungsvielfalt dar, die möglichst allen Kindern einen Umgang mit einem Gegenstand oder Material eröffnet.

Insgesamt erweist sich das Element der Gruppendiskussion im Rahmen des Projektes „Gemeinsam spielen" als wichtigstes Bindeglied zwischen Erziehungsalltag und Konzeptentwicklung. Zugleich läßt sich durch die Nähe zum Erziehungsalltag hier am wenigsten die distanzierte Forschungsperspektive aufrecht erhalten. Die Möglichkeit zum Erfahrungsaustausch und zur gemeinsamen Reflexion wird zwar von den TeilnehmerInnen als sehr positiv eingeschätzt. Ihr wesentliches Interesse zur Teilnahme an diesen Veranstaltungen ist jedoch durch den praktischen Handlungsdruck gekennzeichnet, der unmittelbare Lösung für Alltagsprobleme in der gemeinsamen Erziehung erfordert. Die Gruppendiskussionen haben deshalb auch phasenweise deutlich fortbildenden und praxisberatenden Charakter angenommen und dem Bedürfnis der TeilnehmerInnen nach unmittelbar umsetzbaren Praxishandreichungen entsprochen.

5.2 Komponenten integrativer Spielförderung

In Anlehnung an das "Integrated Preschool Curriculum" von ODOM u.a. (1982) soll nun abschließend der Versuch unternommen werden, aus der Gesamtauswertung zum Projekt *"Gemeinsam spielen"* Elemente einer spielpädagogischen Integrationskonzeption abzuleiten. Damit wird zugleich ein ökologisch-phänomenologischer Ansatz von Integrationspädagogik im Elementarbereich anhand der hier vorgelegten Untersuchungsergebnisse konkretisiert. Mit diesem spielpädagogischen Konzept wird ebenfalls ein Beitrag zur Prävention von Lernbehinderungen im Rahmen integrativer Spielförderung angestrebt. In Übereinstimmung mit ODOM u.a. (1982) werden als *Basiselemente* eines integrativen Curriuculums im Vorschulbereich ein *förderdiagnostisches Instrumentarium* (für die *Diagnose* des Niveaus der sozialen Spielentwicklung bei einzelnen Kindern und für die Abschätzung der Effekte von curricularen Aktivitäten im Rahmen der *Evaluation*) sowie *spielpädagogische Handreichungen* zur Unterstützung sozialer Spieltätigkeiten von behinderten und nichtbehinderten Kindern im Sinne einer *integrativen Spielförderung* angesehen. Außerdem ergibt sich im Zusammenhang mit einem solchen Konzept ein erheblicher Qualifizierungsbedarf bis hinein in die Ausbildungsgänge der Erzieherinnen und der HeilpädagogInnen. Zu diskutieren sind ebenfalls mögliche organisatorische Realisierungsansätze im Rahmen wohnortnaher Angebotsformen gemeinsamer Erziehung.

5.2.1 Integrative Spielprozesse

Das Konzept integrativer Spielförderung wird auf dem Hintergrund des bisher Gesagten konkretisierbar als Bündel von Maßnahmen zur Gestaltung integrativer Spielsituationen. Systematisch lassen sich auf der Basis eines spielpädagogischen Situationsbegriffes (vgl. HEIMLICH 1993b) und unter Einschluß der weiter oben vorgestellten Ergebnisse aus dem Projekt *Gemeinsam spielen* die personal-interaktionalen und räumlich-materiellen Bedingungen integrativer Spielsituationen unterscheiden. Die spielpädagogischen - also förderungsorientierten - Konsequenzen aus den dargelegten Befunden werden aus diesem Grunde um die Schwerpunkte soziale Spieltätigkeit und Kontaktinitiierung einerseits sowie integrative Spielmittel und Spielräume andererseits gruppiert. Überlegungen zur Spielbeobachtung im Rahmen integrativer Spielförderung sowie zur Aus- und Fortbildung der Erzieherinnen schließen sich den vorgestellten Handlungsansätzen an.

5.2.1.1 Unterstützung der sozialen Spieltätigkeit

Im Mittelpunkt eines Konzeptes der integrativen Spielförderung in der integrativen Kindergartengruppe steht nach unsere Ergebnissen das Problem des Übergangs von reinen Individualspielformen zu eher partner- und gruppenbezogenen Spielformen. Diesen Übergang bewältigen behinderte und nichtbehinderte Kinder nicht mehr ausschließlich selbständig. Erzieherinnen sind zwar im Rahmen einer gängigen Kindergartenpädagogik nach dem Situationsansatz in der Lage, soziale Spieltätigkeiten zwischen behinderten und nichtbehinderten Kindern nach kurzer Eingewöhnungszeit auf einem hohen Niveau (nahezu 50 %) zu erreichen. Höhere Anteile bei den Spielformen Parallelspiel und Assoziationsspiel stellen sich allerdings nicht mehr automatisch ein. Die Befunde im Rahmen der Gesamtauswertung weisen an dieser Stelle einen spezifischen Bedarf an spielbezogener Intervention aus.

Diese Interventionsstrategien können auf einer allgemeinen Aktivierung behinderter Kinder in der integrativen Kindergartengruppe (repräsentiert durch einen Anstieg des Alleinspiels) aufbauen und bereits vorhandene Anteile des Parallel- und Assoziationsspiels in eine spielpädagogische Unterstützung einbinden. Eine erste Interventionsmöglichkeit bietet die *Einbeziehung nichtbehinderter Kinder* in diese spielpädagogische Integrationskonzeption, um ein intensiveres Parallelspiel zu ermöglichen. Die bewußte Plazierung behinderter und nichtbehinderter Kinder in unmittelbarer Nähe durch Maßnahmen der Raumgestaltung, die Begegnungen wahrscheinlicher machen (z.b. ein Teppich mit Kissen als Treffpunkt an zentraler Stelle im Raum) und Ermunterungen von Versuchen der Kontaktaufnahme durch die Erzieherinnen (z.B. Hinweise auf sprachliche Äußerungen eines Spielpartners) können hier bereits positive Effekte erzielen. In einer Übersicht über die empirisch gesicherten *Zusammenhänge zwischen Spielmaterialien und sozialer Spieltätigkeit* weisen ODOM/KARNES (1988, 219) darauf hin, daß Sand- und Wasserspielzeug, sowie Buntstifte und "Play Doh"[4] sehr gut geeignet sind zur Unterstützung des Parallelspiels. Entsprechende Änderungen oder Umgruppierungen und Präsentationen von solchen Spielmaterialien können bereits als spielpädagogische Maßnahmen bezeichnet werden. Für das Assoziations- und das Kooperationsspiel werden von ODOM/KARNES besonders Tonarbeiten, Puppenecke, Bauklötze, Fahrzeuge, Spiel mit Wasser, Haushaltsspielgeräte und Musikhören als räumlich-materielle Anregungsbedingungen genannt, die positive Effekte in bezug auf diese komplexeren Formen des gemeinsamen Spiels erreichen (ebd.). Die Präsentation des Materials in frei zugänglichen Regalen hat sich als vorteilhafter für eine Unterstützung sozialer Spieltätigkeiten im Vergleich zu Spielzeugkisten erwiesen. Auch durch eine Verringerung der Anzahl des zur Verfügung stehenden Spielmaterials (z.B. ein Fahrzeug für zwei Kinder) und die Einbeziehung von Spielmaterialien mit großen Abmessungen (z.B. Schaumstoffklötze und Riesenpuzzles) kann das gemeinsame Spiel positiv angeregt werden (a.a.O., 219f.). Unter dem *Aspekt der Raumgestaltung* kommen ODOM/KARNES zu dem Schluß, daß ein strukturierter, in verschiedene Funktionszonen untergliederter Kindergartenraum vermehrt zur Gruppengliederung beiträgt, mehr umweltbezogene Interaktionen von behinderten und nichtbehinderten Kindern anregt und insgesamt zu einem Anstieg des Kooperationsspiels beiträgt. Große unstrukturierte Raumzonen sind demgegenüber nicht in der Lage, Kooperationsspiel wirksam zu erhöhen. Zur Förderung der sozialen Spieltätigkeiten bei behinderten und nichtbehinderten Kindern in integrativen Settings sollte demnach ein Kindergartenraum zur Verfügung stehen, der vielfältige und in verschiedenen Zonen abgrenzbare soziale Aktivitäten ermöglicht. Dazu müssen sicher auch Rückzugsmöglichkeiten und nicht-einsehbare Raumteile gezählt werden, so daß auf diesem empirischen Hintergrund die Relevanz von Einbauten und zweiten Spielebenen für die Gestaltung integrativer Spielsituationen ebenfalls sichtbar

---

[4] Bei "Play Doh" handelt es sich um ein sehr flexible und gestaltbare Kunststoffmasse, die in Dosen mit verschiedenen Farben angeboten wird und in den "day care centers" sowie "preschools" in Nordamerika sehr verbreitet ist.

wird (MAHLKE/SCHWARTE 1989), wie im übrigen auch bereits erfolgte Umgestaltungsaktionen in den Untersuchungseinrichtungen bestätigen. Die Gesamtheit dieser spielpädagogischen Maßnahmen zur Unterstützung der sozialen Spieltätigkeit, die sich letztlich auf die Gestaltung integrativer Spielsituationen bezieht, wird hier als *ökologische Interventionsstrategie* bezeichnet, da sie sowohl auf das einzelne Kind als auch auf die interaktionale Ebene ausgerichtet ist und zugleich das gesamte Umfeld in das spielpädagogische Handlungskonzept aufnimmt. Im ersten Kindergartenjahr bezieht sich dieses spielpädagogische Integrationskonzpet auf die Unterstützung des Parallel- und des Assoziationsspiels in integrativen Spielsituationen.

5.2.1.2 Unterstützung der Kontaktinitiierung

Auch unser Projekt bestätigt erneut die Bedeutung der beginnenden Phase des gemeinsamen Spiels, wie es STRAIN u.a. (1986, 1989, 1990) in zahlreichen Beobachtungs- und Trainingsstudien aufgezeigt haben. STRAIN u.a. entwickelt darauf aufbauend bekanntlich wirksame Förderkonzepte zur Unterstützung der Kontaktinitiierung, die sich die spontanen Kontaktversuche behinderter und nichtbehinderter Kinder zunutze machen. Das Denken in solchen strukturierten Förderprogrammen, das in Nordamerika auf sehr großen Zuspruch im Erziehungsalltag trifft, ist zwar für die bundesdeutsche Pädagogik der frühen Kindheit nur schwer nachvollziehbar. Der Grundgedanke und einzelne Förderelemente bezogen auf die Kontaktinitiierung können gleichwohl als Bereicherung in das integrative Gruppengeschehen eingebunden werden, ohne daß damit zugleich die Auslieferung an ein schematisiertes Förderprogramm gegeben wäre.

Integrative Spielförderung als Unterstützung der Kontaktinitiierung würde danach als Grundgedanken zunächst einmal die Orientierung an der Gruppe der Gleichaltrigen ("peer-group") beinhalten. Auf der Basis der in Kap. 4.0 bereits dargestellten Erfahrungen von STRAIN u.a. können wir davon ausgehen, daß eine Förderung der Kontaktinitiierung von den Kindern selbst geleistet wird, wenn sie angemessen auf diese "Förderaufgabe" vorbereitet werden. Es lassen sich verschiedene Modelle der Spielförderung mit dem Ziel der Kontaktinitiierung zwischen Kindern mit und ohne Behinderungen nebeneinanderstellen.

- MODELL I: KONTAKTINITIIERUNG DURCH EINZELNE KINDER OHNE BEHINDERUNGEN

Im Rahmen dieses Fördermodells wird insbesondere das Kontaktiniierungsverhalten eines einzelnen Kindes ohne Behinderung gefördert, mit dem Ziel, gemeinsames Spiel mit einem behinderten Kind in der Gesamtgruppe zu ermöglichen. STRAIN u.a. (1986) finden heraus, daß die Phase der Kontaktinitiierung beim gemeinsam Spiel durch mehrere Verhaltensmuster geprägt wird. Erfolgreiche Kontaktinitiierungen kommen dann zustande, wenn die Spielpartner das gemeinsame Spiel angemessen organisieren ("Spielorganisation"), wenn sie in der Lage sind zu teilen ("Teilen"), wenn sie direkte körperliche Hilfestellungen anbieten ("körperliche Hilfe") und wenn sie ihre Zuneigung zeigen ("Zuneigung"). Nichtbehinderte Kinder werden im Rahmen dieses Modells in diesen Verhaltensweisen regelrecht trainiert. Innerhalb von ca. 4-5 Fördereinheiten mit einem zeitlichen Umfang von jeweils 20-25 Minuten lernen sie mit Hilfe von verbalen Beschreibungen und Modelldarstellungen im Rollenspiel durch die Unterstützung Erwachsener diese Verhaltensmuster zur erfolgreichen Kontaktinitiierung. Auch Video-Aufzeichnungen sind sicher geeignet, diesen Förderprozeß zu unterstützen. Die nichtbehinderten Kinder sollten besonders auf die Bedeutung bewegungs- und gestenorientierter Verhaltensweisen zur Kontaktintiierung hingewiesen werden, da sich gezeigt hat, daß diese eine größere Bedeutung im Vergleich zu verbalen Kontaktinitiierungen haben. Erfahrungsgemäß antworten Kinder mit Behinderungen auf Kontaktinitiierungen häufig mit einer Spiegelung des Verhaltens, würden also z.B. die Geste des Teilens von Spielzeug wiederholen und so ebenfalls das Teilen anbieten. Das Kontaktinitiierungsverhalten der nichtbehinderten Kindern sollte durch die Erzieherinnen aufmerksam unterstützt und positiv verstärkt werden. Nach vorliegenden Untersuchungsbefunden ist ein derartiges Förderkonzept in der Lage, nicht nur gemeinsames Spiel anzuregen, sondern darüber hinaus auch das Kontaktinitiierungsverhalten behinderter Kinder positiv zu beeinflussen. Auch die nichtbehinderten Kinder, die in der Kontaktinitiierung gefördert und verstärkt werden, zeigen ebenfalls positive Verhaltensänderungen in den Bereichen aufgabenbezogenes Verhalten, Sprache und Störverhalten. Es ist demnach zu erwarten, daß eine Förderung der Kontaktinitiierung dazu führen wird, daß Kinder mit und ohne Behinderungen ihre sozialen Spielkontakte souveräner und selbsttätiger ausgestalten. Der Erzieherin kommt in diesem Modell vorrangig die Funktion der Beobachtung und Begleitung dieses Versuches, das Kontaktinitiierungsverhalten zu intensivieren zu. Sie muß sich also vornehmlich auf eine passive und distanzierte Rolle vorbereiten, die ihre aktive Teilnahme am gemeinsamen Spiel eher selten erforderlich macht.

- MODELL II: KONTAKTINITIIERUNG DURCH DIE GESAMTE SPIELGRUPPE

Ein weiteres Konzept zur Unterstützung der Kontaktinitiierung nach STRAIN u.a. (1989) zielt auf die Förderung der gesamten Spielgruppe hinsichtlich der Aufnahme von sozialen Spielkontakten zwischen Kindern mit und ohne Behinderungen ab. Eine integrative Spielgruppe von 10 bis 11 Kindern mit und ohne Behinderungen wird in diesem Modell zunächst etwa 2 Wochen lang in täglichen Fördereinheiten von 10-15 Minuten mit Verhaltensweisen vertraut gemacht, die zur Aufnahme von sozialen Spielkontakten führen. Neben verbalen Erläuterungen geschieht das v.a. auf dem Weg des Rollenspiels durch Erwachsene. Jeden Tag werden im Morgenkreis diese Verhaltensweisen durch Rollenspiel und verbale Erläuterungen wiederholt. Die Erzieherin beobachtet das Kontaktinitiierungsverhalten der Kinder aufmerksam und gibt positive Rückmeldungen, wenn Kinder erfolgreich Spielkontakte initiieren können. Darüber hinaus hat sich gezeigt, daß auch Kinder selbst Formen der positiven Verstärkung anwenden können (STRAIN u.a. 1990) und z.B. nichtbehinderte Kinder verbale Rückmeldungen an behinderte Kinder geben, die erfolgreiche Kontaktinitiierung bestätigen.

Es ist sicher notwendig, das Ausmaß der Orientierung an sog. "Verstärker-Programmen" bzw. verhaltensmodifikatorischen Förderkonzepten kritisch zu betrachten. Besonders fraglich muß die Möglichkeit der manipulierenden und damit fremdbestimmten Unterstützung des gemeinsamen Spiels erscheinen. In der bundesdeutschen Tradition einer Pädagogik der frühen Kindheit kommt diesem Förderkonzept nur eine geringe Bedeutung zu. Im Vordergrund stehen hier im Anschluß an klassische Erziehungskonzeptionen (FRÖBEL, STEINER, MONTESSORI) ganzheitliche, an den spontanen Entwicklungsprozessen orientierte Erziehungskonzeptionen, eine Tradition, die sich von der Grundorientierung her bis in die gegenwärtigen Konzeptionen um den Situationsansatz erhalten haben (COLBERG-SCHRADER u.a. 1991). Es fällt schwer, zwischen diesen unterschiedlichen Konzeptionen einer Pädagogik der frühen Kindheit zu vermitteln. Gleichwohl vermögen die nordamerikanischen Erfahrungen mit einer an der Gruppe der Gleichaltrigen orientierten integrativen Spielförderung auch in bundesdeutschen Tageseinrichtungen dazu beizutragen, daß Erzieherinnen zukünftig gezielt Erfahrungen mit indirekteren Formen der integrativen Spielförderung sammeln. Diese Aufgabe stellt sich besonders in der beginnenden Phase des gemeinsamen Spiels, in der Spielkontakte zunächst einmal ermöglicht werden müssen. Bei der Unterstützung dieser nach unseren Ergebnissen nicht unproblematischen Phase in der integrativen Spielgruppe liefern uns z.B. die Studien von STRAIN u.a. wichtige Handlungsansätze für diese Komponente integrativer Spielförderung.

5.2.2 Integrative Spielmittel

Weitere Formen spielpädagogischen Handelns in der integrativen Kindergartengruppe beziehen sich auf die Ausgestaltung der materiellen Spielumwelt. Spielpädagogisches Handeln seitens der Erzieherin beginnt bereits bei der Auswahl von Spielmitteln. Aufbauend auf unseren Spielbeobachtungen und den Gruppendiskussionen mit den Erzieherinnen kommen wir zu dem Schluß, daß die Ausstattung einer integrativen Kindergartengruppe mit Spielmitteln sich in den Grundzügen nicht von anderen unterscheidet. Eine reichhaltige Auswahl und ausreichende Anzahl an Spielmitteln, die geeignet sind, in den verschiedensten Entwicklungsbereichen fördernd zu wirken, ist auch für die integrative Kindergartengruppe eine unabdingbare Ausstattungsvoraussetzung.

Darüber hinaus konnten wir jedoch beobachten, daß viele Einrichtungen ihre Spielmittelausstattung um solche Materialien gezielt und bewußt erweiterten, die vielfältige sinnliche Erfahrungen zulassen. Es wird davon ausgegangen, daß Spielmittel die sensorisch multifunktional sind, sich auch für Kinder mit den unterschiedlichsten Entwicklungsvoraussetzungen eignen. Erzieherinnen berichten immer wieder, daß sie diesen Aspekt der Spielmittelausstattung durch die integrative Arbeit sehr viel deutlicher in ihrer Planung der Spielumgebung berücksichtigen. Umfangreiche Hilfen für die verschiedenen Sinne (Hören, Sehen, Riechen, Schmecken, Tasten, Bewegen) bieten STEINER/STEINER (1993) in ihrem Praxisbuch "*Die Sinne. Spielen - Gestalten - Freude entfalten*". Aber auch das MONTESSORI-Material bietet unter sensorischem Aspekt eine Fülle von Anregungen, die auch mit Abfall- oder Naturmaterialien realisiert werden können, falls die Sinnesmaterialien nach MONTESSORI nicht zur Verfügung stehen. Nicht zuletzt dieser Aspekt der sensorischen Erfahrungsvielfalt, der sich auch in unserem Projekt wieder als bedeutsamstes Auswahlkriterium für integrative Spielmittel erwiesen hat, muß als Grund für die weite Verbreitung der MONTESSORI-Materialien in integrativen Kindertageseinrichtungen und auch Schulen angesehen werden. Wenn überhaupt von "integrativen Spielmitteln" gesprochen werden kann (im Sinne von "Spielmitteln für alle Kinder") dann sollten sie nach unseren Erfahrungen die folgenden Merkmale repräsentieren:

> Integrative Spielmittel sollten ...
>
> - ... möglichst verschiedene Spielformen (Bewegungsspiele, Explorationsspiele, Konstruktionsspiele, Phantasie- und Rollenspiele) zulassen.
> - ... für Kinder mit unterschiedlichen sensomotorischen Fähigkeiten (Sehen, Hören, Tasten, Greifen, Bewegen) handhabbar sein.
> - ... möglichst viele Sinne gleichzeitig ansprechen.
> - ... das Zusammenspiel anregen (Rollen- und Regelspiel).
> - ... gestaltbar sein im Sinne einer Veränderung von Form und Oberflächeneigenschaften (z.B. Natur- und Abfallmaterialien).

Auf der Basis des obigen Kriteriensatzes haben wir eine Kataloganalyse der einschlägigen KindergartenausstatterInnen und weiterer AnbieterInnen von Spielmitteln durchgeführt, um einen Überblick über das Marktangebot zu integrativen Spielmitteln zu gewinnen. Die beispielhaft erläuterte Systematik integrativer Spielmittel in Tab. 6 mag einen Eindruck von der Vielfalt des Angebotes vermitteln.Der Spielmittelmarkt bietet also gegenwärtig durchaus auch eine Produktpalette an, die sich für den Einsatz in der integrativen Kindergartengruppe besonders eignen. Ergänzt um Natur- und Abfallmaterialien sowie einer Verkleidungskiste dürfte auf diesem Wege eine sehr vielfältige materielle Ausstattung für das gemeinsame Spiel zu erreichen sein.

5.2.3 Integrative Spielräume

Viele großformatige Spielmittel haben bereits Möglichkeiten der Raumgestaltung in der integrativen Kindergartengruppe aufgezeigt, an denen auch Kinder in Abhängigkeit von unterschiedlichsten Fähigkeiten teilnehmen können. Raumumgestaltungskonzepte sind uns bereits bei der Darstellung der Ergebnisse aus den Gruppendiskussion begegnet. Erzieherinnen in integrativen Kindergartengruppen berichten immer wieder von Entlastungsversuchen in bezug auf die Nutzung des Gruppenraumes, die sich offenbar durch die Aufnahme von Kindern mit Behinderungen erhöht. So kommt es häufig zu Ausweichmodellen durch Einbeziehung kleiner Nebenräume oder Eingangsbereiche. Auch der Einbau von zweiten Spielebenen kann in diese Intention eingeordnet werden, mehr Raum für die Kinder zu schaffen, vervielfacht doch der Einbau einer weiteren Ebene in den Gruppenraum die räumlichen Nutzungsmöglichkeiten erheblich (vgl. MAHLKE/SCHWARTE 1989).

Tab. 6: Systematik integrativer Spielmittel

NR.	SPIELMITTELKATEGORIE	SPIELMITTELBEISPIELE
A.	**Bewegungsspiele**	
A.1	Bewegungselemente aller Art	- Bau- und Spielkissen - Schaumgummiblöcke - Perlenwurst, groß - Turn- und Spieltonne - Knautschsessel - Liege- und Spielbrett - Polsterpuzzle - Riesenwürfel - Gymnastikrollen - Balance-Brett - Schaukelwippe - Sport- und Therapiekreisel - Rollbrett - Doppel-Pedalo - Lieferauto, Rennauto, Traktor - Große Holzfahrzeuge
A.2	Bälle	- Noppenbälle, versch. Größen - Riesenwasserball - Schellenball, Rasselball - Fühliball (12 Kontrastsegmente) - Flash-Ball (leuchtet auf)
B.	**Probieren, Experimentieren**	
B.1	Bauklötze	- Astholz-Naturbausteine - Riesenwürfel-Bausatz - Wasserspielklötze - Ziegelbausteine - Bodenpuzzlematten
B.2	Bausteine	- Maxi-Bausteine - Riesen-Steckbausteine - Riesen-Baubecher - Combinello (weiches textiles Spielmaterial zum Zusammenkletten)
B.3	Sand-, Wasser- und Werktische	- Sand- und Wasserspieltisch - Wasser- und Matschtisch - Werkbank
B.4	Steckspiele	- Maxi-Steckbrett - Musik-Steckbox - Farbpyramide (21cm) - Formen-Steckbrett - Große Klopfbank
B.5	Perlen und Knöpfe	- Riesen-Spielknöpfe und -Kettenglieder - Riesenfädelperlen - Großloch-Holzperlen - Jumbo-Perlenschnüre

NR.	SPIELMITTELKATEGORIE	SPIELMITTELBEISPIELE
B.6	Puzzles	- Einlegepuzzle mit großen Kugel-Greifstöpseln - Riesen-Dreiecksteine - Bilder-Puzzles - Relief-Puzzle - Holzknopf-Puzzle
B.7	Sinnesmaterial	- Klangpüppchen - Geräuschdosen - Rasselbüchsen - Streichelspiel - Tast-Tombola - Tastspielwände - Klang- und Greifspiele - Trockenduschen - Rollstuhl-Trapez - Musikinstrumente
B.8	Malstifte und Zubehör	- Farbriesen-Buntstifte (17,5 cm) - Super-Dicki-Malstifte - Dickkernstifte - Wachsriesen - Stups-Zapfenpinsel - Knetmaterial
B.9	Scheren	- Therapeutenschere - Lernschere
B.10	Spielzentren	- Sanftes Spielzentrum - Phantasiebox - Spielkreissystem - Spielpult
C.	**Soziale Spiele**	
C.1	Rollenspiel/Theaterspiel	- Spielstabil-Puppenservice - Hanischpuppe - Riesenknuddeltiere - Dekor-Zoo (ca. 9-17 cm)
C.2	Regelspiele/Gesellschaftsspiele	- Tactilo - Duftlotto - Großes Tastspiel - Material-Memory - Tastdomino - Klangpüppchen - Blinde Kuh - umgerüstete Gesellschaftsspiele (z.B. Maxi-Würfelspiel wie Mensch-ärgere-Dich-nicht)
C.3	Bilderbücher	- Holzbilderbücher - Was ist das? (Eine greifbare Bildergeschichte) - Fühl mal (Ein Fühl-Bilderbuch)
Bemerkungen: Dieser Analyse liegen Kataloge der Firmen Aurednik, Beck, Bruderhof-Werkstätten, Dusyma, Eibe, Haba, Heyer, Lekis, Luftikus, Ökotopia, Pappnase, Ravensburger, Schubi, Service Civil International, Verlag an der Ruhr, Wehrfritz, Widmaier zugrunde.		

In Ergänzung zu diesen allgemeinen Feststellungen zur Innenraumgestaltung haben wir uns bemüht, auch die Perspektive der Kinder selbst mit in die Planung von Gruppenräumen aufzunehmen. Die Untersuchungsstrategie lehnt sich an SPANHEL/ZANGL (1991) an.

- INNENRAUMGESTALTUNG IN DER INTEGRATIVEN KINDERGARTENGRUPPE AUS DER SICHT DER KINDER

Eine kleine integrative Spielgruppe (4 nichtbehinderte Kinder, ein behindertes Kind, Alter: 5-6 Jahre), die von der Erzieherin eines Kindergartens ausgewählt werden, bekommt in einem vom Gruppenraum separierten Nebenraum die Aufgabe, ein etwa quadratmetergroßes Spielbrett mit Miniaturmöbeln auszustatten. Die Spielanleitung lautet: *"Stellt Euch vor, Ihr kommt morgens in den Kindergarten und der gesamte Gruppenraum ist leer. Alle Möbel, alle Spielsachen sind weg. Das sieht dann so leer aus wie auf diesem Spielbrett. Aber wäre das nicht ein langweiliger Raum? Auch der Zauberdrache (Handpuppe) hier glaubt, daß das sehr langweilig wäre und darum zaubert er: 'Hokus pokus, Spielsachen kommt her, denn dieser Raum ist sonst leer!'."* In insgesamt 5 integrativen Regelkindergärten aus dem Projekt "Gemeinsam spielen" kann diese ergänzende Untersuchung durchgeführt werden. Die Endprodukte der Kinder zeichnen sich überwiegend durch eine große Nähe zu Wohnräumen aus. Sie bauen z.B. ein Wohnzimmer, eine Küche usf. Ein möglicher Interpretationsansatz kann den reproduktiven Anteil in diesen Gestaltungen besonders hervorheben. Die Kinder hätten danach v.a. ihre Erfahrungen aus der Familienwohnung oder auch aus dem Kindergarten (s. Anweisung) ohne Veränderungen wiedergegeben. Ebenso ist es jedoch denkbar, daß sie gerne wohnraumähnliche Kindergartenräume zur Verfügung hätten. Darüberhinaus ist auffallend, daß das Spielbrett in fast allen Gruppen sehr vollgestellt wird und kaum Freiflächen bleiben. Teilweise bauen die Kinder auch außerhalb des Spielbretts weiter. Alle Materialien werden dabei flexibel bewegt. Es entstehen ganze Bewegungslandschaften, in denen schließlich auch mit Playmobil-Figuren gehüpft, getobt und sich versteckt wird. Dies läßt darauf schließen, daß sich aus der Sicht der Kinder integrative Spielräume zum einen durch große Flexibilität und Bewegungsmöglichkeiten auszeichnen müssen. Andererseits verbinden sie mit der Raumgestaltung jedoch offenbar auch das Bedürfnis nach Sicherheit und Vertrautem, so daß der Offenheit der Raumgestaltung in dieser Richtung wieder Grenzen gesetzt sein dürften.

Insgesamt nutzen die Kinder den zur Verfügung stehenden Gestaltungsspielraum jedoch sehr zögernd. Im Ergebnis zeigt sich, daß die Kinder große Schwierigkeiten haben, auf dem zweidimensionalen Spielbrett räumliche

Vorstellungen zu realisieren. All dies zeigt, daß wir in bezug auf Untersuchungsstrategien, die kindliche Perspektiven umfangreich in pädagogische Planungsprozesse mit einbeziehen wollen, noch am Anfang einer methodischen Weiterentwicklung stehen (vgl. GRAUMANN 1992).

Naturgemäß stellt die kindliche Perspektive nur eine Zugangsweise zur Raumgestaltung im Kindergarten dar. Auch Erzieherinnen sollten Möglichkeiten der gemeinsamen Planung von Kindergartenräumen suchen und erproben. Ein mögliches Arbeitsverfahren dazu haben wir an anderer Stelle ausführlich beschrieben (HEIMLICH/HÖLTERSHINKEN 1994, 53ff.). Schließlich ist auch auf einen niederländischen Ansatz der Raumgestaltung für schwerstbehinderte Kinder hinzuweisen, der durch die Ausrichtung an vielfältigen sinnlichen Erfahrungen durchaus Relevanz für die integrative Spielförderung besitzt. Mit dem Stichwort *"Snoezelen"* (sprich: "snuselen") wird ein Raumgestaltungskonzept bezeichnet, bei dem über die visuelle Raumwahrnehmung hinaus möglichst umfängliche Angebote für "elementare körperlich-sinnlich Erfahrungen" (KAUSCHUS-NAZARIO 1989, 209) enthält. Ein allgemein akzeptiertes Konzept wird von Jan HULSEGGE und Ad VERHEUL in der Einrichtung "De Hartenberg" in Ede praktiziert. Die Angebote für die verschiedenen Sinnesbereiche bestehen z.B. aus Lichtprojektionen, Wasserbett, Bällchenbad, Tastobjekten, Riechobjekten, Angeboten zur Klang- und Geräuscherfahrung, Vibrationsboden usf. Hinzu treten ein abgedunkelter Raum und Hintergrundmusik, um insgesamt Entspannungs- und Ruheerfahrungen zu ermöglichen (ebd.).

Immer mehr integrative Regelkindergärten weiten ihre Raumgestaltungsbemühungen jedoch auch auf die Außenflächen aus. Gerade in den Sommermonaten findet integrative Spielförderung auch im Freien statt. Unter dem Stichwort "barrierefreies Spielen" (PHILIPPEN 1992, OPP 1992a) haben wir uns um Kriterien für barrierefreie und chancengleiche Außenspielflächen für integrative Kindergärten bemüht und versucht, diese Kriterien in konkrete Entwürfe umzusetzen.

- AUßENSPIELFLÄCHEN FÜR DEN INTEGRATIVEN REGELKINDERGARTEN

Das Prinzip "barrierefreies Spielen" bedeutet bezogen auf Spielflächen, daß alle Kinder ohne Hindernisse über all hinkommen, alles nutzen und benutzen können. Es bedeutet aber ebenso, daß Spielflächen frei sein sollen von technischen, planerischen und gedanklichen Hindernissen. Es wird erwartet, daß barrierefreie Spielflächen das gemeinsame Spiel für alle

Kinder ermöglichen und allen gleiche Chancen zur Teilhabe eröffnen. Inga FRIIS MOGENSEN (1991) hat mit ihrer "Spielwert-Analyse" einen möglichen Weg zu einer barrierefreien Außenspielfläche aufgezeigt. Sie ordnet verschiedenen Förderbereichen (von uns um auditive Erfahrungen ergänzt) entsprechenden Spieltätigkeiten zu, um daraus Konsequenzen auf die entsprechenden Spielgeräte zu ziehen.

Tab 7: Spielwertanalyse nach FRIIS MOGENSEN

FÖRDERBEREICHE	SPIELERFAHRUNGEN
Taktilsinn	Materialunterschiede, Oberflächenunterschiede, Sand, Wasser
Auditive Anregungen	Töne, Geräusche, Klänge
Gelenk-/Muskelsinn	klettern, krabbeln, an Armen und/oder Beinen hängen, Purzelbäume, herunterspringen
Gleichgewichtssinn	schaukeln, wippen, rutschen, schwingen/rotieren
Balancieren	Balanciergang auf Geräten, Balken, Streifen
Visuelle Auffassung	Figur/Hintergrund (Farbkontrast), Formen, Durchsichtigkeit
Motorik	Unterstützungsfläche, Krabbelmöglichkeit, Handstütze, Bewegungsrichtung vorwärts, Raum für Erwachsene
Feinmotorik	Bewegliche Teile
Raumauffasssung	Höhenunterschiede, Abstände, schräge Flächen, Raum
Versteck-Spiele	Hinein, heraus, über, unter, hinter ...
Sozialer Aspekt	Integration von Personen mit verschiedenen Fertigkeiten (Kompetenzen), Nebeneinanderspielen, Rollenspiele, Raum für Erwachsene
Emotional	Recht zu bereuen, „Kann selbst" (Selbstkonzept)
Bemerkungen: Die Übersicht beruht auf einer Tabelle von Inga Friis Mogensen v. 28.08.1989, veröffentlicht als Beilage des Spielgeräte-Kataloges der Firma KOMPAN A/S v. 1991. Wir haben die Kategorie "Auditive Anregung" angefügt.	

Auf der Basis dieser Kriterien bieten bereits die Katalog-Angebote der Spielplatzgeräte-Hersteller eine Grundausstattung für einen barrierefreien und chancengleiche Spielplatz für den integrativen Regelkindergarten: Kombi-Schaukeln, Erlebnishügel, Vario-Haus, Ballcenter, Sinnestunnel/Sinneshaus, Wackelsitze, Wasser-Sand-Matschtische, Kletterhäuser und -netze, verbreiterte Rutschbahnen in Verbindung mit Spielhügeln,

Spielburgen, Wackelbrücken (s. Katalog-Material der Firmen Eibe, Groh, Heyer, HM, Kompan, Playteam, Richter).

Durch relativ einfache Maßnahmen können diese Spielplatzgeräte auch für alle Kinder zugänglich gemacht werden:

- *Möglichst kleine Stufen am Einstieg zum Rutschhügel und den Hügel insgesamt so gestalten, daß er auch mit Rollstühlen befahrbar ist!*
- *Geländer an Rutschbahnen höher ausbauen!*
- *Wackelbrücken für Rollstuhl erreichbar machen!*
- *Sandkästen mit festen Fahrwegen für Rollstühle ausstatten!*

Nach WALLACH (1983, 38) haben sich die folgenden Planungsprinzipien als hilfreich für die Realisierung von barrierefreien und chancengleichen Spielplätzen erwiesen:

- *Entwerfe für Fähigkeiten, nicht für Einschränkungen.*
- *Begreife Deine Grenzen. Du kannst nicht mit einem Gerät allen Behinderungsarten gerecht werden.*
- *Ermögliche soziale Begegnungen/Erfahrungen. Dies kann für Kinder wichtiger sein als körperliche Betätigung.*
- *Berücksichtige auch die versteckten Bedürfnisse derer, für die Du planst.*
- *Vergiß den Aspekt der Herausforderung nicht - das Fehlen von Herausforderungen zieht Mißbrauch nach sich.*
- *Unterstütze die Selbstfindung, provoziere Entscheidungen.*
- *Du brauchst keinem alten, eingeschliffenen Konzept zu folgen. Hab' Mut zur Kreativität!*
- *Unterstütze das Lernen - Aufwachsen ist ein Lernprozeß.*
- *Plane so, daß Kinder auch an ihre Grenzen erinnert werden. Die Welt richtet sich nicht nach dem Einzelnen - er muß sich anpassen.*
- *Laß die Kinder lernen, Fehler zu machen und damit umzugehen.*

Unserer Erfahrung nach ist es von grundlegender Bedeutung, Raumgestaltung im integrativen Regelkindergarten nicht als einmaliges Ereignis zu betrachten, sondern als einen prinzipiell unabgeschlossenen Prozeß. Wechselnde Bedürfnisse von Kindern mit unterschiedlichen Fähigkeiten in unterschiedlichen Entwicklungsabschnitten verlangen auch flexible Raumgestaltungskonzepte und die Bereitschaft, neben vertrauten und gleichbleibenden Strukturen immer wieder neue Gestaltungsmöglichkeiten mit den Kindern zu erproben.

Bei den bisher dargestellten Komponenten integrativer Spielförderung blieb die Erzieherin noch im Hintergrund. Ein wesentliches Aufgabengebiet der pädagogisch Tätigen im Rahmen der Spielförderung ist nach unseren Ergebnissen die Beobachtung kindlicher Spieltätigkeiten und der Versuch, integrative Spielsituation verstehend zu erschließen. Aus diesem Grunde wird im weiteren das Beobachtungsinstrumentarium als Komponente integrativer Spielförderung genauer betrachtet.

5.2.4 Spielbeobachtung

Im Verlaufe der Untersuchung zeigt sich, daß die Erzieherinnen nach ausführlicher Thematisierung des Problems der Spielbeobachtung im Rahmen der Gruppendiskussionen und ersten Erfahrungen mit dem *Spielprotokoll* von einer hohen Praktibilität dieses Beobachtungsinstrumentes bezogen auf den Erziehungsalltag ausgehen. Sie berichten über die Handhabung des Instrumentes, daß es ihnen erlaube, bewußt in Distanz zum Spielgeschehen zu treten und durch die Verschriftung ihrer Aufzeichnungen zu problembezogenen Fragestellungen des gemeinsamen Spiels über eine umfangreichere Grundlage für weitergehende Reflexionsansätze verfügen. Die Aufzeichnungen im Rahmen des Spielprotokolls bieten darüber hinaus gute Anhaltspunkte für Fallbesprechungen im Team, die z.B. besondere Schwierigkeiten bei der Gestaltung der integrativen Spielsituationen oder bei der Unterstützung der sozialen Spieltätigkeit einzelner behinderter Kinder thematisieren. Die Einführung in das Instrument bereitet keine grundlegenden Schwierigkeiten, so daß sich insgesamt eine positive Akzeptanz bezüglich des *Spielprotokolls* bei den Erzieherinnen zeigt. Im Rahmen der Evaluationsforschung von integrativen Vorschulcurricula bietet das *Spielprotokoll* überdies die Möglichkeit, die Perspektiven und Wahrnehmungen der Erzieherinnen mit in die Datenerhebung einzubeziehen.

Eine differenzierte Betrachtung des Niveaus des gemeinsamen Spiels behinderter und nichtbehinderter Kinder ist darüber hinaus durch den *Beobachtungsbogen zur Erfassung der sozialen Spieltätigkeit* nach PARTEN möglich. Dieses Instrument bedarf allerdings der Vorkenntnisse in bezug auf standardisierte Beobachtungstechniken und einer intensiven BeobachterInnenschulung. Das Instrument sollte daher in der Regel nur von speziell geschulten Personen benutzt werden, die von außen in die integrative Kindergartengruppe eintreten und sich möglichst weitgehend aus dem Spielgeschehen zurückziehen können (z.B. HeilpädagoInnen im Rahmen integrativer Frühförderung). Mit diesen Voraussetzungen ist allerdings nicht ausgeschlossen, daß auch Erzieherinnen in einem fundierten Qualifizierungsprozeß die Handhabung dieses Instrumentes erlernen. Der *Beobachtungsbogen zur Erfassung der sozialen Spieltätigkeit* ist nach unseren Erfahrungen gut geeignet, wenn das Niveau der sozialen Spieltätigkeiten bei jüngeren Kindern abgebildet werden soll und es v.a. darum geht, Anfänge des partner- und gruppenbezogenen Spiels behinderter und nichtbehinderter Kinder zu erfassen. Er sollte in jedem Fall eingesetzt werden zur Bestimmung der spielpädagogischen Ausgangslage bei der Aufnahme behinderter Kinder in den Regelkindergarten und außerdem zur Verdeutlichung der Entwicklungsfortschritte regelmäßig wiederholt werden. Aus diesen Beobachtungsdaten kann auch eine differenziertere Planung der spielpädagogischen Interventionsansätze insbesondere bei den jüngeren Kindern im ersten Kindergartenjahr abgeleitet und an wechselnde Entwicklungsfortschritte sukzessiv angepaßt werden. Der *Beobachtungsbogen zur Erfassung der sozialen Spieltätigkeit* stellt im wesentlichen ein entwicklungsbezogenes Instrument zur Verfügung, das das vorhandene Repertoire an sozialen Spieltätigkeiten und dessen mögliche Ausweitung erfaßt.

Unter der Voraussetzung höherer Anteile im Kooperationsspiel kann zusätzlich die *Spielkooperationsskala* zur Abbildung der Qualität von Spielinteraktionen eingesetzt werden. Dieses Instrument eignet sich nach unseren Erfahrungen jedoch eher für ältere Kinder in integrativen Regelkindergärten. Die Dimensionen der Spielkooperation in dieser Rating-Skala bieten bei ausgeprägterem Kooperationsspiel vermutlich gute Ansatzpunkte zur Intensivierung dieser sozialen Spieltätigkeit. Hier stehen jedoch noch weitere Überprüfungen aus.

Möglicherweise müssen über diese an der sozialen Spieltätigkeit ausgerichteten Beobachtungsinstrumente hinaus weitere Instrumente zum spielzeugbezogenen Spiel hinzugezogen werden, um das Spielniveau und die Spielintensität in dieser Richtung genauer abschätzen zu können (Observationskategorien, Intensitätsskala nach Van der KOOIJ 1983b). Von besonderem Interesse könnte auch das Beobachtungsinstrument von JOHNSON/ERSHLER (1985) zur Erfassung sozial-kognitiver Anspruchsniveaus im gemeinsamen Spiel behinderter und nichtbehinderter Kinder sein. Aber auch in dieser Richtung stehen noch weitere Überprüfungen in integrativen Settings an.

Bereits zur Komponente Spielbeobachtung kann ein praxisbegleitender Fortbildungsbedarf aufgezeigt werden. Es ist allgemein anerkannt, daß angesichts fehlender Ausbildungscurricula für gemeinsame Erziehung im Elementarbereich, Erzieherin verstärkt auf eine praxisnahe Begleitung in ihrem integrativen Erziehungsalltag angewiesen sind. Auf der Basis unserer Erfahrungen innerhalb der Gruppendiskussionen sollen deshalb nun einige Bausteine für eine Fortbildungsmaßnahme zur integrativen Spielförderung vorgestellt werden.

5.2.5 Aus- und Fortbildung für integrative Spielförderung

Die im Rahmen gemeinsamer Erziehung tätigen Erzieherinnen sollten anhand der Brennpunkte einer spielpädagogischen Integrationskonzeption Gelegenheit zum Erfahrungsaustausch und zur Aneignung von handlungsrelevanten Informationen haben. In diesem Fortbildungsschwerpunkt stehen die Themenkomplexe *Spielmittel, Spielräume* und *soziale Spieltätigkeit* in integrativen Kindergartengruppen im Vordergrund. Ausführlich sollte nach unserer Erfahrung in die Themenstellung eingeführt werden. Dabei ist jeweils auf die Anknüpfung an alltagsbezogenen Erfahrungen und die Einbeziehung von konkreten Fallbeispielen oder Praxisprojekten aus einzelnen Einrichtungen zu denken. Kreative Techniken und allgemeine erwachsenenpädagogische Maßnahmen ergänzen diesen Fortbildungsschwerpunkt. Einen besonderen Schwerpunkt sollte die *Spielbeobachtung* bilden. Auch das Spielprotokoll erfordert ja bereits eine dezidierte Einführung und Erprobung. Zusätzlich sind in diesem Bereich auch Fallbesprechungen im Rahmen der Fortbildung zu simulieren, um diese Arbeitsform auch in das Kindergartenteam transferieren zu können. Darüber hinaus kommt nach übereinstimmender Aussage der Erzieherinnen, die am Projekt *"Gemeinsam spielen"* beteiligt sind, der *Supervision* als Bestandteil von Fortbildung für gemeinsame Erziehung eine zentrale Bedeutung zu. Besonders bei der kritischen Selbsteinschätzung des eigenen Erziehungsverhaltens bestehe die Notwendigkeit zum kollegialen Austausch unter neutraler Anleitung. Nach den Beobachtungen in unserem Projekt zu urteilen, sind Erzieherinnen überwiegend in der Lage, auch indirekt zur Unterstützung von Spielprozessen beizutragen. Zu stark erzieherinnenorientierte Erziehungskonzepte machten sicher eingehendere Thematisierungen im Rahmen von Supervision notwendig, um auch kritische Distanz und Bewußtwerdung in bezug auf das Erziehungsverhalten zu ermöglichen. Besonders zur Unterstützung von Spielprozessen ist die Ausprägung indirekter Formen der Lenkung der Interaktionen zwischen behinderten und nichtbehinderten Kindern vonnöten.

Auch im Rahmen spielpädagogischer Integrationskonzeptionen ergibt sich zur Realisierung standardisierter Beobachtungstechniken und zur Durchführung integrativer Spielförderung ein *zusätzlicher Personalbedarf* an Fachkräften, die über Erfahrungen in der Arbeit mit behinderten Kinder verfügen sollten und gleichzeitig eine berufsbegleitende Qualifizierungsmaßnahme zur integrativen Spielförderung mit diagnostischen und spielpädagogischen Anteilen absolviert haben. Diese Qualifizierungsmaßnahme kann unter Umständen durch *Fachschulen für Heilpädagogik* als *Heilpädagogische Zusatzausbildung* angeboten werden und würde auf diesem Weg zugleich das traditionelle Konzept dieses Ausbildungsganges für integrationspädagogische Fragestellungen öffnen. Beim gegenwärtig vorherrschenden Ausbildungsmodell in der Fachschule für Heilpädagogik steht noch zu sehr das klassische defizitorientierte Einzelfördermodell der traditionellen Heilpädagogik im Vordergrund. In integrativen Settings erweist sich dieses jedoch nach unseren Erfahrungen gerade in bezug auf die Konstituierung eines nicht zu stark lenkenden Erziehungsverhaltens für das gemeinsame Spiel behinderter und nichtbehinderter Kinder als kontraproduktiv. Erzieherinnen mit heilpädagogischer Zusatzausbildung haben häufig die individualisierte Förderung eines einzelnen behinderten Kindes außerhalb des Gruppenzusammenhangs als Qualitätsstandard ihrer integrativen Arbeit internalisiert. Die Folge sind zu enge Bindungen der Zusatzkräfte an das behinderte Kind, zu direkte Steuerung der integrativen Spielprozesse und eine größere Unselbständigkeit der Kinder bei der Lösung ihrer sozialen Entwicklungsprobleme. Aus dem Modell der ökologischen Intervention bei integrativen Spielprozessen folgt demnach eine grundlegende Revision der Heilpädagogischen Zusatzausbildung unter integrationspädagogischen Aspekten.

Die im folgenden aufgeführten Qualifizierungsbausteine können einen Schwerpunkt einer solchen integrationspädagogischen Zusatzausbildung umfassen, innerhalb der sich Erzieherinnen zukünftig auf die Gemeinsame Erziehung bereits in der Ausbildungsphase vorbereiten. Zugleich kann eine Qualifizierung für integrative Spielförderung im Rahmen der Fortbildung von Erzieherinnen angeboten werden, die bereits in der Gemeinsame Erziehung tätig sind.

Tab.8: Qualifizierung für integrative Spielförderung

QUALIFIZIERUNGSBAUSTEIN	KOMPETENZEN
Unterstützung der sozialen Spieltätigkeit	- Entwicklung der sozialen Spieltätigkeit - Bedeutung prosozialen Verhaltens im gemeinsamen Spiel - Interventionsansätze zur Anregung des Interaktionsspiels - Repertoire an Interaktionsspielen - Erfahrungen in Rollen-, Regel- und Gruppenspielen
Unterstützung der Kontaktinitiierung	- Komponenten der Kontaktaufnahme im gemeinsamen Spiel - Individuelle Typen der Kontaktaufnahme - Training in Kontaktinitiierung - Erfahrungen mit Spielförderkonzepten, die die Gruppe der Gleichaltrigen einbezieht
Integrative Spielmittel	- Bedeutung von Spielmitteln in der Gemeinsamen Erziehung - Kriterien für integrative Spielmittel - Analyse des Marktangebotes für integrative Spielmittel - Erprobung integrativer Spielmittel - Kreative Gestaltung integrativer Spielmittel
Integrative Spielräume	- Bedeutung der Raumgestaltung in der Gemeinsamen Erziehung - Kriterien für integrative Innenspielräume - Kriterien für integrative Außenspielflächen - Kritische Analyse des Marktangebotes - Planung von Raumumgestaltungen (im Erzieherinnenteam, mit Kindern) - Planung und Durchführung von Raumgestaltungsprojekten
Spielbeobachtung	- Grundlagen der Spielbeobachtung - Analyse von Video-Sequenzen - Techniken der Spielbeobachtung - Handhabung von Spielbeobachtungsinstrumenten - Erprobung in der Praxis Gemeinsamer Erziehung - Teamfallbesprechungen
Bemerkungen: Die hier skizzierte Qualifizierungsmaßnahme für integrative Spielförderung kann allenfalls ein Element der Qualifikation für Gemeinsame Erziehung im Elementarbereich umfassen und sollte deshalb in einen Zusammenhang mit einer umfassenden Aus- bzw. Fortbildungsmaßnahme gesehen werden (vgl. MEISTER/SANDER 1993, ORTMANN 1988)	

Methodisch sollte sich die Qualifizierung für integrative Spielförderung sehr eng am Erziehungsalltag mit gemeinsamer Erziehung ausrichten. Durch von den

TeilnehmerInnen vorzustellende Fallbeispiele, Entwicklungsberichte und Video-Sequenzen kann die Fallbesprechung im Team erprobt werden und gleichzeitig die Verbindung zum Erziehungsalltag geknüpft werden. Spielbeobachtungstechniken können ebenfalls mit diesem methodischen Element in Verbindung stehen. Ebenso ist eine gemeinsame Planung von Umgestaltungsprojekten (z.B. Innenraumgestaltung, Spielplatzprojekt) in Tageseinrichtungen anzustreben, die auch tatsächlich zur Ausführung kommen, so daß Ergebnisse der Diskussionsprozesse im Rahmen der Qualifizierungsmaßnahme unmittelbar in die Praxis umgesetzt werden können. Von besonderer Bedeutung im Rahmen einer spielpädagogischen Qualifizierungsmaßnahme ist ebenso die handelnde Erprobung von Spieltätigkeiten und Spielsituationen. Die TeilnehmerInnen sollten also ganz einfach selbst Gelegenheit haben, miteinander zu spielen und sich auf diese Weise ein Repertoire an Interaktionsspielen aneignen und gleichzeitig diese Spiele aus der Sicht des Handelnden kennenlernen können.

5.3 "Gemeinsam spielen" im Netzwerk Integration

Das Konzept der integrativen Spielförderung beinhaltet prinzipiell eine offene Ausrichtung. Es ist ausdrücklich nicht an den Kindergarten und die Erzieherinnnen gebunden, auch wenn das gemeinsame Spiel im Kindergarten zum Zentrum dieses Ansatzes gezählt werden muß. Darüber hinaus ist jedoch ebenfalls eine Unterstützung integrativer Spielprozesse in Eltern-Kind-Gruppen, Spielgruppen außerhalb von regelrechten Tageseinrichtungen für Kinder, auf dem Spielplatz oder in der Familie und in privater Tagespflege anzustreben. Die Realisierung eines spielpädagogischen Integrationskonzeptes ist somit keineswegs auf Bildungs- und Erziehungseinrichtungen beschränkt, sondern ist ebenso zu verstehen als Bestandteil eines stadtteilbezogenen Integrationsansatzes im Sinne wohnortnaher Integration. Insofern sollte eine Vielfalt an Organisationsformen gemeinsamen Spiels behinderter und nichtbehinderter Kinder innerhalb und außerhalb institutioneller Settings angestrebt werden. Die Gestaltung integrativer Spielsituationen durch Eltern, Erzieherinnen, SpielplatzpädagogInnen, Tagesmütter oder in zunehmendem Maße durch die Kinder selbst bildet gleichsam das Bindeglied einer ganzen Bandbreite von Integrationsanlässen im Alltag von behinderten Kindern unter regionaler und dezentraler Perspektive. Der integrative Regelkindergarten kann bei entsprechender personeller und materieller Ausstattung einschließlich fachlicher Begleitung durch Fachberatung, Fortbildungsmaßnahmen und alltagsbezogene Formen der wissenschaftlichen Begleitung eine bedeutende Rolle bei der

Entwicklung einer stadtteilbezogenen Integrationskonzeption einnehmen (vgl. MERKER 1993).

Abb. 5 : Integrative Spielsituationen im Netzwerk Integration

```
                    Fachberatung/
Frühförderstelle      Träger
                                              Kinder-
                                              ärzte

              ┌─────────────────────────┐
              │      Integrative        │
Eltern-       │   Spielsituationen in   │
initia-   ←→  │   Tageseinrichtungen    │
tive          │       für Kinder        │   Ambu-
              └─────────────────────────┘   lante
                                            Thera-
                                            pie

   Integrativer           Parteien, Kirchen,
   Stadtteilladen         Verbände


              Kommunalverwaltung
              im Stadtteil/Quartier
```

Wollen wir integrative Spielsituationen in Tageseinrichtungen für Kinder realisierbar machen, so stehen wir vor der Aufgabe, ein vielfältiges Netz an Unterstützungsmöglichkeiten für die Arbeit der Erzieherinnen zu knüpfen. Wir nennen diese Unterstützungssysteme "Netzwerk Integration" und bezeichnen damit das gesamte Umfeld der Tageseinrichtungen einschließlich der sozialen Dienste, die für die Unterstützung der Gemeinsamen Erziehung gewonnen werden müssen. Stellen wir uns im Zentrum dieses Netzwerkes Integration die integrativen Spielsituationen in den Tageseinrichtungen für Kinder vor, so sind darüber hinaus Kontakte notwendig zu KinderärztInnen, TherapeutInnen, FachberaterInnen, FrühförderInnen und zu den Eltern. Integrative Spielförderung macht umfangreiche ambulante Hilfeleistungen notwendig. Vor allem TherapeutInnen und FrühförderInnen bieten ihre Unterstützung idealerweise in der Einrichtung und auch in der Kindergartengruppe an, d. h. nicht das Kind soll zur Therapie oder zur Frühförderung komen, sondern genau umgekehrt: die TherapeutIn und die FrühförderIn kommt zum Kind. Integrative Spielsituationen stehen deshalb im Mittelpunkt des Netzwerkes Integration, weil sie gewissermaßen die Voraussetzung für integrative Formen von Therapie und Frühförderung schafft. Es gilt, Elemente und Bausteine von Frühförderung und Therapie in die integrative Spielsituation mit einzubauen. Diese Zielvorstellung setzt wiederum voraus, daß TherapeutInnen und FrühförderInnen bereit sind, sich von ihren Defizitvorstellungen und im engeren Sinne sonderpädagogischen Modellen der Einzelförderung zu verabschieden (vgl. HEIMLICH 1994). Damit sind durchaus praktikable Möglichkeiten der Weiterentwicklung Gemeinsamer Erziehung im Elementarbereich angesprochen, wie Untersuchungen zur Frühförderung z.B. gezeigt haben (vgl. PETERANDER/SPECK 1990 und BORCHERT/SCHUCK 1992). Ein Teil der Frühförderung findet in einigen Bundesländern bereits in integrativen Regelkindergärten statt. Zusätzlich wird von dort berichtet, daß FrühförderInnen, die über Praxiserfahrungen in integrativen Kindergartengruppen verfügen, auch beginnen, ihre Einstellungen zur Integration insgesamt zu verändern. Anfängliche Skepsis wird nach einer Phase der Zusammenarbeit mit der Regeleinrichtung von einer überwiegend positiven Einschätzung der Fördermöglichkeiten überlagert.

Weitere Knotenpunkte im Netzwerk Integration können Integrative Stadtteilländen von Elterninitiativen, Integrative Eltern-Kind-Gruppen, Nachbarschaftstreffen, Integrative Spielfeste und andere gemeinsame Aktivitäten außerhalb von Institutionen sein. Tageseinrichtungen für Kinder hätten in diesem Netzwerk Integration die Funktion einer Koordinierungsstelle, wären unter Umständen auch zu öffnen für die Familien insgesamt und nicht nur als Einrichtung für Kinder anzusehen. Die institutionellen Angebote Gemeinsamer Erziehung im Elementarbereich sind insbesondere unter der Perspektive wohnortnaher Integration an dezentralen und regionalisierten Organisationsformen auszurichten und um Selbsthilfe-Aktionen, Elterninitiativen und Nachbarschaftskontake zu ergänzen.

5.4 "Laßt uns gemeinsam spielen" (Zusammenfassung)

Das Konzept integrative Spielförderung läßt sich auf der Basis von differenzierten Beobachtungen des Interaktionsspiels von Kindern mit und ohne Behinderungen in integrativen Tageseinrichtungen konkretisieren als ökologische Intervention. Im Unterschied zum herkömmlichen Modell einer sonderpädagogisch Einzelförderung mit Orientierung auf die Defizite des zu fördernden Kindes beinhalten ökologische Förderkonzepte in integrativen Settings vorrangig die Ausrichtung auf die Gestaltung integrativer Spielsituationen. Die Erzieherinnen haben in diesem Modell nicht nur die Aufgabe, die Entwicklung des Interaktionsspiels sowie insbesondere die Phase der Kontaktaufnahme von Kindern mit und ohne Behinderungen sorgfältig zu beobachten und unterstützend zu begleiten. Ihnen obliegt ebenfalls die Ausgestaltung einer materiellen Spielumwelt (Spielmittel, Spielräume), in der sich das Prinzip eines "Spielens und Lernens mit allen Sinnen" konkretisiert und die allen Kindern Zugangsmöglichkeiten zu dieser Spielumwelt anbietet. Diese Aufgabenstellung bedarf der intensiven Thematisierung in Aus- und Fortbildungszusammenhängen. Integrative Spielförderung stellt beim Erwerb integrationspädagogischer Qualifikationen ein Element eines entsprechenden Curriculums dar. Zugleich wird bei der Umsetzung des Konzeptes integrativer Spielförderung in den Erziehungsalltag deutlich, daß die Erzieherinnen auf umfangreiche Unterstützungssysteme angewiesen sind. Integrative Spielsituationen sind deshalb langfristig in einem Netzwerk Integration anzusiedeln, in dem die notwendigen Unterstützungsleistungen für Gemeinsame Erziehung mit den Tageseinrichtungen für Kinder als Koordinierungsstelle in umfassender Weise verknüpft sind.

Literaturempfehlungen:

HÄBERLIN, U./JENNY-FUCHS, E./MOSER, E. (1992): Zusammenarbeit. Wie Lehrpersonen Kooperation zwischen Regel- und Sonderpädagogen in integrativen Kindergärten und Schulklassen erfahren. Bern, Stuttgart: Haupt, 1992
HEIMLICH, U./HÖLTERSHINKEN, D. (Hrsg.)(1994): Gemeinsam spielen. Integrative Spielprozesse im Regelkindergarten. Seelze-Velber: Kallmeyersche Verlagsbuchhandlung, 1994
LAMNEK, S. (1989): Qualitative Sozialforschung. Bd. 2: Methoden und Techniken. München u. Weinheim: Psychologie Verlags Union, 1989
STEINER, F./STEINER, R. (1993): Die Sinne. Spielen - Gestalten - Freude entfalten. Förderung der Wahrnehmungsfähigkeit bei Kindern. Ein Arbeitsbuch für Kindergarten, Schule und Eltern. Linz: Veritas, 1993

LITERATUR

ALY, M./ALY, G./TUMLER, M. (1981): Kopfkorrektur oder der Zwang gesund zu sein. Ein behindertes Kind zwischen Therapie und Alltag. Berlin: Rotbuch, 1981

ARBEITSGEMEINSCHAFT JUGENDHILFE (1990). "KJHG". Das neue Kinder- und Jugendhilfegesetz (KJHG) - landesrechtliche Gestaltungsräume. Fachtagung der Arbeitsgemeinschaft für Jugendhilfe. September 1990. Bonn: AGJ, 1990

ARNOLD, K. (1981): Der Situationsbegriff in den Sozialwissenschaften. Zur Definition eines erziehungswissenschaftlichen Situationsbegriffs. Weinheim, Basel: Beltz, 1981

ATTESLANDER, P. (1975): Methoden der empirischen Sozialforschung. Berlin, New York: de Gruyter, [4]1975

BAAKE, D. (1980): Der sozialökologische Ansatz zur Beschreibung und Erklärung des Verhaltens Jugendlicher. In: deutsche jugend. 28 (1980). S. 493-505

BAAKE, D.(1991): Die 13-bis 18jährigen: Einführung in Probleme des Jugendalters. Weinheim, Basel: Beltz, [5]1991

BACH, H. (1983): Sonderpädagogik im Grundriß. Berlin: Marhold, [10]1983

BAIER, H. (1980): Einführung in die Lernbehindertenpädagogik. Stuttgart u.a.: Kohlhammer, 1980

BAILEY, D. B./WOLERY, M. (1984): Teaching Infants and Preschoolers with Handicaps. Columbus u.a.: Merrill Pub. Comp., 1984

BANDURA, A. (1979): Sozial-kognitive Lerntheorie. Stuttgart: Klett-Cotta, 1979

BARKER, R. G. (1968): Ecological Psychology: Concepts and Methods for Studying the Environment of Human Behavior. Stanford, Cal.: Stanford University Press, 1968

BARKER, R. G./WRIGHT, H. F.(1949): Psychological Ecology and the Problem of Psychosocial Development. In: Child Development. 20 (1949) 3. S. 131-143

BATESON, G. (1983): Ökologie des Geistes. Anthropologische und epistemologische Perspektiven. Frankfurt a.M.: Suhrkamp, [3]1983

BECK, U. (1986): Risikogesellschaft. Auf dem Weg in eine andere Moderne. Frankfurt a.M.: Suhrkamp, 1986

BECK, U.(1992): Der Konflikt der zwei Modernen. Vom ökologischen und politischen Umbau der Risikogesellschaft. In: RAUSCHENBACH, Th./ GÄNGLER, H. (Hrsg.): Soziale Arbeit und Erziehung in der Risikogesellschaft. Neuwied, Kriftel, Berlin: Luchterhand, 1992. S.185-204

BECKER, H. (1992): Widersprüche aushalten. Aufgaben der Bildung in unserer Zeit. Hrsg. v. Frithjof Hager. München: Piper, 1992

BECKER-GEBHARD, B. (1990): Ansätze zur Förderung sozialer Beziehungen zwischen behinderten und nichtbehinderten Kindern. In: STAATSINSTITUT FÜR FRÜHPÄDAGOGIK UND FAMILIENFORSCHUNG (Hrsg.): Hb. d. integrativen Erziehung behinderter und nichtbehinderter Kinder. München, Basel: E. Reinhardt, 1990. S. 82-94

BECKMAN, P. J./KOHL, F. L. (1984): The Effects of Social and Isolate Toys on the Interactions and Play of Integrated and Nonintegrated Groups of Preschoolers. In: Education and Training of the Mentally Retarded. 19 (1984) 3. S. 169-174

BEEKMAN, T. (1987): Hand in Hand mit Sasha: Über Glühwürmchen, Grandma Millie und andere Raumgeschichten. Im Anhang: teilnehmende Erfahrung. In: LIPPITZ, W./MEYER-DRAWE, K. (Hrsg.): Kind und Welt. Königstein, Ts.: Athenäum, [2]1987

BEEKMAN, T./BLEEKER, H./MULDERIJJ, K. (1985): Kinder wohnen auch - Eine Orientierung in der niederländischen Kinderlandschaft. In: HENGST, H. (Hrsg.): Kindheit in Europa. Zwischen Spielplatz und Computer. Frankfurt a.M.: Suhrkamp, 1985. S. 247-279

BEGEMANN, E. (1970): Die Erziehung der soziokulturell benachteiligten Schüler. Hannover: Schroedel, 1970

BEGEMANN, E. (1975): Die Bildungsfähigkeit der Hilfsschüler. Soziokulturelle Benachteiligung und unterrichtliche Förderung. Berlin: Marhold, [3]1975

BEGEMANN, E. (1992): "Sonder"-(schul-)Pädagogik. Zur Notwendigkeit neuer Orientierungen. In: Z. Heilpäd. 43 (1992) 4. S. 217-267

BELUSA, A./EBERWEIN, H. (1990): Förderdiagnostik - eine andere Sichtweise diagnostischen Handelns. In: EBERWEIN, H. (Hrsg.): Behinderte und Nichtbehinderte lernen gemeinsam. Hb. d. Integrationspädagogik. Weinheim: Beltz, [2]1990

BERGER, P. L./LUCKMANN, Th. (1970): Die gesellschaftliche Konstruktion der Wirklichkeit. Eine Theorie der Wissenssoziologie. Frankfurt a.M.: S. Fischer, 1970

BERNFELD, S. (1967): Sisyphos oder die Grenzen der Erziehung. Frankfurt a.M.: Suhrkamp, 1967

BERGSON, H. (1921): Schöpferische Entwicklung. Jena: Diederichs, 1921

BIEBER, K. u.a. (1989): Früherziehung ökologisch. Edition SZH/Edition SPC. Reihe

"aspekte". Luzern: Schweizerische Zentralstelle für Heilpädagogik (SZH), 1989
BLACHER-DIXON, J./LEONARD, J./ TURNBULL, A. P. (1981): Mainstreaming at the Early Childhood Level: Current and Future Perspectives. In: Mental Retardation. 19 (1981) 5. S. 235-241
BLEIDICK, U.: (1967): Über sonderpädagogische Anthropologie. In: Z. Heilpäd. 18 (1967) 5. S. 245-263
BLEIDICK, U. (1974): Pädagogik der Behinderten. Grundzüge einer Theorie der Erziehung behinderter Kinder und Jugendlicher. Berlin: Marhold, ²1974
BLEIDICK, U. (1985): Historische Theorien: Heilpädagogik, Sonderpädagogik, Pädagogik der Behinderten. In: BLEIDICK, U. (Hrsg.): Theorie der Behindertenpädagogik. Hb. d. Sonderpädagogik. Bd. 1. Berlin: Marhold, 1985. S. 253-272
BLEIDICK, U. (1988): Betrifft Integration: behinderte Schüler in allgemeinen Schulen. Konzepte der Integration: Darstellung und Ideologiekritik. Berlin: Marhold, 1988
BLOCH, E. (1985a): Spuren. Werkausgabe Bd. 1. Frankfurt a.M.: Suhrkamp, 1985 (Erstausgabe: 1930)
BLOCH, E. (1985b): Das Prinzip Hoffnung: in 5 Teilen. Werkausgabe. Bd. 5. Frankfurt a.M.: Suhrkamp, 1985. (Erstausgabe: 1959)
BÖNSCH, M. (1986): Lernökologie. Zur Konstruktion von Lernsituationen. Essen: Neue Deutsche Schule, 1986
BORCHERT, J./SCHUCK, K. D. (1992): Modellversuche zum Förderungsbereich "Behinderte Kinder und Jugendliche". Bericht über eine Auswertung. BLK-Materialien zur Bildungsplanung und zur Forschungsförderung, Heft 29. Bonn: BLK, 1992
BOTKIN, J. W./ELMANDJRA, M./MALITZA, M. (1979): Das menschliche Dilemma. Zukunft und lernen. Hrsg. v. Aurelio Peccei, Präsident des Club of Rome. Wien, München, Zürich, Innsbruck: Molden, 1979
BRACKEN, H. von (1981): Vorurteile gegen behinderte Kinder, ihre Familien und Schulen. Berlin: Marhold, ²1981 (Erstausgabe: 1976)
BRACK, U. B. (Hrsg.) (1986): Frühdiagnostik und Frühtherapie. Psychologische Behandlung von entwicklungs- und verhaltensgestörten Kindern. München, Weinheim: PVU/ Urban&Schwarzenberg, 1986
BRAND, I. (1988): Kreatives Spielen. Entwicklungsförderung mit dem Pertra-Spielsatz. Dortmund: modernes lernen, 1988
BREZINKA, W. (1971): Von der Pädagogik zur Erziehungswissenschaft. Eine Einführung in die Metatheorie der Erziehung. Weinheim, Berlin, Basel: Beltz, 1971

BRICKER, D. D. (1978): A Rationale für the Integration of Handicapped And Nonhandicapped Preschool Children. In: GURALNICK, M. J. (Ed.): Early Intervention and the Integration of Handicapped and Nonhandicapped Children. Baltimore: University Park Press, 1978. S. 3-26
BRONFENBRENNER, U. (1976): Ökologische Sozialisationsforschung. Stuttgart: Klett, 1976
BRONFENBRENNER, U. (1989): Die Ökologie der menschlichen Entwicklung. Natürliche und geplante Experimente. Hrsg. v. K. Lüscher. Frankfurt a.M.: Fischer, 1989 (Originalausgabe: 1979, Erstausgabe: 1981)
BRUMLIK, M. (1973): Der symbolische Interaktionismus und seine pädagogische Bedeutung. Frankfurt a.M.: Athenäum Fischer, 1973
BRUMLIK, M. (1983): Symbolischer Interaktionismus. In: LENZEN, D. (Hrsg.): Enzyklopädie Erziehungswissenschaft. Bd. 1: Theorien und Grundbegriffe der Erziehung und Bildung. Stuttgart: Klett-Cotta, 1983. S. 232-245
BRUMLIK, M. (1986): Anthropologische Voraussetzungen einer Theorie der Sozialisation. In: ARNOLD, R./KALTSCHMIDT, J. (Hrsg.): Erwachsenensozialisation und Erwachsenenbildung: Aspekte einer sozialisationstheoretischen Begründung von Erwachsenenbildung. Frankfurt a.M., Berlin, München: Diesterweg, 1986. S. 25-47
BUBER, M. (1962): Das dialogische Prinzip. Heidelberg: Schneider, 1962
BUNDESMINISTER FÜR JUGEND, FAMILIE, FRAUEN UND GESUNDHEIT (BMJFFG) (1990): Achter Jugendbericht. Bericht über Bestrebungen und Leistungen der Jugendhilfe. Bonn, 1990
BUYTENDIJK, F. J.J. (1933): Wesen und Sinn des Spiels. Das Spielen des Menschen und der Tiere als Erscheinungsform der Lebenstriebe. Berlin: Wolff, 1933

CHRIST, K.u.a. (1986): Ökosystemische Beratung. Berichte aus dem Projekt "Integrationsorientierte Frühberatung". Arbeitsberichte aus der Fachrichtung Allgemeine Erziehungswissenschaft Nr. 35. Saarbrücken: Universität des Saarlandes, 1986
CLAUSS, G./EBNER, H. (1975): Grundlagen der Statistik für Psychologen, Pädagogen und Soziologen. Zürich u. Frankfurt a.M.: Verlag Harri Deutsch, ²1975
COENEN, H. (1987): Improvisierte Kontexte. Bewegung und Wahrnehmung in Interaktionen tauber Kinder. In: LIPPITZ, W./MEYER-DRAWE, K. (Hrsg.): Kind und Welt. Phänemenologische Studien zur Pädagogik. Frankfurt a.M.: Athenäum, ²1987. S. 39-61
COHN, R. C. (1975): Von der Psychoanalyse zur themenzentrierten Interaktion: von der Behand-

lung einzelner zu einer Pädagogik für alle. Stuttgart: Klett, 1975
COLBERG-SCHRADER, H.u.a. (1991): Soziales Lernen im Kindergarten. München: Kösel, 1991
DAHLINGER, E. (1991): Die Eingliederung Behinderter. Kleinere Schrifte des Deutschen Vereins für öffentliche und private Fürsorge. Heft 39. Frankfurt a.M.: Deutscher Verein für öffentliche und private Fürsorge, 1991
DANNER, H. (1989): Methoden geisteswissenschaftlicher Pädagogik. Einführung in Hermeneutik, Phänomenologie und Dialektik. München u. Basel: Reinhardt, ²1989
DEPPE-WOLFINGER, H. u.a. (1990): Konzepte der Integration im Primarbereich. München: DJI 1990
DEUTSCHER BILDUNGSRAT (Hrsg.) (1970): Strukturplan für das Bildungswesen. Stuttgart: Klett, 1970
DEUTSCHER BILDUNGSRAT (1973): Zur pädagogischen Förderung behinderter und von Behinderung bedrohter Kinder und Jugendlicher. Empfehlungen der Bildungskommission. Stuttgart: Klett, 1973
DEVONEY, C./GURALNICK, M. J./RUBIN, H. (1974): Integrating Handicapped and Nonhandicapped Preschool Children: Effects on Social Play. In: Childhood Education. 50 (1974) 6. S. 360-364
DEWEY, J. (1915): Democracy and Education (1915). In: The Middle Works, 1899-1924. Vol. 9: 1916. Carbondale and Edwardsville: Southern Illinois University Press, 1980
DICHANS, W. (1990): Der Kindergarten als Lebensraum für behinderte und nichtbehinderte Kinder. Köln u.a.: Kohlhammer, 1990
DICKOPP, K.-H. (1983): Lehrbuch der systematischen Pädagogik. Düsseldorf: Schwann, 1983
DITTRICH, G. u.a. (1990a): Die Entwicklung integrativer Erziehung im Elementarbereich. Eine Bestandsaufnahme... In: Gemeinsam Leben. Nr. 24/90. München: DJI, 1990
DITTRICH, G. (1990b): Entwicklungen von Einzelintegration in einzelnen Bundesländern und Erfahrungen mit Kooperationen zwischen Regelkindergarten und Fachleuten der Behindertenhilfe. In: Gemeinsam leben. Nr. 25/90. S. 7-12
DÖPP-VORWALD, H. (1973): Der Begriff der "Pädagogischen Situation" in der Erziehungslehre Peter Petersens (1962). KLUGE, N. (Hrsg.): Das Pädagogische Verhältnis. Darmstadt: Wissenschaftliche Buchgesellschaft, 1973. S. 199-229
DONALDSON, M. (1982): Wie Kinder denken. Bern, Stuttgart, Wien: Huber, 1982 (Originalausgabe: 1978)

EBERWEIN, H. (1987): Fremdverstehen sozialer Randgruppen. Ethnographische Feldforschung in der Sonder- und Sozialpädagogik. Grundfragen, Methoden, Anwendungsbeispiele. Berlin: Marhold, 1987
EBERWEIN, H. (1990): Zur Bedeutung qualitativ-ethnographischer Methoden für die integrationspädagogische Forschung. In: EBERWEIN, H. (Hrsg.): Behinderte und Nichtbehinderte lernen gemeinsam. Hb. d. Integrationspädagogik. Weinheim u. Basel: Beltz, ²1990. S. 291-298
EBERWEIN, H. (Hrsg.)(1990): Behinderte und Nichtbehinderte lernen gemeinsam. Hb. d. Integrationspädagogik. Weinheim u. Basel: Beltz, ²1990
EBERT, D. (1987): Wer behindert wen ? Eltern behinderter Kinder und Fachleute berichten. Frankfurt a.M.: Fischer, 1987
EBERT, S. (Hrsg.)(1992): Mit Kindern leben im gesellschaftlichen Umbruch. München, Wien: Profil, 1992
EINSIEDLER, W. (1991): Das Spiel der Kinder. Zur Pädagogik und Psychologie des Kinderspiels. Bad Heilbrunn: Klinkhardt, 1991
ENGLBRECHT, A./WEIGERT, H. (1991): Lernbehinderungen verhindern. Anregungen für eine förderorientierte Grundschule. Frankfurt a.M.: Diesterweg, 1991
EVANGELISCHE FRANZÖSISCH-REFORMIERTE GEMEINDE FRANKFURT (Hrsg.) (1984): Wissenschaftliche Begleitung des Geschehens in einem integrativen Kindergarten. Endbericht. Schriftenreihe: Lernziel Integration, Bd. n. Bremen: Rehabilitationsverlag, 1984
EX, C./STRIVE, M. (1983): Integrierter Kindergarten. In: Kindergarten heute. 13 (1983) 1. S. 38-46

FEUSER, G. (1982): Integration = die gemeinsame Tätigkeit (Spielen/ Lernen/ Arbeit) am gemeinsamen Gegenstand/Produkt in Kooperation von behinderten und nichtbehinderten Menschen. In: Behindertenpädagogik. 21 (1982) 2. S. 86-105
FEUSER, G. (1987): Gemeinsame Erziehung behinderter und nichtbehinderter Kinder im Kindertagesheim. Ein Zwischenbericht. Bremen: Diakonisches Werk, ⁴1987 (Erstausgabe: 1984)
FEUSER, G. (1989): Allgemeine integrative Pädagogik und entwicklungslogische Didaktik. In: Behindertenpädagogik. 28 (1989) 1. S. 4-48
FEUSER, G./WEHRMANN, I. (1985): Informationen zur Gemeinsamen Erziehung und bildung behinderter und nichtbehinderter Kinder (Integration) in Kindergarten, Kindertagesheim und Schule. Bremen: Diakonisches Werk, 1985
FIELD, T./ROSEMAN, S./DESTEFANO, L./ KOEWLER III, J. H. (1981): Play Behaviors of Handicapped Preschool Children in the Presence

and Absence of Nonhandicapped Peers. In: Journal of Applied Developmental Psychology. 2 (1981). S. 49-58
FIELD, T./ROSEMAN, S./DESTEFANO, L. J./ KOEWLER III, J. (1982): The Play of Handicapped Preschool Children With Handicapped and nonhandicapped Peers in Integrated and Nonintegrated Situations. In: Topics in Early Childhood Special Education. 2 (1983) 3. S. 28-38
FINGER, G./STEINEBACH, C. (Hrsg.)(1992): Frühförderung. Zwischen passionierter Praxis und hilfloser Theorie. Freiburg i.Br.: Lambertus, 1992
FISCHER, A. (1914): Deskriptive Pädagogik. In: Ausgewählte pädagogische Schriften. Paderborn: Schöningh, 1961. S. 137-154
FISCHER, E. P. (1985): Die Welt im Kopf. Konstanz: Faude, 1985
FLITNER, A. (Hrsg.) (1988): Das Kinderspiel. München: Piper, [5]1988 (Erstausgabe: 1973)
FLOSDORF, P. (1980): Erziehungsberatung in einem sozialen Brennpunkt. In: Jugendwohl. 61 (1980) 11. S. 439-446
FLOSDORF, P. (1983): Konzept für eine Frühförderung behinderter und von Behinderung bedrohter Kinder sozial benachteiligter Familien. In: Frühförderung interdisziplinär. 2 (1983). S. 38-41
FRAGNER, J. (1990): Gemeinsam spielen - voneinander lernen. In: Behinderte in Familie, Schule und Gesellschaft. 13 (1990) 1. S. 29-33
FREDERICKS, H. D. B. u.a. (1978): Integrating the Moderately and Severely Handicapped Preschool Child into a Normal Day Care Setting. In: GURALNICK, M.J. (Ed.): Early Intervention and the Integration of Handicapped and Nonhandicapped Children. Baltimore: University Park Press, 1978. S. 191-206
FREIBURGER PROJEKTGRUPPE (1993): Heilpädagogische Begleitung in Kindergarten und Regelschule. Dokumentation eines Pilotprojektes zur Integration. Bern u.a.: Haupt, 1993
FRIEDRICHS, J. (1977): Stadtanalyse. Soziale und räumliche Organisation der Gesellschaft. Reinbek b. Hamburg: Rowohlt, 1977
FRITZ, J.(1991): Theorie und Pädagogik des Spiels. Eine praxisorientierte Einführung. Weinheim, München: Juventa, 1991
FRÖBEL, F. (1965): An unser deutsches Volk (1820). In: FRÖBEL, F.: Kleine pädagogische Schriften. Hrsg. v. A. Reble. Bad Heilbrunn: Klinkhardt, 1965
FRÜHAUF, Th. (1990): Integrative Entwicklungen aus der Sicht des Sonderbereichs. In: Gemeinsam leben. Sonderheft 3/90. S. 61-77
FTHENAKIS, W.E./SPERLING, H. (1982): Wenn das Kind allein spielt. Der Stellenwert des kindlichen Alleinspiels. In: Spielmittel. Nr. 3/1982. 39-42
FURMAN, W./RAHE, D. F./HARTUP, W. W. (1979): Rehabilitation of Socially Withdrawn Preschool Children through Mixed-Age and Same-Age Socialization. In: Child Development. 50 (1979). S. 915-922

GALPERIN, P. J. (1980): Zu Grundfragen der Psychologie. Köln: Pahl-Rugenstein, 1980
GEHRECKE, S. (1958): Familien von Hilfsschulkindern in den Großstädten der Bundesrepublik Deutschland. Meisenheim a. Glan: Hain, 1958
GERNERT, W. (1992): Gesetz über Tageseinrichtungen für Kinder (GTK): Einführung für die Praxis. Stuttgart u.a.: Boorberg, 1992
GERNHARDT, E.-P. (1990): Integrative Erziehung behinderter und nichtbehinderter Kinder im Kindergarten - rechtlicher Rahmen und Finanzierung. Frankfurt a.M. u.a.: Lang, 1990
GOETZE, H. (1983): Personenzentrierte Spieltherapie. In: Kreuzer, K.J. (Hrsg.): Hb. d. Spielpädagogik. Bd. 4. Düsseldorf: Schwann, 1984. S. 115-130
GOFFMAN, E. (1967): Stigma. Über Techniken der Bewältigung beschädigter Identität. Frankfurt a.M.: Suhrkamp, 1967 (Erstausgabe: 1963)
GOFFMAN, E. (1971): Verhalten in sozialen Situationen. Strukturen und Regeln der Interaktion im öffentlichen Raum. Gütersloh: Bertelsmann, 1971 (engl. Originalausgabe: [4]1969)
GOFFMAN, E. (1973): Interaktion, Spaß am Spiel und Rollendistanz. München: Piper, 1973 (Erstausgabe: 1961)
GOFFMAN, E. (1977): Rahmen-Analyse. Ein Versuch über die Organisation von Alltagserfahrungen. Frankfurt a.M.: Suhrkamp, 1977 (Erstausgabe: 1974)
GRATHOFF, R. (1989): Milieu und Lebenswelt. Einführung in die phänomenologische Soziologie und die sozialphänomenologische Forschung. Frankfurt: Suhrkamp, 1989
GRAUMANN, C. F. (1988): Johannes Linschoten und die Analyse der primären Erfahrung. In: JÜTTEMANN, G. (Hrsg.): Wegbereiter der Historischen Psychologie. München, Weinheim: Beltz/PVU, 1988. S. 310-315
GRAUMANN, C. F. (1990): Der phänomenologische Ansatz in der ökologischen Psychologie. In: KRUSE, L./GRAUMANN, C.-F./ LANTERMANN, E.-D. (Hrsg.): Ökologische Psychologie. Ein Handbuch in Schlüsselbegriffen. München: Psychologie Verlags Union, 1990. S. 97-104
GRAUMANN, C. F./KRUSE, L. (1992): Umwelt von Kindern: Der phänomenologische Ansatz. In: Material zur Tagung "Stadt als Rahmen kindlicher Entwicklung" v. 5.-9.7.1992. Veran-

stalter: Stadt Herten/TU Berlin. unveröffentlichtes Vorausexemplar. Herten 1992

GRÖSCHKE, D. (1988): Erfülltheit des Augenblicks und Vorbereitung auf die Zukunft. Spiel und Übung in der heilpädagogischen Übungsbehandlung. In: Z. Heilpäd. 39 (1988) 12. S. 813-819

GROOT, R. de (1977): The Handicapped Children, his Play and his Toys. In: KOOIJ, R.v.d./GROOT, R. de (Hrsg.): That's All in the Game. Theory and research, practice and future of children's play. Rheinstetten: Schindele, 1977. S. 139-166

GURALNICK, M. J. (1976): The Value of Integrating Handicapped and Nonhandicapped Preschool Children. In: American Journal of Orthopsychiatry. 46 (1976) 2. S. 236-245

GURALNICK, M. J. (Ed.) (1978): Early Intervention and the Integration of Handicapped and Nonhandicapped Children. Baltimore: University Park Press, 1978

GURALNICK, M. J. (1980): Social Interactions Among Preschool Children. In: Exceptional Children. 46 (1980) 4. S. 248-253

GURALNICK, M. J. (1981): The Social Behavior of Preschool Children at Different Developmental Levels: Effects of Group Composition. In: Journal of Experimental Child Psychology. 31 (1981). S. 115-130

HABERKORN, R./HAGEMANN, U./ SEEHAUSEN, H. (1988): Kindergarten und Soziale Dienste. Praxisberichte zu ausgewählten Aspekten der pädagogischen Arbeit in Kindertagesstätten sowie zur Zusammenarbeit mit der Erziehungsberatung. Freiburg i.Br.: Lambertus, 1988

HABERMAS, J. (1968): Theorie der Sozialisation. Thesen der Vorlesung im Sommersemester1968. Unveröffentl. Manuskript

HABERMAS, J. (1981): Theorie des kommunikativen Handelns. 2 Bde. Frankfurt a.M.: Suhrkamp, 1981

HÄBERLIN, U. (1985): Das Menschenbild für die Heilpädagogik. Einführung in die Heilpädagogik, Bd. 2. Bern, Stuttgart: Haupt, 1985

HÄBERLIN, U. u.a (1990): Die Integration von Lernbehinderten. Versuche, Theorien, Forschungen, Enttäuschungen, Hoffnungen. Bern, Stuttgart: Haupt, 1990

HÄBERLIN, U. (1991): Die Integration von leistungsschwachen Schülern. Ein Überblick über empirische Forschungsergebnisse zur Wirkungen von Regelklassen, Integrationsklassen und Sonderklassen auf "Lernbehinderte". In: Z. f. Pädagogik. 37 (1991) 2. S. 167-189

HÄBERLIN, U. (1992): Ängste und Hoffnungen bezüglich der Integrationsentwicklung. In: LERSCH, R./VERNOOIJ, M.A.(Hrsg.): Behinderte Kinder und Jugendliche in der Schule. Bad Heilbrunn: Klinkhardt, 1992. S. 93-105

HÄBERLIN, U.: (1994): Integrationsforschung zwischen objektivierender Distanz und teilnehmender Nähe. In: Vierteljahresschrift für Heilpädagogik und ihre Nachbargebiete. 63 (1994) 2. S. 362-366

HÄBERLIN, U/ JENNY-FUCHS, E./ MOSER OPITZ, E. (1992): Zusammenarbeit. Wie Lehrpersonen Kooperation zwischen Regel- und Sonderpädagogik in integrativen Kindergärten und Schulklassen erfahren. Bern, Stuttgart: Haupt, 1992

HANLINE, M. F. (1985): Integrating Disabled Children. In: Young Children. 40 (1985) 2. 45-48

HANSON, M. J./HANLINE, M. F. (1989): Integration Options for the Very Young Child. In: GAYLORD-ROSS, R. (Ed.): Integration Strategies für Students with Handicaps. Baltimore: Paul H. Brookes Pub., 1989. S. 177-193

HEBENSTREIT, S. (1979): Spieltheorie und Spielförderung im Kindergarten. Stuttgart: Klett, 1979

HEIDEGGER, M. (1960): Sein und Zeit. Tübingen: Niemeyer, ⁹1960 (Erstausgabe: 1927)

HEIMLICH, U. (1988): Sonderpädagogische Förderung im Elementar- und Primarstufenbereich durch Spielmittel. In: vds-mitteilungen NRW. 4/1988. 141-149

HEIMLICH, U. (1989): Soziale Benachteiligung und Spiel. Ansätze einer sozialökologischen Spieltheorie und ihre Bedeutung für die Spielforschung und Spielpädagogik bei sozial benachteiligten Kindern. Trier: WVT, 1989

HEIMLICH, U. (1991a): Spielpädagogik als Kleinkindpädagogik - eine ökologische Orientierung. In: HÖLTERSHINKEN, D./ULLRICH, D.: Institutionelle Tagesbetreuung von Kindern unter drei Jahren. Erfahrungen, Bedarf und konzeptionelle Weiterentwicklung, am Beispiel der Einrichtungen des Sozialdienstes katholischer Frauen. Bochum: Brockmeyer, 1991. S. 149- 161

HEIMLICH, U. (1991b): Spielpädagogische Methoden. In: bag-Mitteilungen. 14 (1991) 42. S. 100-109

HEIMLICH, U. (1993a): Projekt "Gemeinsam spielen". Zur Gestaltung integrativer Spielsituationen - ein Zwischenbericht. In: Gemeinsam leben. 1 (1993) 1. S. 14-19

HEIMLICH, U. (1993b): Einführung in die Spielpädagogik. Eine Orientierungshilfe für sozial-, schul- und behindertenpädagogische Handlungsfelder. Bad Heilbrunn: Klinkhardt, 1993

HEIMLICH, U. (1993c): Wege zum Projektunterricht bei Schülern mit Lernschwierigkeiten. In: BAUDISCH, W./SCHMETZ, D. (Hrsg.): Son-

derpädagogik im Wandel. Frankfurt a.M.: Diesterweg, 1993. S. 58-68
HEIMLICH, U. (1994): Von der Einzelförderung zur ökologischen Intervention. Der Paradigmenwechsel in der heilpädagogischen Methodik und seiner Herkunft aus der Integrationspädagogik - dargestellt am Beispiel integrativer Spielprozesse. In: Der pädagogische Blick. 2(1993)3. S. 148-157
HEIMLICH, U./ HÖLTERSHINKEN, D. (Hrsg.)(1994): Gemeinsam spielen. Integrative Spielprozesse im Regelkindergarten. Seelze-Velber: Kallmeyersche Verlagsbuchhandlung, 1994
HEIMLICH, U./SCHMETZ, D. (1995): Beobachtung integrativer Spielprozesse - Zur Problematik methodenpluralistischer Forschungsstrategien. In: Heilpädagogische Forschung. (1995). (im Druck)
HEINSOHN, G./KNIEPER, B. M.C. (1975): Theorie des Kindergartens und der Spielpädagogik. Frankfurt a.M.: Suhrkamp, 1975
HEINZE, U. (1990): Erste Schritte auf dem Weg zur gemeinsamen Erziehung behinderter und nichtbehinderter Kinder in den neuen Bundesländern. In: Gemeinsame Leben. Sonderheft Nr. 3 (1990). S. 81-83
HEJL, P. M. (1991): Konstruktion der sozialen Konstruktion: Grundlinien einer konstruktivistischen Sozialtheorie. In: SCHMIDT, S.J. (Hrsg.): Der Diskurs des Radikalen Konstruktivismus. Frankfurt a.M.: Suhrkamp, [4]1991. S. 303-339
HELLBRÜGGE, Th. (1990): Die Vorzüge der Montessori-Pädagogik für die gemeinsame Erziehung behinderter und nichtbehinderter Kinder. In: EBERWEIN, H. (Hrsg.): Behinderte und nichtbehinderte Kinder lernen gemeinsam. Hb. d. Integrationspädagogik. Weinheim u. Basel: Beltz, [2]1990. S. 189-196
HELLERICH, G. (1990): Die Lebenswelt Wahnsinniger. Eine sozialphänomenologische Untersuchung psychischer Devianz. Freiburg i.Br.: Lambertus, 1990
HENTIG, H. von (1987): Das allmähliche Verschwinden der Wirklichkeit. München, Wien: Hanser, [3]1987
HERMANN, G./RIEDEL, H./SCHOCK, R./SOMMER, B. (1987): Das Auge schläft bis es der Geist mit einer Frage weckt. Krippen und Kindergärten in Reggio/Emilia. Berlin: Fortbildungsinstitut für die pädagogische Praxis, [3]1987
HERZOG, G. (1987): Behinderte Vorschulkinder in Bremen. Situation und Perspektiven der Bremer Integrationsgruppen. München: DJI, 1987
HETZER, H. (1967): Spiel und Spielzeug für jedes Alter. München: Don Bosco, [9]1967
HEYER, P./PREUß-LAUSITZ, U./ZIELKE, G. (1990): Wohnortnahe Integration. Gemeinsame Erziehung behinderter und nichtbehinderter Kinder in der Uckermark-Grundschule in Berlin. München, Weinheim: Juventa, 1990
HILDESCHMIDT, A./SANDER, A. (1990): Der ökosystemische Ansatz als Grundlage für Einzelintegration. In: EBERWEIN, H. (Hrsg.): Behinderte und Nichtbehinderte lernen gemeinsam. Hb. d. Integrationspädagogik. Weinheim, Basel: Beltz, [2]1990. S. 220-227
HÖLTERSHINKEN, D. (1976): Das Problem der pädagogischen Anthropologie im deutschsprachigen Raum. Darmstadt: Wissenschaftliche Buchgesellschaft, 1976
HÖLTERSHINKEN, D. (1991): Neue Herausforderungen an die öffentliche Kindererziehung. In: VERBAND BILDUNG UND ERZIEHUNG (Hrsg.): Neue Anforderungen an Kindertagesstätten. Dortmund: VBE LV NRW, 1991. S. 5-17
HOESSL, A. (1990a): Die Entwicklung integrativer Erziehung im Elementarbereich. Eine Bestandsaufnahme. Ergebnisüberblick, Entwicklungen in den Bundesländern. In: Gemeinsam Leben. Nr. 24/90
HOESSL, A. (1990b): Entwicklungen integrativer Erziehung im Elementarbereich. In: EBERWEIN, H. (Hrsg.): Behinderte und Nichtbehinderte lernen gemeinsam. Hb. d. Integrationspädagogik. Weinheim, Basel: Beltz, [2]1990. S. 114-123
HOFMANN, W. (1981): Besondere Fragen der Hilfsschule. (Erstausgabe: 1961). In: HOFMANN, W.: Schriften zur Sonderpädagogik aus fünfzig Jahren. Reutlingen: Fachbereich Sonderpädagogik der Pädagogischen Hochschule Reutlingen, 1981. S. 80-106
HOHMANN, M. (1971): Die Pädagogik M.J. Langevelds. Untersuchungen zu seinem Wissenschaftsverständnis. Neue Folge der Ergänzungshefte zur Vierteljahresschrift für wissenschaftliche Pädagogik, Heft 14. Bochum: Kamp, 1971
HOOF, D. (1977): Handbuch der Spieltheorie Fröbels. Braunschweig: Westermann, 1977
HOPPE, J. R./RONGE, H.-G. (1990): Rahmenbedingungen und Finanzierung von integrativen Einrichtungen im Elementarbereich. Dokumentation einer Studientagung des Deutschen Vereins vom 17. bis 19. Mai 1989. MSP 20. Frankfurt a.M.: Deutscher Verein für öffentliche und private Fürsorge, 1990
HUGHES, L.A. (1991): A Conceptual Framework for the Study of Children's Gaming. In: Play&Culture. 4 (1991) 3. 284-301
HUNDERTMARCK, G. (Hrsg.)(1981): Leben lernen in Gemeinschaft. Behinderte Kinder im Kindergarten. Freiburg i.Br.: Herder, 1981
HUSSERL, E. (1954): Die Krisis der europäischen Wissenschaften und die Transzendentale Phänomenologie. Eine Einleitung in die Phänomenologische Philosophie. Hrsg. v. Walter Biemel.

In: HUSSERLIANA. Edmund Husserl. Ges. Werke. Bd. VI. Haag: Nijhoff, 1954

INTEGRATIVE MONTESSORI-SCHULE MÜNSTERLAND E.V. (Hrsg.)(1984): gemeinsam leben lernen. konzept und erfahrungen. Borken, 1984

JANTZEN, W. (1974): Sozialisation und Behinderung. Studien zu sozialwissenschaftlichen Grundfragen der Behindertenpädagogik. Gießen: Focus, 1974

JASPERS, K. (1960): Die geistige Situation der Zeit. Berlin: de Gruyter, 1960

JEHLE, P. (1982): Veruschungsanordnungen in der Einzelfallforschung. In: Heilpädagogische Forschung. Bd. IX (1982) 3. S. 279-307

JELTSCH-SCHUDEL, B. (1985): Reflexionen über die pädagogische Beziehung zwischen Studenten und behinderten/nichtbehinderten Vorschulkindern mittels Video-Analyse. In: Vierteljahresschrift für Heilpädagogik und ihre Nachbargebiete. 54 (1985) 4. S. 436-445

JETTER, K. (1984): Leben und Arbeiten mit behinderten und gefährdeten Säuglingen und Kleinkindern. Beiheft zur Zeitschrift für Kooperative Pädagogik. Stadthagen: Bernhardt&Pätzold, 1984

JOHNSON, J. E./ERSHLER, J. L. (1985): Social and Cognitive Play Forms and Toy Use by Nonhandicapped and Handicapped Preschoolers. In: Topics in Early Childhood Special Education. 5 (1985) 3. S. 69-82

JOHNSON, J. E./CHRISTIE, J. F./YAWKEE, Th. D. (1987): Play and Early Childhood Development. Glenview, Ill.: Scott, Foresman&Co., 1987

JONAS, H. (1979): Das Prinzip Verantwortung. Versuch einer Ethik für die technologische Zivilisation. Frankfurt a.M.: Insel, 1979

JUNGE, H./LENDERMANN, H. B. (1990): Das Kinder- und Jugendhilfegesetz (KJHG): einführende Erläuterungen. Freiburg i. Br.: Lambertus, 1990

KAISER, A. (1985): Sinn und Situation. Grundlinien einer Didaktik der Erwachsenenbildung. Bad Heilbrunn, Obb.: Klinkhardt, 1985

KANTER, G. O. (1980): Reflexionsbereiche und Handlungsfelder der Lernbehindertenpädagogik. Eine Einführung. Hagen: Fernuni, 1980

KAPLAN, K./RÜCKERT, E./GARDE, D. u.a. (1993): Gemeinsame Förderung behinderter und nichtbehinderter Kinder. Hb. f. d. Kindergarten. Weinheim u. Basel: Beltz, 1993

KASCHADE, H.-J. (1992): Die Integration Behinderter in der amerikanischen und kanadischen Vorschulpädagogik - Ein Bericht. Münster/New York: Waxmann, 1992

KAUSCHUS-NAZARIO, C. (1989): Snoezelen - mit allen Sinnen leben lernen. Ein niederländischer Ansatz im Rahmen der Förderung Schwerstbehinderter. In: Geistige Behinderung. 3/1989. S. 209-213

KAUTTER, H. /KLEIN, G./LAUPHEIMER, W./WIEGAND, H.-S. (1988): Das Kind als Akteur seiner Entwicklung. Idee und Praxis der Selbstgestaltung in der Frühförderung entwicklungsverzögerter und entwicklungsgefährdeter Kinder. Heidelberg: Schindele, 1988

KAUTTER, H. (1991): Das pädagogische Konzept einer an der Eigentätigkeit und an der 'inneren Realität' des Kindes orientierten Frühförderung. In: TROST, R./WALTHES, R. (Hrsg.): Frühe Hilfen für entwicklungsgefährdete Kinder: Wege und Möglichkeiten der Frühförderung aus interdisziplinärer Sicht. Frankfurt a.M./New York: Campus, 1991. S. 25-34

KELLER, R. J. (1991): Die Spielgruppe. Sanfte Hilfe bei Entwicklungsproblemen des Kleinkindes. Hrsg. v. H.S. HERZKA. Zürich: pro juventute, 1991

KINDERHAUS FRIEDENAU (1985): Auszug aus einer Broschüre, Hrsg. v. Senator für Schulwesen, Jugend und Sport zum Internationalen Jahr der Behinderten 1981. In: PREUß-LAUSITZ, U./RICHTER, U./SCHÖLER, J. (Hrsg.): Integrative Förderung Behinderter in pädagogischen Feldern Berlins. Erfahrungen - Probleme - Perspektiven. Beiträge zur Ringvorlesung im Wintersemester 1984/85. Berlin: TU, 1985. S. 52-62

KINDER- UND JUGENDHILFEGESETZ. Sozialgesetzbuch - Achtes Buch. Kleinere Schriften des Deutschen Vereins für öffentliche und private Fürsorge. Heft 38. Frankfurt a.M.: Deutscher Verein für öffentliche und private Fürsorge, 1990

KLAUER, K. J. (1975): Lernbehindertenpädagogik. Berlin: Marhold, [4]1975

KLEBER, E. W. (1980): Grundkonzeption einer Lernbehindertenpädagogik. München u. Ba-sel: Reinhardt, 1980

KLEBER, E.W. (1985): Ökologische Erziehungswissenschaft - ein neues metatheoretisches Konzept. In: TWELLMANN, W. (Hrsg.): Handbuch Schule und Unterricht. Düsseldorf: Schwann, 1985. S. 1167-1193

KLEBER, E. W. (1987): Erfassen von Lernumwelten als geschachtelte Handlungssysteme - ein Beitrag zur ökologischen Erziehungswissenschaft. In: EBERWEIN, H. Hrsg.: Fremdverstehen sozialer Randgruppen. Berlin: Marhold, 1987. S. 127-151

KLEBER, E. W. (1990): Ökologisch-phänomenologisches Paradigma. Lernbehindertenpädagogik und Bildungspolitik. In: ELLGER-RÜTTGARDT, S. (Hrsg.): Bildungs- und Sozi-

alpolitik für Behinderte. München, Basel: E. Reinhardt, 1990. S. 172-178
KLEBER, E. W. (1992): Diagnostik in pädagogischen Handlungsfeldern. Einführung in Bewertung, Beurteilung, Diagnose und Evaluation. Weinheim, München: Juventa, 1992
KLEBER, E.W. (1993): Grundzüge ökologischer Pädagogik. Eine Einführung in ökologischpädagogisches Denken. Weinheim u. München: Juventa, 1993
KLEIN, F. (1979): Die häusliche Früherziehung des entwicklungsbehinderten Kindes. Ein Beitrag zur pädagogischen Praxis. Bad Heilbrunn: Klinkhardt, 1979
KLEIN, G./KREIE, G./KRON, M./REISER, H. (1987): Integrative Prozesse in Kindergartengruppen. Über die gemeinsame Erziehung von behinderten und nichtbehinderten Kindern. München: DJI, 1987
KLEIN, G. (1973): Die Frühförderung potentiell lernbehinderter Kinder. In: MUTH, J. (Hrsg.): Sonderpädagogik 1: Behindertenstatistik, Früherkennung, Frühförderung. Reihe: Deutscher Bildungsrat, Gutachten und Studien der Bildungskommission. Stuttgart: Klett, 1973. S. 151-186
KLEIN, G. (1977): Spezielle Fragen soziokultureller Determinanten bei Lernbehinderten. In: KANTER, G.O./SPECK, O. (Hrsg.): Pädagogik der Lernbehinderten. Hb. d. Sonderpädagogik. Bd. 4. Berlin: Marhold, 1977. S. 65-75
KLEIN, G. (1981): Zur Praxis der Frühförderung entwicklungsverzögerter und -gefährdeter Kinder. Handlungsfelder und Maßnahmen der Lernbehindertenpädagogik, Kurseinheit 1. Hagen: Fernuniversität, 1981
KLEIN, G. (1985): Lernbehinderte Kinder und Jugendliche. Lebenslauf und Erziehung. Stuttgart u.a.: Kohlhammer, 1985
KLEIN, G. (1991): Probleme der Frühförderung von Kindern sozial schwacher und randständiger Eltern. In: TROST, R./WALTHES, R. (Hrsg.): Frühe Hilfen für entwicklungsgefährdete Kinder: Wege und Möglichkeiten der Frühförderung aus interdisziplinärer Sicht. Frankfurt a.M./New York: Campus, 1991. S. 54-65
KLEIN-JÄGER, M. (1987): Fröbel-Material. Arbeitshefte zur heilpädagogischen Übungsbehandlung. Bd. 4. Heidelberg: Schindele, 1987
KLEMM, K./ROLFF, H.-G./TILLMANN, K.-J. (1985): Bildung für das Jahr 2000. Bilanz der Reform, Zukunft der Schule. Hrsg. v. d. Max-Traeger-Stiftung. Reinbek b. Hamburg: Rowohlt, 1985
KLUG, M./DEMARCHE, P./DERMANN, H. (1986): Kindergarten und Frühförderung im sozialen Brennpunkt. Ein Erfahrungsbericht. In: Frühförderung interdisziplinär. 5 (1986). S. 31-34

KNIEL, A./KNIEL, C. (1984): Behinderte Kinder in Regelkindergärten. Eine Untersuchung in Kassel. München: DJI, 1984
KNIEL, A./REIMANN, A./REIMUTH, M./ WEBER, M. (1986): Spielverhalten geistig retardierter Kinder im Kindergarten: Eine Beobachtungsstudie in hessischen Sonder-, integrativen- und Regelgruppen. In: Behindertenpädagogik. 25 (1986) 3. S. 255-271
KOBI, E.E. (1975): Die Rehabilitation der Lernbehinderten. München: E. Reinhardt, 1975
KOBI, E. E. (1985): Personorientierte Modelle der Heilpädagogik. In: BLEIDICK, U. (Hrsg.): Theorie der Behindertenpädagogik. Hb. d. Sonderpädagogik. Bd. 1. Berlin: Marhold, 1985. S. 273-294
KÖPPEL, L. (1988): Behindertengerecht und integrativ. DKHW-Planungshilfen: Modellspielplatz in der Bayrischen Landesschule. In: Animation. Nr. 9 (1988). Beilage: Spielraum. S. 10-12
KOHLER, F. W./STRAIN, P. S./MARETSKY, S./ DECESARE, L. (1990): Promoting Positive and Supportive Interactions Between Preschoolers: An Analysis of Group-Oriented Contingencies. In: Journal of Early Intervention. 14 (1990) 4. S. 327-341
KOOIJ, R. Van der (1983a): Die psychologischen Theorien des Spiels. In: KREUZER, K.J. (Hrsg.): Hb. d. Spielpädagogik. Bd. 1. Düsseldorf: Schwann, 1983. S. 297-335
KOOIJ, R. Van der (1983b): Empirische Spielforschung. Überblick über neuere Ergebnisse. In: KREUZER, K.J. (Hrsg.): Hb. d. Spielpädagogik. Bd. 1. Düsseldorf: Schwann, 1983. S. 89-158
KOOIJ, R. Van der (1991): Pädagogik und Spiel. In: ROTH, L. (Hrsg.): Handbuch Pädagogik. Donauwörth: Ehrenwirth, 1991. S. 241-253
KOOIJ, R. Van der (1993): Spielpädagogik oder Spiel in der Pädagogik? Elterliche Erziehungsstile und kindliches Spiel im europäischen Vergleich. In: HEITZER, M./SPIESS, W. (Hrsg.): LehrerInnen im Europa der neunziger Jahre. Bochum: Brockmeyer, 1993. S. 147-166
KOOIJ, R. Van der/VRIJHOF, H. J. (1982): Play and Development. In: STRAIN, P.S. (Ed.): Social Development of Exceptional Children. Rockville, London: Aspen, 1982. S. 151-161
KORNMANN, R./MEISTER, H./SCHLEE, J. (1983): Förderungsdiagnostik. Konzept und Realisierungsmöglichkeiten. Heidelberg: Schindele, 1983
KOSÍK, K. (1976): Dialektik des Konkreten. Eine Studie zur Problematik des Menschen und der Welt. Frankfurt a.M.: Suhrkamp, 1976
KRAPPMANN, L. (1975): Soziologische Dimensionen der Identität. Strukturelle Bedingungen für die Teilnahme an Interaktionsprozessen. Stuttgart: Klett, [4]1975

KRAPPMANN, L. (1993): Nun spielt doch endlich etwas Schönes! Aushandeln, Streit und Freunschaft in der Kinderwelt. In: DEUTSCHES JUGENDINSTITUT (Hrsg.): Was für Kinder. Aufwachsen in Deutschland. Ein Handbuch. München: Kösel, 1993. S. 135-141
KRON, M. (1988): Kindliche Entwicklung und die Erfahrung von Behinderung. Eine Analyse der Fremdwahrnehmung von Behinderung und ihre psychische Verarbeitung bei Kindergartenkindern. Frankfurt a.M.: Afra, 1988
KRUSE, L. (1974): Räumliche Umwelt. Die Phänomenologie des räumlichen Verhaltens als Beitrag zu einer psychologischen Umwelttheorie. Berlin, New York: De Gruyter, 1974
KÜHL, J. (1983): Medizinische Aspekte der gemeinsamen Erziehung behinderter und nichtbehinderter Kinder. München: DJI, 1983
KUHN, Th. S. (1976): Die Struktur wissenschaftlicher Revolutionen. Frankfurt a.M.: Suhrkamp, [2]1976

LAING, R. D. (1969): Phänomenologie der Erfahrung. Frankfurt a.M.: Suhrkamp, 1969
LAMNEK, S. (1988): Qualitative Sozialforschung. Bd. 1: Methodologie. München u. Weinheim: Psychologie Verlags Union 1988
LAMNEK, S. (1989): Qualitative Sozialforschung. Bd. 2: Methoden und Techniken. München u. Weinheim: Psychologie Verlags Union 1989
LANDSHUT, S. (Hrsg.) (1971): Karl Marx. Die Frühschriften. Stuttgart: Kröner, 1971
LANGENOHL, H. (1978): Ziele und Erschwerungen der sozialen Erziehung lernbehinderter Schüler. In: KANTER, G.O./LANGENOHL, H. (Hrsg.): Soziales Lernen bei Lernbehinderten. Berlin: Marhold, 1978. S. 1-61
LANGENOHL, H. (1984): Dependenz und Optimalität als Leitprinzipien der lernbehindertenpädagogischen Reflexion. In: BAIER, H./KLEIN, G. (Hrsg.): Spektrum der Lernbehindertenpädagogik. Einführende Texte. Donauwörth: Auer, 1984. S. 302-329
LANGEVELD, M. J. (1952): Projektive Untersuchungen bei schwachsinnigen Kindern. In: Z. Heilpäd. 3 (1952) 9. S. 366-376
LANGEVELD, M. J. (1959): Über das Verhältnis von Psychologie und Pädagogik. In: DERBOLAV, J./ROTH, H. (Hrsg.): Psychologie und Pädagogik. Neue Forschungen und Ergebnisse. Heidelberg: Quelle&Meyer, 1959
LANGEVELD, M. J. (1960): Was hat die Anthropologie des Kindes dem Theologen zu sagen? In: DIEM, H./LANGEVELD, M.J.: Untersuchungen zur Anthropologie des Kindes. Heidelberg: Quelle&Meyer, 1960. S. 19-33
LANGEVELD, M. J. (1963): Einführung in die Pädagogik. Stuttgart: Klett, [3]1963

LANGEVELD, M. J. (1968a): Studien zur Anthropologie des Kindes. Tübingen: Niemeyer, [3]1968
LANGEVELD, M. J. (1968b): Die Schule als Weg des Kindes. Versuch einer Anthropologie der Schule. Braunschweig: Westermann, 1968
LANGEVELD, M. J. (1968c): Kind und Jugendlicher in anthropologisher Sicht. Heidelberg: Quelle&Meyer, [3]1968
LANGEVELD, M. J. (1971): Erziehungskunde und Wirklichkeit. Studien und Gedanken zur Theorie und Praxis der Erziehung. Braunschweig: Westermann, 1971
LANGEVELD, M. J. (1975): "Zirkelbeweis" in der Kinderforschung. Verhaltensbiologie oder Anthropologie des Kindes. In: Z. f. Pädagogik. 21 (1975) 2. S. 213-222
LANGEVELD, M. J./DANNER, H. (1981): Methodologie und »Sinn«-Orientierung in der Pädagogik. München: E. Reinhardt, 1981
LANGFELDT, H.-P. (1990): Wissenschaftliche Begleitung von Integrationsversuchen als Forschungsproblem. In: EBERWEIN, H. (Hrsg.): Behinderte und Nichtbehinderte lernen gemeinsam. Hb. d. Integrationspädagogik. Weinheim, Basel: Beltz, [2]1990. S. 282-291
LASSAHN, R. (1977): Grundriß einer Allgemeinen Pädagogik. Heidelberg: Quelle & Meyer, 1977
LEFEBVRE, D./STRAIN, P. S. (1989): Effects of Group Contingency on the Frequency of Social Interactions among Autistic and Nonhandicapped Preschool Children: Making LRE Efficacious. In: Journal of Early Intervention. 13 (1989) 4. S. 329-341
LEONTJEV, A. N. (1977): Probleme der Entwicklung des Psychischen. Kronberg i.Ts.: Athenäum, [2]1977
LERSCH, P./VERNOOIJ, M. A. (1992): Einführung: Integration Behinderter in die Schule - Neue Herausforderungen an Schul- und Sonderpädagogik. In: LERSCH, R./VERNOOIJ, M.A. (Hrsg.): Behinderte Kinder und Jugendliche in der Schule. Bad Heilbrunn, Obb.: Klinkhardt, 1992. S. 9-20
LEVINE, M. H./MCCOLOUM, J. A. (1983): Peer Play and Toys: Kea Factors in Mainstreaming Infants. In: Young Children. 38 (1983) 5. S. 22-26
LEVY, J. (1978): Play behavior. New York: Wiley & Son 1978
LEWIN, K. (1963): Feldtheorie in den Sozialwissenschaften. Bern, Stuttgart: Huber, 1963 (Originalausgabe: 1951)
LICHTENSTEIN, E. (1973): Vom Sinn der erzieherischen Situation (1955). In: KLUGE, N. (Hrsg.): Das Pädagogische Verhältnis. Darmstadt: Wissenschaftliche Buchgesellschaft, 1973. S. 118-135

LINSCHOTEN, J. (1970): Erziehungshilfe für Problemkinder. Ein Ratgeber für Eltern und Erzieher ... München, Basel: E. Reinhardt, 1970.
LIPPITZ, W. (1980): "Lebenswelt" oder die Rehabilitation vorwissenschaftlicher Erfahrung. Ansätze eines phänomenologisch begründeten anthropologischen und sozialwissenschaftlichen Denkens in der Erziehungswissenschaft. Weinheim u. Basel: Beltz, 1980
LIPPITZ, W./MEYER-DRAWE, K. (Hrsg.) (1987): Kind und Welt. Phänomenologische Studien zur Pädagogik. Frankfurt a.M.: Athenäum, ²1987
LIPSKI, J. (1985): Behinderte (Integration). In: ZIMMER, J. (Hrsg.): Erziehung in früher Kindheit. Enzyklopädie Erziehungswissenschaft. Bd. 6. Stuttgart: Klett-Cotta, 1985
LIPSKI, J. (1990a): Integration im Elementarbereich - Entwicklungsstand und Aufgaben für die Zukunft. Bericht von der Abschlußtagung des Projektes "Integration von Kindern mit besonderen Problemen am 12.-13. November 1990 im Deutschen Jugendinstitut München. . In: Gemeinsam leben. Sonderheft 3/90
LIPSKI, J. (1990b): Integrative Erziehung im Elementarbereich in der Bundesrepublik Deutschland. In: SCHÖLER, J. (Hrsg.): Ansätze zur Integration behinderter Kinder und Jugendlicher in den Ländern der Europäischen Gemeinschaft. Berlin: TUB-Dokumentation, Heft 47, 1990. S. 47-58
LITT, Th. (1961): Führen oder Wachsenlassen. Eine Erörterung des pädagogischen Grundproblems. Stuttgart: Klett, 1961
LOCH, W. (1983): Phänomenologische Pädagogik. In: LENZEN, D (Hrsg.): Enzyklopädie Erziehungswissenschaft. Bd. 1: Theorien und Grundbegriffe der Erziehung und Bildung. Stuttgart: Klett-Cotta, 1983. S. 155-173
LOCH, W. (1993): Die Beanspruchung des Pädagogen in erschwerten Situationen des Lernens. In: GEHRMANN, P./HÜWE, B. (Hrsg.): Forschungsprofile der Integration von Behinderten: Bochumer Symposium 1992. Essen: Neue Deutsche Schule, 1993. S. 173-181
LORENZER, A. (1976): Zur Dialektik von Individuum und Gesellschaft. In: PRODUKTION, ARBEIT, SOZIALISATION. Frankfurt a.M.: Suhrkamp, 1976. S. 13-47
LUHMANN, N. (1972): Funktionen und Folgen formaler Organisation. Berlin: Duncker & Humbolt, ²1972 (Erstausgabe: 1964)
LUHMANN, N. (1991): Soziale Systeme. Grundriß einer allgemeinen Theorie. Frankfurt a.M.: Suhrkamp, ⁴1991

MAHLKE, W./SCHWARTE, W. (1989): Raum für Kinder. Weinheim u. Basel: Beltz, 1989

MANKE, W. (1986): Ökologie und kritische Erziehungswissenschaft. Bemerkungen zu einem schwierigen Verhältnis. In: Ökopäd. 5 (1986) 1. S. 40-44
MARTE, F. (1990a): Raum und Materialien in der integrativen Erziehung. In: STAATSINSTITUT FÜR FRÜHPÄDAGOGIK UND FAMILIENFORSCHUNG (Hrsg.): Hb. d. integrativen Erziehung behinderter und nichtbehinderter Kinder. München, Basel: E. Reinhardt, 1990. S. 155-174
MARTE, F. (1990b): Evaluation integrativer Erziehungsmaßnahmen. In: STAATSINSTITUT FÜR FRÜHPÄDAGOGIK UND FAMILIENFORSCHUNG (Hrsg.): Hb. d. integrativen Erziehung behinderter und nichtbehinderter Kinder. München, Basel: Reinhardt, 1990. S. 292-307
MARTIN, S. S./BRADY, M. P./WILLIAMS, R. E. (1991): Effects of Toys on the Social Behavior of Preschool Children in Integrated and Nonintegrated Groups: Investigation of a Setting Event. In: Journal of Early Intervention. 15 (1991) 2. S. 153-161
MARTIN, E./WAWRINOWSKI, U. (1991): Beobachtungslehre. Theorie und Praxis reflektierter Beobachtung und Beurteilung. Weinheim u. München: Juventa, 1991
MASTHOFF, R. (1981): Antiautoritäre Erziehung. Darmstadt: Wissenschaftliche Buchgesellschaft, 1981
MATURANA, H./VARELA, F. (1987): Der Baum der Erkenntnis. Die biologischen Wurzeln des menschlichen Erkennens. München: Scherz, ²1987
MEAD, G. H. (1973): Geist, Identität und Gesellschaft aus der Sicht des Sozialbehaviorismus. Frankfurt a.M.: Suhrkamp, 1973. (Erst-ausgabe: 1934)
MEINERTZ, F./KAUSEN, R./KLEIN, F. (1992): Heilpädagogik. Eine Einführung in pädagogisches Sehen und Verstehen. Bad Heilbrunn: Klinkhardt, ⁸1992
MEISELS, S. J./SHONKOFF, J. P. (1990): Handbook of Early Childhood Intervention. New York: Cambridge University Press, 1990
MEISTER, H. (1989): Zur Situation der Integration behinderter und nichtbehinderter Kinder im Elementarbereich im Saarland. In: STAATSINSTITUT FÜR FRÜHPÄDAGOGIK UND FAMILIENFORSCHUNG (Hrsg.): Gemeinsame Förderung behinderter und nichtbehinderter Kinder im Elementarbereich. München: Ehrenwirth, 1989. S. 149-154
MEISTER, H. (1991): Gemeinsamer Kindergarten für nichtbehinderte und behinderte Kinder. Saarbrücker Beiträge zur Integrationspädagogik. Bd. 5. St. Ingbert: Röhrig, 1991

MEISTER, H./SANDER, A. (Hrsg.)(1993): Qualifizierung für Integration. Reihe: Beiträge zur Integrationspädagogik. Bd. 7. St. Ingbert: Röhrig, 1993
MERKER, H. (Hrsg.) (1993): Beratung von Tageseinrichtungen mit behinderten und nichtbehinderten Kindern. Stuttgart u.a.: Kohlhammer, 1993
MERKER, H./RÜSING, B./BLANKE, S. (1980): Spielprozesse im Kindergarten. München: Kösel,1980
MERLEAU-PONTY, M. (1966): Phänomenologie der Wahrnehmung. Berlin: deGruyter, 1966 (Erstausgabe: 1945)
MERLEAU-PONTY, M. (1984): Die Prosa der Welt. München: Fink, 1984 (Originalausgabe: 1969)
MERLEAU-PONTY, M. (1986): Das Sichtbare und das Unsichtbare. München: Fink, 1986 (Originalausgabe: 1964)
MEYER-DRAWE, K. (1993): Der Beitrag einer Phänomenologie der Intersubjektivität zu Konzeptionen integrativen Unterrichts. In: GEHRMANN, P./HÜWE, B. (Hrsg.): Forschungsprofile der Integration von Behinderten. Bochumer Symposium 1992. Essen: Neue Deusche Schule, 1993. S. 28-33
MIEDANER, L. (1986): Gemeinsame Erziehung behinderter und nichtbehinderter Kinder. Materialien zur pädagogischen Arbeit im Kindergarten. München: DJI, 1986
MINISTER FÜR ARBEIT, GESUNDHEIT UND SOZIALES (MAGS)(Hrsg.) (1983): Arbeitshilfen zur Planung der Arbeit im Kindergarten. Köln, 1983
MINISTERRAT DER DDR/MINISTERIUM FÜR VOLKSBILDUNG (1986): Programm für die Bildungs- und Erziehungsarbeit im Kindergarten. Berlin: Volk u. Wissen, [2]1986
MOGEL, H. (1984): Ökopsychologie: eine Einführung. Stuttgart u.a.: Kohlhammer, 1984
MOLLENHAUER, K. (1974): Theorien zum Erziehungsprozeß. Zur Einführung in erziehungswissenschaftliche Fragestellungen. München: Juventa, [2]1974
MOOR, P. (1969): Heilpädagogik. Ein pädagogisches Lehrbuch. Bern, Stuttgart: Huber, [2]1969
MROZYNSKI, P. (1993): Novelle zum KJHG in Kraft getreten. In: Gemeinsam leben. 1 (1993) 1. S. 30
MUCHOW, M. (1929): Psychologische Probleme der frühen Erziehung. Erfurt: Stenger, 1929
MUCHOW, M./MUCHOW, H. H. (1978): Der Lebensraum des Großstadtkindes. Bensheim: päd.-extra Buchverlag, 1978 (Erstausgabe: 1935)
MÜHL, H. (1983): Verständigungsförderung bei Kindern und Schülern mit geistiger Behinderung. In: Geistige Behinderung. 22 (1983). S. 45-56
MÜHLUM, A./OPPL, H. (1992): Rehabilitation im Lebenslauf. In: MÜHLUM, A./OPPL, H. (Hrsg.): Hb. d. Rehabilitation. Neuwied, Kriftel: Luchterhand, 1992. S. 3-25
MUSIL, J. (1988): Der Status der Sozialökologie. In: FRIEDRICHS, J. (Hrsg.): Soziologische Stadtforschung. Sonderheft der Kölner Zeitschrift für Soziologie und Sozialpsychologie. Opladen: Westdeutscher Verlag, 1988. S. 18-34
MUTH, J. (1986): Integration von Behinderten. Über die Gemeinsamkeit im Bildungswesen. Essen: Neue Deutsche Schule, 1986
MUTH, J. (1990): Zur bildungspolitischen Dimension der Integration. In: EBERWEIN, H. (Hrsg.): Hb. d. Integrationspädagogik. Weinheim u. Basel: Beltz, [2]1990. S. 11-18

NAVE-HERZ, R./MARKEFKA, M. (Hrsg.)(1989): Hb. d. Familien- und Jugendforschung. Bd. I: Familienforschung. Neuwied/Frankfurt a.M.: Luchterhand, 1989
NEILL, A. S. (1969): Theorie und Praxis der antiautoritären Erziehung. Das Beispiel Summerhill. Reinbek b. Hamburg: Rowohlt, 1969 (Erstausgabe: 1960)
NOHL, H. (1961): Die pädagogische Bewegung in Deutschland und ihre Theorie. Frankfurt a.M.: Verlag G. Schulte-Bulmke, [5]1961
NUSPLIGER-BRAND, K. (1984): Vorschulische Erziehung jenseits der Grenzen. In: Sozialpädagogische Blätter. 35 (1984) S. 50-57

O'CONNELL, J. C. (1986): Managing Small Group Instruction in an Integrated Preschool Setting. In: Teaching Exceptional Children. 18 (1986) 3. S. 166-171
ODOM, S.L./JENKINS, J. R./SPELTZ, M.L./ DEKLYEN, M. (1982): Promoting Social Integration of Young Children at Risk for Learning Disabilities. In: Learning Disabilities Quarterly. 5 (1982) 4. S. 379-387
ODOM, S. L./KARNES, M. B. (1988): Early Intervention for infants and children with handicaps. Baltimore: Paul H. Brookes, 1988
ODOM, S. L./MCEVOY, M. A. (1988): Integration of Young Children with Handicaps and Normally Developing Children. In: ODOM, S.L./ KARNES, M.B. (Eds.): Early Intervention for Infants and Children with Handicaps. Baltimore u.a.: Brookes, 1988. S. 241-267
ODOM, S. L./PETERSON, C./MCCONNELL, S./ OSTROSKY, M. (1990): Ecobehavioral Analysis of Early Education/Specialized Classroom Settings and Peer Social Interaction. In: Education and Treatment of Children. 13 (1990) 4. S. 316-330

OERTEL, F. (1982): Elementare Sozialerziehung. Praxishilfen für den Kindergarten. Bd. 1 u. 2. München: Juventa, 1982
OERTEL, F. (1983): Konzept und Methoden elementarer Sozialerziehung. Materialien für die Aus- und Fortbildung. München: Juventa, 1983
OERTER, R. (1989): Frühkindliche Entwicklung aus ökologischer Sicht: Früherkennung und Frühförderung. In: Frühförderung interdisziplinär. 8 (1989). S. 171-182
OERTER, R. (1993a): Pschologische Aspekte von Lernbehinderung: Genese und Intervention. In: CASTELL, R. (Hrsg.): Lernbehinderung. Psychologische und medizinische Grundlagen der Förderung. Rimpar: edtion freies Geistleben, 1993. S. 1-60
OERTER, R. (1993b): Psychologie des Spiels. Ein handlungstheoretischer Ansatz. München: Quintessenz, 1993
OERTER, R./MONTADA, L. (1987): Entwicklungspsychologie. München-Weinheim: Psychologie-Verlags-Union, [2]1987
OPP, G. (1992a): Ein Spielplatz für alle. Zur Gestaltung barrierefreier Spielbereiche. München, Basel: E. Reinhardt, 1992
OPP, G. (1992b): Mainstreaming in den USA. Heilpädagogische Integration im Vergleich. München, Basel: E. Reinhardt, 1992
ORTMANN, M. (1988): Anmerkungen zu einem integrationspädagogischen Qualifikationsprofil pädagogischer Fachkräfte. Unter besonderer Berücksichtigung des Qualifikationsmerkmals Kooperationsfähigkeit. In: Z. Heilpäd. 39 (1988) 1. S. 2-10
OSTHOFF, R. (1986): Grundlagen einer ökologischen Pädagogik. Frankfurt a.M.: dipa Verlag, 1986
OSWALD, H. (1983): Interaktion. In: LENZEN, D. (Hrsg.): Enzyklopädie Erziehungswissenschaft. Bd. 1: Theorien und Grundbegriffe der Erziehung und Bildung. Stuttgart: Klett-Cotta, 1983. S. 446-451
OY, C. M. von (1987): Montessori-Material. Arbeitshefte zur heilpädagogischen Übungsbehandlung. Bd. 3. Heidelberg: Schindele, 1987
OY, C. M. von/SAGI, A. (1990): Lehrbuch der heilpädagogischen Übungsbehandlung. Hilfe für das behinderte und entwicklungsgestörte Kind. Heidelberg: HVA/Schindele, [8]1990

PARSONS, T./BALES, R. F. (1964): Family, Socialization and Interaction Process. Glencoe: Free Press, [4]1964 (Erstausgabe: 1955)
PARTEN, M. B. (1932): Social participation among preschool children. In: Journal of Abnormal and Social Psychology. 27(1932). 243-269
PECK, C. A. u.a. (1989): An Ecological Process Model for Implementing the Least Restrictive Environment Mandate in Early Childhood Programs. In: GAYLORD-ROSS, R. (Ed.): Integration Strategies for Students with Handicaps. Baltimore: Brookes, 1989. S. 281-298
PELZER, S. (1990): Darstellung aktueller Projektergebnisse: Integrative Arbeit aus der Sicht der Erzieherinnen. In: Gemeinsam leben. Sonderheft 3/90. S. 38-53
PETERANDER, F./SPECK, O. (1990): Kooperation Frühfördereinrichtungen - Regelkindergärten unter dem Aspekt von verschiedenen Berufsgruppen. In: Gemeinsam leben. Nr. 25/90. S. 75-80
PETERSEN, P. (1971): Führungslehre des Unterrichts. Weinheim, Berlin, Basel: Beltz, [10]1971 (Erstausgabe: 1937)
PETERSON, N. L./HARALICK, J. G. (1977): Integration of Handicapped and Nonhandicapped Preschoolers: An Analysis of Play Behavior and Social Interaction. In: Education and Training of the Mentally Retarded. 12 (1977) 3. S. 235-245
PIAGET, J. (1975): Das Erwachen der Intelligenz beim Kinde. In: Gesammelte Werke 1. Studienausgabe. Stuttgart: Klett, 1975
PHILIPPEN, D. P. (1991): Barrierefrei für die "normalen" Kinder unserer Gesellschaft. In: Spielraum. Nr. 9 (1991). S. 263-267
PHILIPPEN, D. P. (1992): Gemeinsam und chancengleich. Einführung in ein neues Verständnis der Spielraumgestaltung. In: Spielraum. Nr. 1/1992. S. 8-11
PREUß-LAUSITZ, U. (1990): Zum Stand der Integrationsforschung. In: EBERWEIN, H. (Hrsg.): Behinderte und Nichtbehinderte lernen gemeinsam. Hb. d. Integrationspädagogik. Weinheim, Basel: Beltz, 1990. S. 241-247
PREUß-LAUSITZ, U./HITZLER, S. (1988): Soziale Beziehungen und Freizeitaktivitäten von Grundschülern. Spielpartner, Spiele, Freizeitaktivitäten V. Ergebnisse einer Befragung von Schülern der sechsten Klassen im Vergleich zu den Schuljahren 1 - 5. Berlin: TU Berlin 1988

RAMSEGER, J. (1992): Was heißt "gemeinsame Schule für alle"? oder: Die Grenzen der Integration. In: LERSCH, R./VERNOOIJ, M.A. (Hrsg.): Behinderte Kinder und Jugendliche in der Schule. Herausforderungen an Schul- und Sonderpädagogik. Bad Heilbrunn: Klinkhardt, 1992. S. 53-65
RAT DER EUROPÄISCHEN GEMEINSCHAFT (1991): Entschließung des Rates der im Rat vereinigten Minister für das Bildungswesen über die Eingliederung von behinderten Kindern und Jugendlichen in allgemeine Bildungssysteme (90/C 162/02). In: Schweizerische Heilpädagogische Rundschau. Nr. 5 (1991). S. 109-110

RAUSCHENBACH, Th. (1980): Behinderung - Bestandsaufnahme einer differenzierenden Weiterentwicklung. In: RAUSCHENBACH, Th./ STEINHILBER, H./SPÄTH: B.: Verhaltensauffällige und behinderte Kinder und Jugendliche. Der gesellschaftliche Umgang mit einem Problem. Materialien zum 5. Jugendbericht. München: DJI, 1980. S. 85-177

REINARTZ, A./SANDER, A. (1977/1978): Schulschwache Kinder in der Grundschule. Frankfurt a.M.: Ak Grundschule, 1977 (Bd. 1) u. 1978 (Bd. 2)

REISER, H. u.a. (1986): Integration als Prozeß. In: Sonderpädagogik. 16 (1986). 3: S. 115-122.4: S. 154-160

REISER, H. (1989): Die Spielgruppenarbeit unter besonderer Berücksichtigung der themenzentrierten Interaktion. In: GOETZE, H./ NEUKÄTER, H. (Hrsg.): Pädagogik bei Verhaltensstörungen. Hb. d. Sonderpädagogik. Bd. 6. Berlin: Marhold, 1989. S. 703-719

RÖHRS, H. (1973): Allgemeine Erziehungswissenschaft. Weinheim u. Basel: Beltz, [3]1973

ROGERS-WARREN, A./WEDEL, J. W. (1980): The Ecology of Preschool Classrooms for the Handicapped. In: Ecology of Exceptional Children. New Directions for Exceptional Children. 1 (1980). S. 1-24

ROTH, H. (1971): Pädagogische Anthropologie. 2 Bde. Hannover: Schroedel, [3]1971 (Bd. 1), 1971 (Bd. 2)

RUBIN, K. H./MAIONI, T. L./HORNUNG, M. (1976): Free Play Behaviors in Middle- and Lower-Class-Preschoolers: Parten and Piaget Revisited. In: Child Development. 47 (1976) S. 414-419

RÜCKERT, E. (1989): Inhaltliche Schwerpunkte des bayrischen Modellversuchs. In: STAATSINSTITUT FÜR FRÜHPÄDAGOGIK UND FAMILIENFORSCHUNG (Hrsg.): Integration im Elementarbereich. Realität und Perspektiven. München: Ehrenwirth, 1989. S. 77-90

SACKS, O. (1991): Awakenings. Zeit des Erwachens. Reinbek b. Hamburg: Rowohlt, 1991 (Originalausgabe: 1973)

SANDER, A. (1985): Zum Problem der Klassifikation in der Sonderpädagogik: Ein ökologischer Ansatz. In: Vierteljahresschrift für Heilpädagogik und ihre Nachbargebiete. 54 (1985) 1. S. 15-31

SANDER, A. (1990): Behinderungsbegriffe und ihre Konsequenzen für die Integration. In: EBERWEIN, H. (Hrsg.): Behinderte und Nichtbehinderte lernen gemeinsam. Hb. d. Integrationspädagogik. Weinheim u. Basel: Beltz, [2]1990. S. 75-82

SANDER, A. (1993): Kind-Umfeld-Diagnose als Voraussetzung integrativen Unterrichts. In:

GEHRMANN, P./HÜWE, B. (Hrsg.): Forschungsprofile der Integration von Behinderten: Bochumer Symposium 1992. Essen: Neue Deutsche Schule, 1993. S. 63-71

SARIMSKI, K. (1986): Interaktion mit behinderten Kleinkindern: Entwicklung und Störung früher Interaktionsprozesse. München, Basel: E. Reinhardt, 1986

SAURBIER, H. (1982): Rechtliche und finanzielle Grundlagen der Integration behinderter Kinder im Kindergarten. München: DJI, 1982

SCHÄFER, G. E. (1989): Spielphantasie und Spielumwelt. Spielen, Bilden und Gestalten als Prozesse zwischen Innen und Außen. Weinheim, München: Juventa, 1989

SCHELER, M. (1949): Die Stellung des Menschen im Kosmos. München: Nymphenburger, 1949

SCHENK-DANZINGER, L. (1977): Entwicklungspsychologie. Wien: Österreichischer Bundesverlag f. Unterricht, Wissenschaft und Kunst, [11]1977

SCHLEIERMACHER, F. 1957): Pädagogische Schriften. Unter Mitwirkung von Theodor Schulte hrsg. v. E. Weniger. Erster Band: Die Vorlesungen aus dem Jahre 1826. Zweiter Band: Pädagogische Abhandlungen und Zeugnisse. Düsseldorf, München: Küpper, 1957

SCHLIENGER, I. (1990): Elternbeteiligung an der Früherkennung von Behinderungen. Göttingen u.a.: Verlag für Psychologie Hogrefe, 1990

SCHMETZ, D. (1986): Reflexionen zur Konzeption einer Interaktionspädagogik für erschwerte Lernsituationen. In: Z. Heilpäd. 37 (1986) 2. S. 73-85

SCHMETZ, D. (1990): Die verstehende Perspektive in der Pädagogik bei Verhaltensstörungen. In: Z. Heilpäd. 41 (1990) 12. S. 869-878

SCHMETZ, D. (1993): Sonderpädagogik und Erziehung - Wandel der Werte. In: Z. Heilpäd. 44 (1993) 2. S. 99-112

SCHMIDTCHEN, S. (1988): Spieltherapie mit Kindern - Ziele, Erfolge, Wirkweise. In: ERLER, L./LACHMANN, R./SELG, H. (Hrsg.): Spiel. Spiel und Spielmittel im Blickpunkt verschiedener Wissenschaften und Fächer. Bamberg: nostheide, 1988. S. 64-87

SCHMIDTKE, H.-P. (1984): Spielen, um Lernbehinderung zu verhindern. In: KREUZER, K.J. (Hrsg.): Hb. d. Spielpädagogik. Bd. 4. Düsseldorf: Schwann, S. 341-353

SCHMIDT-DENTER, U. (1984): Die soziale Umwelt des Kindes. Eine ökopsychologische Analyse. Berlin, Heidelberg, New York, Tokyo: Springer, 1984

SCHMIDT-DENTER, U. (1988): Soziale Entwicklung. Weinheim u. München: Psychologie Verlags Union, 1988

SCHOLLE, M. (1992): Zur Integration behinderter Kinder in Regelkindergärten. In: GERNERT,

305

M. (Hrsg.): Gesetz über Tageseinrichtungen für Kinder (GTK). Einführung für die Praxis. Stuttgart u.a.: Boorberg, 1992S. 45-54
SCHÖNBERGER, F. (1982): Ökologische Aspekte der Sonderpädagogik. In: MOSER, H. (Hrsg.): Soziale Ökologie und pädagogische Alternativen. Initiativen, Konzepte und Projekte. München: Kösel, 1982. S. 101-125
SCHOGGEN, P. (1978): Environmental Forces on Physically Disabled Children. In: BARKER, R.G. and Associates: Habitats, Evironments, and Human Behavior. Studies in Ecological Psychology and Eco-Behavioral Science from the Midwest Psychological Field Station, 1947.1972. San Francisco, Washington, London: Jossey-Bass Pub., 1978. S. 125-145
SCHRÖDER, U. J. (1990): Grundriß der Lernbehindertenpädagogik. Berlin: Marhold, 1990
SCHÜTZ, A. (1974): Der sinnhafte Aufbau der sozialen Welt. Eine Einleitung in die verstehende Soziologie. Frankfurt a.M.: Suhrkamp, 1974 (Erstausgabe: 1932)
SCHÜTZ, A./LUCKMANN, Th. (1975): Strukturen der Lebenswelt. Neuwied u. Darmstadt: Luchterhand, 1975
SCHÜTZ, A./LUCKMANN, Th. (1984): Strukturen der Lebenswelt. Bd. 2. Frankfurt a.M.: Suhrkamp, 1984
SCHULZE, Th. (1983a): Ökologie. In: LENZEN, D. (Hrsg.): Enzyklopädie Erziehungswissenschaft. Bd. 1: Theorien und Grundbegriffe der Erziehung und Bildung. Stuttgart: Klett-Cotta, 1983. S. 262-279
SCHULZE, Th. (1983b): Situation, pädagogische. In: LENZEN, D. (Hrsg.): Enzyklopädie Erziehungswissenschaft. Bd. 1: Theorien und Grundbegriffe der Erziehung und Bildung. Stuttgart: Klett-Cotta, 1983. S. 537-541
SINNHUBER, H. (1978): Spielmaterial zur Entwicklungsförderung - von der Geburt bis zu Schulreife. Dortmund: verlag modernes lernen, 1978
SMILANSKY, S. (1968): The Effects of Sociodramatic Play on Disadvantaged Preschool Children. New York, London: Wiley, 1968
SPANHEL, D./ZANGL, A. (1991): Spielen, Spiele, Spielzeug im Familienalltag - Ergebnisse aus einem Forschungsprojekt zur Spielwelt 7-10jähriger. In: KLUG, H.-P./ROTH, M. (Hrsg.): Spielräume für Kinder. Münster: Votum, 1991. S. 40-63
SPECK, J. (1976): Pädagogik und Anthropologie. In: SPECK, J. (Hrsg.): Problemgeschichte der neueren Pädagogik. Bd. II: Die Pädagogik und ihre Nachbardisziplinen. Stuttgart u.a.: Kohlhammer, 1976. S. 7-59
SPECK, O. (1980): Geistige Behinderung und Erziehung. München, Basel: E. Reinhardt, [4]1980

SPECK, O. (1989): Entwicklungen im System der Frühförderung. In: SPECK, O./THURMAIR, M. (1989): Fortschritte der Frühförderung entwicklungsgefährdeter Kinder. München u. Basel: E. Reinhardt, 1989. S. 11-27
SPECK, O. (1991a): System Heilpädagogik: eine ökologisch reflexive Grundlegung. München, Basel: E. Reinhardt, [2]1991
SPECK, O. (1991b): Konzeptionelle Entwicklungslinien im System der Frühförderung. In: TROST, R./WALTHES, R. (Hrsg.): Frühe Hilfen für entwicklungsgefährdete Kinder: Wege und Möglichkeiten der Frühförderung aus interdisziplinärer Sicht. Frankfurt a.M./New York: Campus, 1991. S. 17-24
SPECK, O./WARNKE, A. (Hrsg.) (1989): Frühförderung mit den Eltern. München, Basel: E. Reinhardt, [2]1989
SPÖRRI, C.-L. (1982): Ausgewählte Literatur zur Frühförderung. In: Z. Heilpäd. 33 (1982) 6. S. 440-450
STAATSINSTITUT FÜR FRÜHPÄDAGOGIK UND FAMILIENFORSCHUNG (Hrsg.) (1990): Hb. d. integrativen Erziehung behinderter und nichtbehinderter Kinder. München, Basel: E. Reinhardt, 1990
STEINER, F./STEINER, R. (1993): Die Sinne. Spielen - Gestalten - Freude entfalten. Förderung der Wahrnehmungsfähigkeit bei Kindern. Ein Arbeitsbuch für Kindergarten, Schule und Eltern. Linz: Veritas, 1993
STEPPACHER, J./JELTSCH, B. (1985): Soziales Rollenspiel mit behinderten und nichtbehinderten Kindern. Oder wie sich in der universitären Ausbildung der Theorie-Praxis-Bezug herstellen läßt. In: Schweizerische Heilpädagogische Rundschau. 7 (1985) 4. S. 85-89
STOLLEIS, M. (1988): Behinderte und nichtbehinderte Kinder im Kindergarten. Rechtsfragen zur gemeinsamen Erziehung. Köln u.a.: Kohlhammer, 1988
STONEMAN, Z./CANTRELL, M. L./HOOVER-DEMPSEY, K. (1983): The Association Between Play Materials and Social Behavior in a Mainstreamed Preschool: A naturalistic Investigation. In: Journal of Applied Developmental Psychology. 4 (1983). S. 163-174
STRAIN, Ph. S./ODOM, S. L. (1986): Peer Social Initiations: Effective Intervention for Social Skills Development of Exceptional Children. In: Exceptional Children. 52 (1986) 6. S. 543-551
STRASSMEIER, W. (1986): Frühförderung und Ökosysteme. In: Frühförderung interdisziplinär. 5 (1986). S. 151-162
SÜSSMUTH, R. (1968): Zur Anthropologie des Kindes. Untersuchungen und Interpretationen. München: Kösel, 1968

THIER, E. (1961): Das Menschenbild des jungen Marx. Göttingen: Vandenhoek&Ruprecht, ²1961

THIERSCH, H. (1983): Geisteswissenschaftliche Pädagogik. In: LENZEN, D. (Hrsg.): Enzyklopädie Erziehungswissenschaft. Bd. 1: Theorien und Grundbegriffe der Erziehung und Bildung. Stuttgart: Klett-Cotta, 1983. S. 81-100

THIERSCH, H. (1986): Die Erfahrung der Wirklichkeit. Perspektiven einer alltagsorientierten Sozialpädagogik. München, Weinheim: Juventa, 1986

THIERSCH, H. (1992): Lebensweltorientierte Soziale Arbeit. Aufgaben der Praxis im sozialen Wandel. Weinheim u. München: 1992

THIMM, W. (1975): Lernbehinderung als Stigma. In: BRUSTEN, M/HOHMEIER, J. (Hrsg.): Stigmatisierung 1. Zur Produktion gesellschaftlicher Randgruppen. Neuwied u. Darmstadt: Luchterhand, 1975. S. 125-144

THIMM, W./FUNKE, E. H. (1977): Soziologische Aspekte der Lernbehinderung. In: KANTER, G.O./SPECK, O. (Hrsg.): Pädagogik der Lernbehinderten. Hb. d. Sonderpädagogik. Bd. 4. Berlin: Marhold, 1977. S. 581-611

THOMAS, W. I. (1965): Person und Sozialverhalten. Hrsg. v. E. H. Volkart. Neuwied: Luchterhand, 1965

THURMAIR, M. (1983): Vorbeugung von Lernbehinderung durch die Frühförderung. Ein Diskussionsbeitrag. In: Frühförderung interdisziplinär. 2 (1983). S. 32-37

TIETZE, W. (1992): Tageseinrichtungen für Kinder - ein sozialpädagogischer Überblick. In: GERNERT, W. (Hrsg.): Gesetz über Tageseinrichtungen für Kinder ... Stuttgart u.a.: Boorberg, 1992. S. 9-20

TIETZE-FRITZ, P. (1988): Wahrnehmungs- und Bewegungsentfaltung: heilpädagogische Förderung des Kindes in seinen ersten 24 Monaten. Heidelberg: Ed. Schindele, 1988

TREINIES, G./EINSIEDLER, W. (1989): Direkte und indirekte Wirkungen des Spielens im Kindergarten auf Lernprozesse/Lernleistungen im 1. Schuljahr. In: Unterrichtswissenschaft. 17 (1989). S. 309-326

UEXKÜLL, J. von/KRISZAT, G. (1970): Streifzüge durch die Umwelten von Tieren und Menschen. Ein Bilderbuch unsichtbarer Welten. Bedeutungslehre. Frankfurt a.M.: S. Fischer, 1970

VERNOOIJ, M. A. (1989): Anthropologische Grundfragen. In: GOETZE, H./NEUKÄTER, H. (Hrsg.): Pädagogik bei Verhaltensstörungen. Hb. d. Sonderpädagogik. Bd. 6. Berlin: Marhold, 1989. S. 50-70

VYGOTSKI, L. S. (1977): Denken und Sprechen. Frankfurt a.M.: Fischer, 1977 (unveränderte Fassung der 4. Auflage von 1974)

WALDENFELS, B. (1985): In den Netzen der Lebenswelt. Frankfurt a.M.: Suhrkamp, 1985

WALLACH, F. (1983): Play in the Age of Technology. In: Parks&Recreation. April 1983. S. 37-38, 63

WALTHES, R. (1991): Bewegung als Gestaltungsprinzip. Grundzüge einer bewegungsorientierten Frühpädagogik. In: TROST, R./WALTHES, R. (Hrsg.): Frühe Hilfen für entwicklungsgefährdete Kinder: Wege und Möglichkeiten der Frühförderung aus interdisziplinärer Sicht. Frankfurt a.M./New York: Campus, 1991. S. 35-53

WATZLAWICK, P./BEAVIN, J. H./JACKSON, D. D. (1974): Menschliche Kommunikation. Formen, Störungen, Paradoxien. Bern, Stuttgart, Wien: Huber, ⁴1974

WEGENER, H. (1961): Heilpädagogik und Lehrerbildung. In: Z. f. Pädagogik. 7 (1961). S. 172-1920

WEGENER-SPÖHRING, G. (1989): Aggressive Spiele bei Kindern - Beobachtung und Interpretation von Spielszenen. In: Bildung und Erziehung. 42 (1989)1. S. 103-120

WEGENER-SPÖHRING, G./ZACHARIAS, W. (Hrsg.) (1990): Pädagogik des Spiels - eine Zukunft der Pädagogik ? München: Päd. Aktion,1990

WEIGERT, H. (1984): Schulvorbereitende Maßnahmen als Beitrag zur Prävention bei drohenden Lernbehinderungen. In: Frühförderung interdisziplinär. 3 (1984). S. 12-17

WEIGERT, H. (1987): Pädagogische Interventionen bei drohenden und manifesten Lernbehinderungen in der Grundschule. Frankfurt a.M.: Lang, 1987

WEISS, H. (1987): Sozialwissenschaftliche Konzepte im Wirkfeld von Frühförderung. In: Frühförderung interdisziplinär. 6 (1987). S. 159-169

WEISS, H. (1989): Familie und Frühförderung. Analysen und Perspektiven der Zusammenarbeit mit Eltern enwicklunsgefährdeter Kinder. München, Basel: E. Reinhardt, 1989

WEMBER, F.B. (1986): Piagets Bedeutung für die Lernbehindertenpädagogik. Heidelberg: Ed. Schindele, 1986

WEMBER, F. B. (1989): Die quasieexperimentelle Einzelfallstudie als Methode der empirischen sonderpädagogischen Forschung. In: Vierteljahresschrift für Heilpädagogik und ihre Nachbargebiete. 58 (1989) 2. S. 176-189

WEMBER, F. B. (1992): Über Sondererziehung und Rehabilitation: das "Handbuch der Rehabili-

tation" von Mühlum und Oppl. In: Z. Heilpäd. 43 (1992) 10. S. 694-700
WENDT, S. (1991): Rechtsfragen zur Integration behinderter Kinder im Elementarbereich. In: Geistige Behinderung. Nr. 4 (1991). S. 324-336
WENDT, W. R. (1992): Rehabilitation: Der ökosoziale Bezugsrahmen: In: MÜHLUM, A./OPPL, H. (Hrsg.): Hb. d. Rehabilitation. Neuwied, Kriftel: Luchterhand, 1992. S. 429-450
WERWICK, M. (1991): DDR im Umbruch: Neue Frage zu Bildung und Erziehung. In: EBERT, S. (Hrsg.): Zukunft für Kinder. Grundlagen einer übergreifenden Politik. München, Wien: Profil, 1991. S. 230-23
WHO (1980): International Classification of Impairments, Disabilities, and Handicaps. Genf: World Health Organization, 1980
WILLAND, H. (1983): Pädagogik der Lernbehinderten. München: Ehrenwirth, 1983
WINNICOTT, D. W. (1973): Vom Spiel zur Kreativität. Stuttgart: Klett, 1973 (Originalausgabe: 1971)
WOCKEN, H. (1980): Schulschwäche, Schulversagen, Schulbehinderunge. In: Vierteljahresschrift Sonderpädagogik. 10 (1980) 2: S. 63-70. 3: S. 119-125
WÖHLER, K. (1986a): Sonderpädagogische Förderung: Ökologische Perspektive. In: Z. Heilpäd. 37 (1986) 8. S. 521-534
WÖHLER, K. (1986b): Phänomenologie des Handelns und Erlebens geistig Behinderter. Ein annähernder Versuch. In: Z. Heilpäd. 37 (1986) 9. S. 602-613
WURM, W. (1985): Die gesellschaftliche Konstruktion von Behinderung. In: Vierteljahresschrift Sonderpädagogik. 15 (1985) 2. S. 49-60

ZEIHER, H. (1983): Die vielen Räume der Kinder. Zum Wandel räumlicher Lebensbedingungen seit 1945. In: PREUß-LAUSITZ, U. u.a. (Hrsg.): Kriegskinder, Konsumkinder, Krisenkinder. Zur Sozialisationsgeschichte seit dem zweiten Weltkrieg. Weinheim, Basel: Beltz, 1983. S. 176-194
ZIELINSKI, W. (1980): Lernschwierigkeiten. Verursachungsbedingungen, Diagnose, Behandlungsansätze. Stuttgart: Kohlhammer, 1980
ZILLER, H./SAURBIER, H. (1992): Rechtliche und finanzielle Grundlagen der Integration behinderter Kinder im Kindergarten. München: DJI, ^{3}1992

PERSONENREGISTER

Atteslander, P.   236, 239

Baake, D.   144
Bach, H.   159
Baier, H.   14
Barker, R. G.   132, 136f., 140ff.
Bateson, G.   27, 82, 135, 153
Beck, U.   128
Becker, H.   104
Beekman, T.   20, 87
Begemann, E.   102, 124, 155
Berger, P. L.   106, 108, 111, 120
Bernfeld, S.   108, 112, 138
Bleidick, U.   15, 25, 97ff., 102, 122, 129
Bloch, E.   113, 164
Bönsch, M.   129
Botkin, J.W.   127, 135
Bracken, H. von   124
Brezinka, W.   107
Bronfenbrenner, U.   82, 129, 132ff., 145, 151f., 155
Brumlik, M.   104, 122
Buber, M.   62, 74f., 153, 167
Buytendijk, F.J.J.   83, 145f., 170

Christie, J.F.   247
Coenen, H.   150
Cohn, R.C.   63, 74
Colberg-Schrader, H.   274

Danner, H.   15, 82ff., 88, 91, 156, 242
Deppe-Wolfinger, J.   13
Dichans, W.   69, 71ff.
Dittrich, G.   13, 30

Eberwein, H.   122, 199, 237
Einsiedler, W.   175ff.

Feuser, G.   12, 25, 58ff., 66f., 72, 74
Field, T.   213f.
Fischer, A.   81, 83 f.
Fröbel, F.   174, 188f., 201, 274
Fritz, J.   29f.
Frühauf, Th.   36
Fthenakis, W.E.   25

Galperin, P. J.   59
Gehrecke, S.   124
Goetze, H.   28
Goffman, E.   27, 105, 108, 115, 117ff., 122f., 142f., 151
Graumann, C. F.   82, 127, 144ff.
Gröschke, P.   187
Guralnick, M.J.   210ff.

Habermas, J.   81, 104, 107, 111f., 121,133
Häberlin, U.   14, 98, 122
Hanline, M. F./Hanson, M. S.   209
Hebenstreit, S.   184
Heidegger, M.   81, 111
Heimlich, U.   21, 26ff., 164, 176ff., 184f.
Hellbrügge, Th.   57
Hellerich, G.   82
Hentig, H. von   147
Hetzer, H.   176, 224
Heyer, P.   13
Höltershinken, D.   21, 36, 83, 86
Hoessl, A.   33, 51
Hofmann, W.   122
Hohmann, M.   96
Hundertmarck, G.   198
Husserl, E.   81ff., 111, 132, 145, 148, 150

309

Jetter, K.   182
Johnson, J.E.   247, 284
Jonas, H.   127f., 153

Kanter, G.O.   122
Kautter, H.   182
Klauer, K.J.   14
Kleber, E.W.   82, 122f., 127ff., 135ff., 155
Klein, F.   18, 190f., 195
Klein, G.   14, 124, 160, 178, 183f.
Kniel, A.   204ff.
Kobi, E.E.   83, 122
Kooij, R. Van der   27, 177, 224
Krappmann, L.   104, 123, 160, 168
Kron, M.   61, 63f.
Kruse, L.   82, 127, 144, 148ff.

Laing, R. D.   109
Lamnek, S.   237, 241, 246ff., 251
Langenohl, H.   122
Langeveld, M.J.   16, 26, 81f., 126, 129, 139, 145f., 156, 165, 170
Lassahn, R.   12
Leontjew, A.N.   59, 136, 138
Levy, J.   26f.
Lewin, K.   132, 136, 139ff.
Linschoten, J.   145ff., 157f.
Lippitz, W.   80, 82, 104, 156
Lipski, J.   13, 33, 51
Loch, W.   80, 83, 132, 155
Luckmann, Th.   106, 108, 115, 120f.
Luhmann, N.   135, 142f., 152ff., 155

Marte, F.   207f., 237
Masthoff, R.   104
Maturana, H.   135, 153
Mead, G. H.   105f., 108, 111, 117f., 123

Meister, H.   48, 65ff., 74ff., 164
Merker, H.   28, 72
Merleau-Ponty, M.   82f., 144ff., 149, 156
Meyer-Drawe, K.   82, 155f.
Miedaner, L.   29f.
Mogel, H.   144
Mollenhauer, K.   81, 104ff., 114f., 118, 132
Montessori, M.   57
Moor, P.   80
Muchow, M.   149f.
Mühlum, A.   155
Muth, J.   12, 30

Neill, A.S.   104
Nohl, H.   106

Odom, S.L.   214, 222ff.
Oertel, F.   71
Oerter, R.   15, 152
Opp, G.   199, 208
Oppl, H.   155
Oy, C. M. von   186f.

Parsons, T.   133, 136, 138, 143
Parten, M. B.   24, 247, 253, 283
Petersen, P.   92, 98, 129, 132
Piaget, J.   59
Preuß-Lausitz, U.   13f., 14

Rauschenbach, Th. 151
Reinartz, A.   156f.
Reiser, H.   61ff., 74
Röhrs, H.   12
Roth, H.   71
Rubin, K.H.   247

Sagi, A.   186f.
Sander, A.   65f., 156f.
Sarimski, K.   179
Saurbier, H.   36

Schäfer, G.E.   27
Scheler, M.   88
Schleiermacher, F.   84, 94, 106f.
Schmetz, D.   121ff., 151, 160
Schmidtchen, S.   28
Schmidt-Denter, U.   205, 248f.
Schönberger, F.   151
Schröder, U.J.   14, 157
Schütz, A.   16, 81f., 103, 105f., 111, 115, 119ff., 132, 144f., 166
Smilansky, S.   84f., 89, 92
Speck, O.   153ff., 179ff.
Steiner, R.   274
Strain, Ph. S.   214ff., 229, 274
Straßmeier, W.   180

Thiersch, H.   35, 38, 81, 105ff., 110ff., 132, 138, 164, 173
Thimm, W.   122, 124, 160
Thomas, W.I.   115ff., 133, 136f., 139f.

Uexküll, J.   147

Varela, F.   135, 153
Vernooij, M.A.   98, 100
Vygotski, L.S.   59

Waldenfels, B.   16, 32, 81f., 127, 156, 169
Watzlawick, P.   108
Wegener-Spöhring, G.   21, 29
Weigert, H.   183f.
Weiss, H.   181
Wendt, W.R.   155
Willand, H.   14
Wocken, H.   156f.
Wöhler, K.   155f.
Wright, H.F.   132, 136f., 140ff.

Zeiher, H.   149
Zielinski, W.   157
Ziller, H.   36

SACHREGISTER

Alltag 35f., 110ff.
Aneignungstheorie 57ff., 67, 131
Anthropologie 71, 84ff., 92ff., 121
- sonderpädagogische 98ff.
Begleitung, heilpädagogische 200ff.
Behinderung 13, 15ff., 20, 25, 34f., 44, 58ff., 74ff., 100ff., 121ff., 134, 151f., 156ff., 164ff.
Bundessozialhilfegesetz 36f., 41f., 48f., 52, 54, 61, 70, 75

Dialog 62, 70, 74f., 166ff.
Diagnostik 42f.,

Einzelintegration 48ff.
Erziehungsalltag 20f., 68f., 77ff.
Erziehungssituationen 94ff., 153ff.

Forschungsmethoden 236, 246ff.
Frühförderung 179ff.

Gemeinsame Erziehung 13ff. 20, 32ff., 56ff.
- Rechtsgrundlagen 40ff.
- Rahmenbedingungen 43ff.
- Organisationsformen 50ff.
- Pädagogische Konzeptionen 56ff.

Heilpädagogik 55ff., 82f., 97ff., 150ff.

Integration 12ff., 17f., 25f., 34ff., 152ff., 165ff.
Integrationforschung 33f., 236ff.

Integrationspädagogik 12f., 27ff., 38ff., 100ff, 196ff.
Interaktion 61ff.
- Pädagogik der 106ff., 120ff.
Intersubjektivität 81f.
Intervention 175f., 208ff. 222ff., 228ff.

Jugendbericht, Achter 53ff., 50f.
Kinder- und Jugendhilfegesetz 32, 34ff., 51ff.
Kontaktinitiierung 24, 259ff., 272ff.
Kreativität 24, 89ff.
Lebenswelt 12ff., 26ff., 35ff., 76f., 80ff., 143ff., 153ff., 161ff.
- Pädagogik der 105ff., 110ff., 120ff., 132f.
Leiblichkeit 82, 145ff., 156, 161, 168, 171
Lernbehinderung 14f., 48, 124ff., 157, 160f., 171, 178, 183ff., 223ff.
Lernbehindertenpädagogik 14, 32, 80, 121ff., 129ff., 155ff.
Lernschwierigkeiten 82, 124ff., 157ff.
Lernsituationen 74, 113, 122ff., 131, 135, 139, 160ff.

Mainstreaming 14, 218ff., 227ff.

Ökologie 66f., 127ff., 135ff.

Personalität 82, 90, 97, 145, 165
Perspektivität 34, 107, 147f., 161ff.

Phänomenologie 81ff., 99ff., 111ff.
- individualphänomenolog. A. 83ff.
- sozialphänomenolog. A. 103ff.
- ökophänomenolog. A. 127ff.
Psychoanalyse 57f., 61ff., 74, 76f.
Prävention 178ff., 194ff.

Situation 13, 16, 23, 34, 55, 63f.
- individuelle 92ff.
- soziale 114ff.
- ökologische 135ff.
Situationalität 82, 149, 151ff.
Situationsansatz 35, 39, 56ff., 67f., 69ff., 74ff., 79ff.
Spielbeobachtung 21ff., 215ff.
Spielförderung 175ff., 184f., 196ff., 224f., 246ff., 264ff., 283ff.
- integrative 24f., 208ff., 228ff., 269ff.
Spielgruppe, integrative 193ff.

Spielkooperation 257ff.
Spielmittel, integrative 216ff., 268ff., 275ff.
Spielräume, integrative 216ff.
Spieltätigkeit 23ff.
- soziale 248f., 253ff.
Spielsituation 77f.
Spielsituationen, integrative 15ff., 20f., 25ff., 29f., 78f., 209ff., 216ff.
Spielpädagogik 15ff., 27ff., 175ff.
Systemtheorie 131ff., 141ff.,
- ökosystemischer A. 57f.

Tageseinrichtungen für Kinder 12f., 36ff., 40f.,
Therapie 195f.

Übungsbehandlung, heilpädagogische 186ff.

ANHANG

1. Beobachtungsbogen zur Erfassung der sozialen Spieltätigkeit

U. Heimlich: BEOBACHTUNGSBOGEN ZUR ERFASSUNG DER SOZIALEN DER SOZIALEN SPIELTÄTIGKEIT (nach Parten 1932)

Vorname	Alter	Beobachter/in
Anwesenheit der Erzieherin		Beschäftigung mit dem Kind
1. ständig 2. überwiegend 3. teils - teils 4. überwiegend nicht ☐ 5. gar nicht		1. ständig 2. überwiegend 3. teils - teils 4. überwiegend nicht ☐ 5. gar nicht

Kategorien der sozialen Spieltätigkeit	alle 60 Sek. eine Zuordnung			S	%
selbstbeschäftigt					
Beobachtungsspiel					
Alleinspiel					
Parallelspiel					
Assoziationspiel					
Koalitionsspiel					
Kooperationsspiel					

Stichworte zu den Beobachtungskategorien:
1. **spielt mit sich selbst** (spielt nicht mit Kindern oder Dingen - spielt mit dem <u>eigenen Körper</u> - beobachtet Dinge)
2. **Beobachtungsspiel** (<u>beobachtet</u> Kinder beim Spielen - begibt sich nicht in das Spiel hinein - keine Spielaktivität)
3. **Alleinspiel** (spielt <u>allein</u> - Spielmittel unterscheiden sich von denen anderer Kinder - kein Versuch der Annäherung)
4. **Parallelspiel** (spielt <u>neben</u> (in der Nähe von) anderen Kindern - Spielmittel ähneln sich oder sind gleich - keine Beeinflussung des Spiels anderer Kinder)
5. **Assoziationsspiel** (spielt <u>mit</u> anderen Kindern - gemeinsame Spieltätigkeit - Spielmittelaustausch - gleiche Tätigkeit für alle - Eigeninteressen nicht untergeordnet)
6. **Koalitives Spiel** (spielt in <u>Gruppen</u> - Eigeninteressen werden untergeordnet - gemeinsames Gruppenziel - feste Rolleneinordnung (z.B.Bandentum)
7. **Kooperationsspiel** (spielt in Gruppen - gemeinsames Gruppenziel - arbeitsteilig - flexible Rollenübernahme - freiwillige <u>Akte des Helfens</u>)

2. Spielkooperationsskala

U. HEIMLICH: SPIELKOOPERATIONSSKALA	Name, Vorname		Alter (J;M)	Beobachter/in	
Kooperatives Spiel	Ausprägungsgrade				S
	1	2	3	4	5	
INITIATIVE	passive Kontakt- aufnahme ☐	eigene Kontaktversuche mißlingen ☐	Kontaktauf- nahme nur kurz ☐	nimmt selbst Kontakt auf, Spielfluß aber noch störan- fällig ☐	intensiver, dauerhafter Kontakt ☐	
ZIELSETZUNG	nur egoisti- sche Ziele ☐	verfolgt eigene Ziele, toleriert aber gemeinsame Ziele ☐	verzichtet ab und zu auf eigene Ziele ☐	verfolgt gemeinsame Ziele ☐	Identifikation mit gemein- samer Ziel- setzung ☐	
SOZIALE ORIENTIERUNG	Hilfe für andere wird abgelehnt ☐	verbale Hilfe auf Anfrage ☐	demonstriert Problemlösung, aber keine aktive Hilfe ☐	gibt Hilfe- stellung, achtet auf eigenen Vorteil ☐	aktive Hilfe mit Verzicht auf eigenen Vorteil ☐	
SELBST- KONZEPT	konform, keine eigenen Ideen ☐	paßt sich an, äußert aber eigene Ideen ☐	macht Spiel- vorschläge, aber kein Durchsetzungs vermögen ☐	setzt eigene Ideen durch, läßt sich dann aber wieder umstimmen ☐	setzt eigene durch, über- zeugt auch andere ☐	
KOMPLEXITÄT	nur ein Part- ner ☐	nur ein Part- ner, andere werden einbe- zogen ☐	spielt in Kleingruppen, aber nur an einem Partner orientiert ☐	spielt in Gruppen und nimmt mehrere Kontakte auf ☐	spielt nur in Gruppen, unterhält mehrere inten- sive Kon- te ☐	
Bemerkungen:						